Grenzsoziologie

Monika Eigmüller · Georg Vobruba
(Hrsg.)

Grenzsoziologie

Die politische
Strukturierung des Raumes

2. Auflage

Herausgeber
Prof. Dr. Monika Eigmüller
Europa-Universität Flensburg, Deutschland

Prof. Dr. Georg Vobruba
Universität Leipzig, Deutschland

ISBN 978-3-658-11744-3   ISBN 978-3-658-11745-0 (eBook)
DOI 10.1007/978-3-658-11745-0

Die Deutsche Nationalbibliothek verzeichnet diese Publikation in der Deutschen Nationalbibliografie; detaillierte bibliografische Daten sind im Internet über http://dnb.d-nb.de abrufbar.

Springer VS
© Springer Fachmedien Wiesbaden 2006, 2016
Das Werk einschließlich aller seiner Teile ist urheberrechtlich geschützt. Jede Verwertung, die nicht ausdrücklich vom Urheberrechtsgesetz zugelassen ist, bedarf der vorherigen Zustimmung des Verlags. Das gilt insbesondere für Vervielfältigungen, Bearbeitungen, Übersetzungen, Mikroverfilmungen und die Einspeicherung und Verarbeitung in elektronischen Systemen.
Die Wiedergabe von Gebrauchsnamen, Handelsnamen, Warenbezeichnungen usw. in diesem Werk berechtigt auch ohne besondere Kennzeichnung nicht zu der Annahme, dass solche Namen im Sinne der Warenzeichen- und Markenschutz-Gesetzgebung als frei zu betrachten wären und daher von jedermann benutzt werden dürften.
Der Verlag, die Autoren und die Herausgeber gehen davon aus, dass die Angaben und Informationen in diesem Werk zum Zeitpunkt der Veröffentlichung vollständig und korrekt sind. Weder der Verlag noch die Autoren oder die Herausgeber übernehmen, ausdrücklich oder implizit, Gewähr für den Inhalt des Werkes, etwaige Fehler oder Äußerungen.

Lektorat: Cori Antonia Mackrodt, Katharina Gonsior

Gedruckt auf säurefreiem und chlorfrei gebleichtem Papier

Springer VS ist Teil von Springer Nature
Die eingetragene Gesellschaft ist Springer Fachmedien Wiesbaden GmbH

Inhaltsverzeichnis

Einleitung: Warum eine Soziologie der Grenze?................... 1
Monika Eigmüller und Georg Vobruba

Teil I Grundlagen der Grenzsoziologie

Der Raum und die räumlichen Ordnungen der Gesellschaft 9
Georg Simmel

Differenzierung und Grenzbildung............................. 19
Stein Rokkan

Grenzziehungen und die Herstellung des politischsozialen Raumes 31
*Zur Begriffsgeschichte und politischen Sozialgeschichte der Grenzen
in der Frühen Neuzeit*
Hans Medick

Teil II Theorie und Empirie der Grenzsoziologie

Der duale Charakter der Grenze 49
Bedingungen einer aktuellen Grenztheorie
Monika Eigmüller

Die totale Grenze 69
Mobilisierung, Verfolgung und Flucht im nationalsozialistischen Grenzregime
Jonas Pfau

Die soziale Konstruktion der US-mexikanischen Grenze 85
Néstor Rodríguez

Wer ist *Wir*? 109
Die Konstruktion von Communities im US-Mexikanischen Grenzdiskurs
Donna M. Johnson

Unbounded Cleavages 141
Grenzabbau und die Europäisierung sozialer Ungleichheit
Maurizio Bach

Wenn Grenzen wandern 153
Zur Dynamik von Grenzverschiebungen im Osten Europas
Mathias Bös und Kerstin Zimmer

Die Grenze als Relation 183
Spanische Grenzrealität und europäische Grenzpolitik
Natàlia Cantó Milà

Grenzen des Grenzenlosen 197
Entgrenzungen und Wiederbegrenzungen medialer Kommunikation
Udo Thiedeke

Grenzsoziologie als Beobachtung zweiter Ordnung 215
Georg Vobruba

Teil III Grenzbeobachtungen

Der tägliche Trott 227
*Aus dem Leben eines Immigration Officer
an der Grenze zwischen den USA und Mexiko*
Clifford Alan Perkins

Partisan, Siedler, Asylant 237
Zur politischen Anthropologie des Grenzgängers
Eva Horn

Das Mittelmeer als Wohlstandsgrenze 247
Paolo Cuttitta

Der Fall Papa Wemba 255
Matthias Neske

„It's not an entertainment." 263
Prostitution an Grenzen
Daniel Schmidt

Grenzbespielungen 271
Visuelle Politik in der Übergangszone
Beatrice von Bismarck

Literatur 277

Autorinnen und Autoren 303

Einleitung:
Warum eine Soziologie der Grenze?

Monika Eigmüller und Georg Vobruba

In der jüngsten Vergangenheit hat das sozialwissenschaftliche Interesse an der Raumdimension der Gesellschaft stark zugenommen.[1] Zum einen finden soziale Phänomene mit starkem Raumbezug neue Aufmerksamkeit, etwa die Stadt. Zum anderen werden an sozialen Phänomenen Raumbezüge, die bisher als selbstverständlich angenommen oder übersehen wurden, neu thematisiert, etwa territoriale Aspekte sozialer Ungleichheit.[2]

Die Sozialwissenschaften haben sich mit diesem *spatial turn*, mit ihrer Hinwendung zur räumlichen Dimension sozialer Phänomene, vielfaltige Möglichkeiten zu neuen Fragestellungen in prinzipiell zwei Richtungen erschlossen: einerseits Fragen nach dem Konstitutionszusammenhang von Raum, Raumvorstellungen und räumlicher Organisation, andererseits Fragen nach den Konsequenzen von Raumvorstellungen, Raumorganisationen und ihren institutionellen Absicherungen und Verfestigungen.

In diesem Buch geht es um territoriale Grenzen in sozialwissenschaftlicher Perspektive. Das gewachsene Interesse am Thema der Grenze hat Ursachen analog dem Interesse an der Raumdimension: Sie werden in dem Maße zum politischen

---

1   Für die Unterstützung bei der Produktion des Bandes danken wir herzlich Patrícia Barbosa.
2   Zum wachsenden Interesse am Raum generell vgl. Löw (2001); zum neuen Interesse an Themen mit traditionell starkem Raumbezug vgl. Nissen (2002), zur neuen Betonung der Raumdimension bei bisher raumfrei behandelten Themen vgl. Heidenreich (2003).

und sozialwissenschaftlichen Beobachtungsgegenstand, in dem politische Strukturierungs- und soziale Ordnungsfunktion ihre Selbstverständlichkeit verlieren und sie selbst in Bewegung geraten. Das ist die grenzsoziologisch beobachtbare Konsequenz voranschreitender Denationalisierungstendenzen (Globalisierung/Europäisierung), in deren Folge es einerseits zu Grenzabbau, andererseits zu massivem Grenzaufbau gekommen ist. Dennoch lässt eine empirisch fundierte theoretische Fassung des Grenzphänomens und seiner Wirkungen auf die Gesellschaft bislang auf sich warten. Diese Beobachtung ist nicht neu: Bereits 1970 machte Niklas Luhmann darauf aufmerksam, „wie wenig, gemessen an der erstaunlichen Klarsicht und dem vielfaltig belegten Denkvermögen der klassischen Theoretiker, der Begriff der Grenze beachtet und bearbeitet worden ist" (Luhmann 1970: 142). Und 1982 stellt Raimondo Strassoldo fest, dass insbesondere die Soziologie keine Grenzforschung betreibe, dass der Begriff der Grenze „has not yet been adequately ‚problematized' and ‚thematized' in this discipline"; dies sei „one of the main causes of the unsatisfactory state of sociology" (Strassoldo 1982: 245ff.). Auch zwanzig Jahren später sieht der Befund zur soziologischen Grenzforschung nicht grundlegend anders aus. Dies erstaunt umso mehr, als doch die Bedeutung von Grenzen für soziologische Überlegungen bereits zu Beginn des 20. Jahrhunderts insbesondere von Simmel erkannt und betont worden war (vgl. besonders Simmel 1908; 1992).

Das sozialwissenschaftliche Interesse an Grenzen kann sich prinzipiell auf Zweierlei richten, auf die Konstitutionszusammenhänge und auf die Konsequenzen von Grenzen. Dem entsprechend lassen sich vielfältige Wissensbestände für eine Grenzsoziologie fruchtbar machen. Einschlägige Publikationen liegen sowohl aus der Anthropologie, der Geographie, den Verwaltungswissenschaften und der Geschichtswissenschaft vor.[3]

Sozialwissenschaftliche Publikationen zum Thema beschäftigten sich bislang vornehmlich mit der Praxis der Grenze, insbesondere der US amerikanisch/mexikanischen und der europäischen Außengrenze, den Exklusionsfolgen dieser Grenzkonstruktionen und den daraus resultierenden Herausforderungen für Politik und Gesellschaft. Wenn sich die Sozialwissenschaften also mit Grenzen befass-

---

3 Für einen allgemeinen Überblick über die Erforschung von Grenzen in sozialwissenschaftlich/historischer Perspektive vgl. v.a. Medick (1991). Ebenfalls einen recht umfangreichen Überblick über die sozialwissenschaftliche Grenzforschung bieten Faber und Naumann (1995) mit ihrem Sammelband, Literatur der Grenze – Theorie der Grenze", in dem sie literaturwissenschaftliche, sozialgeographische, ethnologische und auch philosophische Ansätze zur Grenzforschung versammeln. Einen guten Überblick über den kulturwissenschaftlichen Grenzforschungsansatz bietet Osterhammel (1995).

Einleitung: Warum eine Soziologie der Grenze?

ten, dann fast ausschließlich komplementär zur Migrationsproblematik. Aus soziologischer Perspektive sind diese Untersuchungen vor allem in Hinblick auf die Frage nach den Handlungsoptionen von Menschen auf der Grundlage bestehender Exklusions- bzw. Inklusionsmacht von Grenzen von Interesse, vor allem solcher Grenzen, die Wohlstandsgefälle markieren.[4]

An diese Untersuchungen will der Band anknüpfen, indem die empirischen Befunde theoretischen Überlegungen gegenübergestellt und durch diese angereichert werden.

Grenze – soziologisch beobachtet

Der Begriff der Grenze selbst erscheint zunächst diffus: Im Deutschen dem slawischen Lehnwort Granitza, bzw. dem polnischen Greincz entstammend, markiert er zumeist territoriale Differenzierungen zwischen hier und dort, konstruiert und konstituiert somit Differenzen im Raum. Parallel mit der Zunahme der sozialen Bedeutung territorialer Grenzziehungen nimmt die Vielfalt der Ausprägungen seines metaphorischen Sinngehalts zu. Die Rede ist von psychischen Grenzen, von den Grenzen der Belastbarkeit, den Grenzen zwischen den Geschlechtern, von Sprachgrenzen, um nur wenige Beispiele zu nennen.[5]

Gegenwärtig ist am Begriff „Grenze" bemerkenswert, dass er in den Sozialwissenschaften und im öffentlichen Diskurs weit häufiger metaphorisch als zur Bezeichnung territorialer Differenzierung verwendet wird.[6] Mit anderen Worten: Eine Soziologie territorialer Grenzen hat sich bisher kaum auch nur in Ansätzen entwickelt. Genau darum geht es in diesem Band.

Wenn von territorialen Grenzen die Rede ist, wird der moderne nationale Flächenstaat stillschweigend mitgedacht, sind also erst einmal Grenzen von Nationalstaaten gemeint. Auch im vorliegenden Band geht es um solche Grenzen, wobei allerdings mehr betrachtet wird, als bloß die „Haut des Staates"[7]. Eine Grenzsozio-

---

4 Vgl. hierzu in historischer Perspektive die umfangreichen Arbeiten von Komlosy (insbesondere 2000; 2003) und, in soziologischer Perspektive, Vobruba (1994; 1997).

5 Das Englische ist hier sehr viel genauer, indem es zwischen border, frontier, boundary, bounds und limits differenziert.

6 Die Entterritorialisierung des Grenzbegriffs in der Soziologie wird besonders bei Lamot/Molnár (2002) deutlich, die unter dem Titel „The Study of Boundaries in the Social Sciences" ausschließlich soziologische Grenzanalysen ohne staatlichen bzw. geographischen Grenzbezug vorstellen.

7 Friedrich Ratzel zit. nach Prescott (1987: 9). Ratzel betrachtete den Staat als lebenden Organismus, und die Grenzen mit ihrer Funktion des Schutzes, aber auch der Durch-

logie hat zwar von Staatsgrenzen auszugehen, darf ihren Blick dabei aber nicht exklusiv auf den Staat und staatliche Akteure richten, will sie zu einem Verständnis von Grenze als Institution, welche Einfluss auf Menschen und deren Handlungschancen hat, kommen.[8]

Die Grenzsoziologie ist nur im Rahmen einer transnationalisierten Soziologie möglich, darf „Gesellschaft" also nicht länger mit „Nationalstaat" gleichsetzen und Staatsgrenzen nicht mehr implizit zum Definitionskriterium ihres Objektbereichs erklären, sondern muss sie zu ihrem Untersuchungsgegenstand machen. Mit anderen Worten: Staatsgrenzen und grenzüberschreitende Prozesse erschließen sich der Soziologie erst, wenn ihr Gegenstand nicht an der Grenze endet. Soziale Prozesse, die mit Grenzen zu tun haben, ergeben sich vielmehr aus dem Spannungsverhältnis zwischen Grenze als Institution und grenzbezogenem Handeln. Grenzen als Institutionen definieren Handlungschancen und -restriktionen; auf die Grenze bezogenes Handeln wiederum wirkt auf die institutionelle Gestaltung von Grenzen zurück.

In soziologischer Perspektive geht es somit zentral um die Beobachtung der Grenzbeobachtung relevanter Akteure, die mit Bezug auf die Grenze handeln. Das ist erst einmal der Staat selbst, der über Gestalt und Form seiner Grenze bestimmt, der darüber entscheidet, wer die Grenze passieren darf, der über die Definition des Außen die Souveränität im Innern herstellt; denn Grenzen auf Landkarten werden erst dann auch zu Grenzen in Köpfen, mit all den Wirkungen, die Grenzen innewohnen, wenn ein Staat sie bildet.[9]

Um Grenzen sowohl in institutionentheoretischer, als auch in handlungstheoretischer Perspektive betrachten zu können, muss der Begriff der Grenze nicht nur mit angemessenen Inhalten gefüllt, sondern auch in einen geeigneten analytischen Rahmen gestellt werden. Also Grenze nicht nur verstanden in militärischer, politischer, kultureller und sprachlicher Hinsicht, sondern auch als institutionalisierter Prozess von Exklusion und Inklusion.

Auf dieser Grundlage eröffnet sich dann die Möglichkeit, Erfahrungen und Handlungen der von Grenzziehungsprozessen Betroffenen und deren Grenzbe-

---

lässigkeit als Haut. Die Grenze wird damit zu einem dynamischen Gebilde, welches nur in dem Moment, in dem es festgelegt wird, einen Halt in seinen Expansionsabsichten einlegt.

8   Vgl. hier v.a. Saurer (1989), v.a. Kapitel III: Zur Sozialgeschichte der Grenze und V: Steuerwiderstand-Der Schmuggel; Sahlins (1989).

9   Vgl. Febvre (1953; 1988): ‚Frontiere'- Wort und Bedeutung. Außerdem zeigen sowohl Sahlins (1989) als auch Pacholkiv (2000) an Beispielen der modernen Grenzziehung, wie Grenzen nicht aufgrund territorialer Gegebenheiten, sondern aus einem politischen Willensakt des Staates heraus entstanden sind.

obachtungen zu analysieren und darauf aufbauend die unterschiedlichen Formen politischer, kultureller und ökonomischer Handlungschancen aufgrund von Grenzen zu verstehen. Hierüber lassen sich schließlich auch Aussagen darüber treffen, warum welche Grenzen wann gezogen werden, weswegen sie von den Menschen akzeptiert oder attackiert werden und schließlich warum und in welchen Formen Prozesse der Grenzperforierung und des Grenzabbaus stattfinden.[10]

Inhalt und Aufbau

Der Band besteht aus drei Teilen. Im ersten Teil geht es um den Begriff und die Theorie von Grenzen in soziologischer Perspektive. Hierzu werden klassische theoretische Konzepte, die in der wissenschaftlichen Debatte bislang unzureichend beachtet wurden, wieder ans Licht geholt.

Im zweiten Teil des Bandes werden diese theoretischen Überlegungen auf der Grundlage neuer empirischer Befunde diskutiert, weiterentwickelt und in ausgewählten Aspekten vertieft. Es geht hier maßgeblich um die Entstehung, Funktion und den Wandel von Staatsgrenzen-ihre Entwicklung von Grenzzonen zu Grenzlinien (im Zuge der Entstehung des bürokratisch verwalteten Flächenstaates), von linearen Grenzen hin zu punktuellen Grenzen, von territorialen Demarkationslinien hin zu politisch intendierten Inklusions- bzw. Exklusionsinstitutionen. Zudem wird beschrieben, welche Faktoren die Transformation von Staatsgrenzen und ihrer Bedeutung bewirken, indem die Prozesse der Grenzerhaltung und Grenzdurchlöcherung rekonstruiert werden.

Empirisch konzentriert sich der vorliegende Band auf die Grenzen der USA und Europas, speziell auf die jeweiligen Außengrenzen: Diese Außengrenzen sind nicht mehr ausschließlich Grenzen im herkömmlichen Sinne, mit Grenzmarkierung, Grenzwache, Zollämtern, stationierten Grenzschutztruppen etc., sondern wandeln sie sich mancherorts zu unsichtbaren Grenzen, die gleichwohl an ihrer (Abschottungs-)Wirkung nichts eingebüßt haben, sondern ganz im Gegenteil, undurchlässiger als je zuvor sind.

---

10 Zu Fragen des Grenzabbaus bzw. der Grenzdurchlöcherung liegen bereits einzelne Studien vor; besonders hervorzuheben ist in diesem Zusammenhang der Band von Horn/Kaufmann/Bröckling (2002) „Grenzverletzer", daneben erste theoretische Überlegungen hierzu von Vobruba (1998) und schließlich natürlich die weite Literatur zu *dem* Thema der Grenzverletzung, den Staatsgrenzen überschreitenden Migrationsbewegungen (vgl. z.B.: Gestrich/Krauss (1998); Sassen (1996); Joaquin Arango. Douglas Massey (1998)). Allerdings werden in den meisten Beiträgen die Migrationsbewegungen nicht als eine besondere Art der Grenzdurchlöcherung interpretiert.

Daneben ist ein Funktionswandel von Grenzen zu beobachten: Früher setzten typischerweise fiskalische Kontrollen an Grenzüberschreitung an, waren Grenzen in erster Linie Grenzen politischer Macht über das eigene Staatsvolk und gegenüber anderen Staaten (Pachlovic 2000; Saurer 2000). Diese GrenzFunktionen sind gegenwärtig im Abbau begriffen. *Angriffe* auf die Grenze, also Prozesse von Grenzaufweichung und Grenzdurchlöcherung finden heute nicht mehr in Form von Angriffskriegen statt – die Bedrohung, der *Angriff auf das Herz des Staates* (Hess et al. 1988) geht heute eher unscheinbar, unspektakulär vonstatten: Es sind Schlepper, Schmuggler und Migranten, die heute die Grenzen angreifen, überwinden und unterwandern. Diesen *Grenzverletzern* (Horn et al. 2003) und den auf sie folgenden staatlichen Reaktionen widmet sich der dritte Teil des Bandes, in dem Berichte zu Grenzziehung, Grenzüberwachung und Grenzüberschreitung vorgestellt werden und so die Frage nach den sozialen Folgen von Grenzen in den Mittelpunkt des Interesses gerückt wird.

Teil I
Grundlagen der Grenzsoziologie

Der Raum und die räumlichen Ordnungen der Gesellschaft[1]

Georg Simmel

Es gehört zu den häufigsten Ausartungen des menschlichen Kausaltriebes, formale Bedingungen, ohne die bestimmte Ereignisse nicht stattfinden können, für positive, produktive Ursachen derselben zu halten. Das typische Beispiel ist die Macht der Zeit – eine Redensart, die uns unzähligemal darum betrügt, den *wirklichen* Gründen von Milderungen oder Erkaltungen der Gesinnung, von seelischen Heilprozessen oder fest gewordenen Gewohnheiten nachzuforschen. Mit der Bedeutung des Raumes wird es sich vielfach nicht anders verhalten. Wenn eine ästhetische Theorie es für die wesentliche Aufgabe der bildenden Kunst erklärt, uns den Raum fühlbar zu machen, so verkennt sie, daß unser Interesse nur den besonderen Gestaltungen der Dinge gilt, nicht aber dem allgemeinen Raum oder Räumlichkeit, die nur die conditio sine qua non jener, aber weder ihr spezielles Wesen noch ihren erzeugenden Faktor ausmachen. Wenn eine Deutung der Geschichte das Raummoment derart in den Vordergrund stellt, daß sie die Größe oder Kleinheit der Reiche, die Zusammendrängung oder Zerstreutheit der Bevölkerungen, die Beweglichkeit oder Stabilität der Massen usw. als die gleichsam vom Raum ausstrahlenden Motive des ganzen geschichtlichen Lebens verstehen will, so gerät auch hier die notwendige räumliche Befaßtheit aller dieser Konstellationen in Gefahr, mit deren positiv wirksamen Ursachen verwechselt zu werden. Freilich können

---

[1] Text mit freundlicher Genehmigung des Verlages entnommen aus: Georg Simmel (1908; 1992): Soziologie. Untersuchungen über die Formen der Vergesellschaftung. Kapitel IX, S. 687- 698. In: Georg Simmel Gesamtausgabe. Herausgegeben von Otthein Rammstedt. Frankfurt a.M.: Suhrkamp.

Reiche nicht irgend welche Umfänge haben, freilich können Menschen nicht einander nahe oder fern sein, ohne daß der Raum seine Form dazu hergebe, so wenig jene Vorgänge, die man der Macht der Zeit zuschreibt, außerhalb der Zeit verlaufen können. Aber die Inhalte dieser Formen erfahren doch nur durch andre *Inhalte* die Besonderheit ihrer Schicksale, der Raum bleibt immer die an sich wirkungslose Form, in deren Modifikationen die realen Energien sich zwar offenbaren, aber nur, wie die Sprache Gedankenprozesse ausdrückt, die allerdings *in* Worten, aber nicht *durch* Worte verlaufen. Ein geographischer Umfang von so und so vielen Quadratmeilen bildet nicht ein großes Reich, sondern das tun die psychologischen Kräfte, die die Bewohner eines solchen Gebietes von einem herrschenden Mittelpunkt her politisch zusammenhalten. Nicht die Form räumlicher Nähe oder Distanz schafft die besonderen Erscheinungen der Nachbarschaft oder Fremdheit, so unabweislich dies scheinen mag: Vielmehr sind auch dies rein durch *seelische* Inhalte erzeugte Tatsachen, deren Ablauf zu ihrer Raumform in keinem prinzipiell andern Verhältnis steht als eine Schlacht oder ein Telephongespräch zu den ihrigen – so zweifellos auch diese Vorgänge sich eben nur unter ganz bestimmten Raumbedingungen verwirklichen können. Nicht der Raum, sondern die von der Seele her erfolgende Gliederung und Zusammenfassung seiner Teile hat gesellschaftliche Bedeutung. Diese Synthese des Raumstücks ist eine spezifisch-psychologische Funktion, die, bei aller scheinbar „natürlichen" Gegebenheit, durchaus individuell modifiziert ist; aber die Kategorien, von denen sie ausgeht, schließen sich allerdings, mehr oder weniger anschaulich, an die Unmittelbarkeit des Raumes an. Für den geselligen Verband in den mittelalterlichen Städten Flanderns wurden drei derartige Grundlagen angeführt: die „natürliche Gelassenheit", d. h. die Vereinigung von Wohnstätten unter dem gemeinsamen Schutz voll Wall und Graben, das städtische Schöffentum, durch welches die Gemeinde zur juristischen Person wurde, der kirchliche Verband der Einwohner in Pfarreien. Dies sind drei ganz verschiedene Motive, die auf die Zusammenfassung einer und derselben Personenzahl innerhalb eines und desselben Terrainstücks gehen. Alle drei, den gleichen Bezirk in so störungslosem Zusammen okkupierend, wie Lichtwellen und Schallwellen denselben Raum durchfluten, bewirken seine Zusammengefaßtheit als eines einheitlichen, ohne daß die äußere Anschaulichkeit der Funktion von „Wall und Graben" diesem Motiv einen prinzipiellen Vorzug vor den andern gibt. In dem Erfordernis spezifisch seelischer Funktionen für die einzelnen geschichtlichen Raumgestaltungen spiegelt es sich, daß der Raum überhaupt nur eine Tätigkeit der Seele ist, nur die menschliche Art, an sich unverbundene Sinnesaffektionen zu einheitlichen Anschauungen zu verbinden.

Trotz dieser Sachlage ist die Betonung der Raumbedeutungen der Dinge und Vorgänge nicht ungerechtfertigt. Denn diese verlaufen tatsächlich oft so, daß die formale, positive oder negative Bedingung ihrer Räumlichkeit *für die Betrachtung* besonders hervortritt, und daß wir an ihr die klarste Dokumentierung der realen Kräfte besitzen. Wenn auch ein chemischer Prozeß oder eine Schachpartie schließlich ebenso an Raumbedingtheiten gebunden ist wie ein Kriegszug oder wie der Absatz landwirtschaftlicher Produkte, so ist doch die Blickrichtung, die das Erkenntnisinteresse dem einen und dem andern Falle gegenüber einschlägt, methodisch so verschieden, daß die Frage nach den Bedingungen und Bestimmtheiten von Raum und Ort dort ganz außerhalb desselben fällt, hier ganz entschieden eingeschlossen wird. Die Wechselwirkung unter Menschen wird – außer allem, was sie sonst ist, – auch als Raumerfüllung empfunden. Wenn eine Anzahl von Personen innerhalb bestimmter Raumgrenzen isoliert nebeneinander hausen, so erfüllt eben jede mit ihrer Substanz und ihrer Tätigkeit den ihr unmittelbar eignen Platz, und zwischen diesem und dem Platz der nächsten ist unerfüllter Raum, praktisch gesprochen: Nichts. In dem Augenblick, in dem diese beiden in Wechselwirkung treten, erscheint der Raum zwischen ihnen erfüllt und belebt. Natürlich ruht dies nur auf dem Doppelsinn des Zwischen: daß eine Beziehung *zwischen* zwei Elementen, die doch nur eine, in dem einen und in dem andern immanent stattfindende Bewegung oder Modifikation ist, *zwischen* ihnen, im Sinne des räumlichen Dazwischentretens stattfinde. Zu welchen Irrtümern dieser Doppelsinn auch sonst führe, so ist er in diesem soziologischen Fall doch von tieferer Bedeutung. Das Zwischen als eine bloß funktionelle Gegenseitigkeit, deren Inhalte in jedem ihrer personalen Träger verbleiben, realisiert sich hier wirklich auch als Beanspruchung des zwischen diesen bestehenden Raumes, es findet wirklich immer *zwischen* den beiden Raumstellen statt, an deren einer und andrer ein jeder seinen für ihn designierten, von ihm allein erfüllten Platz hat. Kant definiert den Raum einmal als „die Möglichkeit des Beisammenseins" -das ist er auch soziologisch, die Wechselwirkung macht den vorher leeren und nichtigen zu etwas *für uns,* sie erfüllt ihn, indem er sie ermöglicht. Die Vergesellschaftung hat, in den verschiedenen Arten der Wechselwirkung der Individuen, andre Möglichkeiten des Beisammenseins – im geistigen Sinne – zustande gebracht; manche derselben aber verwirklichen sich so, daß die Raumform, in der dies wie bei allen überhaupt geschieht für unsre Erkenntniszwecke besondere Betonung rechtfertigt. So fragen wir im Interesse der Ergründung der Vergesellschaftungsformen nach der Bedeutung, die die Raumbedingungen einer Vergesellschaftung für ihre sonstige Bestimmtheit und Entwicklungen in soziologischer Hinsicht besitzen.

I. Zunächst sind es einige Grundqualitäten der Raumform, mit denen Gestaltungen des Gemeinschaftslebens rechnen.

A. Dazu gehört das, was man die Ausschließlichkeit des Raumes nennen kann. Wie es nur einen einzigen allgemeinen Raum gibt, von dem alle einzelnen Räume

Stücke sind, so hat jeder Raumteil eine Art von Einzigkeit, für die es kaum eine Analogie gibt. Einen bestimmt lokalisierten Raumteil in der Mehrzahl zu denken, ist ein völliger Widersinn, und eben dies ermöglicht es, daß von *andern* Objekten gleichzeitig eine Mehrzahl völlig identischer Exemplare bestehen kann; denn nur dadurch, daß jedes einen andern Raumteil einnimmt, von denen keiner jemals mit einem andern zusammenfallen kann, sind es eben *mehrere*, obgleich ihre Beschaffenheiten absolut ununterscheidbar sind. Diese Einzigkeit des Raumes teilt sich also den Gegenständen, insoweit sie bloß als raumfüllend vorgestellt werden, mit, und dies wird für die Praxis an denjenigen in hohem Maße wichtig, von denen wir gerade die Raumbedeutung zu betonen und zu benützen pflegen. So vor allem am Grund und Boden, der die Bedingung ist, die Dreidimensionalität des Raumes für unsre Zwecke zu erfüllen und zu fruktifizieren. In dem Maß, in dem ein gesellschaftliches Gebilde mit einer bestimmten Bodenausdehnung verschmolzen oder sozusagen solidarisch ist, hat es einen Charakter von Einzigkeit oder Ausschließlichkeit, der auf andre Weise nicht ebenso erreichbar ist. Gewisse Verbindungstypen können ihrer ganzen soziologischen Form nach sich nur so verwirklichen, daß innerhalb des Raumgebietes, das von einem ihrer Exemplare erfüllt wird, für kein zweites Platz ist. Von andern dagegen kann eine beliebige Zahl – soziologisch gleich gearteter – denselben Umfang erfüllen, indem sie gegenseitig gleichsam permeabel sind; weil sie keine innerliche Beziehung zum Raum haben, können sie auch nicht in räumliche Kollisionen geraten. Für das erstere ist das einzige völlig deckende Beispiel der Staat. Von ihm hat man gesagt, er wäre nicht ein Verband unter vielen, sondern der alles beherrschende Verband, also einzig in seiner Art. Diese Vorstellung, deren Richtigkeit für das Gesamtwesen des Staates hier nicht in Frage steht, gilt in jedem Fall in Rücksicht auf den Raumcharakter des Staates. Die Verbindungsart zwischen den Individuen, die der Staat schafft oder die ihn schafft, ist mit dem Territorium derartig verbunden, daß ein zweiter gleichzeitiger Staat auf eben demselben kein vollziehbarer Gedanke ist. Einigermaßen hat die Kommune den gleichen Charakter: innerhalb des Weichbildes einer Stadt kann es nur diese Stadt geben, und wenn etwa doch eine zweite in eben diesen Grenzen erwächst, so sind das nicht zwei Städte auf demselben Grund und Boden, sondern auf zwei zwar ehemals vereinten, jetzt aber gesonderten Territorien. Dennoch ist diese Ausschließlichkeit nicht ebenso absolut wie die des Staates. Das Bedeutungs- und Wirksamkeitsgebiet einer Stadt – innerhalb eines Staates – endet doch nicht an ihrer geographischen Grenze, sondern, mehr oder weniger bemerkbar, erstreckt es sich mit geistigen, ökonomischen, politischen Wellenzügen über das ganze Land, indem die allgemeine Staatsverwaltung die Kräfte und Interessen jedes Teiles mit denen des Ganzen verwachsen läßt. Von diesem Gesichtspunkt aus verliert die Gemeinde ihren ausschließenden Charakter und expandiert sich funktionell über den Gesamtstaat, derart, daß dieser das gemeinsame Wirkungsgebiet für die sozusagen ideellen Erstreckungen aller einzelnen Gemeinden ist. Indem jede über ihre unmittelbaren Grenzen hinaus greift, begegnet sie sich mit allen andern, auf dem gleichen Totalgebiet wirksamen, so daß auf diesem keine die einzige ist, und eine jede um die Ausschließlichkeit ihres engeren Gebietes ein weiteres gelagert hat, auf dem sie nicht einzig ist. Auch innerhalb der einzelnen Stadt kann sich diese Lokalform des Gruppenlebens wiederholen. Wenn sich aus deutschen Markgemeinden bischöfliche Städte entwickelten, so war die freie Gemeinde nie Eigentümerin der ganzen Stadtmark, vielmehr bestand neben ihr ein Bischof, der einen umfangreichen, nach eigenem Rechte regierten Herrschaftsverband abhängiger Leute hinter sich hatte. Ferner bestand in den meisten Städten noch ein Fronhof des Königs mit einer besonders verwalteten Hofgemeinde, endlich noch unabhängige Klöster und Judengemeinden, welche nach eigenem Rechte lebten. Es gab also in älterer Zeit wohl Gemeinden in den Städten, aber keine eigentlichen Stadtgemeinden. Unvermeidlich aber entwickelten sich aus der räumlichen Berührung hin- und hergreifende Wirkungen, die sich, bevor alle diese Getrenntheiten zu einem Stadtwesen zusammenschmolzen, zunächst in dem gemeinsamen Stadtfrieden einen Ausdruck schafften. Mit ihm war allen Einwohnern ein gemeinsam schützendes Recht über ihren besonderen Personenrechten gegeben; d. h. die Rechtssphäre jedes Bezirkes griff über seine Abgrenzung, innerhalb deren jede Gemeinschaft die einzige war, hinaus, erstreckte sich in für alle gleichmäßiger Weise auf ein alle einschließendes Gesamtgebiet und verlor mit dieser Erweiterung ihres wirksamen Wesens die lokale Ausschließlichkeit. Dieser Typus bildet den Übergang zu der weiteren Stufe des Raumverhältnisses von Gruppen, auf der sie, weil sie nicht auf bestimmte Ausdehnung begrenzt sind, auch nicht den Anspruch auf Einzigkeit innerhalb einer solchen besitzen. So konnten auf dem Territorium einer Stadt beliebig viele, soziologisch ganz gleich beschaffene Zünfte nebeneinander bestehen. Jede war eben die Zunft der ganzen Stadt, sie teilten die gegebene Ausdehnung nicht quantitativ, sondern funktionell, sie stießen sich nicht im Raume, weil sie als soziologische Gebilde nicht räumlich, wenn auch *örtlich* bestimmt waren. Ihrem Inhalte nach hatten sie die Ausschließlichkeit der Erfüllungen räumlicher Ausdehnung, insoweit es für jedes bestimmte Handwerk eben nur eine Zunft in der Stadt gab und für eine zweite kein Raum war. Ihrer Form nach aber konnten unzählige Gebilde dieser Art widerspruchslos denselben Raum erfüllen. Den äußersten Pol dieser Reihe exemplifiziert die Kirche, wenigstens wenn sie, wie die katholische, den Anspruch auf All-Erstreckung und Freiheit von jeglicher örtlicher Schranke erhebt. Dennoch könnten mehrere Religionen dieser Art sich z. B. in derselben Stadt zusammenfinden. Die katholische Gemeinde wäre nicht weniger „die katholische Gemeinde der Stadt" – d. h. in einer bestimmten organisatorisch-lokalen Beziehung zu der Stadt als Einheit stehend – wie ganz entsprechend die einer beliebigen andern Religion. Das Prinzip der Kirche ist unräumlich und deshalb, obgleich über jeden Raum sich erstreckend, von keinem ein gleich geformtes Gebilde ausschließend. Es gibt innerhalb des Räumlichen ein Seitenstück zu dem zeitlichen Gegensatz des Ewigen und des Zeitlosen: das letztere seinem Wesen nach überhaupt nicht von der Frage des Jetzt oder Früher oder Später berührt und deshalb freilich jedem Zeitmoment zugängig oder gegenwärtig, das erstere gerade ein Begriff von Zeit, nämlich von endloser und ununterbrochener. Den entsprechenden Unterschied im Räumlichen, für den wir keine ebenso einfachen Ausdrücke haben, bilden auf der einen Seite die überräumlichen Gebilde, die ihrem inneren Sinne nach keine Beziehung zum Raume, eben deshalb aber eine gleichmäßige zu allen einzelnen Punkten desselben haben; auf der andern Seite diejenigen, die ihre gleichmäßige Beziehung zu allen Raumpunkten nicht als gleichmäßige Indifferenz, also eigentlich als bloße Möglichkeit, sondern als überall wirkliche und prinzipielle Solidarität mit dem Raume genießen. Der reinste Typus der ersteren ist ersichtlich die Kirche, der des letzteren der Staat: zwischen beide schieben sich mittlere Erscheinungen, von denen ich einige andeutete; auf das formale Wesen von vielerlei sozialen Gebilden mag deshalb ein besonderes Licht von ihrer Stufe auf der Skala her fallen, die von der völligen territorialen Festgelegtheit und daraus folgenden Ausschließlichkeit zu der völligen Überräumlichkeit und der daraus folgenden Möglichkeit eines Kondominiums vieler gleichartiger über denselben Raumabschnitt führt. So ist die Nähe oder die Entfernung, die Ausschließlichkeit oder die Vielfachheit, die das Verhältnis der Gruppe zu ihrem Grund und Boden aufweist, vielfach die Wurzel und das Symbol ihrer Struktur.

B. Eine weitere Qualität des Raumes, die auf die gesellschaftlichen Wechselwirkungen wesentlich einwirkt, liegt darin, daß sich der Raum für unsere praktische Ausnutzung in Stücke zerlegt, die als Einheiten gelten und – als Ursache wie als Wirkung hiervon – von Grenzen eingerahmt sind. Mögen nun die Konfigurationen der Erdoberfläche uns den Rahmen vorzuzeichnen scheinen, den wir in die Grenzlosigkeit des Raumes einschreiben, oder mögen rein ideelle Linien gleichgeartete Stücke des Bodens trennen wie eine Wasserscheide, diesseits und jenseits deren jedes Teilchen einem andren Zentrum zu gravitiert: immer fassen wir den Raum, den eine gesellschaftliche Gruppe in irgend einem Sinne erfüllt, als eine Einheit auf, die die Einheit jener Gruppe ebenso ausdrückt und trägt, wie sie von ihr getragen wird. Der Rahmen, die in sich zurücklaufende Grenze eines Gebildes, hat für die soziale Gruppe sehr ähnliche Bedeutung wie für ein Kunstwerk. An diesem übt er die beiden Funktionen die eigentlich nur die zwei Seiten einer einzigen sind: das Kunstwerk gegen die umgebende Welt ab- und es in sich zusammenzuschließen; der Rahmen verkündet, daß sich innerhalb seiner eine nur eigenen Normen untertänige Welt befindet die in die Bestimmtheiten und Bewegungen der umgebenden nicht hineingezogen ist; indem er die selbstgenugsame Einheit des Kunstwerkes symbolisiert, verstärkt er zugleich von sich aus deren Wirklichkeit und Eindruck. So ist eine Gesellschaft dadurch, daß ihr Existenzraum von scharf bewußten Grenzen eingefaßt ist, als eine auch innerlich zusammengehörige charakterisiert, und umgekehrt: die wechselwirkende Einheit, die funktionelle Beziehung jedes Elementes zu jedem gewinnt ihren räumlichen Ausdruck in der einrahmenden Grenze. Es gibt vielleicht nichts, was die Kraft insbesondere des staatlichen Zusammenhaltens so stark erweist, als daß diese soziologische Zentripetalität, diese schließlich doch nur seelische Kohärenz von Persönlichkeiten zu einem wie sinnlich empfundenen Bilde einer fest umschließenden Grenzlinie aufwächst. Man macht sich selten klar, wie wunderbar hier die Extensität des Raumes der Intensität der soziologischen Beziehungen entgegenkommt wie die Kontinuität des Raumes, gerade weil sie objektiv nirgends eine absolute Grenze enthält, eben deshalb überall gestattet, eine solche subjektiv zu legen. Der Natur gegenüber ist jede Grenzsetzung Willkür, selbst im Falle einer insularen Lage, da doch prinzipiell auch das Meer „in Besitz genommen" werden kann. Gerade an dieser Unpräjudiziertheit durch den natürlichen Raum macht die trotzdem bestehende unbedingte Schärfe der einmal gesetzten physischen Grenze die formende Macht des gesellschaftlichen Zusammenhanges und ihre von innen kommende Notwendigkeit ganz besonders anschaulich. Darum ist das Bewußtsein der Eingegrenztheit auch vielleicht nicht gegenüber den sogenannten natürlichen Grenzen (Gebirge, Flüsse, Meere, Einöden) das stärkste, sondern gerade an bloß politischen Grenzen, die nur eine geometrische Linie zwischen zwei Nachbarn legen. Und zwar gerade, weil hier Verschiebungen, Erweiterungen, Einziehungen, Verschmelzungen viel näher liegen, weil das Gebilde an seinem Ende an lebendige, seelisch wirksame Grenzen stößt, von denen nicht nur passive Widerstände, sondern sehr aktive Repulsionen ausgehen. Jede derartige Grenze bedeutet Defensive und Offensive; oder vielleicht richtiger: sie ist der räumliche Ausdruck jenes einheitlichen Verhältnisses zwischen zwei Nachbarn, für das wir keinen ganz einheitlichen Ausdruck haben, und das wir etwa als den Indifferenzzustand von Defensive und Offensive bezeichnen können, als einen Spannungszustand, in dem beides latent ruht, mag es sich nun entwickeln oder nicht.

Damit ist selbstverständlich nicht geleugnet, daß die in jedem Fall psychologische Grenzsetzung an jenen natürlichen Gebietsabschlüssen eine Erleichterung und Betonung fände; ja der Raum erhält durch die Gliederung seiner Grundfläche oft Einteilungen, die die Beziehungen der Bewohner untereinander und zu den draußen Stehenden in einzigartiger Weise färben. Das bekannteste Beispiel bilden die Gebirgsbewohner mit ihrem eigentümlichen Ineinsbringen von Freiheitssinn und Konservativismus, von Sprödigkeit des Verhaltens gegen einander und leidenschaftlicher Anhänglichkeit an den Boden, die dennoch ein außerordentlich starkes Band zwischen ihnen schafft.[2]

Der Konservativismus ist in Gebirgstälern sehr einfach aus der Erschwerung des Verkehrs mit der Außenwelt und dem daraus hervorgehenden Mangel an Anregungen zur Veränderung erklärt; wo die Gebirgslage diese prohibitive Wirkung nicht übt, wie in einigen griechischen Landschaften, überwiegt die konservative Tendenz keineswegs. Sie hat also nur negative Veranlassungen, im Gegensatz etwa zu andren geographischen Bestimmtheiten von gleichem Ergebnis: der Nil bietet seinen Anwohnern einerseits eine außerordentliche Gleichmäßigkeit dessen, was er ihnen gewährt, und der Tätigkeit, die zu der Nutzbarmachung davon erfordert wird. Andrerseits ist die Fruchtbarkeit seines Tales so groß, daß die Bevölkerung, die einmal dort eingedrungen ist, keine Veranlassung zu unruhigen Bewegungen hat. Diese sehr positiven Gründe prägen der Gegend eine Einförmigkeit immer wiederheiter Lebensinhalte ein, fesseln sie wie an die Regelmäßigkeit einer Maschine und haben dem Niltal oft eine konservative Erstarrung für Jahrhunderte aufgezwungen, wie sie an der Küste des ägäischen Meeres schon aus geographischen Gründen garnicht erzielbar war.

Der Begriff der Grenze ist in allen Verhältnissen von Menschen untereinander äußerst wichtig, wenngleich sein Sinn nicht immer ein soziologischer ist; denn er bezeichnet oft genug nur, daß die Sphäre einer Persönlichkeit nach Macht oder Intelligenz, nach Fähigkeit des Ertragens oder des Genießens eine Grenze gefunden hat – aber ohne daß an diesem Ende sich nun die Sphäre eines andren ansetzte und mit ihrer eigenen Grenze die des ersten merkbarer festlegte. Dieses letztere, die soziologische Grenze, bedeutet eine ganz eigenartige Wechselwirkung. Jedes der beiden Elemente wirkt auf das andre, indem es ihm die Grenze setzt, aber der Inhalt dieses Wirkens ist eben die Bestimmung, über diese Grenze hin, also

---

2 Diese Leidenschaft fur die Heimat, die sich gerade an den Gebirgsbewohnern als typisches „Heimweh" zeigt und unmittelbar ein rein individueller Affekt ist, geht vielleicht auf die auffällige Differenzierung des Bodens zurück, die das Bewußtsein stark an ihn und die Besonderheit seiner Gestalt fesseln muß, oft grade an das Fleckchen Erde, das dem Einzelnen gehörte oder das er bewohnt hat. An sich liegt kein Grund vor, weshalb der Bergbewohner seine Heimat mehr lieben sollte, als der Flachlandbewohner. Allein das Gefühlsleben verschmilzt allenthalben mit der differenziert-unvergleichlichen, als einzig empfundenen Formation in besonders enger und wirksamer Weise, deshalb mehr mit einer alten, winkligen, unregelmäßigen Stadt als mit der schnurgeraden modernen, mehr mit dem Gebirge, in dem jedes Stück des Bodens ganz individuelle, unverkennbare Gestalt zeigt, als mit der Ebene, deren Stücke alle gleich sind.

doch auf den andren, überhaupt *nicht* wirken zu wollen oder zu können. Wenn dieser Allgemeinbegriff des gegenseitigen Begrenzens von der räumlichen Grenze hergenommen ist, so ist doch, tiefer greifend, dieses letztere nur die Kristallisierung oder Verräumlichung der allein wirklichen *seelischen* Begrenzungsprozesse. Nicht die Länder, nicht die Grundstücke, nicht der Stadtbezirk und der Landbezirk begrenzen einander; sondern die Einwohner oder Eigentümer üben die gegenseitige Wirkung aus, die ich eben andeutete. Von der Sphäre zweier Persönlichkeiten oder Persönlichkeitskomplexe gewinnt jede eine innere Geschlossenheit für sich, ein Aufeinanderhinweisen ihrer Elemente, eine dynamische Beziehung zu ihrem Zentrum; und eben dadurch stellt sich zwischen beiden das her, was sich in der Raumgrenze symbolisiert, die Ergänzung des positiven Macht- und Rechtmaßes der eigenen Sphäre durch das Bewußtsein, daß sich Macht und Recht eben in die andre Sphäre nicht hinein erstrecken. Die Grenze ist nicht eine räumliche Tatsache mit soziologischen Wirkungen, sondern eine soziologische Tatsache, die sich räumlich formt. Das idealistische Prinzip, daß der Raum unsere Vorstellung ist, genauer: daß er durch unsere synthetische Tätigkeit, durch die wir das Empfindungsmaterial formen, zustande kommt – spezialisiert sich hier so, daß die Raumgestaltung, die wir Grenze nennen, eine soziologische Funktion ist. Ist sie freilich erst zu einem räumlich-sinnlichen Gebilde geworden, das wir unabhängig von seinem soziologisch-praktischen Sinne in die Natur einzeichnen, so übt dies starke Rückwirkung auf das Bewußtsein von dem Verhältnis der Parteien. Während diese Linie nur die Verschiedenheit des Verhältnisses zwischen den Elementen einer Sphäre untereinander und zwischen diesen und den Elementen einer andren markiert, wird sie doch zu einer lebendigen Energie, die jene aneinander drängt und sie nicht aus ihrer Einheit herausläßt und sich wie eine physische Gewalt, die nach beiden Seiten hin Repulsionen ausstrahlt, zwischen beide schiebt.

Differenzierung und Grenzbildung[1]

Stein Rokkan

Ein Paradigma von Dimensionen

Unsere Suche nach einem sparsamen Erklärungsmodell nimmt eine Reinterpretation des Schemas, das Talcott Parsons' Argumentation in *Societies* (Parsons 1967) zugrunde liegt, zum Ausgangspunkt. Das Schema (vgl. Abb. 1) postuliert vier unterschiedliche Entwicklungsprozesse, ausgehend von der primordialen Gemeinschaft auf einer niedrigen Stufe interner Rollendifferenzierung mit einer primitiven, lokal gebundenen Wirtschaft und einem strukturell eingebetteten System religiöser Anschauungen und ritueller Praktiken:

- erstens, die Schaffung regulärer Institutionen für die Beilegung von Streitigkeiten innerhalb und über enge Stammesgrenzen hinaus und die Kodifizierung von Regeln der Rechtsprechung;
- zweitens, die Entwicklung militärisch starker Eroberungszentren, die physische Kontrolle über die sie umgebenden Bevölkerungsgruppen durch Requisition von Nahrungsmitteln, Arbeitskräften und anderen Ressourcen ausüben;
- drittens, die Ausdifferenzierung eines eigenständigen Priesterstandes, die Ablösung von Mythologien und rituellen Praktiken von der gesellschaftlichen

---

1 Text mit freundlicher Genehmigung des Verlags entnommen aus: Stein Rokkan (2000). Staat, Nation und Demokratie in Europa. Die Theorie Stein Rokkans aus seinen gesammelten Werken rekonstruiert und eingeleitet von Peter Flora. S. 126-138. Frankfurt a.M.: Suhrkamp.

Struktur der lokalen Bevölkerungsgruppen sowie die beginnende Ausbreitung von Weltreligionen und Missionseinrichtungen;
- und schließlich, die Ausdifferenzierung technischer Fertigkeiten aus der zugrundeliegenden Gesellschaftsstruktur und die Zunahme von unabhängigen überlokalen Netzwerken von Handwerkern, Kaufleuten und Fuhrleuten.

Talcott Parsons benutzte dieses Schema zum Entwurf einer Typologie der frühen politischen Systeme: der patrimonialen Königreiche, der frühen administrativ-religiösen Imperien, der Stadtstaaten-Konföderationen und der sehr bedeutsamen „Pflanzbeet-Gesellschaften" Israel und Griechenland. Er hat auch Vorschläge zur Anwendung dieses Schemas auf die im Laufe des Mittelalters und des 16.-19. Jahrhunderts innerhalb Westeuropas entstehenden Nationalstaaten gemacht (Parsons 1971).

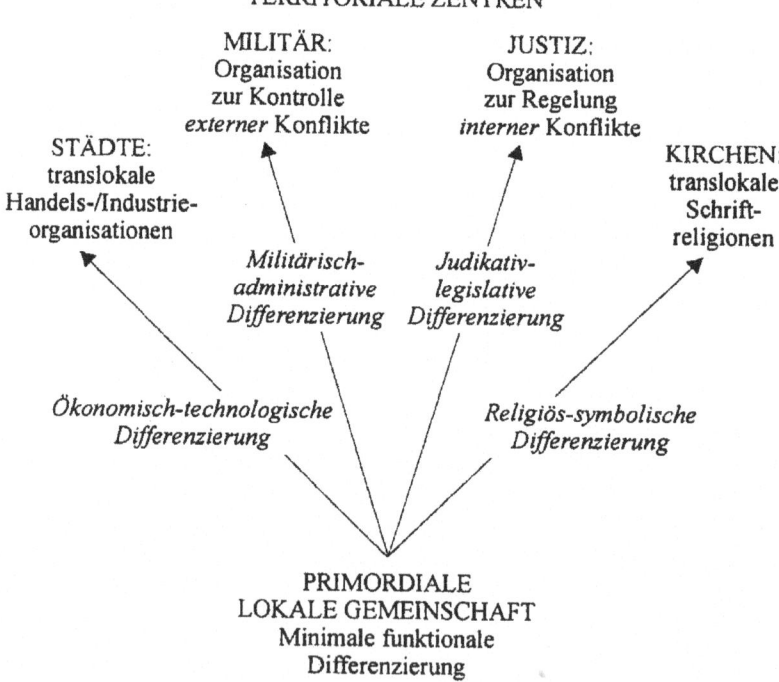

Abbildung 1 Grundlegende Prozesse der territorialen Differenzierung

Die frühen Systeme territorialer Kontrolle über große Entfernungen, die Imperien, entstanden mit Erfindung der Schrift. Piktogramme und die alphabetische Schrift reduzierten die Abhängigkeit von mündlichen Überlieferungen über Zeit und Raum und ermöglichten die Stabilisierung von Strukturen über einen weiten Radius lokaler Gemeinschaften (vgl. Innes 1950 und Goody 1967). Die Kommunikation mittels Schrift hatte wohlbekannte magische und religiöse Funktionen und half, eingesetzte Autoritäten zu legitimieren, war aber auch sowohl für militärische als auch ökonomische Organisationen von eminent praktischer Bedeutung. All die frühen Versuche territorial großflächiger Organisation hingen von Formen kultureller Standardisierung durch das Medium der Schrift ab, unterschieden sich aber stark in ihrer internen Kommunikationsstruktur.

Der große Archäologe Henri Frankfort stellt zwei Modelle territorialer Konsolidierung gegenüber: das mesopotamische Konglomerat selbstbewußter, korporativer Stadtgemeinschaften und das monokephale Reich der ägyptischen Pharaonen. Die große Erfindung der Mesopotamier war die Stadt: eine von Menschen geschaffene, die natürliche und primordiale Teilung der Gesellschaft in Familien und Klans überlagernde Institution. Sie macht geltend, daß der Wohnort und nicht Verwandtschaft die Bindungen der Menschen bestimmt. Darüber hinaus erkennt die Stadt keine äußere Autorität an. Sie mag zwar von einem Nachbarn oder Herrscher unterworfen werden; ihre Loyalität kann jedoch nicht durch Gewalt gewonnen werden, da ihre Souveränität in der Versammlung ihrer Bürger liegt. Daher ähnelten die frühen mesopotamischen Städte in vielerlei Hinsicht denen der Griechen, der Hanseatischen Liga oder denen des Italiens der Renaissance (vgl. Frankfort 1951).

Im Unterschied dazu entwickelte Ägypten sein dynastisches Zentrum in einem eindeutig agrarischen Umfeld: In Ägypten führte der große Wandel nicht zur Konzentration sozialer Aktivität in städtischen Zentren. Es stimmt zwar, daß es in Ägypten Städte gab, aber mit Ausnahme der Hauptstadt handelte es sich hierbei lediglich um Marktzentren für das Land. Paradoxerweise war die Hauptstadt weniger von Dauer als die Städte in den Provinzen, da sie im Prinzip immer nur einem einzigen Herrscher diente. Jeder Pharao nahm seine Residenz nahe der von ihm gewählten Grabstätte. Bis in die Mitte des Zweiten Jahrtausends v. Chr. – als Theben den Charakter einer Metropole annahm – gab es keine wirklich dauerhafte Hauptstadt in Ägypten, was klar zeigt, daß das Konzept der Stadt im politischen Denken der Ägypter nur eine unbedeutende Rolle spielte. In Mesopotamien hingegen betitelten sich sogar die mächtigsten Herrscher des Landes als Herrscher von Städten und fungierten als solche in Akkad oder Ur, Babylon oder Assur (vgl. Frankfort 1951).

Das Konzept der Stadt ist in der vergleichenden Geschichte der Imperien Bildung eine grundlegende Dimension. Die ägyptische und die mesopotamische Entwicklungslinie stellten die beiden Hauptpfade territorialer Expansion dar: Aufbau militärisch-bürokratischer Zentren in vorwiegend agrarischen Gebieten versus Bildung von zur Kontrolle und Rechtsprechung über ein Netzwerk etablierter Städte. Der mesopotamische Stil Einrichtungen herrschte in einem breiten Gürtel von Indien bis zum Mittelmeer und später auch in nördlicher Richtung quer durch Europa vor. Der ägyptische Stil hingegen weist Parallelen zu China, den Nomadenreichen der zentralasiatischen Steppen sowie zu einigen muslimischen Reichen und zu Rußland auf.

Das Römische Reich verband auf dem Höhepunkt seiner Macht Ressourcen aus beiden Traditionen: Es kontrollierte ein riesiges Netzwerk von Städten rund um das Mittelmeer und schuf zugleich ein starkes Zentrum zur Eroberung von Territorien, die sich noch auf einer niedrigen Stufe ökonomischer Entwicklung befanden. Mindestens ebenso wichtig aber war die Rolle des Römischen Reiches als grundlegendem Beförderungsmittel für das Eindringen einer zentralen Schriftreligion, des Christentums, in neue Gebiete.

Auf diese Art und Weise zog das Römische Reich einige Zeit lang Stärke aus allen drei grundlegenden Prozessen der Differenzierung: der ökonomischen, militärisch-bürokratischen und kulturellen Differenzierung. Diese drei Entwicklungen verstärkten sich eine Zeitlang gegenseitig, brachten aber auch gesonderte organisatorische Strukturen mit eigenen Ressourcen hervor. Das Weströmische Reich brach zwar im 5. Jahrhundert als militärisch-bürokratische Struktur zusammen, aber das Städtenetz existierte weiter und ebenso die römische Kirche und die Tradition einer Kommunikation über große Distanzen mittels der alphabetischen Schrift. Das Reich zerbrach als politisches System territorialer Kontrolle, aber ein Großteil seiner ökonomischen und kulturellen Infrastruktur zur Kommunikation über große Distanzen hinweg blieb intakt, ja wurde sogar nach vier bis fünf Jahrhunderten des Konflikts mit dem Islam, der anderen Imperien begründenden Religion im Mittelmeer, gestärkt.

Entries, Voices, Exits

Durch die Lektüre von Albert O. Hirschmaus brillantem Essay *Exit, Voice, and Loyalty* (Hirschman 1970) sah ich mich zu einer Reinterpretation von Parsons' einfachem Schema gezwungen, deren Ergebnis ein viel komplexeres Modell von *Typen der Grenzüberschreitung und Grenzkontrolle* war. Es ist ein wirklich anregender und faszinierender Essay: anregend aufgrund seiner scharfsinnigen Einsichten in die grundlegenden strukturellen Ähnlichkeiten der Optionen der Entscheidungsfindung in Wirtschaft und Politik; faszinierend aufgrund der außerordentlichen Spannbreite von Fragen über weitere Möglichkeiten der Modellbildung in anderen Sektoren des menschlichen Lebens, die der Essay aufwirft.

Auf allen Ebenen des Lebens können wir Strukturen und Prozesse identifizieren, die zumindest den minimalen *Erhalt* bestehender Systeme sicherstellen: den genetischen Code in den Zellen, homöostatische Mechanismen und das Immunsystem in Organismen, die Mechanismen zur Sicherung reproduktiver Isolation bei Tieren sowie die Riten und Sprachen, welche eine menschliche Population von einer anderen unterscheiden. In Hirschmaus Modell entspräche dies den *loyalty*-Mechanismen: den Strukturen, die die Teilelemente dazu zwingen, innerhalb eines gegebenen Systems zu *verbleiben*.

Auf all diesen Ebenen des Lebens können wir aber auch Strukturen und Prozesse identifizieren, welche die *Kommunikation* zwischen den Teilelementen und von einem System zum anderen sicherstellen: die RNA-Moleküle in den Zellen, das Nervensystem in den Organismen, die Signale und Symbole, die sich in Interaktionen bei Tier und Mensch entwickelt haben. In Hirschmaus Modell entspräche dies den voice-Mechanismen: Strukturen, die von seiten der Teilelemente und von außen die regelmäßige Versorgung mit Informationen über die Bedingungen sicherstellen, die das Funktionieren des Systems beeinflussen. Schließlich können wir auf allen Ebenen des Lebens Quellen des *Wandels und des Zusammenbruchs, der Transformation und des Überschreitens* identifizieren: Mutationen in den DNA-Ketten, Invasionen von Viren in Organismen, Kreuzungen von Pflanzen und von Tierpopulationen, Verschiebungen im ökologischen Gleichgewicht, neue Opportunitäten und Ressourcenkombinationen, geschaffen durch Mobilität und Austausch über große Entfernungen. In Hirschmaus Modell ist ein entscheidender Mechanismus des Wandels des „exit": der Transfer eines Teilelementes von einem System in ein anderes, das Überschreiten, einer festen Grenze.

In dieser Perspektive war der Übergang von der Ortsgebundenheit der Pflanzen zur Mobilität der Tiere die entscheidende Weggabelung in der evolutionären Entwicklungsabfolge. Mobilität brachte zwar die ständige Drohung mit „exit" mit sich, erzeugte aber zugleich den Zwang, Bewegung in Grenzen zu halten und Ordnung und Vorhersagbarkeit zu erzwingen. In den menschlichen Gesellschaften wurde diese Dialektik von Ordnung und Bewegung, von *voice* und *exit*, durch den Gegensatz zwischen der langen Periode der Abhängigkeit in der Kindheit und der außerordentlichen Wahlfreiheit, die sich durch die kombinatorischen Möglichkeiten des ausgewachsenen Gehirns eröffnen, auf den Höhepunkt getrieben.

Diese Dialektik von Ordnung und Bewegung, von Grenzbildung und Grenzüberschreitung, läßt sich auf allen Ebenen des menschlichen Lebens studieren. Hier werde ich mich auf eine dieser Ebenen beschränken. Ich werde versuchen, das Potential des exit-voice-Paradigmas für das vergleichende Studium territorialer

Sozialsysteme, d. h. von Systemen, die in ihrer Mitgliedschaft und ihren Interaktionscodes innerhalb räumlich identifizierbarer Grenzen beschränkt sind, herauszuarbeiten.

Drei Richtungen der Grenzüberschreitung

Anstatt von drei Richtungen der Differenzierung auszugehen, postuliert mein neues Modell (vgl. Abb. 2) drei Sets von grenzüberschreitenden Transaktionen und drei entsprechende Sets von Kontrollmaßnahmen: für *Güter und Dienstleistungen*, für *Personen* und für *Botschaften*. Im Falle einer vollkommenen Autarkie besteht vollständige Isolierung von den umliegenden Systemen: weder Import noch Export, keine Visa hinein oder heraus, Zensur aller Botschaften. In der vollkommen offenen Gesellschaft würden die Grenzen einfach Linien auf einer Karte darstellen: Nichts und niemandem würde bei ihrem Überschreiten etwas geschehen. Die historisch bedeutsamen Fälle können alle auf Punkten zwischen diesen beiden Extremen angesiedelt werden, aber auf unterschiedlichen Dimensionen: Unsere Aufgabe ist es, die Strategien für eine *differentielle* Kontrolle sowie die Folgen solcher Strategien für die Konfigurationen politischer Ressourcen innerhalb eines jeden Territoriums zu studieren. In jeder Dimension können wir sowohl ein Set von *grenzüberschreitenden Technologien* als auch von *grenzerhaltenden Gegenkräften* identifizieren. Die Geschichte eines jeden Territoriums ist im wesentlichen eine Geschichte der Erfolge und Fehlschläge in diesem Konflikt zwischen Grenzabbau und Grenzverstärkung.

Im komplexeren Modell scheint es wesentlich, für jeden der drei Typen von Überschreitung zwei Schritte zu unterscheiden (vgl. hierzu Abb. 3). Dieses Modell konzentriert sich auf den *exit* als eine *innovative* Überschreitung von Grenzen: auf die *Initiierung* von Bewegungen zwischen bestehenden lokalen Systemen. Dies ist ein zweiter Schritt hin zur Generalisierung von Hirschmaus Paradigma: Der Fokus liegt nicht mehr ausschließlich auf *exit* versus *voice* als alternativen *Reaktionen* auf Produkte, Botschaften oder Dienstleistungen, sondern auf dem Gebrauch derselben grundlegenden Polarität für die Analyse der *Erzeugung* solcher Konsumobjekte. In diesem Versuch einer auf den Entwicklungsprozeß ausgerichteten Generalisierung sind die *primären exits* die innovativen Schritte über die Grenzen bestehender lokaler Systeme hinaus: *exits* aus den Beschränkungen des engmaschigen Mikro-Raumes hinaus in die Chancen und Risiken größerer Territorien. Solche innovativen *exits* werden haben sie erst einmal Erfolg, auch anderen Bevölkerungsgruppen Chancen auf sekundäre *exits* eröffnen: Sie *erzeugen Alternativen* für Konsumenten und Bürger, Ort für Ort.

Differenzierung und Grenzbildung

Abbildung 2 Schaubild zur Klassifizierung wichtiger Elemente grenzüberschreitender Transaktionen und Grenzkontrollen zwischen zwei territorialen Systemen

Typus	Grenzüber-schreitung von	Medium	Primäre Grenzüber-schreitung	Sekundäre Grenzüber-schreitung
Ökonomisch	Waren	Naturaltausch, Tauschhandel, Geld	Innovation in Produktionstechnologie, Transportwesen, Handel	Umstellung auf alternative Produkte und Tauschpartner
Kulturell	Botschaften, Codes	mündliche Weitergabe, Piktogramme, Schrift	Innovation in Kommunikationstechnologie und Organisation von Informationen	Offenheit gegenüber alternativen Informationen und Quellen moralischer/religiöser Führung
Militärisch/ administrativ	Personen: Soldaten, Kontrollpersonal	physischer Zwang	Innovation in der Technik der Kriegsführung und Organisation zur physischen Kontrolle	Unterwerfung unter alternative Befehle und Herrscher

Abbildung 3 Typen und Stufen der Grenzüberschreitung

Strategien der Grenzbildung

Aber die Geographie und der Wettbewerb zwischen einer Vielzahl innovativer Zentren setzen auch solchen Bemühungen, bestehende Grenzen zu überschreiten, definitive Grenzen: Kein Handelsnetz, keine Schriftreligion und kein Imperium hat je mehr als einen Bruchteil der Gesamtheit lokaler Gemeinschaften in der Welt erreicht. Wir können territoriale *exits* nicht studieren, ohne die Strategien der *Grenzbildung* zu analysieren, d.h. die Kosten und Erträge der Errichtung von *Barrieren* gegen Transaktionen, die die Grenzen lokaler Gemeinschaften überschreiten.

Es besteht eine enge Verbindung zwischen der Kollektivierung von Territorien und der Ausbildung von Hierarchien in Organisationen zu ihrer Verteidigung. In der Geschichte menschlicher Gesellschaften treffen wir auf Bestrebungen zur territorialen Grenzmarkierung, denen Bestrebungen zur Konsolidierung von Hierarchien in den entsprechenden Bevölkerungsgruppen korrespondieren.

Am einen Ende des Kontinuums finden wir Unterschiede zwischen absoluten Herrschern und ihren Untertanen und am anderen Abstufungen von Staatsbürgerschaftsrechten, zwischen einheimischen und ausländischen Bewohnern. Jede Studie über den Wandel in der Territorialstruktur muß eine Analyse der Interaktionen von zwei Typen von Raum, von Distanz sein: dem physischen Raum zum einen und dem sozialen und kulturellen zum anderen. Wir können den einen als den *geographischen* Raum, den anderen als den *Mitgliedschaftsraum* bezeichnen. Die Mitgliedschaftsgrenze ist gewöhnlich viel unüberwindbarer als die geographische Grenze: Man kann zwar die Grenzlinie zu einem Territorium als Tourist, Händler oder Gelegenheitsarbeiter überschreiten, wird es aber viel schwieriger finden, als Mitglied der Kerngruppe mit ihrem Anspruch auf besondere Kontrollrechte innerhalb des Territoriums akzeptiert zu werden. Die Geschichte der Strukturierung menschlicher Gesellschaften läßt sich gewinnbringend als Interaktion zwischen geographischen Räumen und Mitgliedschaftsräumen untersuchen.

In der primordialen Jäger-Sammler-Gemeinschaft zieht das Verwandtschaftssystem klare Grenzen zwischen Personen, die zur Gemeinschaft gehören, und solchen, die ausgeschlossen sind. Und auch wenn sich die Territorien mit den Jahreszeiten und der generellen Verfügbarkeit ökologischer Nischen veränderten, definierten die Mitgliedschaftsgrenzen gewöhnlich sowohl den physischen als auch den sozialen Raum. Mit der neolithischen Revolution, mit der Ausbreitung der Landwirtschaft und der Gründung von Städten, wurden die Beständigkeit des Besitzes und das Markieren von territorialen Grenzen zu einem grundlegenden Anliegen gesellschaftlicher Organisation. Der Unterschied zwischen den *sozialen* Grenzen der Mitgliedschaft und den *territorialen* Grenzen der Ansprüche auf Besitz und Kontrollrechte war für die Strukturierung von Imperien nicht minder ausschlaggebend als für die von *Städten*. Die entscheidende Innovation der Stadt war, daß sie *starke Grenzen für eine differenzierte Kontrolle von Transaktionen* ausbildete. Ganz gleich, ob sie physisch von einer Mauer umgeben war oder nicht: Die Stadt des Altertums war eine rituelle und rechtliche Gemeinschaft, die strenge Kontrolle über ihre Mitglieder ausübte, während sie gleichzeitig ihre Grenzen für Export und Import sowohl von Personen (von fremden Botschaftern, Händlern, importiertem Proletariat) als auch von Waren offenhielt.

Fustel de Coulanges präsentierte als erster eine generalisierende Analyse dieses Übergangs zu differenzierter Grenzkontrolle. In seinem Klassiker *La cité antique*

(1957) zeigte er, wie die städtische Gemeinschaft aus Geschlechterverbindungen erwuchs, deren ritueller Ausdruck die Institution der gemeinsamen Mahlzeit und des gemeinsamen Herdes war. Max Weber ging noch weiter und zeigte, wie die Entwicklung solcher die Verwandtschaftsbande durchschneidender *coniurationes* oder *confraternitates* dem Sieg des Christentums den Weg bahnte, einer überterritorialen Religion, gegründet auf individuelle Mitgliedschaft durch Teilnahme am Ritus der Kommunion. Im Römischen Reich durchbrachen Armeen, Handelsnetze und später die gemeinsame Schriftreligion die bestehenden lokalen Grenzen, setzten aber gleichzeitig für die Abgrenzung der Kernmitgliedschaft im überterritorialen System strenge Regeln: die römische Bürgerschaft, später die Gemeinschaft getaufter Christen. Innerhalb der Territorien des riesigen Imperiums verloren die biologischen und physischen Grenzen an Bedeutung, um durch die sozialen Grenzen der Bürgerschaftsrechte und der rituellen Gemeinschaft ersetzt zu werden. Die Territorien waren für alle Arten von ökonomischen und kulturellen Transaktionen offen, aber die Kernorganisationen waren durch strenge Initiationsregeln abgegrenzt.

Die Idee der Bürgerschaft und der rituellen Gemeinschaft überlebte den Niedergang des Römischen Reiches, aber ihre Reichweite wurde in den Einheiten, die nach dem Zusammenbruch des Reichs in Europa entstanden, deutlich eingeschränkt. Das Mittelalter erlebte eine Reihe territorialer *Schrumpfungsprozesse*, zunächst in militärisch-administrativer, dann in ökonomischer und schließlich – nach dem Schisma zwischen oströmischer und weströmischer Kirche sowie nach der Reformation – auch in kultureller Hinsicht. Das 16. Jahrhundert sah sich zwei Arten von grenzverstärkenden Entwicklungen gegenüber, die jedoch durch eine dritte Art grenzabbauender Kräfte konterkariert wurden. Der bürokratische Nationalstaat war kleiner und kompakter als das alte Reich und zudem in der Lage, seine Grenzen sowohl militärisch als auch kulturell zu stabilisieren: Die Kanonentechnologie wurde durch die Technologie des Buchdrucks verstärkt. Der Nationalstaat verschmolz das Konzept der Bürgerschaft allmählich mit dem der territorialen Identität. Alle Bewohner eines Territoriums wurden derselben Autorität unterworfen und konnten innerhalb des durch diese Autorität definierten Systems Bürgerschaftsrechte erwerben. Die Reformation, die Druckerpresse und die Entwicklung nationaler Literaturen und Schulsysteme banden den Untertan und den Bürger an sein Territorium: Militärischadministrative Grenzen wurden zunehmend durch Grenzen zwischen unterschiedlichen Kulturen verstärkt. Mehr oder minder gleichzeitig aber tendierte eine andere Kräftekonstellation dazu, diese Grenzen zu unterminieren oder zumindest zu differenzieren: Der entstehende Weltkapitalismus verringerte Distanzen, vergrößerte die wechselseitige ökonomische Abhängigkeit und durchschnitt bestehende Grenzen. Es entstanden neue Routen für den Handel, die Verbreitung von Produktionstechnologien sowie für

Arbeitsmigration. Zwischen dem Drang zum Abbau und dem Drang zur Verstärkung der Grenzen bauten sich Spannungen auf. Diese Konflikte hatten ausgeprägte Konsequenzen für die Strukturierung der Allianzen und Institutionen innerhalb eines jeden Territoriums.

Um derartige Prozesse des Aufbrechens und der Reorganisation erfassen zu können, müssen wir unserem anfänglichen Paradigma sicherlich noch weitere Elemente hinzufügen. Wir werden drei Prozesse der Peripheriebildung innerhalb des Territoriums sich desintegrierender Reiche postulieren: Feudalisierung, Durchsetzung der Volkssprache und Staatsbildung. Diese Prozesse lassen sich graphisch an einem Punkt etwa in der Mitte der Wegstrecke entlang eines jeden Entwicklungspfades lokalisieren (vgl. Abb. 4). In der Geschichte der territorialen Strukturierung politischer Systeme ist es mindestens ebenso wichtig, Prozesse der Schrumpfung zu analysieren als Phasen der Expansion zu studieren. Das System der Staaten, die in Europa vom 12. bis zum 20. Jahrhundert entstanden, kann nur vor dem Hintergrund des Erbes des Römischen Reiches und der sich allmählich im Gefolge des Falls von Rom vollziehenden Reduzierung von Umfang und Reichweite überterritorialer Kommunikation verstanden werden.

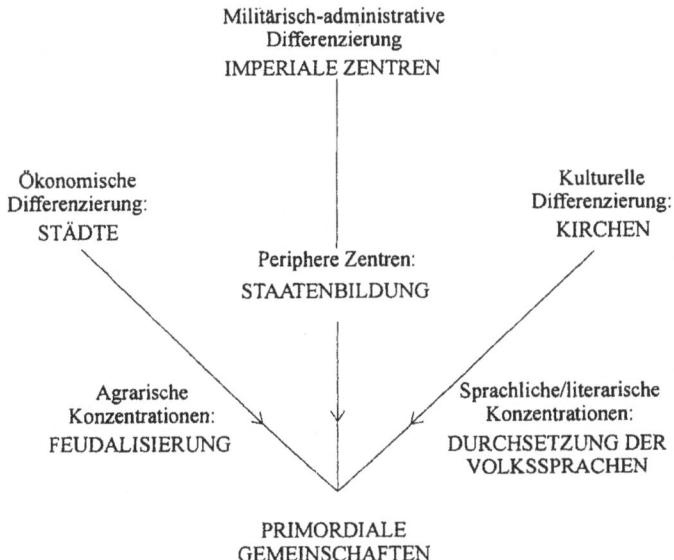

Abbildung 4 Ein Paradigma für die Lokalisierung grundlegender Variablen in Analysen des Wachstums und der Auflösung größer Territorialsysteme

Grenzziehungen und die Herstellung des politischsozialen Raumes

Zur Begriffsgeschichte und politischen Sozialgeschichte der Grenzen in der Frühen Neuzeit[1]

Hans Medick

Die Geschichte der Grenzen und Grenzziehungen ist als Thema aktuell, sie hat in der Geschichtswissenschaft bisher aber wenig Aufmerksamkeit gefunden.

Aktuell ist das Thema vor allem deshalb, weil es sich in Deutschland und Europa angesichts der Aufhebung politisch-militärischer und ökonomischer Grenzen in den letzten Jahren zeigt, daß dies keineswegs das Ende aller Grenzziehungen, Abgrenzungen und Ausgrenzungen bedeutet. Im Gegenteil, es wird deutlich, daß sich das Grenzproblem von den politisch-militärischen Abgrenzungen auf kulturelle und ethnische Ausgrenzungen verlagert. Diese sind freilich oft nicht weniger politisch und ökonomisch motiviert, gewaltsam und folgenreich. Alte- für überholt gehaltene- Formen und Vorstellungen von Grenzen tauchen wieder auf und führen zu neuen Grenzziehungspraktiken.

Was erneut problematisch geworden und in Frage zu stellen ist, das ist ein enger, an ein staatliches Territorium und insbesondere auch an naturräumliche Vorgegebenheiten gebundener Begriff der Grenze. Verstärkt in den Blick zu nehmen sind dagegen symbolisch kulturelle und soziale Elemente der Grenzziehung, Abgrenzung und Grenzüberschreitung. Sie lassen ein überkommenes Verständnis vom Raum als grenzbildendem Faktor in einem anderen Licht erscheinen.

---

1 Revidierte Fassung eines Beitrags, der zuerst erschien in: Bernd Weisbrod Hrsg., Grenzland. Beiträge zur Geschichte der deutsch-deutschen Grenze, hrsg. vom Arbeitskreis Geschichte des Landes Niedersachsen (nach 1945), Hannover 1993 S. 195-211.

Ein unkonventioneller und sensibler Beobachter wie Georg Simmel hat dieses Verständnis von der Grenze als einer „soziologischen", nicht primär „räumlichen" Tatsache zu Beginn dieses Jahrhunderts richtungsweisend formuliert:

> „Wenn dieser Allgemeinbegriff des gegenseitigen Begrenzens von der räumlichen Grenze hergenommen ist, so ist doch, tiefergreifend, diese letztere nur die Kristallisierung oder Verräumlichung der allein wirklichen seelischen Begrenzungsprozesse. Nicht die Länder, nicht die Grundstücke, nicht der Stadtbezirk und der Landbezirk begrenzen einander; sondern die Einwohner oder Eigentümer üben die gegenseitige Wirkung aus, die ich (...) andeutete. Die Grenze ist nicht eine räumliche Tatsache mit soziologischen Wirkungen, sondern eine soziologische Tatsache, die sich räumlich formt."[2]

Daß Grenzen als Gegenstand der historischen Forschung nicht stärker beachtet worden sind, ist sicherlich auch darauf zurückzuführen, daß in der Geschichtswissenschaft der Blick zumeist auf das angebliche Zentrum historischer Prozesse (Regierung, Bürokratie, Staat in seinen zentralen Funktionen, Metropolen) gerichtet war und ist. Daraus folgt: Grenzen und Grenzgebiete stehen nicht nur von ihrem Gegenstand her – sozusagen per definitionem – am Rande. Dies gilt vielmehr auch im übertragenen Sinne einer vernachlässigten historischen Sichtweise. Es geht bei der historischen Beschäftigung mit Grenzen jedenfalls nicht nur um einen Erkenntnisgegenstand, sondern auch um eine methodisch relevante Erkenntnisperspektive.

Eine historische Sichtweise, die sich vom Rande und von den Grenzen sozialer, kultureller und politischer Gebilde und Prozesse auf diese selbst richtet, könnte für die Untersuchung ihrer Bedeutungen, ihrer Praxis und ihrer Funktionen in mancher Hinsicht aufschlußreicher sein als eine aufs Zentrum fixierte Perspektive. Methodisch gilt es umzusetzen, was der jüdische Religionsphilosoph Franz Rosenzweig zu Beginn dieses Jahrhunderts in die prägnante Aussage brachte: „Ein wissenschaftliches Problem fruchtbar machen, heißt: es in ein Grenzproblem verwandeln."[3]

Eine solche Perspektive, gleichsam von den Rändern der Geschichte aus, von ihren scheinbar entlegenen Bereichen her[4] soll hier nicht nur abstraktmethodisch

---

2   Georg Simmel, Soziologie. Untersuchungen über die Formen der Vergesellschaftung (1908) 6. Aufl., Berlin 1983 S. 467.

3   Franz Rosenzweig, Brief an Eugen Rosenstock v. 18.10.1917, in: Ders., Briefe, Hrsg. Edith Rosenzweig, Berlin 1935, S. 253.

4   Vgl. hierzu auch Hans Medick, Entlegene Geschichte? Sozialgeschichte und Mikro-Historie im Blickfeld der Kulturanthropologie, in: Zwischen den Kulturen? Die So-

postuliert werden. Ich will ihre Fruchtbarkeit vielmehr konkret an demjenigen historischen Phänomen erörtern, bei dem sie besonders am Platze und zugleich besonders notwendig ist: der Geschichte der Grenzen, der Grenzziehungs-, Grenzbildungs- und Grenzüberschreitungsprozesse selbst.

Im Unterschied insbesondere zur französischen und amerikanischen Geschichtswissenschaft hat sich die Geschichtsforschung in Deutschland nach 1945 – ganz anders als nach dem I. Weltkrieg – dem Thema Grenzen kaum oder wenig zugewandt.[5] Fast scheint es so, als habe die aktuelle Präsenz der innerdeutschen Grenze – aber auch eine Verlegenheit gegenüber der Frage der Ostgrenze- die deutschen Historiker und Historikerinnen in den Jahren nach 1945 davon abgehalten, sich wissenschaftlich intensiver mit dem Thema auseinanderzusetzen. Jedenfalls ist bemerkenswert, daß ein grundlegender Aufsatz, den der deutsch-amerikanische Historiker Dietrich Gerhard schon 1961 als Plädoyer für eine vergleichende, politische Sozialgeschichte von Grenzbildungsprozessen außerhalb wie innerhalb Europas veröffentlichte[6], seinerzeit ohne jegliche Resonanz blieb. Gerhard – er war im Übrigen nach der Rückkehr aus der Emigration der Leiter des neuzeitlichen Bereichs des Max-Planck-Instituts für Geschichte – hat in seinem Aufsatz die klassische Frontier-Hypothese des amerikanischen Historikers Frederick Jackson Turner[7] als Vergleichsbasis zugrunde gelegt Diese These verknüpft

---

    zialwissenschaften vor dem Problem des Kulturvergleichs, Hrsg. Joachim Matthes, Sonderband 8 „Soziale Welt", Göttingen 1992 S. 167-178.

5   Ein von Alexander Demandt herausgegebener, unmittelbar vor der Aufhebung der innerdeutschen Grenze 1989 entstandener Sammelband m. d.T.: Deutschlands Grenzen in der Geschichte, München 1990, ist eine der wenigen Ausnahmen. Freilich bewältigt dieser Band das Thema auf eine nur „begrenzte" Weise. Grenzen werden hier überwiegend als politische Grenzen vorgestellt. Hervorzuheben ist freilich ein Beitrag von Hans Dietrich Schultz, der sich mit den höchst wandelbaren Vorstellungen deutscher Geographen von Deutschlands „Mittellage" und deren angeblich „natürlichen" Grenzen auseinandersetzt (H.D. Schultz, Deutschlands „natürliche" Grenzen, ebda. S. 33-88). Bemerkenswert erscheint auch, daß die Beschäftigung mit Grenzen und Grenzbildungsprozessen nach 1945 in der Mediävistik, z.T. in problematischer Fortführung von Ansätzen der 20er, 30er und 40er Jahre, sehr viel intensiver war als in der neuzeitlichen Geschichtsforschung.

6   Dietrich Gerhard, Neusiedlung und institutionelles Erbe. Zum Problem von Turners „Frontier" Eine vergleichende Geschichtsbetrachtung, in: Ein Leben aus freier Mitte. Beiträge zur Geschichtsforschung. Festschrift für Ulrich Noack, Göttingen 1961 S. 255-295 (dann in: Ders., Alte und Neue Welt in vergleichender Geschichtsbetrachtung, Göttingen 1962 S. 108-140, zuerst u.d.T. „The Frontier in Comparative View", in: Comparative Studies in Society and History 1. 1959 S. 205-229).

7   Frederick Jackson Turner, The Significance ofthe Frontier in American History (1893), in: Ders., The Frontier in American History, New York 1920 (Reprint 1985) S. 1-38.

die nach Turner offenen Siedlungsgrenzen im nordamerikanischen Westen mit der Entstehung einer offenen Gesellschaft: Offene Grenzen seien Bedingungen einer offenen Gesellschaft geworden. In einem weitgespannten Vergleich der Entwicklungen in Nordamerika seit dem 17. Jahrhundert, der mittelalterlichen deutschen Ostexpansion und der Süd- und Ostgrenzen Rußlands während der Frühen Neuzeit untersucht Gerhard die unterschiedlichen historischen Auswirkungen der offenen, wandernden Grenzzonen freier Siedler des amerikanischen Westens und der herrschaftlich angeleiteten Siedlungs- und Grenzbildungsprozesse in Ostmittel-Europa und in Rußland. Das institutionen- und mentalitätenprägende, mobilisierende Potential einer offenen Grenze und Gesellschaft der freien Siedler des amerikanischen Westens kann Gerhard in den stärker herrschaftlich bestimmten Siedlungsbewegungen und Grenzbildungsprozessen im mittelalterlichen Ost-Europa und im Rußland der Frühen Neuzeit nicht entdecken. Hier bestimmte das „institutionelle Erbe" in stärkerem Maße den Charakter der Neusiedlung an der Grenze. Wenngleich Gerhards Ergebnisse im Einzelnen heute neu zu bewerten sind, kommt ihm jedoch das große Verdienst zu, die Turner sehe Frage nach dem Zusammenhang von Siedlungs- und Grenzbildungsprozessen und der Ausbildung der sozialen Strukturen, der Mentalität und der politischen Kultur einer Gesellschaft vergleichend aufgenommen und fortgeführt zu haben.

Wenig Aufmerksamkeit fanden hierzulande bis in die jüngste Vergangenheit auch die wegweisenden Forschungen, die der Gründer der Annales-Schule, Lucien Febvre, zu einer politischen Sozialgeschichte sowie zur Kultur- und Wirtschaftsgeschichte des Grenzphänomens in Frankreich und Europa unternommen hat.[8] Aus ihnen wird deutlich, in wie grundlegender Weise die Geschichte der Begriffe und der Vorstellungen von Grenzen, aber auch die neuzeitlichen politischen und kulturellen Grenzziehungen mit zwei Prozessen verbunden sind: mit den Anfangen des modernen Staats in der Frühen Neuzeit und – in einer zweiten Entwicklungsstufe – mit der Ausbildung „militarisierter" Nationalkulturen seit der Zeit der französischen Revolution. Fernand Braudel, der 1985 verstorbene Nestor der Annales-Schule, hat in zwei Schlüsselkapiteln seines nachgelassenen Werks „L'identité de la France" (1986) die Fragestellungen und Einsichten seines Mentors Febvre aufgenommen und weitergeführt.[9] Interessanterweise rückt Braudel, obwohl er

---

8   „Lucien Febvre, „Frontière"- Wort und Bedeutung (1928), in: Ders., Das Gewissen des Historikers, Berlin 1988 S. 27-38; vgl. auch ders., Der Rhein und seine Geschichte (1931135), Hrsg. Übers. und mit einem Nachwort v. Peter Schöttler, Frankfurt 1994, bes. Kap. 4: Wie eine Grenze entsteht und vergeht S. 160ff.

9   Fernand Braudel, Frankreich. Raum und Geschichte, Stuttgart 1989, Kap. 9: Die Grenzen als historischer Testfall S. 316-336; Kap. 10: Über die Nützlichkeit von Stichproben S. 337-380. Zu Braudels spezifischem Kulturraumbegriff und Grenzverständnis

seinen Ausgang ja vor allem von der Wirtschaftsgeschichte und der Geographie genommen hat, Grenzen gerade auch als kulturelle mentale Konstruktionen in den Blick. Gerade als kulturell geprägte Leitvorstellungen sind Grenzen ein Phänomen der „longue durée" und entfalten politische Wirkungen. Diese Wirkungskraft überdauert auch einschneidende politische und ökonomische Veränderungsprozesse. Bei Febvre wie bei Braudel wird die Besonderheit der frühneuzeitlichen Epoche vom 16. bis zum Beginn des 19. Jahrhunderts für die Ausbildung der Begriffe, aber auch der sozialen Realitäten staatlich bestimmter Grenzen und Abgrenzungen hervorgehoben.

Febvres Ansatz richtet sich zunächst auf die Geschichte der Begriffe und Vorstellungen von „Grenze" im Französischen, hauptsächlich „frontière" und „limite". Seit dem 16. Jahrhundert schiebt sich der Gebrauch des Wortes „frontière" in den Vordergrund. Während der Begriff „limite" eher als ein – so Febvre – „friedliches Juristenwort zur Behandlung von Abmarkungsfragen"[10] die Scheidelinie zwischen zwei aneinanderstoßenden Ländereien bezeichnete, so hatte „frontière" einen ausgesprochen militärischen Sinn. Die mittelalterliche Wortbedeutung im Sinne von vorübergehend existierender Schlachtordnung oder „Truppenfront" lokalisierte und territorialisierte sich jetzt zur Vorstellung der wehrhaft zu verteidigenden Staatsgrenzen, ohne daß dies zunächst allerdings mit der Vorstellung eines durch eine Grenzlinie abgeschlossenen Herrschaftsgebiets, d.h. territorialer Souveränität, in Verbindung gebracht wurde. Eine frontière des 17. und frühen 18. Jahrhunderts bestand noch aus isolierten, strategischen Punkten, zumeist Befestigungen oder befestigten Orten, die in einem unzusammenhängenden Raum um das Kernland verteilt waren. Febvre geht über die reine Begriffsgeschichte hinaus. Er erklärt die Bedeutungsveränderungen der Grenz-Begrifflichkeit als das Werk, ja gewissermaßen als die „Erfindung" konkreter Personengruppen, die im Dienste des entstehenden territorialen Staates standen: Militärs, Juristen, Geographen, Festungsbaumeister und Diplomaten entwickelten eine Vorstellung von Grenzen, für die einerseits die „Erdung" der Grenze, ihre Zurückführung auf natürliche und naturräumliche Gegebenheiten im Vordergrund stand. Andererseits wurde hier die politische Herstellung, ja „Machbarkeit" des Raums betont. Es handelt sich um die Herstellung eines armierten und arrondierten Territoriums, und zwar durch den souveränen Staat als alleinig grenzziehender Instanz: „Nicht von der Grenze, der

---

vgl. auch Rudolf von Thadden, Frankreich. Zur deutschen Übersetzung des ersten Bandes von Fernand Braudels „L'identité de la France", in: Geschichte in Wissenschaft und Unterricht 40. 1990 S. 621-626.

10 Febvre, „Frontière" S. 29.

frontière selbst, muß man ausgehen, um sie zu erforschen, sondern vom Staat"[11] Diese Sicht vom Staat her und auf den Staat hin als Produzenten der Vorstellungen und Realität befestigter und verwalteter Landesgrenzen – eine für den Begründer der Annales-Histoire erstaunliche Perspektive – schenkt der alltäglichen Realität der Grenzen, den Erfahrungen und dem Umgang der Menschen mit ihnen zu wenig Aufmerksamkeit. Allerdings betont auch Febvre, daß die Grenzen zwischen Staaten, Gesellschaften und Kulturen im Ancien Régime für Handel und Wandel, aber auch für Schmuggel und sonstige Formen der Grenzgängerei zumindest in Friedenszeiten relativ durchlässig blieben. Erst seit dem Ausgang des 18. Jahrhunderts, besonders im Gefolge der Französischen Revolution kam es in Frankreich- wie Febvre zeigt- zur Ausbildung einer Vorstellung und einer politisch-sozialen Realität von Grenzen, in der die „Enklaven", „Exklaven" und vorgeschobenen Posten der Militärgrenzen des frühneuzeitlichen Staates verschwanden bzw. zu einer linearen Landesgrenze verdichtet und begradigt wurden.

Febvre sieht diese Entwicklung nicht nur als Ergebnis des kriegerischen oder diplomatischen Handeins der Staaten und ihrer sozialen Trägergruppen, sondern auch als Symptom und Folge eines Mentalitätswandels breiter Bevölkerungsschichten, die mit dem modernen militarisierten Nationalismus auch seine Grenz- und Abgrenzungsvorstellungen und -handlungen gewissermaßen verinnerlichten.

„Die Linie der Grenzen (limites) wird zu einer Art Graben zwischen deutlich geschiedenen Nationalitäten. Obendrein wird sie zu einer moralischen Grenze (frontière), die sich rasch mit allem Haß, aller Rachsucht und allen Schrecken belud, die in Frankreich und im Ausland von der Französischen Revolution hervorgerufen wurden. Daß aber endlich frontière unter Beibehaltung seiner alten militärischen Bedeutung synonym mit limite geworden ist, daß wir dies heute bevorzugen, um die mit Grenzsteinen und Pfählen abgesteckte Außenkante des Landes zu bezeichnen – beruhen nicht diese Veränderungen darauf, daß man eine ständige, allgemeine Wehrpflicht eingerichtet und die Nation völlig militarisiert hat?"[12]

Auch die deutsche Begriffsgeschichte des Wortes „Grenze" ist aufschlußreich und noch keineswegs ausreichend erforscht. Im Wörterbuch „Geschichtliche Grundbegriffe"[13] fehlt ein entsprechender Artikel. Hingegen machen zahlreiche Belege

---

11 Ebda. S. 32.
12 Ebda. S. 33.
13 „Geschichtliche Grundbegriffe. Historisches Lexikon zur politisch-sozialen Sprache in Deutschland" Hrsg. von Otto Brunner, Werner Conze und Reinhart Koselleck, 7 Bde. Stuttgart 1972-1992.

im Grimmsehen Wörterbuch[14] und an anderen Stellen[15] deutlich, wie grundlegend die Geschichte und Bedeutung des Wortes auch in der deutschen Sprache mit den militärischen und politischen, zugleich aber auch den kulturellreligiösen Grenzziehungen der frühmodernen Staaten seit dem 16. Jahrhundert verbunden sind. Von „Frontieren und Grentzen desz Reychs" ist (1556) die Rede oder (1569) davon, „wie uns Gott den Türcken an die Grentz geschickt hat", aber auch, übertragen, davon, daß der Mensch, die kleine Welt, der großen (Welt) Gräntze (...) beherrscht" (C. von Lohenstein, Rosen, Breslau 1680). Oder schließlich im 18. Jahrhundert davon, daß „die Liebe (...) alles wichtig macht, was die Liebenden betrifft – ausserhalb ihrer Gränze ist eine Krone des Aufhebens nicht werth".[16]

Erst aufgrund der Übertragung rechtlicher und militärisch-politischer Wortbedeutungen auf den Bereich des menschlichen Lebens entstand die Auffassung von der Grenze als einer Scheide-Linie zwischen „begrenzten" Territorien, Kulturen, Vorstellungs- und Lebenswelten. Noch im 16. Jahrhundert dagegen herrschte ein Begriff der Grenze vor, der nicht auf die Bedeutung einer militärisch-politisch gesicherten Linie konzentriert war, sondern der vielmehr auf einen Raum sowohl „diesseits wie jenseits der Scheide-Linie"[17] verwies. Grenze wurde synonym mit „Marck" und „Landmarken" gebraucht, entsprechend der Wortbedeutung von „Gebiet"; freilich waren auch hier „Markierung" und rechtlich symbolische Abgrenzung zumeist mitgedacht, Konnotationen, welche auch das ursprüngliche mittelalterliche Bedeutungsspektrum des Wortes „Marck" i. S. von Grenzzone mitbezeichneten.[18]

Wie zahlreiche Belege zeigen, wurde der Begriff der Grenze überhaupt erst seit dem 16. Jahrhundert in der deutschen Literatur und Umgangssprache populär,

---

14 Artikel „Grenze", in: Deutsches Wörterbuch von Jacob und Wilhelm Grimm, Bd. 9 Leipzig 1935 (Reprint München 1984) Sp. 124-148.

15 Artikel „Grenze", in: Deutsches Rechtswörterbuch (Wörterbuch der älteren deutschen Rechtssprache) Bd. 4, Hrsg. Deutsche Akademie der Wissenschaften zu Berlin, Weimar 1939-51 Sp. 1096f. Jacob Grimm, Deutsche Grenzaltertümer, in: Jacob und Wilhelm Grimm, Kleine Schriften Bd. 2, Berlin 1865 S. 30-74; Artikel „Grenze, Rain, Grenzstein", in: Handwörterbuch des Deutschen Aberglaubens, Hrsg. Hanns Bächtold-Stäubli, Bd. 3 Berlin/Leipzig 1930/31 Sp. 1137-1157.

16 Die Belege aus Artikel „Grenze", in: Deutsches Wörterbuch Sp. 127, 129, 132, 133.

17 Ebda. Sp. 134. 216

18 Siehe hierzu Ruth Schmidt-Wiegand, Mark und Allmende. Die ‚Weisthümer' Jacob Grimms in ihrer Bedeutung für eine Geschichte der deutschen Rechtssprache (Schriften der Brüder Grimmgesellschaft Kassel 3), Marburg 1981; Artikel „Mark", in: Deutsches Rechtswörterbuch (Wörterbuch der älteren deutschen Rechtssprache) Bd. 9 Heft 112, hrsg. von der Heidelberger Akademie der Wissenschaften, Weimar 1992 Sp. 191-201.

wobei Luther, die protestantischen Reformatoren, aber auch die humanistischen Dichter und Gelehrten, eine Hauptrolle spielten. Doch diese „Einführung" des Wortes auf breiter Basis in die Literatur und Umgangssprache ist nicht mit seinem sprachgeschichtlichen Ursprung gleichzusetzen. „Grenze" ist im Deutschen vielmehr ein Fremdwort, jedenfalls ein Wort, das sich erst seit dem 12. Jahrhundert als Lehnwort aus dem Slawischen, genaueraus dem Pomoranischen (und nicht, wie häufig angenommen wird, aus dem Polnischen!), in die deutsche Sprache einbürgerte. Granica-Graniz wurde, in der Bedeutung schwankend zwischen Grenzzeichen und Grenzlinie, nicht aber Grenzzone oder „Marck" im Sinne von Grenzgebiet, in Urkunden zur Regelung von Grenzstreitigkeiten und Landteilungen im Einflußgebiet des deutschen Ordens in der Rechtssprache eingebürgert, um von dort zu einem weitverbreiteten Begriff der deutschen Sprache zu werden.[19]

Im Vergleich zum Französischen zeigen sich Parallelen, aber auch Eigentümlichkeiten der Geschichte des Wortes „Grenze" im deutschsprachigen Diskurs. Ähnlich erscheint vor allem ein zunehmendes territoriales Grenzliniendenken im 18. Jahrhundert, das vom Gedanken der räumlichen Arrondierung eines staatlichen Herrschaftsbereichs bestimmt war. Eine Äußerung Friedrichs II. von Preußen verdeutlicht die Realitätshaltigkeit dieser Vorstellung: „Ein Dorf an der Grenze ist mehr wert als ein Fürstentum 60 Meilen davon."[20]

Als deutschsprachige Eigentümlichkeit ist zunächst auf die relativ geringe Verbreitung der Vorstellung von den „natürlichen Grenzen", wenigstens vor dem 19. Jahrhundert, hinzuweisen. Im Gegensatz zur Rolle des Konzepts der „natürlichen Grenzen" als politischer Leitvorstellung in Frankreich vom 17. bis zum 20. Jahrhundert[21] fällt im Deutschen eine eher staatsferne, von „Dichtem und Denkern" vorangetriebene anthropologisierende und abstrahierende Entfaltung des Begriffs

---

19 Zentral zur spätmittelalterlichen Bedeutungsausprägung des Wortes: Hans Jürgen Karp, Grenzen in Ostmitteleuropa während des Mittelalters. Ein Beitrag zur Entstehungsgeschichte der Grenzlinie aus dem Grenzraum (Forschungen und Quellen zur Kirchen- und Kulturgeschichte Ostdeutschlands9), Köln 1972, bes. S. 137 ff.

20 Abriß der preußischen Regierung und der Grundsätze, auf denen sie beruht, nebst einigen politischen Betrachtungen (Exposé du gouvernement prussien 1776), in: Die Werke Friedrichs des Großen, Hrsg. Gustav Berthold Volz, Bd. 7 Berlin 1912 S. 214. Vgl. die Äußerung im Politischen Testament (Testament politique) von 1768, in: Richard Dietrich Hrsg., Die politischen Testamente der Hohenzollern, Köln/Wien 1986 S. 659: „Ein benachbartes Land, ein Gebiet, das uns abrundet, ist hundertmal wichtiger als ein Land, das von unseren Grenzen getrennt ist."

21 S. hierzu P. Sahlins, Natural Frontiers Revisited: France's Boundaries since the Seventeenth Century, in: American Historical Review 95. 1990 S. 1423-51; D. Nordman, Des limites d'état aux frontières nationales, in: P. Nora Hrsg., Les Lieux de Mémoire Bd. 2: La Nation, Paris 1986 S. 35-61.

wie der Vorstellung von „Grenzen" und „Grenze" im 18. und frühen 19. Jahrhundert auf. Als charakteristisch erscheint dem Grimmschen Wörterbuch zufolge, „ein (Wort-) Gebrauch, der von dem Raum jenseits der Grenze mehr oder weniger absieht und das Wort so den Bedeutungen Abschluß, Ziel, Ende nähert."[22] Doch solche „Finalisierung" der Wortbedeutung führte nicht nur zu Abschluß, Territorialisierung und Verinnerlichung. Sie bezog auch die (transzendentale) „Grenzüberschreitung" in das Denken der Grenze mit ein und entwickelte den Begriff der Grenzen philosophisch weiter. Kants in den „Prolegomena zu einer jeden künftigen Metaphysik" 1783[23] getroffene Grundunterscheidung zwischen „Schranke" und „Grenze" stellt einen solchen Versuch dar. Kant unterscheidet hier zwischen „Schranke" als einem auf Erfahrung und Sinneserscheinungen bezogenen Verstandesbegriff, der in nur negativ einschränkender Weise die endliche Größe eines Raums bestimmt, und „Grenze" als einen auf die „Grenzbestimmung der reinen Vernunft" gerichteten Begriff, der als raumbezogenes „Sinnbild" das Verhältnis zwischen Erfahrungsprinzipien und transzendentalen Ideen bezeichnet: „Grenzen (bei ausgedehnten Wesen) setzen immer einen Raum voraus, der außerhalb einem gewissen bestimmten Platze angetroffen wird und ihn einschließt-, Schranken bedürfen dergleichen nicht, sondern sind bloße Verneinungen, die eine Größe affizieren, sofern sie nicht absolute Vollständigkeit hat. Unsere Vernunft aber sieht gleichsam um sich einen Raum für die Erkenntnis der Dinge an sich selbst, ob sie gleich von ihnen niemals bestimmte Begriffe haben kann und nur auf *Erscheinungen* eingeschränkt ist".[24]

Diese Ebene der erkenntnistheoretischen Grundlegung soll im Folgenden nicht weiter verfolgt werden.[25] Hier ist vor allem der Argumentationszusammenhang der politischen Sozialgeschichte interessant, der auf das Feld der „Erscheinungen" eingeschränkt bleibt. Dabei ist festzustellen, daß im deutschen Sprachbereich bereits im 16. Jahrhundert bei Reformatoren und Humanisten eine Wendung des Grenzbegriffs zum Sprachlichen und Kulturellen erfolgte, so etwa in Sebastian Münsters „Cosmographia" von 1543[26], wo auch die Streitfrage der Grenzen zwischen poli-

---

22 Artikel „Grenze", in: Deutsches Wörterbuch Sp. 134.
23 Immanuel Kant, Prolegomena zu einer jeden künftigen Metaphysik, die als Wissenschaft wird auftreten können, 6, Aufl. Hrsg. K. Vorländer (Philosophische Bibliothek 40), Leipzig.1940.
24 Immanuel Kant, Prolegomena§ 57 S. 123 (Hervorhebung von mir- H.M).
25 Vgl. hierzu Artikel „Grenze, Schranke", in: Historisches Wörterbuch der Philosophie, Hrsg. Joachim Ritter, Bd. 3 Basel/Stuttgart 1974 Sp. 875 ff.
26 Sebastian Münster, Cosmographia, d.h. Beschreibung alter Lender ... in welcher begriffen, aller Völker Herrschaften, Stetten, und nahmhaftiger Flecken Herkommen:

tischen Herrschaftsbereichen nach Maßgabe der Verbreitung des Gebrauchs einer bestimmten Sprache diskutiert und entschieden wird. Diese Bedeutungsausprägung, welche die mit Texten und Sprache zentral befaßten Humanisten initiierten, setzte sich im deutschsprachigen Kulturbereich fort, bis hin zur spezifischen Färbung, welche die Diskussion um „deutsche Grenzen" und die „Grenzen Deutschlands" seit der zweiten Hälfte des 18. Jahrhunderts annahm.

Diese Diskussion war zwar staatsfern, aber keineswegs unpolitisch. Bezogen auf die staatlich-territoriale Zersplitterung Deutschlands entstand in dieser Zeit eine Vorstellung der Grenzen der „deutschen Nation" als primär sprachlichkulturell bestimmter Grenzen, die eng mit einem nationalen Kultur- und Identitätsverständnis verknüpft war. Als *wesentliche* Grenzen galten für diese Auffassung nicht herrschaftlich-territoriale, „politische" Grenzen oder gar „natürliche" Grenzen, sondern vielmehr die *„inneren"*, sprachlich-kulturell und ethnisch bestimmten Grenzen. Einige Kernsätze aus Fichtes „Reden an die deutsche Nation!" von 1808 verdeutlichen dieses Ineinandergreifen von nationaler Abgrenzung und „innerer", sprachlich-kulturell und ethnisch bestimmter Grenzbildung. Sie sind von beklemmender Aktualität, insofern sie auf eine folgenreiche Form und *Ideologie* von „Grenze" und „Abgrenzung" gegen Fremdes im deutschen Sprachbereich hinweisen:

> „Zuvörderst und vor allen Dingen – Die ersten, ursprünglichen und wahrhaft natürlichen Grenzen der Staaten sind ohne Zweifel ihre innern Grenzen. Was dieselbe Sprache redet, das ist schon vor aller menschlichen Kunst vorher durch die bloße Natur mit einer Menge von unsichtbaren Banden aneinandergeknüpft; es versteht sich untereinander, und ist fähig, sich immerfort klärer zu verständigen, es gehört zusammen und ist natürlich Eins, und ein unzertrennliches Ganzes. Ein solches kann kein Volk anderer Abkunft und Sprache in sich aufnehmen und mit sich vermischen wollen, ohne wenigstens fürs erste sich zu verwirren, und den gleichmäßigen Fortgang seiner Bildung mächtig zu stören. Aus dieser innern, durch die geistige Natur des Menschen selbst gezogenen Grenze ergibt sich erst die äußere Begrenzung der Wohnsitze, als die Folge von jener; und in der natürlichen Ansicht der Dinge sind [es] keineswegs die Menschen, welche innerhalb gewisser Berge und Flüsse wohnen, um deswillen Ein Volk [existiert], sondern umgekehrt wohnen die Menschen beisammen, und wenn ihr Glück es so gefügt hat, durch Flüsse und Berge gedeckt, weil sie schon früher durch ein weit höheres Naturgesetz Ein Volk waren.

Sitten, Gebrauch, Ordnung, Glauben, Secten und Hantierungen, durch die ganze Welt, und furnemlich Teutscher Nation ... Basel 1543.

So saß die deutsche Nation, durch gemeinschaftliche Sprache und Denkart sattsam unter sich vereinigt, und scharf genug abgeschnitten von den andern Völkern, in der Mitte von Europa da, als scheidener Wall nicht verwandter Stämme, zahlreich und tapfer genug, um ihre Grenze gegen jeden fremden Anfall zu schützen, sich selbst überlassen, durch ihre ganze Denkart wenig geneigt, Kunde von den benachbarten Völkerschaften zu nehmen."[27]

Wenngleich dieses Beispiel aus der Diskursgeschichte von Grenze auf einen folgenreichen Wirkungszusammenhang verweist, sollten die kosmopolitischen Ansätze in der gleichen Zeit nicht vergessen werden, z. B. Goethes Forderung nach Weltliteratur als einem Modell für den grenzüberschreitenden „freien geistigen Handelsverkehr"[28] unterschiedlichster Nationen:

„Aber freilich, wenn wir Deutschen nicht aus dem engen Kreise unserer eigenen Umgebung hinausblicken, so kommen wir gar zu leicht in diesen pedantischen Dünkel. Ich sehe mich daher gerne bei fremden Nationen um und rate jedem, es auch seinerseits zu tun. Nationalliteratur will jetzt nicht viel sagen, die Epoche der Weltliteratur ist an der Zeit, und jeder muß jetzt dazu wirken, diese Epoche zu beschleunigen.

Aber auch bei solcher Schätzung des Ausländischen dürfen wir nicht bei etwas Besonderem haften bleiben und dieses für musterhaft ansehen wollen."[29]

Ebenso gilt es zu berücksichtigen, daß die Diskursgeschichte der Grenze nur ein Bestandteil einer umfassenderen sozialgeschichtlichen Betrachtungsweise ist. Gerade aufgrund dieses diskursgeschichtlichen Einstiegs überwog bei Lucien Febvre, wie gezeigt wurde, der zentrierende Blick auf den Staat und die staatlichen Akteure.

Dieses Leitbild von der alleinigen grenzsetzenden und grenzbestimmenden Rolle zentralstaatlicher Agenturen im Prozeß der neuzeitlichen Staats- und Nationsbildung ist neuerdings in einer Reihe von Arbeiten in Frage gestellt worden.[30]

---

27 Johann Gottlieb Fichte, Reden an die deutsche Nation (1808), Hamburg 1978 S. 207 (Zusätze in eckigen Klammem von mir- H.M.).

28 Johann Wolfgang Goethe, Einleitung zu Th. Carlyle, Leben Schillers, in: Schriften zur Kunst, Schriften zur Literatur, Maximen und Reflexionen, in: Ders., Werke Bd. 12 (Hamburger Ausgabe, Hrsg. Erich Trunz), Hamburg 1953 S. 364.

29 Johann Peter Eckermann, Gespräche mit Goethe in den letzten Jahren seines Lebens, Hrsg. Fritz Bergemann, Leipzig 1968 S. 205.

30 Neben der u.e. Studie von Sahlins, wichtig vor allem: Edith Saurer, Straße, Schmuggel, Lottospiel. Materielle Kultur und Staat in Niederösterreich, Böhmen und Lombardo-Venetien im frühen 19. Jahrhundert, Göttingen 1989, Kap. 3: Zur Sozialgeschichte der

Wegen ihres Modellcharakters sei vor allem die Studie des amerikanischen Historikers Peter Sahlins „‚Boundaries'. The Making of France and Spain in the Pyrenees"[31] hier ausführlicher vorgestellt und hervorgehoben: Sahlins Buch ist eine Lokalstudie und zugleich mehr als dies. Der Autor untersucht eine lokale Gesellschaft an der Grenze zwischen Frankreich und Spanien vom 17. bis zum 19. Jahrhundert und aus dieser Perspektive auch den Prozeß der neuzeitlichen Staats- und Nationenbildung, an dem diese Grenzgesellschaft in spezifischer Weise teilhatte.

Gegenstand des Buches ist die Geschichte eines französisch-spanischen Grenzgebiets in den östlichen Pyrenäen, der Cerdanya. Diese Landschaft gehörte bis zum 17. Jahrhundert zu Katalonien und bewahrte sich trotz großer Veränderungen der territorialen und staatlichen Zugehörigkeit bis ins 19. und 20. Jahrhundert hinein sprachlich-ethnisch eine katalanische Identität.

1659 wurde die Cerdanya nach vorheriger französischer Okkupation durch den sog. „Pyrenäenfrieden" zwischen Frankreich und Spanien aufgeteilt. Sahlins widmet sich vor allem der Geschichte des französischen Teils der Cerdanya und zeigt, wie der Prozeß der Grenzbildung in dieser Region zwar mit dem Übereinkommen zwischen den Souveränen zweier großer Mächte der Frühen Neuzeit im Jahre 1659 begann, aber keineswegs im 17. Jahrhundert abgeschlossen wurde. Grenzbildung spielte sich hier vielmehr als ein jahrhundertelanger Vorgang ab, in dem nicht nur die staatlichen Institutionen und ihre örtlichen Vertreter, sondern auch die lokalen Gesellschaften selbst eine wesentliche Rolle spielten. Erst im 19. Jahrhundert kam es mit den Verträgen von Bayonne 1866 und 1868 zu einer präzise abgestimmten und vereinbarten Grenzlinie zwischen Frankreich und Spanien in diesem Gebiet.

Im Frieden des 17. Jahrhunderts teilten die vertragsschließenden Parteien trotz der Berufung auf „natürliche Grenzen" (wie sie erstmals in den Verhandlungen zum Pyrenäenfrieden als politisch-diplomatisches Argument erfolgte) und des Anspruchs, mit dem Frieden eine „Grenzlinie" festzulegen, de facto nicht ein präzise vermessenes und jeweils einheitlich zu beherrschendes Territorium unter sich auf, sondern eine Fülle von Jurisdiktionen und Herrschaftsrechten über die Grenz-

---

Grenze, S. 137-216; ferner mehrere Arbeiten von Claudia Ulbrich: Dies., Die Bedeutung der Grenzen für die Rezeption der französischen Revolution an der Saar, in: W. Schulze Hrsg., Aufklärung, Politisierung und Revolution, Pfaffenweiler 1991 S. 147-174; dies., Rheingrenze, Revolten und französische Revolution, in: V. Rödel Hrsg., Die französische Revolution und die Oberrheinlande (1789-1798) (Oberrheinische Studien 9), Sigmaringen 1991 S. 223-244; dies., Grenze als Chance? Bemerkungen zur Bedeutung der Reichsgrenze im Saar-Lor-Lux-Raum am Vorabend der Französischen Revolution, in: Arno Pilgram Hrsg., Grenzöffnung, Migration, Kriminalität (Jahrbuch für Kriminalgeschichte und Kriminalsoziologie 1993), Baden-Baden 1993 S, 139-146.

31 Berkeley 1989.

bevölkerung, über deren Besitz, Religionsausübung und Abgabenleistungen. Diese Jurisdiktionen deckten sich keineswegs territorial, im Sinne eines einheitlichen Grenzverlaufs, sondern reichten – ungemessen und Anlaß für häufige Konflikte – über die Grenze hinüber wie herüber.

So reichten z.B. die grundherrliche Gerichtsbarkeit spanischer Adeliger und religiöser Institutionen, und häufig auch die Verwaltung religiöser Angelegenheiten durch spanische Bischöfe und Klöster, bis weit ins französische Gebiet. Dies schuf Abhängigkeiten, Loyalitäten und Identitäten, die häufig in Konflikt gerieten mit den Ansprüchen des französischen Staates. Dies geschah etwa im Fall einer von spanischen Servitenmönchen betreuten Wallfahrtskapelle, die ein Zentrum der regionalen religiösen Volkskultur war. Als diese Kapelle auf staatlichen Druck hin 1742 aufgehoben wurde, war der Widerstand der Bevölkerung gegen diese „administrative Gallifizierung" (S. 125) so stark, daß die Aufhebung rückgängig gemacht werden mußte. Andererseits bedienten sich Bauern, in ihrem Kampf gegen die feudale Abschöpfung durch spanische Grundherren, durchaus auch des „nationalen" Appells an die örtlichen Vertreter französischer Staatlichkeit und fanden hierbei Gehör (S. 144 f.).

Die Situation an der Grenze entsprach im 17. Jahrhundert jedenfalls nicht der, die in modernen völkerrechtlichen Definitionen von territorialer Souveränität unterstellt wird, wenn sie sich auf die Grenzen als den Punkt (oder die Linie) beziehen, an dem bzw. an der die territoriale Kompetenz eines Staates ihren höchsten und eindeutigen Ausdruck findet.

Die politische „Machbarkeit" des Raumes – das Herstellen eines politischen Raumes – durch den souveränen Staat als eine territorial eindeutig „begrenzte" Organisation war im 17. Jahrhundert zwar in den politischen Vorstellungen der Juristen, Geographen, Philosophen und Festungsbaumeister bereits in wichtigen Ansätzen vorhanden; sie war in der alltäglichen Realität der Grenzgesellschaften aber noch keineswegs eine verhaltensprägende Regel. Hier schuf vielmehr die Gemengelage der spanischen und französischen Jurisdiktionen, zugleich die Ferne der staatlichen Machtzentren, einen erheblichen Handlungsspielraum für die Grenzbevölkerungen, durch Schmuggel, Desertionen, zeitweise Arbeitsmigration und andere Arten von Handel und Wandel ihre eigenen Interessen zu verfolgen.

Gleichwohl blieb die Bestimmung der Grenze um die Mitte des 17. Jahrhunderts, wie Sahlins in eindringlichen Kapiteln zeigt (vor allem Kap. 1, S. 25 ff., Kap. 3, S. 103 ff., Kap. 8, S. 279 ff.), nicht historisch folgenlos. Doch die Veränderungen bedeuten keineswegs die einseitige Durchsetzung eines zentral gesteuerten Prozesses, in dem sich Staat und Nation gegenüber einer widerspenstigen Grenzgesellschaft mehr und mehr zur Wirkung gebracht hätten. Der interessanteste Befund von Sahlins Studie dürfte vielmehr darin bestehen, daß er zeigt, wie sich der frühneuzeitliche und neuzeitliche Prozeß der Staats- und Nationsbildung vom 17. bis zum 19. Jahrhundert in dieser Grenzregion als ein durchaus zweibahniger Prozeß abspielte. In diesem Prozeß benutzten die lokalen Gesellschaften an der Grenze, die sich in permanenten Auseinandersetzungen und Austauschbeziehungen mit ihren Nachbarn jenseits der Grenze befanden, die Hilfe staatlicher Herrschaftsträger und deren Empfänglichkeit für Argumente der nationalen Zugehörigkeit, um ihre spezifischen lokalen Interessen durchzusetzen und ihre lokale kulturelle Identität zu wahren. Gleichzeitig wurden sie aber auch von diesen Herrschaftsträgern in deren Dienst gestellt.

Staat und nationale Identität, so führt uns Sahlins genauer historischer Blick auf die Grenze und von der Grenze her vor, entstanden eher aus dem alltäglichen „Narzißmus der kleinen Differenzen" (S. Freud [32], den die Grenzbevölkerungen austrugen als durch die Entgegensetzung von Freund und Feind im Rahmen der „großen" historischen Prozesse, wie sie von den hauptstädtischen Zentren der Macht und der nationalen Identitätsstiftung ausgingen und in Szene gesetzt wurden.

Durch dieses Buch über die Geschichte der Grenze in einer europäischen Region wird ein heute – nicht nur in der Historiographie – weitgehend herrschendes Verständnis des Vorgangs moderner Staats- und Nationenbildung in Frage gestellt. Ihm zufolge entstanden die Staaten und Nationen in der Neuzeit in einem Prozeß, der seinen Ausgang von den politischen Zentren nahm und sich von dort aus nach außen fortsetzte und in diesem Verlauf auch marginale Gruppen und periphere Zonen durch kulturelle und institutionelle „Assimilation" und „Integration" mit einbezog. Die Ergebnisse von Sahlins Untersuchung laufen auf eine Kritik solch „zentristischer" Vorstellungen des Prozesses der Staats- und Nationenbildung hinaus. Gezeigt wird, wie Staat und Nation seit der Frühen Neuzeit in einem Prozeß der longue durée an der Grenze „gemacht", aber vor Ort auch gestaltet wurden.

Was die Untersuchung Sahlins in bezug auf die Grenzthematik so interessant macht, ist, daß die Grenze hier als ein eigentümliches soziales, kulturelles und politisches Gebilde erscheint, gewissermaßen als ein „peripherisches Organ" (Friedrich Ratzel)[33] sui generis, das die Gesellschaften und Staaten voneinander trennt und doch zugleich ihren Austausch fördert: Grenzen prägen die Struktur und Dynamik der Gesellschaften, deren Rand sie bilden. Die Grenze eröffnet den in ihrer Nähe lebenden Individuen und Gemeinschaften Handlungsspielräume; sie

---

32 Sigmund Freud, Das Unbehagen in der Kultur, in: ders., Abriß der Psychoanalyse. Das Unbehagen in der Kultur, Frankfurt (Fischer Tb.) 1990 S. 104.
33 Friedrich Ratzel, Politische Geographie (1897) 3. Aufl. 192-7, Abschnitt 6: Die Grenzen S. 384-446, hier S. 428.

bedingt aber als ein in besonderer Weise herrschaftlich kontrollierter Raum auch besondere Verhaltensweisen.

Auch in den Territorien des frühneuzeitlichen Deutschland war diese spezifische Ambivalenz der Grenzlage in charakteristischer Weise ausgeprägt. Zumindest in den größeren Fürstenstaaten wurde seit dem 17. Jahrhundert eine Politik des „Arrondissement" zur obersten Maxime. Sie verfolgte neben militärisch-außenpolitischen, machtstrategischen Erwägungen die Umbildung einer personal definierten älteren ‚jurisdiktionellen Souveränität' hin zu einer durch eindeutige räumliche Grenzziehungen bestimmten „superioritas territorialis".[34]

„Territorium enim suis finibus clauditur et finium latitudo factum est, et mensura constat non animo" – „Das Territorium wird nämlich durch seine Grenzen beschlossen und ist durch die Ausdehnung seiner Grenzen bestimmt und sein Maß besteht aus seiner Fläche, nicht aus dem Geist", so hieß es im Traktat „De iure territorii" eines deutschen Territorialjuristen des 17. Jahrhunderts.[35]

Doch die komplexe politische Geographie des alten Reiches und eine Reichsverfassung mit uneindeutig geregelten Souveränitäten arbeiteten zugleich diesem „Arrondissement" und der Durchsetzung einer „superioritas territorialis" entgegen. Nicht nur das Reich als Ganzes war in der Sprache des Territorialrechts der Zeit ein „territorium non clausum", dem es an kohärenten territorialen Grenzen mangelte, sondern zahlreiche seiner Herrschaften und Fürstenstaaten ebenso. Die Gemengelage und räumliche Überschneidung der Jurisdiktionen und die abgestuften Souveränitäten ließen es nicht zur Ausbildung konsistenter und wirksamer territorialer Souveränitäten kommen. Mochten solche uneindeutigen Grenzziehungen einen Mangel für die Herrschaftsträger bedeuten, so brachten sie neben vermehrten Bedrückungen und Lasten doch zugleich auch Bewegungsspielräume und gestiegene Chancen für die Untertanen. Beispiele hierfür sind die erfolgreiche Flucht steuerlich und militärisch bedrückter Untertanen der Reichsgrafschaft Kriechingen ins benachbarte Lothringen im 18. Jahrhundert[36] oder die Auswanderung unternehmender, doch durch die Zunftverfassung eingeengter protestantischer Weber aus dem Umland der hessischen Stadt Eschwege in ländliche Orte des benachbarten katholischen Eichsfelds bald nach dem Dreißigjährigen Krieg,

---

34 Hierzu Dietmar Willoweit, Rechtsgrundlagen der Territorialgewalt. Landesobrigkeit, Herrschaftsrechte und Territorium in der Rechtswissenschaft der Neuzeit (Forschungen zur Deutschen Rechtsgeschichte Bd. II), Köln/Wien 1975, bes. S. 121 ff., S. 274 ff.

35 Der volle Titel lautet: Andreas Knichen, De sublimi et regio territorii iure synoptica tractatio, in qua principium Germaniae regalia territorio subnixa, vulgo Landesobrigkeit indigitata, nusquam antehac digesta, luculentur explicantur, Frankfurt 1600, hier Cap. 111 n.2. sq. 243, zitiert bei Willoweit, Rechtsgrundlagen S. 276.

36 Hierzu Ulbrich, Grenze als Chance? S. 139ff.

wo sie zu den Gründern eines erfolgreichen protoindustriellen Wollgewerbes[37] wurden. Es sind Beispiele für die befreiende und mobilisierende Wirkung solcher vielgestaltigen „offenen" Grenzen. Ihre befreiende Wirkung hielt bis weit ins 19. Jahrhundert an, und es scheint am Ende – durchaus gegenwartsbezogen- die Frage angebracht, ob das, was in der deutschen Geschichte oft negativ als Zerstückelung, Vielstaaterei und zu späte Ausbildung eines souveränen Nationalstaats gesehen wurde, nicht auch Möglichkeiten für spezifische Freiheiten und Identitätsbildungsprozesse bot.

---

37 August Ludwig von Schlözer, Valentin Degenhard, Hessischer Dragoner, und Stifter der wollen Manufacturen auf dem Eichsfelde, seit 1680, in: ders., Briefwechsel meist historischen und politischen Inhalts Heft 13. Göttingen 1778 S. 20 – 27.

Teil II
Theorie und Empirie der Grenzsoziologie

Der duale Charakter der Grenze

Bedingungen einer aktuellen Grenztheorie

Monika Eigmüller

Einleitung

„Die Geschichte der Welt kann am besten von ihren Grenzen her beobachtet werden", schreibt der französische Historiker Pierre Vilar, und meint damit nicht etwa irgendwelche Grenzen der Welt, sondern die Grenzen in der Welt, die diese politisch und damit auch sozial strukturieren (Vilar 1985: 38).

Und tatsächlich ist eine Analyse der wissenschaftlichen Diskurse über Grenzen der vergangenen zweihundert Jahre nicht nur die Analyse eines Begriffs, sondern auch eine Bestandsaufnahme politischer und gesellschaftlicher Verfasstheit, eine Betrachtung des Verhältnisses von Natur, Staat und Individuum, also eine Analyse politischer, gesellschaftlicher und letztlich ideengeschichtlicher Entwicklungen.

Genau hierum soll es im Folgenden gehen: Anhand einer Beschreibung der Entwicklung des Begriffs „Grenze" und seiner sozialhistorischen Bedeutung, sowie eines Rekurses sozialwissenschaftlicher Theoriebildung zum Gegenstand der Grenze soll die Funktion von Grenzen in ihrer Geschichte dargestellt werden. Dies führt schließlich zu der Frage nach Funktion und Bedeutung von Grenzen heute, insbesondere von solchen, die postnationalstaatliche politische Gebilde wie die Europäische Union umgeben. Die These, von der ich hierbei ausgehe, ergibt sich zugleich aus einer Synthese der bereits vorliegenden grenztheoretischen Überlegungen: Eine angemessene sozialwissenschaftliche Grenztheorie muss den Gegenstand der Grenze zwar als Resultat spezifischer historischer und politischer Prozesse betrachten, zugleich aber auch als Produzentin einer eigenen sozialen Ordnung interpretieren. So wird Grenze selbst zur erkenntnisleitenden Kategorie, die den Zugang zu einem Verständnis politischen und gesellschaftlichen Handelns, auch in postnationalen Zeiten, ermöglicht.

Die begriffliche und sozialhistorische Entwicklung der Grenze

Eine Auseinandersetzung mit dem Begriff der Grenze führt rasch an begriffliche Grenzen: Während uns in den romanischen Sprachen eine Vielzahl an Begriffen zur Umschreibung von Grenzen und grenzspezifischen Zuständen zur Verfügung steht, müssen wir uns im deutschen Sprachgebrauch zumeist mit Hilfskonstruktionen begnügen (vgl. auch Medick in diesem Band).[1] Im Grimmsehen Wörterbuch von 1854 heißt es zur Begriffsgeschichte:

> „im eigentlichen sinne bezeichnet grenze die gedachte linie, die zur scheidung von gebieten der erdoberfläche dient; der sprachgebrauch vergröbert vielfach den begriff, indem er ihn überträgt auf die äußeren merkmale, denen die grenze folgt, z.B. wälle, wasserläufe, gebiergszüge." (Grimm 1854; 1984: 127)

Bereits diese Definition verweist auf einen wissenschaftlichen Disput, der zu eben jener Zeit Hochkonjunktur erlebte; die Fragen, was denn als Grenze zu bezeichnen sei, wo und vor allem durch wen Grenzen gezogen würden, sowie die Funktionalität von Grenzen standen Jahrzehnte hindurch zur Diskussion. War der Begriff zunächst zur Bezeichnung privaten Besitzes, im Sinne von Eigentumsgrenzen, genutzt worden, kam er erst allmählich zur Bezeichnung „politischer Gebilde", insbesondere aber im Sinne von Landesgrenzen, in Gebrauch (vgl. Grimm 1854; 1984: 128f.). Im französischen Sprachgebrauch wurden bis ins 14. Jahrhundert hinein Landesgrenzen mit *fins* bezeichnet, also als Saum beziehungsweise Randzone von Territorien, deren Abschluss nicht eindeutig definiert war, sondern vielmehr eine Übergangszone darstellte. Dies verweist auf die politische Verfasstheit jener Zeit: Anders als in späteren Staatskonzeptionen, setzte sich der Herrschaftsbereich im Feudalismus aus der Summe von Grundherrschaften und Städten zusammen,

---

1 Febvre (1953; 1988) gibt einen recht ausführlichen Überblick; im Altfranzösisch kannte man *fins,* dann *confins.* Heute wird vornehmlich *frontière* (Geländestreifen; Verteidigungswall) benutzt, ebenso wie *limites* oder *frontières* (Demarkationslinie). Im Italienischen ebenfalls *la frontiera, fine, termini* ebenso wie im Spanische *frontera, limit* und *confin* (vgl. Febvre 1953; 1988: 36). Am differenziertesten ist wohl das Englische, welches zwischen *frontier* (Grenzraum), *boundary* (Demarkationslinie), *border* (Rand, Saum), *margin* (Rand, Außensaum) und *limit* (Begrenzung, auch im abstrakten Sinne) unterscheidet.

Der duale Charakter der Grenze

in denen sich unterschiedlichste Rechtsansprüche überschnitten und somit eine eindeutige territoriale Zuordnung unmöglich machten (Horn/Kaufmann/Bröckling 2002: 11f.; vgl. hierzu auch Karp 1972). Die Grenze selbst stellte eine Art Kontaktzone, einen Verhandlungsraum über Herrschaftsansprüche dar, in dem die Grenzen von Herrschaft immer wieder neu bestimmt wurden. Erst im Zuge der modernen Staatsbildung, mit Herausbildung der Flächenstaaten entstanden aus diesen Grenzsäumen lineare Grenzen – und mit ihnen zwei neue Begriffe: *Limité*, die Grenze im juristischen Sinne und *frontière*, die Grenze im militärischen und politischen Sinne („The frontier was that, which ethymologically and politically, ‚stood face to' an enemy" (Sahlins 1990: 1425)).

Im Zuge der modernen Staatswerdung wurden beide Begriffe rasch konkreter; „Grenzen" *(sowohl frontière als auch limite)* bezeichnen nun auf Landkarten zu verzeichnende politische Linien, mit denen staatliche Macht zunächst räumlich umschrieben wird.

Der territoriale Begriff der Grenze wird nun mit Staat und staatlicher Souveränität assoziiert und bekommt schließlich die Bedeutung einer „Schranke wider mögliche Einfalle und Angriffe der Anrainer" (Febvre 1953; 1988: 32). Im Laufe des 15. und 16. Jahrhunderts entwickeln sich zudem ein klareres Bewusstsein staatlicher Souveränität und damit erste Formen von nationalen Zusammengehörigkeitsgefühlen der Untertanen sowie ein wachsender Machtanspruch von Seiten der Fürsten.[2] Und dies, so Febvre, war die Voraussetzung des Bedeutungswandels von *limites* zu *frontières:*

> „Zuvor setzte man seinen Fuß über die *limite;* Aristokraten, Gebildete, Händler übertraten sie ohne Aufhebens. Die *frontière* existierte nur für Militärs und die Fürsten, und auch das nur in Kriegszeiten. (...) Daß aber endlich *frontière* unter Beibehaltung seiner alten militärischen Bedeutung synonym mit *limite* geworden ist, daß wir dies heute bevorzugen, um die mit Grenzsteinen und -pfählen abgesteckte Außenkante des Landes zu bezeichnen – beruhen nicht diese neuesten Veränderungen darauf, daß man eine ständige, allgemeine Wehrpflicht eingerichtet und die Nation völlig militarisiert hat?" (Febvre 1953; 1988: 33).

Der Begriff der Grenze bekommt damit einen ganz neuen Sinn: Verwies *Grenze* zuvor auf den Raum hinter beziehungsweise vor der Linie, so rückt nun im Zuge

---

2 Komlosy (1995) interpretiert diesen Prozeß im Rahmen ökonomischer Veränderungen, denn schließlich, so führt sie aus, kommt es mit der Territorialisierung der Staaten und der Entwicklung ihrer Binnenmärkte zu einer scharfen Abgrenzung nach außen: „Erst jetzt entstand das Konzept von der Staatsgrenze als einer durchgängigen Linie, deren Verlauf eindeutig im Terrain (und auf Landkarten) festgehalten war." (Komlosy 1995: 391)

der Militarisierung und politisch-kulturellen Neuordnung der Gesellschaften die Grenze als Linie selbst in den Vordergrund des Interesses.³ Allerdings ist es die Bedeutung, die der Grenze im Falle kriegerischer Auseinandersetzungen zukommt, die letztlich auf die räumliche Verfasstheit von Grenzen selbst zurückverweist:

> „Alle kriegerischen Aufmärsche und Überschreitungen, sowie die Kämpfe um Grenzen lehren, daß militär-geographisch die Grenze nur als Raum zu fassen ist. Man stellt keine Armeen längs einer geometrischen Linie auf. Für den Feldherren kann die Grenze nur ein Raum mit mehr oder weniger günstigen Bedingungen für militärische Operationen bedeuten, welche bald diesseits, bald jenseits der abstrakten Grenzlinie verwirklicht sind, dieselbe durchkreuzend oder unterbrechend." (Ratzel 1923; 1974: 397)

Die Grenze selbst ist nun also dem Raum, der Gestaltungsmöglichkeiten und -notwendigkeiten in sich birgt.⁴

Aktuelle Grenzzustände

Wie dieser kurze historisch-etymologische Abriss zeigt, kam es zunächst mit Herausbildung des modernen Flächenstaats zu einem Übergang vom Grenzsaum zur Grenzlinie (vgl. Karp 1972; zum Zusammenhang Grenzbildung und Entstehung des modernen Nationalstaats vgl. auch Anderson 1996: 18ff.). Diese Grenzlinie war jedoch von Beginn an eine bewegliche, die insbesondere durch kriegerische Auseinandersetzungen nach innen zurückwich beziehungsweise sich nach außen

---

3 Medick verweist in seinem Beitrag darauf, dass die Begriffsgeschichte im Deutschen ganz ähnlich verlief, vor allem hinsichtlich eines verstärkten territorialen „Grenzliniendenkens" im 18. Jahrhundert (vgl. Medick in diesem Band).

4 Einen ähnlichen Grenzbegriff konzipiert der US-amerikanische Historiker Frederick Jackson Turner 1893 in seinem Entwurf einer nordamerikanischen Geschichte, in der er die Entwicklung der US-amerikanischen Zivilisation anhand einer Beobachtung der Siedlungsgrenzen im Westen der USA untersucht. Turner geht davon aus, dass nicht die europäischen Wurzeln maßgeblich die gesellschaftliche und politische Entwicklung des Landes beeinflußt haben, sondern vielmehr die Möglichkeit, sich gen Westen frei auszubreiten: Offene Grenzen, so Turners Hypothese, seien die Bedingung für die Herausbildung einer offenen Gesellschaft. (vgl. hierzu auch Medick 1991: 158). In seiner Grenzkonzeption hält er an der Linearität der Grenze fest, konzipiert sie jedoch als eine bewegliche, dynamische Grenze und schreibt so der *frontier* zugleich die Bedeutung des Grenzsaums- im Sinne unerschlossener Gebiete (bei Turner auch Synonym für den „Westen") zu. (vgl. Turner 1893; 1994; vgl. ausführlich hierzu insbesondere Beck 1955; Gerhard 1962).

verschob. Eine zentrale Funktion bei der Grenzbildung kam dem Staat zu, der den Verlauf der Grenze festlegte, sie überwachte und schließlich darüber bestimmte, wer und auch was die Grenze passieren durfte. Auch heute werden Grenzen von Staaten gebildet, auch heute sind sie die maßgeblichen Einheiten, die Territorien markieren und damit Staatsgewalt räumlich zuschreiben, die schließlich den Staat selbst erst sichtbar werden lassen. Dennoch können wir einen Wandel der Funktion und auch der Form von Grenzen ausmachen: Waren Grenzen vormals in ihrer Bedeutung vor allem nach innen gerichtet, indem sie zwischen innen und außen schieden und damit vor allem die Zugehörigkeit im Innern eines Raums festschrieben (vgl. beispielsweise Pacholkiv 2000), so zielt diese Trennung zwischen innen und außen heute vor allem nach außen, indem sie Nicht-Zugehörigkeit definiert.

Die abschottende Wirkung von Grenzen wird einmal mehr angesichts eines als zunehmend bedrohlich wahrgenommenen internationalen Terrorismus und wachsender weltweiter Migrationsströme deutlich. Zugleich müssen die heutigen Grenzen jedoch weit geöffnet werden, um den internationalen Verkehr von Waren, Kapital und auch Dienstleistungen zu gewährleisten. Im Ergebnis führt dies zu einer Flexibilisierung der Gestalt von Grenzen: Sie manifestieren sich nicht mehr ausschließlich entlang von Linien, die durch Begrenzungssteine, Zäune, Mauern, Grenzposten oder Zollstationen sichtbar werden, sondern die Grenze kann auch unabhängig hiervon in Form punktueller Kontrollen oder beweglicher Grenzsäume sichtbar werden, beziehungsweise für das Auge gänzlich unsichtbar bleiben, schließlich wird die Grenze nicht mehr jedem Menschen gegenüber, der sich ihr nähert, auch manifest; die heutige Grenze unterscheidet, wen sie zum Grenzsubjekt machen will. Grenzen sind somit zum einen das Ergebnis politischer Interessen und Entscheidungen, zum anderen aber zugleich Produzenten einer durch diese politische Ordnung geprägten Gesellschaft. Aufgabe einer aktuellen Grenztheorie muss es daher sein, einen theoretischen Zugang zu entwickeln, der diesem dualen Charakter der Grenze, als Produkt und auch als Produzent sozialer Ordnung, Rechnung trägt.

Weiche Erklärungsangebote können nun bereits vorliegende sozialwissenschaftliche Grenztheorien zur Erfassung dieser *postnationalstaatlichen* Grenzzustände liefern?[5] Worauf muss eine sozialwissenschaftliche Grenztheorie ihren

---

5 Der etwas umständliche Begriff der postnationalstaatlichen Grenze ist um einiges genauer, als der vielfach synonym hierfür verwendete Begriff der postnationalen Grenze (z.B. Cuttitta 2003), geht es doch um die Funktion von Grenze im Kontext veränderter staatlicher Handlungsbedingungen. Der Begriff zielt nicht etwa auf einen umfassenden Bedeutungsverlust von Nationalstaaten beziehungsweise deren Relevanz für Politik und Gesellschaft, sondern lediglich auf die veränderte Rolle, die dem Nationalstaat heute zukommt. In Bezug auf die Außengrenze der EU wird dieser Sachverhalt einmal

Blick heute richten, will sie diese neuen Gegebenheiten adäquat abbilden? Nicht eine neue Theorie, sondern lediglich eine Reformulierung und Synthese bereits vorhandener sozialwissenschaftlicher Theorieansätze ist hierzu notwendig, wie ich im Folgenden zeigen werde.

Grenztheorien: Sozialwissenschaftliche Vorstellungen von territorialen Grenzen

Die sozialwissenschaftliche Beschäftigung mit Grenzen und den sie umschließenden Räumen hat Konjunktur (vgl. z.B. Vobruba 1997; Rösler/Wendl 1999; Bös 2000), wenngleich Auseinandersetzungen mit den theoretischen Konzepten von Grenzen nach wie vor rar sind (vgl. aber z.B. Preyer/Bös 2002). Analytisch lassen sich vornehmlich drei Richtungen erkennen: Erstens eine essentialistische Grenzvorstellung, in der Grenzen als Begrenzungen von Territorien konzipiert werden, als gegebene Größen, die den Raum in Territorialstaaten unterteilen und die vor allem anhand von Zäunen, Mauern, Wachposten und Grenzsteinen sichtbar, und das heißt unabhängig von Menschen und ihren Handlungen real werden. Zweitens eine konstruktivistische beziehungsweise systemtheoretische Annäherung an den Grenzbegriff, in der die territoriale Grenze dekonstruiert und durch eine systemische ersetzt wird. Territoriale Grenzen sind hier lediglich in der gesellschaftlichen Interaktion präsent. Und drittens der Simmelsche Grenzbegriff, der Grenzen ebenfalls als Ergebnis sozialer Interaktion begreift, jedoch auf der Grundlage territorialer Grenzziehungen Folgen für gesellschaftliches Handeln ableitet. Im Folgenden gehe ich diese drei Versionen von Grenztheorien durch, um schließlich die Bedingungen und Möglichkeiten einer aktualisierten Grenzanalyse zu erörtern, die sich, so mein Argument, aus der Schnittmenge dieser drei unterschiedlichen theoretischen Ansätze bildet.

---

mehr virulent durch die Tatsache, dass es nicht mehr allein die Nationalstaaten sind, die den Verlauf und die Ausgestaltung der gemeinsamen Außengrenze bestimmen, sondern es sich vielmehr in weiten Teilen um europäische, also supranationalstaatliche Politik handelt. Zudem ist die spezifische Gestalt dieser europäischen Außengrenze Produkt der besonderen Anforderungen an eine Grenze, die mehr umgibt als nur einen Staat.

Essentialistische Grenzbetrachtungen

Wissenschaftliche Grundlage der essentialistischen Grenzbetrachtung ist die, 1880 von dem Geographen und Biologen Friedrich Ratzel begründete, *politische Geographie* beziehungsweise *Anthropogeographie,* die eine organische Beziehung zwischen Staat und Raum herstellte.[6] Dieses *organische* Verständnis äußerte sich zweifach: Zum einen als Wechselbeziehung zwischen Mensch und Umwelt, auf die Grenze bezogen in der These der „natürlichen Grenze". Zum anderen in der Betrachtung der Grenze als Organismus, der dynamischen Veränderungen unterworfen ist.[7]

Ursache der Herausbildung von Grenzen ist nach Ratzel das Bemühen um optimale Nutzung von Boden in geographisch und klimatisch unwirtlichen „Lebensräumen".[8] Die Grenze ist nach Ratzel etwas dynamisches, etwas das sich ständig in Veränderung befindet. Hinsichtlich der Entwicklung von Grenzen formuliert er zwei Gesetze: Zum ersten „das Streben nach Vereinfachung": „Grenzsäume und Mark ziehen sich auf die ideale Vorstellung einer Grenzlinie zusammen (...) um in fortwährender Abgleichung sich aller Unebenheiten immer mehr zu entledigen und zugleich der kürzesten Linie sich zu nähern." (Ratzel 1923; 1974: 400). Und zum zweiten die „Angleichung der Grenze", die neben, jenen großen Veränderun-

---

6   Die politische Geographie Ratzels blickt auf eine weite geistes- und naturwissenschaftliche Tradition, nicht nur in Deutschland, sondern ebenso in Frankreich und im anglo-amerikanischen Sprachraum, zurück (für einen Überblick vgl. Schöller 1957; Ossenbrügge 1983).

7   Vor allem erstere These der „natürlichen" Grenze war nicht neu, sondern wurde bereits vom 17. Jahrhundert an in Frankreich als politische Leitvorstellung proklamiert und diente die Jahrhunderte hindurch insbesondere zur Legitimierung expansiver Politik (vgl. Fröbel 1861: 118f.; Pounds 1951; Braudel 1989: 325ff.; Sahlins 1990). In Deutschland wurde diese Idee freilich in pervertierter Form weiterentwickelt und prägte in Form des *geopolitischen Instituts* um Karl Haushofer, Otto Maull und Erich Obst insbesondere die nationalsozialistischen Expansionspläne (vgl. hier insbesondere die Schriften von Haushofer 1925; Maull 1925; 1956; Hassinger 1932) Auch Ratzels Anthropogeographie, auf die im Folgenden nicht näher eingegangen wird, findet ihre Grundlagen im Sozialdarwinismus. Er beschreibt in seinen beiden Hauptwerken die „natürliche" Verdrängung weniger entwickelter Lebensformen durch höher entwickelte in einem „Kampf um Lebensraum" (vgl. insbesondere Ratzels Anthropogeographie (1892) und die Politische Geographie (1897)).

8   Lucien Febvre weist auf die Schwäche dieser Argumentation hin, indem er bemerkt: „Widerlegt sie [diese Erklärung, Anmerkung der Autorin] nicht der Eifer, mit dem sich die modernen Nationen ebenso streng in Wüstenstrichen, Morästen oder steinigen Öden voneinander abzugrenzen suchen wie auf den reichsten und begehrtesten Ackerböden?" (Febvre 1953; 1988: 32)

gen durch große geschichtliche Erschütterungen" zu „kleineren Verschiebungen" der Grenze führt, „die großenteils vertragsmäßig bestimmt werden, um sie immer besser ihrem Zweck anzupassen" (ebd.: 401).[9]

Die Funktion der Grenze im Sinne der Ratzelschen „Biogeographie" (vgl. Buttmann 1977: 89; ausführlich: Müller 1996) ist die eines „peripherischen Organs", welches einen Staat umgibt, gleich einer Haut, die den Staat als lebenden Organismus umkleidet:

> „Die Grenze ist die Peripherie des Staats-, Wirtschafts-, Völkergebiets, durch die die Aufnahme und Ausgabe aller der Stoffe stattfindet, die das Leben eines Volkes und Staates braucht und abgibt. Ein beständiges Geben und Nehmen findet durch die Grenze seine unzähligen Wege." (Ratzel 1923; 1974: 434; vgl. hierzu auch Presseort 1987: 8ff.)

Der Grenze kommt somit ein gewisses Eigenleben zu, sie wird „zu einem höchst eigentümlichen Organ des Gebiets, das von ihr umschlossen wird, und nimmt zu seinen anderen Teilen eine Stellung ein, die sich durchaus nicht in der Vorstellung erschöpft, daß in ihr die äußersten Punkte des Gebiets gelegen seien." (ebd.: 510) Vielmehr kommt der Grenze neben der Funktion der Sicherung auch die der „Förderung des Austauschs" zu, „und beide verbinden sich, wie in den Epidermoidalgebilden von Pflanzen und Tieren, zu sehr merkwürdigen peripherischen Organen." (ebd.: 434)

Ratzel entwirft also eine Vorstellung von Grenze, die jenseits von Grenzlinien innerhalb eines Grenzsaums ihre volle Wirkung entfaltet, denn „der Grenzsaum ist das Wirkliche, die Grenzlinie die Abstraktion davon" (Ratzel 1923; 1974: 385). Eine Tatsache sei hingegen das Trennende zwischen verschiedenen Gebieten; das Verschiedene äußere sich in „fremden Gesichtern", dem „fremden Schnitt der Kleidung", oder auch „fremden Inschriften" (ebd.: 384). Die Grenze ist also kulturell wahrnehmbar; eine klare Linie zwischen hier und dort lässt sich jedoch nach Ratzel nicht ziehen. Zumindest nicht willkürlich, wohl aber, so die Grundthese Ratzels, entlang sogenannter „natürlicher Grenzen" (vgl. Ratzel 1923; 1974: insbesondere Kap. 18, 404 ff.). *Natürliche Grenze* meint die Begrenzung von Territorien durch natürliche Gegebenheiten, wie etwa Flüsse, Berge, Seen. Jedoch meint das Konzept der „natürlichen" Grenze

---

9   Prescott weist darauf hin, dass nicht nur die Entwicklung Deutschlands eben jenen Gesetzen zu gehorchen schien, wie beispielsweise ein Gebietstausch zwischen Bayern und Österreich am 14. April 1816 oder auch die Kolonialpolitik Großbritanniens, Belgiens, Deutschlands und Frankreichs zeigt (vgl. Prescott 1987: 9).

"viel mehr als nur die Anlehnung einer politischen Grenze an natürliche Erscheinungen. Das natürlichst begrenzte Land ist das mit einem *Naturgebiet* zusammenfallende, wobei die Geschlossenheit nicht bloß äußerlich an der Grenze, sondern auch im Innern in der Zusammengehörigkeit dessen liegt, was von ihr umschlossen wird. Wo diese vorhanden ist, kommt [es] auf die Grenzen an sich oft gar nicht mehr soviel an, denn die geographische Individualität fördert nun die politische Individualisierung." (ebd.: 418, Hervorhebung im Original)

Eine "gute" Grenze ist somit zunächst abhängig von natürlichen Gegebenheiten, zugleich jedoch auch von der staatlichen Verfasstheit im Inneren:

"Bei allen ‚natürlichen Grenzen' kommt es darauf an, wie der natürliche Vorteil politisch genutzt wird, wofür sich einige geographische Grundsätze aussprechen lassen: Eine gute Grenze muß hart an die natürliche Grenzmark, wenn eine solche vorhanden ist, herantreten und dieselbe womöglich in sich fassen." (ebd.: 421)

Wo diese "natürliche" Grenze verläuft ist nach Ratzel keine Definitionssache, sondern obliegt dem "natürlichen Raumkonzept", beziehungsweise "Lebensraum".[10] Grenzen sind in dieser Konzeption schlicht existent, sie sind von der Natur vorherbestimmt, von Menschen in diesem Rahmen gestaltet und zeigen ihre Wirkung vor allem dann, wenn von den "natürlichen Vorgaben" abgewichen wird.

Diesem Rekurs auf die *natürliche Grenze* stand und steht nach wie vor – mal ergänzend und mal im Widerspruch dazu – die Vorstellung der gemauerten Grenze gegenüber (vgl. Sprengel 1999: 99f.). Auch diese wird als eine räumlich festgelegte, materialisierte und daher sichtbare Linie interpretiert, die das Territorium in zwei Teile scheidet, und die sich mit einer ebenso eindeutigen wie auch deutlichen "Botschaft" an den Fremden, den "Barbaren" wendet, indem sie ihm die Grenzen seiner Bewegungsfreiheit aufzeigt (Sprengel 1999: 100). Ebenso wie sich im Konzept der *natürlichen Grenze* die Grenze aufgrund spezifischer Naturgegebenheiten herausbildet, existieren gemauerte Grenzen schlicht aufgrund historischer Gegebenheiten oder politischer Entscheidungen. Sie manifestieren sich, indem sie die Linie selbst mittels Grenzbefestigungen und Kontrollanlagen sichtbar werden lassen, und schließlich indem sie auf Globen, in Atlanten oder auf politischen Karten verzeichnet werden.

Grenzen in einem essentialistischen Verständnis sind also linear, materiell und territorial konzipiert, sie sind das Produkt spezifischer, beinahe unantastbarer Gegebenheiten; diese Gegebenheiten stehen im Mittelpunkt des essentialistischen

---

10 Auch diese Idee ist unmittelbar der Vorstellung des Staates als eines lebendigen Organismus entlehnt (vgl. Prescott 1987: 9).

Theorieinteresses, wohingegen Fragen nach der Wirkung von Grenzen und der Funktion von Grenzziehungsprozessen hier nicht gestellt werden. In einer soziologischen Theorieperspektive scheinen diese Überlegungen wenig brauchbar; allerdings haben sie sich, wie gezeigt, nicht nur als naive Deutungsmuster alltäglicher Grenzbetrachtungen in der öffentlichen Diskussion erhalten – und sind daher gerade für ein soziologisches Grenzverständnis von Interesse, da nicht zuletzt die Folgen von Grenzziehungen von den hiervon betroffenen Leuten als objektiv und unveränderbar erfahren werden und von diesen im Sinne des essentialistischen Grenzverständnisses interpretiert werden.

Konstruktivistische Grenzbetrachtungen

Dem essentialistischen Theorieansatz stehen der konstruktivistische und der systemtheoretische Grenzbegriff diametral gegenüber. Während sich essentialistische Vorstellungen vornehmlich mit der Frage des Grenzbildungsprozesses beziehungsweise der Gestalt und Form von Grenzen beschäftigten und Entstehung und Gestalt mit Verweis auf entweder „natürliche" oder aber historische beziehungsweise politische Gegebenheiten erklärten, konzentrieren sich systemtheoretische Grenzüberlegungen gerade nicht darauf zu erklären, *was* die Grenze ist, sondern vielmehr *wie* sie zustande kommt und wie sie sich dauerhaft (oder auch nicht) zu stabilisieren versteht.

Eine Darstellung von Staatsgrenzen innerhalb des Konstruktivismus beziehungsweise der Systemtheorie bewegt sich dem ersten Anschein nach auf recht schwachen Füßen, liegen doch nur wenige einschlägige Texte dazu vor. Luhmann bemerkte, dass das Konzept der Staatsgrenze für die Systemtheorie zwar von entscheidender Bedeutung, das Phänomen jedoch bislang nur marginal beachtet worden sei (vgl. Luhmann 1982; ders. 1970; 1991: 142). Während die Geographie Grenzen beneidenswert präzise definieren und in ihrer Funktion bestimmen könne, tue sich ein systemtheoretischer Ansatz sehr viel schwerer, so Luhmann (1982: 235f); denn während erstere lediglich beschreibe, welcher Staat auf der einen und welcher Staat auf der anderen Seite der Grenze liege, geht es Luhmann in seiner Grenzbetrachtung um mehr, denn: „Clarity from the territorial point of view is not scientific clarity." (Luhmann 1982: 235)

Im Mittelpunkt des Luhmannschen Grenz-Interesses stehen Staatsgrenzen als Systemgrenzen, die zwischen System und Umwelt, innen und außen, unterscheiden – und so in der Geschichte zur Herausbildung von Nationalstaaten geführt haben (vgl. Halfmann 2002: 266).

Diese „Fixierung von staatlichen Grenzen, die, weil sie nationale Grenzen sind, eine inhärente Plausibilität gewinnen", so Stichweh, ist ein konstitutives Element des modernen Nationalstaats. Denn wenn „für einen dynastischen Fürstenstaat der Frühneuzeit" Grenzen noch etwas „Beliebiges" besaßen, und sie „je nach Interessenlage der Dynastie frei ausgehandelt werden" konnten (insbesondere weil der *Multikulturalismus des Staates* eine Selbstverständlichkeit war und so keine Bedenken bestehen mussten, in Folge militärischer Auseinandersetzungen „neue Populationen in den Staat inkorporieren" zu müssen), so galt es nun, den eigenen Korpus mittels Grenzziehung abzuschotten und vor dem Außen zu schützen (Stichweh 2000: 53).[11] Und Luhmann ordnet die Probleme von Staatsgrenzen in die Theorie funktionaler Differenzierung ein, ebenso wie die Frage des Nationalstaats (vgl. Halfmann 2002: 266). Denn erst in Folge des Wandels von stratifikatorischer zu funktionaler Differenzierung kommt es zur Ausbildung spezialisierter Systeme, zu denen eben, in Folge territorialer Teilungsprozesse und Grenzwerdungen, auch der Nationalstaat und mit ihm die Staatsgrenze gehört (vgl. Luhmann 1980: 72ff.; zum Prozess der Ausdifferenzierung bei Luhmann vgl. auch Drepper 2003: 167ff.).

Grundlegend für die Luhmannsche Systemtheorie ist die paradigmatische Dichotomie „System und Umwelt" (Luhmann 1987: 242); daraus leitet sich alles weitere ab, „der Letztbezug aller funktionalen Analysen", so Luhmann, „liegt in der Differenz von System und Umwelt" (1987: 242). Und auch Grenzen manifestieren diese Unterscheidung zwischen System und Umwelt, zwischen *Innen* und *Außen*. Das bedeutet zunächst einmal nicht mehr, als dass das, was nicht innen ist, außen ist, beziehungsweise das, was nicht außen ist, innen ist.[12] Innen und Außen, System und Umwelt stehen zueinander in einer komplexen Beziehung, sie irritieren sich gegenseitig, ohne direkt beeinflusst zu werden; die Operationen eines Systems selbst sind nur von seiner operativen Logik abhängig. Die Grenze ist hierbei

---

11 Stichweh weist darauf hin, dass es mit der Entstehung des Nationalstaats und der Definition der Nation auch aus internen Gründen der Einheit des Staates mehr als fragwürdig werde, fremde Ethnien anzugliedern; vielmehr erhöhe sich nun der Druck auf die politisch konstituierte Nation, „ihre bereits vorhandenen fremdethnischen Gebiete der Kernnation zu assimilieren", und das provoziere „umgekehrt, gerade wenn die politische Nation diesen Versuch" unternähme, „den Widerstand und die Sezessionsbestrebungen in dem betroffenen fremdethnischen Gebiet." (Stichweh 2000: 53)

12 Die Systemtheorie verwendet hier auch den Begriff der Inklusion beziehungsweise Exklusion, die unter Berücksichtigung der heutigen Diskussion jedoch in diesem theorietechnischen Sinn wenig brauchbar erscheinen, beinhalten sie doch bereits immer die Konnotation von sozialen Teilhabechancen beziehungsweise sozialer Ausgrenzung (vgl. beispielsweise Luhmann 1995; Miles/ Thränhardt 1995; kritisch: Bommes 1999).

die Differenzierungsmarke, die einerseits zwischen System und Umwelt unterscheidet, zugleich jedoch die Irritationsmöglichkeiten zwischen beiden gestaltet: „Grenzen reduzieren die Kontaktpunkte zwischen System und Umwelt auf einige wenige Stellen – hierüber ist es dem System schließlich möglich, die Beziehung zur Umwelt überhaupt zu organisieren." (1982: 236) Grenzen sind nach Luhmann also die Systemvoraussetzung für einen Kontakt zwischen dem System und seiner Umwelt. Und sie sind darüber hinaus Voraussetzung der eigenen Existenz, kann ein System doch erst in Abgrenzung zu seiner Umwelt als solches erkannt werden – und dieser Definitionsmacht entspringt letztlich die Grenze selbst, aber eben als Operation, welche die Unterscheidung zwischen dem System und all jenem, was es nicht ist, ermöglicht.

Der Clou liegt nun in der Paradoxie des Grenzbegriffs: Grenze definiert Luhmann, ähnlich wie Febvre, als ein trennendes und zugleich verbindendes Element, als eine „Membran", die innen und außen voneinander trennt und zugleich miteinander in Beziehung setzt, verbindet (Luhmann 1982: 236f.; Luhmann 1997: 75; 1987: 270). Eine wesentliche Funktion der Grenze ist hiernach die Strukturierung von Grenzüberschreitungen (vgl. Preyer/Bös 2002: X; Bös 2000).[13]

Bereits diesen Überlegungen ist zu entnehmen, dass es in einer Luhmannschen Grenzbetrachtung nicht darum geht zu erklären, was die Grenze ist, sondern vielmehr: wie die Grenze operiert; nämlich als Unterscheidung zwischen System und Umwelt. In der Systemtheorie ist Umwelt konstitutiv für die Systembildung:

> „[Sie] hat nicht nur ‚akzidentielle' Bedeutung, gemessen am ‚Wesen' des Systems. Auch ist die Umwelt nicht nur für die ‚Erhaltung' des Systems, für Nachschub von Energie und Information bedeutsam. Für die Theorie selbstreferentieller Systeme ist die Umwelt vielmehr Voraussetzung der Identität des Systems, weil Identität nur durch Differenz möglich ist." (Luhmann 1987: 242f.)

Darauf aufbauend kommt er zu dem Schluss, dass „der Ausgangspunkt aller daran anschließenden systemtheoretischen Forschungen (...) daher nicht eine Identität, sondern eine Differenz" sein muss (Luhmann 1987: 243). Was bedeutet dies nun für den Gegenstand der Staatsgrenze? Dem theoretischen Ansatz Luhmanns folgend, müssen wir Grenzen als Konstrukte begreifen, die nicht unbedingt in Ab-

---

13 Hierin liegt eine auffällige Überschneidung mit dem essentialistischen Grenzverständnis Friedrich Ratzels, der Grenze ebenfalls als durchlässige „Haut des Staates" begriff; allerdings wird die Grenze bei Luhmann überhaupt erst durch die Grenzüberschreitungen gebildet, wohingegen sie bei Ratzel als quasi statisch und gegeben interpretiert wird, die Grenzüberschreitungen wirken nicht so sehr auf die Grenze, als auf das durch sie umschlossene Gebiet.

hängigkeit von natürlichen oder sonstigen Gegebenheiten entstehen; Grenzen, so könnte man es auf eine Formel bringen, sind stabilisierte Unwahrscheinlichkeiten. Unwahrscheinlichkeiten, die durch Operationen eines Systems organisiert werden und vor allem auf der Ebene der Interaktion unmittelbare Irritationen hervorrufen können (beispielsweise in dem Grenzschutzbeamten, der mir begegnet). Die Grenze ist also eine konstruierte Realität in der Umwelt der Gesellschaft, die im Raum stabilisiert wird und zugleich aber auch unabhängig vom Raum reaktualisiert werden kann (so tritt sie aufgrund der Organisation der Grenze zum Beispiel jedes Mal dann auf, wenn eine Passkontrolle stattfindet).[14]

Grenze kann zudem als Operationalisierung der Unterschiede zwischen zwei Staaten interpretiert werden; diese Unterschiede müssen sich ständig erneuern, um zu bestehen. Somit manifestieren sie sich in der Interaktion und Organisation: Hier wird die Staatsgrenze manifest, indem sie Menschen ein- beziehungsweise ausschließt.

Der Vorteil dieser Betrachtung liegt darin, dass so Staatsgrenzen unabhängig von Territorialität erfasst werden können: Überall dort, wo die Unterscheidung zwischen innen und außen virulent wird, ist die Grenze manifest. Und diese Betrachtung der Grenze lässt eine weitere Paradoxie zu: Die Grenze ist immer überall, jedoch nicht immer überall dekodiert und damit beobachtbar. Sichtbar und damit real wird die Grenze erst durch eine auf sie bezogene kommunikative Handlung, die den spezifischen Code der Grenze (re-)aktualisiert; die Grenze existiert jedoch auch dann, wenn sie nicht sichtbar ist. Anders als die essentialistische Grenzbetrachtung ermöglicht ein solcher theoretischer Zugang, die Mehrdimensionalität von Grenzen in ihren Erscheinungsformen und ihren Bedeutungen zu erfassen.

Der Nachteil einer Grenzbetrachtung im Luhmannschen Sinne liegt in der von Luhmann gewählten Perspektive: Da er aus einer Vogelperspektive auf die Welt herabschaut und so die Fragen nach Interessen, Intentionen und Handlungen – schließlich nach Akteuren selbst ausschließt, kann mit ihm die empirisch relevante Frage nach der Operationsweise des politischen Systems nicht gestellt werden; die Betrachtung der Grenzrealitäten erfordert aber ein Verständnis politischer Operation nicht als Symbol, nicht als Sinn, sondern als Handlung. Die Politik der Grenze wird erst sichtbar durch die Betrachtung der beobachtenden Politik – mit Luhmann hingegen werden ausschließlich die blinden Flecken im politischen System

---

14   Zum Gesellschaftsbegriff bei Luhmann vgl. Krause 1999: 42; am besten lässt sich Luhmanns Gesellschaftsbegriff darüber fassen, was alles nicht damit gemeint ist: Gesellschaft besteht nicht aus Menschen beziehungsweise deren Beziehungen; sie ist keine räumlich begrenzte Einheit; sie existiert nicht aufgrund gemeinsamer Werte und Normen; und sie ist vor allem nicht von außen beobachtbar.

betrachtet. Die Ausblendung der Handlungsebene aber macht es letztlich unmöglich, nach der Wirkung von Grenzen auf Individuen zu fragen.

Raum und Grenze bei Simmel

1908 veröffentlichte Simmel den Band „Soziologie. Untersuchungen über die Formen der Vergesellschaftung", in dem er in einem Kapitel das Thema „Der Raum und die räumliche Ordnung der Gesellschaft" bearbeitete; schon dieser Titel lässt vermuten, worum es beim Simmelschen Grenz- beziehungsweise Raumbegriff letztlich geht: Nicht der Raum und seine Begrenzungen stehen im Mittelpunkt des Interesses, sondern menschliches, das heißt gesellschaftliches Handeln. Der Raum selbst ist nichts, er fungiert lediglich als ein „Behältnis", welcher das soziale Geschehen umschließt (vgl. Löw 2001: 63; Läpple 1991: 166), er ist nur im Sinne eines gesellschaftlichen *Interaktionsraums* überhaupt von Interesse (vgl. Strassoldo 1992: 328). So betont Simmel in der Soziologie des Raumes (1903) „die Raumbedeutungen der Dinge und Vorgänge", wenn er „im Interesse der Ergründung der Vergesellschaftungsformen nach der Bedeutung, die die Raumbedingungen einer Vergesellschaftung für ihre sonstige Bestimmtheit und Entwicklung in soziologischer Hinsicht" besitzt, fragt (Simmel 1903: 28f.).[15] Der Raum selbst ist in dieser Konzeption eine geradezu selbstverständliche Gegebenheit, eine „an sich wirkungslose Form", „ein geographischer Umfang von so und so vielen Quadratmeilen", der allerdings an und für sich ohne besondere Wirkung ist, denn nicht er „bildet ein großes Reich, sondern das tun die psychologischen Kräfte, die die Bewohner eines solchen Gebietes von einem herrschenden Mittelpunkt her politisch zusammenhalten" (Simmel 1903: 28) – „nicht der Raum, sondern die von der Seele her erfolgende Gliederung und Zusammenfassung seiner Teile hat gesellschaftliche Bedeutung" (1908; 1992: 688).

---

15   Die Unterscheidung zwischen sozialem und soziologischem Raum wird bei Simmel nicht explizit unternommen; es ist jedoch anzunehmen, dass sozialer Raum „als manifestes Verhalten" definiert wird, das im „physikalischen Raum" stattfindet, wohingegen soziologischer Raum eine bloße „Metapher" darstelle (vgl. Strassoldo 1992: 334; er bezieht sich hier auf die Arbeiten von Leopold von Wiese, insbesondere: 1955, *Systeme der allgemeinen Soziologie*. Berlin: Duncker & Humblot).

In Abgrenzung also zur Geopolitik und Anthropogeographie jener Zeit entwirft Simmel einen Raumbegriff, der zum einen die formale Verfasstheit aller Dinge zur Formel erhebt, zum anderen aber den Raumbegriff selbst inhaltlich vollkommen entleert (vgl. Konau 1977: 42).[16]

Aussagen über den Grenzbegriff in der Theorie Simmels lassen sich aus seinen Überlegungen zum Raum, seiner Struktur und Bedeutung ableiten, welche er wiederum vor dem Hintergrund sozialer Prozesse interpretiert; so weist er im Vorwort der *Soziologie* selbst darauf hin, „diese eine Fragestellung, wie das erste Kapitel sie entwickelt, ununterbrochen -festzuhalten", auf der Grundlage also der Überlegungen zu den Formen der Vergesellschaftung alle weiteren Überlegungen anzustellen (vgl. Simmel 1908;1992: 9; vgl. auch Löw 2001: 58). Im Zentrum der Simmelschen Rauminterpretation steht nicht ein „objektiv meßbarer, gegebener, kontinuierlich sich erstreckender Raum", der hinsichtlich seiner gesellschaftlichen Bedeutung von Interesse wäre; vielmehr geht es Simmel um eine Raumanalyse „auf der Ebene (inter-)subjektiver Sinnbesetzung." Denn erst als solche „wird er für die Wechselwirkungen oder die Formen der Vergesellschaftung interessant." (Konau 1977: 42f.)

Analytisch konzipiert er den Zusammenhang zwischen Raum und Gesellschaft auf zweierlei Weise: Zum einen die „Qualitäten des Raums", zum anderen die „räumlichen Konfigurationen", wobei ersteres die *Ausschließlichkeit des Raums*, die *Schließung* oder *Begrenzung*, *Fixierung* oder *Festlegung* im Raum, *Distanz* und schließlich *Mobilität* umfasst (vgl. Simmel 1908; 1992: 690ff.); in Abgrenzung dazu definiert er „räumliche Konfigurationen", beziehungsweise „Raumgebilde" als eine Projektion sozialer Prozesse in den Raum (vgl. ebd.: 771ff.).[17] Für eine Betrachtung des Grenzbegriffs bei Simmel erscheint vor allem letzteres von Interesse: Sind Simmel zufolge Räume die Manifestation sozialer Prozesse, dann sind auch Grenzen letztlich das Resultat menschlicher, und das heißt sozialer Beziehungen. Zunächst einmal weist eine Grenze nur darauf hin, „daß der sozial strukturierte Raum nicht homogen ist" (Strassoldo 1992: 332), dass er „für unsere praktische Ausnutzung in Stücke zerlegt, die als Einheiten gelten und – als Ursache wie als Wirkung hiervon – von Grenzen eingerahmt ist." (Simmel 1908; 1992:

---

16   Strassoldo macht darauf aufmerksam, dass die deutlichen Präzisierungen des Raumbegriffs bei Simmel aus der Absicht einer entschiedenen Abgrenzung gegenüber der Humangeographie, die sich zu dieser Zeit gerade in einem „ungestümen, Status nascendi',, befand und in Deutschland von Ratzel geradezu in Opposition zur Soziologie entworfen worden war, zu erklären ist (vgl. Strassoldo 1992: 328).

17   Strassoldo kritisiert hier den mangelnden empirischen Bezug der Simmelschen Analyse; zudem sei die Unterscheidung zwischen „Qualitäten des Raums" und „Konfigurationen des Raums" unklar (vgl. Strassoldo 1992: 333f.).

694) Allerdings wird die Grenze erst zur Grenze und der Raum erst zum Raum im soziologischen Sinne, wenn aus der geographischen Linie ein „seelisches, näher: soziologisches Geschehen" wird (1908; 1992: 699). Denn wenngleich „die Konfigurationen der Erdoberfläche uns den Rahmen vorzuzeichnen scheinen, den wir in die Grenzenlosigkeit des Raumes einschreiben", oder auch „rein ideelle Linien gleichgeartete Stücke des Bodens trennen wie eine Wasserscheide, diesseits und jenseits deren jedes Teilchen einem anderen Zentrum zu gravitiert: immer fassen wir den Raum, den eine gesellschaftliche Gruppe in irgend einem Sinne erfüllt, als eine Einheit auf, die die Einheit jener Gruppe ebenso ausdrückt und trägt, wie sie von ihr getragen wird." (Simmel 1908; 1992: 694).

Während allerdings eine geographische Linie

> „nur die Verschiedenheit des Verhältnisses zwischen den Elementen einer Sphäre untereinander und zwischen den Elementen einer andren markiert, wird sie doch zu einer lebendigen Energie, die jene auseinanderdrängt und sie nicht aus ihrer Einheit herausläßt", sich also „wie eine physische Gewalt" zwischen beide Seiten schiebt (Simmel 1908; 1992: 697).

So kommt der Grenze eine wesentliche Bedeutung zu, schließlich ist sie „in allen Verhältnissen von Menschen untereinander äußerst wichtig", wenngleich Simmel präzisiert, dass ihr „Sinn nicht immer ein soziologischer" sei. (Simmel 1903: 34). Die Grenze ist es letztlich, die den Raum teilt, sie ist zugleich Ursache wie auch Wirkung territorialer Aufspaltungsprozesse (1903: 32). Allerdings präzisiert er: „Nicht die Länder, nicht die Grundstücke, nicht der Stadtbezirk und der Landbezirk begrenzen einander; sondern die Einwohner oder Eigentümer üben die gegenseitige Wirkung [des Begrenzens] aus" (1903: 35). Diese „Raumgestaltung, die wir Grenze nennen" ist nach Simmel somit zunächst „eine soziologische Funktion", die sich unabhängig von räumlichen Gegebenheiten bildet (1903: 35).

> „Ist sie freilich erst zu einem räumlich-sinnlichen Gebilde geworden, das wir unabhängig von seinem soziologisch-praktischen Sinne in die Natur einzeichnen, so übt dies starke Rückwirkung auf das Bewußtsein von dem Verhältnis der Parteien." (1908; 1992: 697).

Denn die Grenze ist dann mehr als eine bloße Linie, die Territorien voneinander abgrenzt; sie selbst erzeugt schließlich die Unterschiede, die sie markiert, gleich einer „physischen Gewalt", die „nach beiden Seiten hin Repulsion ausstrahlt", sich „zwischen beide [Territorien] schiebt" (1908; 1992: 698). Grenzen kommt dadurch eine Doppelfunktion zu: Zum einen

„ist eine Gesellschaft dadurch, daß ihr Existenzraum von scharf bewußten Grenzen eingefaßt ist, als eine auch innerlich zusammengehörige charakterisiert", zum anderen gewinnt „die funktionelle Beziehung jedes Elementes zu jedem(...) ihren räumlichen Ausdruck in der einrahmenden Grenze" (1903: 33).

Die Grenze ist somit

„der räumliche Ausdruck jenes einheitlichen Verhältnisses zwischen zwei Nachbarn, für das wir keinen ganz einheitlichen Ausdruck haben, und das wir als den Indifferenzzustand von Defensive und Offensive bezeichnen können, als einen Spannungszustand, in dem beides latent ruht, mag es sich nun entwickeln oder nicht." (1903: 33f.).

Für Simmel ist die Grenze selbst also nichts, sondern die Grenze wird erst durch die Menschen und ihre Beziehungen in Bezug auf die Grenzziehung real; nicht eine Linie macht eine Grenze, sondern die Menschen, die an ihr leben[18] und je dichter sich die Beziehungen zwischen den Menschen diesseits und jenseits der Grenze gestalten, desto deutlicher wird auch die Grenze, die diese Beziehungen kontrolliert und steuert (vgl. hierzu auch Canto Mila in diesem Band). So liegt es auf der Hand, dass nach Simmel jedwede Form „natürlicher Grenzziehung" im Sinne der Geographie absurd ist, ist doch

„der Natur gegenüber(...) jede Grenzsetzung Willkür, selbst im Falle einer insularen Lage, da doch prinzipiell auch das Meer ‚in Besitz genommen' werden kann"; „vielmehr ist doch das Bewußtsein der Eingegrenztheit (...) nicht gegenüber den sogenannten natürlichen Grenzen (Gebirge, Flüsse, Meere, Einöden) das stärkste, sondern gerade an bloß politischen Grenzen, die nur eine geometrische Linie zwischen zwei Nachbarn legen." (1903: 33)

Die Simmelsche Interpretation von Grenze als „social meaning structure" (Preyer/ Bös 2002) lässt es also einerseits zu, den territorialen Begriff der Grenze mit soziologischem Inhalt zu füllen und somit Grenze als Produkt spezifischer sozialer

---

18 Bös und Preyer weisen in diesem Zusammenhang auf Simmels Konzept der Mitgliedschaften hin: „For Simmel the concept of border is important because it relates individuals and groups to each other (...). These relations are expressed in *memberships*. Membership controls how an individual takes part in a social group. Hence membership controls which kinds of communications or actions are expected from the individual, with this control function membership regulates the relation between groups as well." (Bös/Preyer 2002: X)

Prozesse zu konzipieren, zugleich jedoch auf die Wirkung der Grenze selbst zu verweisen.

Bedingungen einer aktualisierten Grenztheorie

"(...) I have noticed in this kind of job [in the domestic service, A.A.], they don't ask much about papers. This is why so many women do this job. Because you work for individuals, and they don't even know what your papers should look like, so they are less exacting. In a company, they know what a real green card looks like or if it's a fake one, so it is more difficult to find a job in those places than in a particular home. If [people hiring domestics] ask for papers, they don't even recognize if they are fake or not. (...) I think we are exploited because people without papers have to work anywhere and for whatever amount, since when you don't have papers you cannot defend yourself." (Hausangestellte in San Diego, USA. Zit. nach Mattingly 1999: 71)

„Der Umfang [derer, die mit Hilfe von Menschenschleusern in die EU einreisen] liegt heute aus meiner Sicht bei über 90%; ich würde sogar sagen, er geht nahe an 100%, wo die Leute sich in die Hand von Schleppern, Neppern, Bauernfängern begeben, um hierher zu kommen. Das hängt ohne Zweifel mit dem Widerstandswert, der durch die Grenzbehörden aufgebaut wird, zusammen. Wenn Sie niemanden da haben, gibt es keinen Markt. Wenn Sie allenfalls diese Gesamtarrangements, also wenn Sie sich vorstellen, Sie leben in einem afghanischen Bergdorf und sagen: ‚Jetzt muss ich hier raus!', wüssten Sie ja auch nicht, wo Sie hinmüssten. Sondern da wird dann in Zeitungen angeboten: ‚Wir machen das alles für Euch, und das kostet soundsoviel' Und genauso ist es in der Ukraine. (...) Da wird ganz legal, also ganz offen geworben. Mit Arbeit in Westeuropa: ‚Hier wird jedes Arrangement für Euch gemacht.' Und wenn noch im kleinen Bereich illegale Migration stattfindet – ohne Schleuser usw. -je schwieriger das ist, die haben natürlich keine Chance. Und wenn Sie das zweite, dritte Mal, wenn Sie tatsächlich illegal migrieren wollen, dann begeben Sie sich in die Hände von welchen, die das für Sie möglich machen, die das Knowhow zur Verfügung stellen und die Logistik. Es ist ja mit dem Grenzübertritt auch nicht getan. Stellen Sie sich mal vor, Sie gehen irgendwo über die Neiße, in der Lausitz, Sie kennen sich nicht aus, wie wollen Sie denn da ins nächste Ballungsgebiet kommen? Das sind ja dann die Folgeprobleme (...). Also, definitiv, da hängt sehr viel mit zusammen. Wir sind diejenigen, die auch die Lukrativität des Schleusungsgeschäftes fördern. Je schwieriger das ist, umso höhere Preise können sie verlangen." (Interview mit Grenzschutzbeamten Berlin, 21.08.2003)

Grenzen, so zeigen die beiden Zitate, manifestieren sich nicht nur entlang einer befestigten und gesicherten Linie, sondern sie zeigen sich in ihrer Wirkung auch weit ab davon. Sie sind nicht nur rein räumliche Kategorien, sie beschreiben nicht nur die äußerste Machtlinie eines Staates – und lassen sich daher in ihrer Funktion und ihrem Bestehen auch nicht alleine mit Hilfe staatlicher, beziehungsweise politischer Entscheidungen erklären. Vielmehr müssen die Gesellschaften, und das heißt, die Menschen, die an und mit der Grenze leben, deren Verhalten durch die Grenze strukturiert wird und die selbst die Gestalt der Grenze maßgeblich mitbestimmen, in den Fokus der Betrachtung gerückt werden. Zugleich dürfen dabei allerdings die Staaten selbst und ihre Handlungen nicht vernachlässigt werden; sie müssen eher im Verhältnis zueinander, in einem dynamischen Prozess, interpretiert werden. Allerdings muss sich eine theoretische und empirische Analyse heutiger Grenzzustände von der Vorstellung eindeutiger, Nationalstaaten umgebender, linearer Grenzen lösen; vielmehr haben wir es mit multiplen Grenzen zu tun, die sowohl entlang linearer Demarkationslinien als auch weit davon entfernt in unterschiedlicher Gestalt verlaufen. Und auch die Grenzsubjekte sind andere: Mit zunehmender Relativierung der Bedeutung von Nationalstaaten verliert auch die Grenze ihre Funktion der Identitätsbildung nach innen. Das heißt andersherum, dass nicht eine Identitätsbildung im Innern maßgeblich zum Grenzwerdungsprozess beiträgt, sondern dass vielmehr die „Angriffe" von außen, die „Grenzverletzungen" selbst die Grenzen sichtbar werden lassen und die Grenzen zugleich zu einer strukturierenden Kraft werden, indem sie über Handlungschancen von Menschen entscheiden. Anders also als die Nationalstaatsgrenzen, die bislang vornehmlich im Mittelpunkt grenztheoretischer und grenzempirischer Forschung standen, haben diese Grenzen eher eine vermittelte Wirkung nach innen, und wirken in erster Linie strukturierend nach außen. Der Fokus einer empirischen Grenzuntersuchung, die solche Grenzen zum Gegenstand hat, muss sich dementsprechend nach außen richten. Sichtbar wird diese Grenze in den Aktionen der Menschen, die von außen kommen (Grenzverletzer, Grenzüberschreiter), und denen, die dies zu verhindern beziehungsweise zu kontrollieren suchen (Grenzschützer). Die Grenzziehung aber ist eine politische Entscheidung. Daher muss dem Staat beziehungsweise den politischen Akteuren und ihren Interessen ein angemessener Stellenwert eingeräumt werden.

Grenzen sind demnach mehr als lediglich die Materialisierung politischer Gegebenheiten, die schließlich soziale Folgen hervorbringen, aber sie sind auch mehr, als bloße soziale Konstrukte, die sich schließlich materialisieren – vielmehr sind sie beides zugleich und nichts ausschließlich. Um Grenzen aktuell erfassen zu können, schlage ich daher vor, sie als Institutionen zu konzipieren, die zwar aus der Interaktion von Akteuren hervorgehen, zugleich jedoch eigenständige Einheiten bilden, die schließlich von diesen Akteuren, deren Handlungen und Interessen unabhängig agieren und so selbst soziale Ordnungen strukturieren. So rückt die Grenze selbst ins Zentrum der Betrachtung, sowohl als abhängige als auch als unabhängige Untersuchungsvariable.

Die vorgestellten Theorien helfen hierbei weiter; zum einen die Grenztheorie Simmels, die den Akteur ins Zentrum des Interesses rückt, und dabei zwar die Entstehung und Entwicklung von Grenzen zu erklären vermag, nicht jedoch deren spezifische Wirkung; und zum anderen die akteursunabhängige Grenzbetrachtung im Luhmannschen Theorieverständnis, die in ihrer Fixierung auf strukturelle Erklärungsfaktoren nicht die Entstehung und Entwicklung, wohl aber die Wirkung von Grenzen unabhängig von Akteuren und deren Interessen erklärt, und damit die sozialen Prozesse, die von der Institution selbst ausgehen, ins Zentrum der Analyse stellt. Eine Synthese beider Ansätze ermöglicht es schließlich, den Blick auf die Grenze selbst zu weiten und dem dualen Charakter von Grenzen entsprechend, diese sowohl als Produkt politischer Entscheidungen und Prozesse, und zugleich als Produzenten einer diese Gesellschaft gestaltenden spezifischen sozialen Ordnung zu erfassen und damit Aussagen über die Eigenlogik der Institution Grenze treffen zu können. Der Vorteil dieser Betrachtungsweise wird deutlich, erfassen wir den Gegenstand Grenze mit den Instrumentarien der Steuerungstheorie (vgl. Mayntz 1987; Vobruba in diesem Band): Steuerungstheoretisch gesprochen erfassen wir Grenze einmal als Steuerungsakteur und einmal als Steuerungsinstrument Steuerungsziel des Steuerungssubjekts Grenze ist neben der Unterbindung von Grenzverletzungen die Selbsterhaltung der Institution, Steuerungsobjekte sind neben den Grenzverletzern etwa auch die Grenzschützer. Steuerungsobjekt des Staates im Kontext von Grenzen beziehungsweise grenzüberschreitenden Prozessen ist hingegen neben den Grenzverletzern auch die eigene Bevölkerung; als Steuerungsziel kann hier etwa ein allgemeiner Legitimationszuwachs staatlichen Handelns durch Steuerungserfolge in diesem spezifischen Bereich geltend gemacht werden.

Der Vorteil der hier vorgeschlagenen dualen Betrachtungsweise von Grenzen liegt somit auf der Hand: Nicht nur der spezifische Charakter von Grenzen als Gestalt und auch als Gestalter sozialer Ordnung, als Kristallisationspunkt sozialer und politischer Probleme, als Kulminationsort grenzüberschreitender Prozesse wie Migration, Flucht und Abschiebungen, lässt sich so adäquat erfassen, sondern zugleich können die unterschiedlichen Steuerungsziele und -objekte, die in Bezug auf die Institution Grenze beobachtbar sind, analytisch getrennt voneinander betrachtet und die damit verbundenen komplexen Interaktionszusammenhänge untersucht werden.

Die totale Grenze

Mobilisierung, Verfolgung und Flucht
im nationalsozialistischen Grenzregime

Jonas Pfau

Rita Sprengel reiste im Dezember 1941 im Auftrag der illegalen KPD an die Grenze zwischen Deutschland und der Schweiz. Sie schien für diesen Auftrag besonders geeignet zu sein- seit 1933 verrichtete sie illegale Arbeit vor allem in Berlin, schon vorher war sie Teil des parteiinternen Geheimdienstes. Ihrer autobiographischen Darstellung nach war Sprengels Ziel, an der Grenze eine Passage ausfindig zu machen, über die zunächst zwei Genossen, die zusätzlich als Juden gefährdet waren und die wichtige Informationen über die Wehrmacht an sowjetische Stellen übermitteln konnten, in die Schweiz gelangen konnten (vgl. Sprengel 1994). Sprengels Genossen war es gelungen, ins Telefonnetz des OKW einzudringen und die Ergebnisse sollten nun regelmäßig weitergeleitet werden. Von Berlin aus reiste Sprengel nach Freiburg/Breisgau, von dort aus fuhr sie das Grenzgebiet zur Schweiz ab und fand schließlich mit der rechtsrheinischen schweizerischen Enklave bei Schaffhausen ein Gebiet, welches Chancen für den illegalen Grenzverkehr zu bieten schien. Zum Ausspähen von Grenze und Grenzschutz bezog sie im kleinen Ort Pfützen Quartier. Dort suchte sie, sich als erholungssuchende Ausgebombte ausgebend – das Grenzgebiet zur Schweiz wurde kaum bombardiert -, den Kontakt zu den hier eingesetzten Grenzschützern. Sie sammelte Informationen über Patrouillen, Bewaffnung, Hunde etc. und wollte im besten Falle einen Grenzer auf ihre Seite ziehen.[1] Der aus Österreich stammende Grenzschützer Heller zeigte In-

---

1 Sprengel berichtet von Wehrmachtsangehörigen. Tatsächlich ist davon auszugehen, dass es sich am beschrieben Ort zum beschreiben Zeitpunkt um Zollgrenzschutz handelte, dessen Uniformen sich kaum von denen der Wehrmacht unterschieden.

teresse an ihr und von ihm erfuhr sie von den hohen „Fangzahlen". Heller schätzte, dass beim Einsatz von Hunden 80-90% der illegalen Übertritte verhindert würden. Es erschien Sprengel als einzig sicherer Weg, Heller zu gewinnen, zumal sie in vertrauter weihnachtlicher Stimmung erfuhr, dass Heller nie „Menschenjäger" habe werden wollen und dass er im Dienst als österreichischer Grenzschützer flüchtige italienische Antifaschisten nicht gestellt, sondern sie mit Quartieren versorgt habe. Heller sei damals unter Verdacht geraten, immer wieder versetzt worden und sei nun an der Grenze zur Schweiz gelandet, wo man ihm auch misstraue. Heller sah in Sprengel seine Vertraute und umwarb sie. Als Sprengel ihn direkt um Hilfe für ein jüdisches Ehepaar bat, erkannte er ihr instrumentelles Interesse an ihm: Nicht er selbst, „sondern die Grenze, das Ermitteln ihrer Durchlässigkeit", waren von Anfang an in Sprengels Fokus gewesen (Sprengel 1994: 186). Dieses aber auch noch missverstehend, meinte er darin eine Falle der Gestapo, eine Prüfung seiner Zuverlässigkeit, zu erkennen. Am 30.12.1941 wurde Rita Sprengel vor Ort von der Gestapo verhaftet und verhört. Der anwesende Heller erkannte seinen Irrtum und versuchte erfolglos sich mit seiner Dienstwaffe zu töten. Sprengel konnte zwar ihre politischen Motive verbergen, wurde aber trotzdem wegen versuchter Beihilfe zum illegalen Grenzübertritt verurteilt und, zuerst in Konstanz und später in Ravensbrück, inhaftiert.

Die nationalsozialistische Grenze war eine neuralgische Zone, von den Nazis imaginiert als permanent bedroht, sowohl von innen als auch von außen. Den von ihnen Verfolgten wurde sie zum „Angst-Ort", zur gefährlichen letzten Barriere vor der vermeintlichen Sicherheit. Versteht man (nationalstaatliche) Grenze als mehr oder weniger stabilen Ort des verregelten Verkehrs benachbarter Staaten, war die Grenze des Dritten Reiches in allen Dimensionen ihrer Bedeutung ein Ausdruck des Wahns ihrer Produzenten und ein Ort der Bewältigung für alle, denen sie als Front entgegentrat, für alle, über die sie hinwegging und für alle, die über sie hinweggehen wollten oder mussten.

Letztere sind es, die hier im Zentrum des Interesses stehen, daher soll im Hauptteil vor allem anband von Zeugnissen von Flüchtlingen und ihren Helfern versucht werden zu zeigen, wie die prekäre Migration über Grenzen im nationalsozialistisch beherrschten Europa realisiert wurde oder scheiterte.[2] Voran geht dem eine knappe Untersuchung der Bedeutungsdimensionen der national sozialistischen

---

2 Fluchthilfe wird hier verstanden als die Unterstützung von Flüchtlingen auf der Flucht außerhalb des rechtlich gesetzten Rahmens in Herkunfts-, Transit- oder Zielregion der Migration (vgl. Unabhängige Expertenkommission Schweiz – Zweiter Weltkrieg 2001: 147).

Grenze generell und eine Darstellung der konkreten Einrichtung des NS-Grenzregimes durch den Grenzschutz.

„Wunde" und Vernichtungssaum – Die Mobilisierung mit Grenzen

Die Revision des Friedensvertrages von Versailles war ein zentraler Topos der nationalsozialistischen militärischen und ideologischen Mobilisierung und der Grenze kam dabei eine besondere Bedeutung zu. Elisabeth Schmidt, eine Adeptin Karl Haushofers,[3] brandmarkte ganz in der Logik ihres Doktorvaters die neu gezogenen Grenzen:

> „Keine dieser neuen Grenzlinien hat irgendwie einen Ausgleich herbeigeführt zwischen einander widerstreitenden Interessen; im Gegenteil sind bestehende Reibungsflächen vergrößert und neue Konfliktmöglichkeiten geschaffen worden. (...) Maßgebend war überall das Bestreben, den unterlegenen Staat zu schwächen und offene Wunden an seinem Volkskörper hervorzurufen" (Schmidt 1935:1).

Ein anderer Schüler Haushofers, Kurt Trampler, verkündet im gleichen Jahr 1935: „Das Schicksal eines Volkes wird bestimmt von seinen Grenzen" (Trampler 1935: 9). Auch ihm galt es nachzuweisen, dass eine „unnatürliche" Grenzlinie einen für die Deutschen zu engen Raum umschließe und dass es schließlich darum gehe, die „erdbestimmten Grenzen seines Volksraumes" zu erobern (ebd.: 64). Die „Schmachgrenze" von Versailles sollte überwunden und dazu die militärischen Beschränkungen durchbrochen werden. Auch dies passierte vor allem an der Grenze. Der Auf- und Ausbau des militärischen Grenzschutzes entlang der östlichen Grenzen und in den dortigen deutschen Siedlungsgebieten stellte eine waffentechnisch, militärwirtschaftlich und infrastrukturell geheime Aufrüstung dar, die die Bestimmungen des Versailler Vertrages verletzte (vgl. Nakata 2002). Neben regulären Truppen spielten dabei Freiwilligen-Milizen, die 1933 in die SA überführt wurden, eine besondere Rolle (vgl. Ohrband 1982). Die „Grenzlandkämpfe", die Auseinandersetzungen zwischen Polen und Deutschen, bildeten die Basis für ein ganzes Genre (proto-) nationalsozialistischer propagandistischer Schriften, am bekanntesten ist wohl Arnolt Bronnens *OS.* [Oberschlesien],

---

3 Karl Haushofer (1869-194) verfasste als Vertreter einer naturdeterministischen Geopolitik die für die Nazis zentrale Schrift zum Thema Grenze (vgl. Haushafer 1927).

von Goebbels gelobt als erster nationalsozialistischer Roman.⁴ Das „Grenzland" war in dieser Vorstellung Ort der Erziehung im Konflikt, der Bewahrung des „Deutschtums", Bastion nationalsozialistischer Ideologie, Ort der Bewährung und Gefahr (vgl. Bochow 1935; Bruns 1934; Paysen 1941).

Nichts schien den Nationalsozialisten vor dem Hintergrund dieses neuralgischen Grenzverständnisses naheliegender, als Grenzzwischenfalle, „drei ganz schwere Grenzverletzungen", so Adolf Hitler am 1. September 1939, als Kriegsauslöser zu inszenieren (vgl. Runzheimer 1979; Spieß/Lichtenstein 1989). In fingierten Angriffen wurde neben dem bekannten Sender Gleiwitz in Hochlinden bei Ratibor ein Zollhaus gestürmt und in Pitschen bei Kreuzburg ein Forsthaus attackiert. Die „Verteidiger" waren junge Grenzschützer, in Ausbildung in der Grenzpolizeischule der Gestapo in Pretzsch. Die „Angreifer" waren SS-Männer aus der ostdeutschen Grenzregion, die an den „Grenzlandkämpfen" der Weimarer Republik teilgenommen hatten, als politisch besonders zuverlässig galten und polnisch sprachen. Die „Gefallenen" schließlich waren echte Tote: ermordete Verfolgte der Nazis.

Will man die Grenze des Nationalsozialismus, ausgeweitet von ca. 8.000 km im Jahre 1937 auf ca. 27.000 km im Jahre 1942 (vgl. Sandkühler 2000: 95), analytisch fassen, benötigt man ein „dynamisches" Grenzmodell In einer historisch vergleichenden Untersuchung über „Frontiers", über expansive Siedlungsgrenzen in der Geschichte, identifiziert Hans-Heinrich Nolte unter anderem eine Saumförmigkeit der Grenze, spezifische Ideologien der Superiorität, konkrete strategische Siedlungsinteressen und hohe militärische Durchsetzungsmacht als gemeinsame Merkmale der untersuchten Grenzen (vgl. Nolte 2004). In diesem Sinne können möglicherweise die Grenzen des Nationalsozialismus als Frontier verstanden werden und Noltes Ansatz auf sie ausgedehnt werden. Von der Grenze zur Schweiz abgesehen,⁵ blieb keine Grenze statisch und allem voran die Expansion nach Osten diente der Erschließung eines deutschen „Lebensraumes". Nolte kommt in seiner Untersuchung zu dem Schluss, dass unter anderem durch die im Zeitverlauf zunehmenden gesellschaftlichen Vorstellungen von „Reinheit" eine Radikalisierung im Umgang mit den Menschen erfolgte, die dem Frontierprojekt durch ihre bloße Existenz im Wege standen. Im Falle der NS-Expansion wurde die Grenzpolitik weiter radikalisiert und die Grenze zu einem *Vernichtungssaum,* in dem die ur-

---

4   Vgl. hierzu Bronnen (1929), Stephan (1933); Schmitz, H.J. (1938); vgl. dazu auch: Reif (1994): 30-50.

5   Dass die Deutschen die Grenze zur Schweiz trotzdem im Auge hatten, geht aus Sprüchen wie „Für die Schweiz nehmen wir die Feuerwehr" oder „Und die Schweiz, das Stachelschwein, nehmen wir beim Rückmarsch ein" hervor (vgl. Moser 1992: 60)

sprünglichen Bewohner nicht mehr Störfaktoren waren, sondern durch Versklavung und Vernichtung selbst zum Ziel der Expansion wurden. Die Grenze war der Ort des Krieges gegen „Untermenschen", die Unterscheidung zwischen Grenze und Front unscharf gehalten, wie die zwischen den angeblichen politischen und „rassischen" Bedrohungen: Einsatzgruppen und Wehrmacht mordeten direkt an und hinter der Front, die Befestigungen der Grenze, vor allem am Bug und in Galizien (Otto-Linie) erfolgte durch die Vernutzung von Sklavenarbeit, alle Vernichtungslager lagen an Grenzen. Das nationalsozialistische Lager, Konzentrations- und Vernichtungslager, kann zusätzlich als Grenze im Inneren verstanden werden, als Korrespondenzort der Außengrenze, als Teil der „Raummatrix", rekurriert man auf eine Kategorie des Staatstheoretikers Nicos Poulantzas. Dieser führt aus:

> „Diese Lager sind die Einschließungsform für diejenigen innerhalb des Territoriums, die außerhalb der Nation stehen, die ‚Antinationalen'; durch die Lager werden die Grenzen in den nationalen Raum selbst hineingenommen, was den modernen Begriff des ‚inneren' Feindes möglich macht" (Poulantzas 2002: 136).

Die NS-Grenzideologie, die einen Raum als gefährdet und einengend und seine Begrenzung als völlig zu kontrollierend und zu regulierend charakterisierte, fand in einer ungekannten Aufrüstung der Grenze, in einer völligen Neudefinierung dessen, was Grenzschutz bedeutete, seine konsequente Fortführung.

Der Schutz der Grenze umfasst immer die drei Dimensionen des *militärischen, politischen* und *ökonomischen* Grenzschutzes. Im Falle des Nationalsozialismus waren theoretisch entsprechend Wehrmacht, Grenzpolizei der Gestapo und Zollgrenzschutz als Träger vorgesehen (vgl. Ohrband 1982; Buchheim 1965). In der Praxis waren die Übergänge der Tätigkeitsbereiche fließend. Generell erfolgte zusätzlich eine im Vergleich zur Weimarer Republik, geschuldet dem nationalsozialistischen Expansionismus, stärkere Innenorientierung des Grenzschutzes, wie aus einer Verlautbarung Hitlers deutlich wird: „Das Großdeutsche Reich in seiner endgültigen Gestalt wird mit seinen Grenzen nicht ausschließlich Volkskörper umspannen, die von vornherein dem Reich wohlwollend gegenüberstehen" (zit. nach Buchheim 1965: 23).

Praktisch war es vor allem der *Zollgrenzschutz* (bis 1937 Grenzaufsichtsdienst), der zunehmend sowohl militärische als auch polizeiliche Aufgaben übernahm. Die Aktivitäten der Zollgrenzschützer wandelten sich grundsätzlich von der Bekämpfung des Warenschmuggels hin zu einem breiteren Grenzverständnis. Der Zollgrenzschutz folgte der deutschen Expansion und Annexionen auf dem Fuße und sicherte diese ab. Seine Dienststellen hießen Thisted (Dänemark), St. Jean Pied de Port (französische Pyrenäen), Groß-Betschkerek (Serbien) oder Jalta (vgl. Eulitz

1968). Entgegen der anderslautenden Legende war die Hauptsäule des deutschen Grenzschutzes, der Zollgrenzschutz, durch erzwungene Auswanderung, Abschiebungen, Auslieferungen an die Gestapo, Erschießungen an der Grenze, „Partisanenbekämpfung" und der Beteiligung an antijüdischen Mordaktionen direkt und indirekt an den NS-Verbrechen beteiligt (vgl. Sandkühler 2000). Im Zentrum der (nicht-militärischen) grenzschützerischen Aktivitäten stand die Kontrolle von (illegalen) Grenzüberquerungen vor allem durch Flüchtlinge.

Fluchtkontrolle und Selbsthilfe

Vor den Nazis flohen rassistisch bzw. antisemitisch Verfolgte, vor allem Juden, politisch Verfolgte, entwichene Kriegsgefangene und Besatzungen abgeschossener Flugzeuge, Zwangsarbeiter, Kriegsflüchtlinge und vor allem gegen Kriegsende deutsche Fahnenflüchtige und Refraktäre. Juden bildeten über die Dauer des Nationalsozialismus die mit Abstand größte Gruppe von Flüchtlingen. Diese Flüchtlinge und ihre Helfer werden im Folgenden im Zentrum der Darstellung stehen.

Die legale Auswanderung von Jüdinnen und Juden lag bis 1940/41 generell im Interesse der Nazis, war aber, um einen möglichst großen Teil des Besitzes einziehen zu können, von systematischem und legalisiertem Raub flankiert. Auswanderer mussten eine „Reichsfluchtsteuer" entrichten.[6] Noch aus der Weimarer Republik stammend wurde sie im Nationalsozialismus zunehmend erhöht, um sie in eine Maßnahme der Judenverfolgung zu verwandeln. Schon 1934 verloren Juden durch Emigration 60% ihres Besitzes, 1939 waren es 95%. Diese drakonischen Abgaben und Mitnahmebeschränkungen, ergänzt durch Maßnahmen der zunehmenden (und ab 1940/41 völligen) Enteignung, machten die *illegale* Emigration in zweierlei Hinsicht zu einem kleineren Übel für potenzielle Auswanderer. Einerseits konnten diejenigen, die Besitztümer hatten, zumindest einen Teil davon über die Grenze bringen (lassen), andererseits konnten Menschen fliehen, deren Finanzlage die hohen Abgaben gar nicht zuließen. Die Verfolgung von potenziellen Flüchtlingen begann bereits vor der Flucht. Unter der Regie der Finanzämter und in enger Kooperation mit der Gestapo wurden Postnachsendeanträge, Kontoauflösungen, auffälliges Gepäck bei der Reichsbahn, jüdische Makler und Spediteure daraufhin überprüft, ob sich Hinweise auf eine geplante Flucht ergaben (vgl. Birkwald o.Z.: 251f.). Zusätzlich erschwerten die sichtbare Stigmatisierung der Juden, die Unter-

---

6 Der hierdurch von den Nazis erpresste Erlös stieg von 38,1 Mio. RM im Rechnungsjahr 1934/35 auf 342,6 Mio. RM 1938/39 um dann 1939/40 auf 47,7 Mio. 1940/41 zu fallen (vgl. Blumberg 1999).

bringung in „Judenhäusern" und „Judenlagern" und die Ausschlüsse aus Kommunikation und Verkehr die Möglichkeiten zu fliehen. Die Situation für im engeren Sinne politisch Verfolgte war ähnlich dramatisch. Das Engagement für verfolgte Sozialisten, Kommunisten, Anarchisten, Gewerkschafter war eingelassen in ein breiteres Konzept antifaschistischen Widerstandes, von dem ein Teil als „Grenzarbeit" bezeichnet wurde. Die KPD bildete sogenannte „Grenzschützpunkte" und die Grenzarbeit beinhaltete vor allem den Schmuggel von Information und Propaganda, aber auch die Begleitung von Kurieren, Kadern und Flüchtlingen. Grenzüberschreitende Kontakte bestanden vielfach durch Arbeit (Grenzgängertum) jenseits der Grenze, vor allem in der Schweiz und an der deutsch-belgischen bzw. deutsch-niederländischen Grenze. Im Hintergrund wurde die Arbeit organisiert durch die Exilorganisationen der Parteien oder durch internationale Netzwerke und Organisationen, wie die Internationale Transportarbeiterföderation (ITF), den Internationalen Gewerkschaftsbund oder die Internationale Rote Hilfe. Bis 1935 waren die antifaschistisch-sozialistischen Strukturen in Deutschland, die in der Lage gewesen wären, Fluchthilfe zu leisten, weitestgehend zerschlagen. Erschwerend kamen Verbote von Exilorganisationen oder Parteien in Ziel- oder Transitländern hinzu, zum Beispiel das Verbot der kommunistischen Partei in der Schweiz 1940. Der Druck auf die Verfolgten des Nationalsozialismus erhöhte sich dadurch, dass die Welt ihre Grenzen zunehmend vor ihnen schloss.

Angst um die Grenze- Angst vor der Grenze: „Flüchtlingsprobleme" Betrachtet man die Ergebnisse der Suche nach einer internationalen politischen und sozialen Lösung des sogenannten Flüchtlingsproblems steht man vor einer Chronik des Scheiterns. 1933 richtete der Völkerbund das Hochkommissariat für Flüchtlinge aus Deutschland in Lausanne ein. Die Ergebnisse der Flüchtlingskonferenzen in Genf 1936 und 1938 schlagen sich in den Flüchtlingspolitiken der Völkerbundmitglieder nicht nieder. Die Evian-Konferenz von 1938 setzte diese Chronik fort. Die anwesenden Vertreter von 32 Staaten erklärten fast geschlossen, dass die Möglichkeiten der Aufnahme erschöpft seien. In den Diskursen über die Aufnahme von Migranten dominierten als Argumente gegen die Aufnahme „Überfremdung", die Verstärkung des Antisemitismus, der Schaden für die nationale Wirtschaft, die Überforderung der Sozialsysteme und die Gefahren deutscher Spionage. Anwesend in Evian waren auch 39 Hilfsorganisationen, die mit ihren Anliegen nicht vordringen konnten. Die Flüchtlinge aus dem Nationalsozialismus mussten sich vor allem auf diese stützen, auf sich selbst und auf die Unterstützung von Einzelnen und Organisationen die Fluchthilfe anboten. Die Fluchthilfe für Verfolgte im Nationalsozialismus reichte von Verstecken, Versorgung mit Lebensmittel, die Bereitstellung gefälschter Papiere, Befreiung von Inhaftierten, Charter von Fluchtfahrzeugen bis hin zu allen Aktivitäten im Kontext der Grenzüberquerung wie die Beschaffung von Informationen, Bestechungen oder das Geleiten über die Grenze.

Der immense Verfolgungsdruck auf die angeblichen oder tatsächlichen Feinde des Nationalsozialismus wurde zur existenziellen Bedrohung. Der in der Illegalität operierende jüdische Berliner SAP-Funktionär und Grenzkurier Lang reflektiert das Leben unter diesen Bedingungen als eines der permanenten Überforderung (vgl. Yad Vashem Archives, Jerusalem (YVA) 02/347).[7] Diese strukturelle Unterlegenheit der Verfolgten kristallisierte sich an keinem Punkt so sehr, wie an der Grenze. Diese Hürde wurde zum „Angst-Ort", so dass Geheimrat Demuth, gesucht von den Nazis, die komplikationslose Überquerung im Schlafwagen über die holländische Grenze im März 1933 in Nachhinein fast wie ein Wunder anmutete (vgl. YVA 021114). Fluchthilfe stellte vor allem dann, wenn die genauen Grenzverhältnisse unbekannt waren, oftmals die einzige Chance dar oder wurde nach gescheiterten Fluchtversuchen in Anspruch genommen.

Der tschechische Film- und Theaterkritiker Franz Glaser, liberaler Antifaschist und Jude, war über die Niederlande in Belgien gelandet. Dort erfuhr er im Juni 1942 von einer bevorstehenden Verhaftung durch die Gestapo. Der belgische Widerstand startete ihn mit falschen Papieren aus und gab ihm durch Frankreich Geleit an die schweizerische Grenze. Nach zwei vergeblichen Versuchen gelang es Glaser erst mit Hilfe eines Schmugglers die Grenze zu überqueren (vgl. YVA 021749). Auch ein polnisches Ehepaar schloss sich schließlich einer Gruppe an, die durch einen Fluchthelfer von La Roche-sur-Foron in Raute Savoye 1941 über die Grenze zur Schweiz geführt wurde, da es zuvor allein in den Bergen gescheitert war und sich erhebliche Erfrierungen zugezogen hatte (vgl. YVA 02/437).

Neben den schwierigen, raren, teuren und gefährlichen legalen Wegen der Migration, bzw. der Flucht vor der Verfolgung, waren in vielen Fällen illegale Wege die bevorzugte oder auch einzig mögliche Option. Die im Folgenden dargestellten verschiedenen Arten der illegalen Migration im Nationalsozialismus unterscheiden sich dabei in systematischer Hinsicht nicht von anderen Konstellationen illegaler Migration in der Geschichte der Moderne.

---

7 Im Folgenden sind Zitate aus den Originalquellen, die vor allem autobiographische Zeugnisse sind, ohne inhaltliche oder stilistische Veränderungen, vom Autor orthographisch überarbeitet.

Wege illegaler Migration

Legale Überquerung der Grenze und *illegaler* Verbleib im Zielland über den in Aufenthaltsgenehmigung oder (Transit-)Visum zugestandenen Zeitrahmen hinaus, wird heute als *Visa-overstaying* bezeichnet. Im Nationalsozialismus trat dies aufgrund der Schwierigkeiten, Visa für Zielländer, Schiffstickets, Arbeit, Wohnung oder Bürgen vorweisen zu können, massenhaft auf und war mit Abschiebungen, Internierungen und Deportationen verbunden.

Die *Scheinehe* ist für Migranten daran gebunden, entweder über große Geldbeträge oder über das Vertrauen eines Staatsbürgers des Ziellandes zu verfügen und/oder sich in massive Abhängigkeitsverhältnisse zu begeben. Den Flüchtlingen des Nationalsozialismus bot diese Option außerdem oft keinen Schutz, weil auch ihre Zielländer der Emigration z.B. Frankreich, die Niederlande, Belgien oder Tschechoslowakei von den Nazis überrannt wurden. Eine Ausnahme bildete die Heirat in die Schweiz. Frau A.-P., Jüdin aus Wien, ging 1938 in die Schweiz. Als dort ihre Aufenthaltsgenehmigung abgelaufen war, überschritt sie 1939 illegal die französische Grenze. Immer in Angst vor Internierung und Auslieferung an die Deutschen bat sie ihren Bruder in Genf um Hilfe. Dieser arrangierte ihr eine *mariage blanc,* eine Scheinehe, mit einem Schweizer, „einem sehr feinen jungen Menschen", der sie „ohne Entgelt!" heiratete (vgl. YVA 02/809). 1940 reiste Frau A.-P. unter schwierigen Umständen in die Schweiz ein, heiratete zehn Tage nach dem Einmarsch der Deutschen in Frankreich Herrn B. und erhielt schweizerische Papiere, in ihrer Erinnerung ein „wahrhaft großer Moment!" (ebd.). Sie war in Sicherheit und konnte arbeiten, anfangs als Putzfrau später als Journalistin.[8]

Andere Arten der illegalen Migration basieren auf dem illegalen Übertritt der Grenze. An offiziellen Grenzübergängen, nämlich auf Straßen oder Zugstrecken (Fluss-, See- und Luftwege bzw. Häfen und Flughäfen stellen Sonderfälle dar) verbergen sich Migranten beim *Grenzübertritt im Versteck* in Transportmitteln, im hier betrachteten Zeitraum in den meisten Fällen Lkws, Pkws und Bahnwaggons. So berichtet F.G. Funk, engagierter Leiter mehrerer schweizerischer Flüchtlingslager und ein entschiedener Gegner des Antisemitismus und von Abschiebungen, über die Flucht zweier holländisch-jüdischer Familien mit drei und vier Kindern in die Schweiz (vgl. YVA 02/949). Deren Fluchthelfer war ein Holländer, der als „Arier" die Erlaubnis bekam, seine Möbel per Bahn in die Schweiz zu schicken.

---

8 Einen Sonderfall dieser Vorspiegelung „falscher" Familienverhältnisse, stellt die „Adoption" von Kindern dar. So berichtet Funk (YVA 02/949), dass Aufgrund der Tatsache, dass die Schweiz Mütter mit Kindern nicht abschob, in einigen Fällen kinderlose Frauen in Begleitung von Kindern anderer Leute die Grenze überschritten.

In der Mitte der Möbel ließ er einen Freiraum und sägte ein Loch in den Waggonboden. Über dieses bestiegen die Familien den Wagon, bevor dieser von der Gestapo verplombt wurde. Da die Familien es im grenznahen Basel nicht wagten, ihr Versteck zu verlassen, fuhren sie weiter bis nach Bern, wo sie sich dem Bahnpersonal stellten. Dieses lieferte die Familien nicht aus, so Funk, sondern verlangte stattdessen, dass die Fahrt von Basel nach Bern nachbezahlt wird.

Die gängigste Art der Fluchthilfe, der *Weg über die „Grüne Grenze"*, basiert auf der Unmöglichkeit, eine Grenze jenseits bestimmter Kontrollpunkte völlig zu überwachen. Ortskundige und Flüchtlinge, die sich deren Dienste nutzbar machen können, sind bei der Überschreitung der Grenze bei gleicher Ortskenntnis durch das Bestimmenkönnen des Zeitpunktes den Grenzschützern strukturell überlegen. Die nationalsozialistische Grenze war zudem räumlich ständigen Veränderungen unterworfen und der Grenzschutz vor allem durch kriegsdienstbedingte bisweilen starke Fluktuationen so geschwächt, dass trotz Schusswaffeneinsatz die Grüne Grenze kaum gegen die Aktivitäten der grenzregionalen Bevölkerung zu schützen war. Der jüdische Vorsitzende des Arbeitsgerichtes Zwickau, Dr. B. Mannes überwand bei seiner Flucht vor den Nazis, die ihm jeweils dicht auf den Fersen waren, zwei Grüne Grenzen (vgl. YVA 02/35). Zuerst ging er im November 1935 bei Bernstein in Sachsen über die Grenze zur Tschechoslowakei. Hilfe bekam er von einem Schaffner, der ihn aufforderte nicht bis zur Endstation zu fahren, sondern den Zug früher zu verlassen, und von Schulkindern (als Akt „nicht-intentionaler Fluchthilfe"), die den genauen Weg zum Grenzbach wiesen. Als die Wehrmacht im März 1939 Prag erreichte und die Gestapo sofort die Stadt durchkämmte, versuchte der „Bund für Menschenrechte" politisch Gefährdete bei Ostrava (Mährisch-Ostrau) über die Grenze nach Polen zu schaffen, um ihnen von dort aus ein Exil in Großbritannien zu ermöglichen. Ostrava war der zentrale Anlaufpunkt sowohl flüchtiger Tschechen als auch Exilanten aus Deutschland und Österreich, die nun erneut fliehen mussten. Dr. Mannes bekam Adressen und wurde erneut aufgefordert, mit dem Zug nicht direkt an die Grenze zu fahren. Der vermittelte Fluchthelfer versammelte eine kleine Gruppe (neben Mannes einen weiblichen politischen Flüchtling und einen älteren jüdischen Mann), erklärte ihr detailliert den Plan und wies auf die dichte Besetzung der Grenze mit Grenzschutz und den umfassenden Einsatz von Scheinwerfern hin. Mit dem Bus und zu Fuß näherte sich die Gruppe der Grenze. Im Sichtfeld der Grenzstation drang die Gruppe, unterstützt durch einen Schachtbeamten in eine Kohlengrube ein. Die Flüchtlinge wurden versorgt und durften schlafen, um am frühen Morgen des nächsten Tages mit einem Kohlenförderzug über die Grenze zu fahren. Von diesem sprangen sie unterwegs ab. Gegen sechs Uhr morgens brachte der Fluchthelfer die Gruppe in ein polnisches Wirtshaus. Im letzten Moment verhinderte er die Entdeckung durch berittene polnische Grenzschützer und organisierte ein Fahrzeug. In der britischen Botschaft war für Mannes und die Frau die illegale Phase mit Erhalt der Visa abgeschlossen. Dem alten Mann wurde das Visum verwehrt.

Die *Kooperation mit dem Grenzschutz,* vor allem als Bestechung, ist, wenn der Kontakt erst einmal initiiert ist, die sicherste, aber relativ teure Methode für Fluchthelfer, aber ein sehr gefahrlieber Versuch für die Flüchtlinge selbst. Während des Nationalsozialismus ergaben sich für diese Art der illegalen Migration in den besetzten Gebieten mehr Möglichkeiten. War die Grenzpolitik in den benachbarten nicht oder noch nicht besetzten Ländern auch generell abweisend was Flüchtlinge betraf, gab es auch hier Ausnahmen. So empfing der schwedische Grenzschutz vielerorts die Flüchtlinge aus den Rettungsaktionen für die dänischen Juden – fast alle dänischen Juden wurden illegal nach Schweden gebracht – mit offenen Armen. Walter A. Berendsohn, als Flüchtling neun Stunden bei Nacht auf See in einem leckgeschlagenen Boot, erinnert sich in tiefer Dankbarkeit, wenn er schreibt: „Noch nie habe ich Militär und Polizei in so fürsorglicher und menschlicher Tätigkeit gesehen" (YVA 02/428). Der Sankt Gallener Kantonspolizeikommandant handelte 1938 entgegen den Beschlüssen der Schweizer Regierung, indem er die Grenzen für Flüchtlinge offen hielt und sie durch Falschdatierungen „legalisierte" (vgl. Keller 1993).[9]

Die *Erlangung und Benutzung falscher Papiere* erhöht die Sicherheit von „Illegalen" bei Kontrollen im Inneren und bei Grenzübertritten. Aneignung und Fälschung von und Handel mit Papieren war im Nationalsozialismus ein Massenphänomen. Die Qualität von falschen Identitätsnachweisen war dabei von entscheidender Bedeutung. Bracha Rothschild, selbst „Illegale" in Belgien und Frankreich berichtet: „Meine Eltern und ich wurden außerdem noch mit ausgezeichneten falschen Papieren ausstaffiert. Das heißt, es existierten wirklich Leute, die dieselben Namen trugen und in den Bevölkerungsregistern eingetragen waren" (YVA 02/333). War die handwerkliche Qualität der gefälschten Papiere vor allem bei kurzen Kontrollen entscheidend, konnten nur solche „gedeckten" Papiere Kontrollen mit Rückfragen z.B. bei Razzien, aber auch an Grenzen, standhalten. Vor allem in den besetzten Gebieten konnten Verfolgte dabei immer wieder auf die Unterstützung der Bevölkerung bauen, die ihre Papiere „verloren" oder auf Beamte, die direkten Zugriff auf Unterlagen und Register hatten. Passfälschung und -vermittlung wurde als massive Bedrohung der nationalsozialistischen Herr-

---

9   Der Publizist Shraga Elam hat schwere, aber sehr umstrittene Vorwürfe gegen Grüninger erhoben, indem er sein Handeln auf Nazisympathien und Kollaboration zurückführt. Vgl. dazu Neue Züricher Zeitung (NZZ), 22.1.1999 und 8.2.04, WochenZeitung (WoZ), 19.2.2004.

schaft verstanden und die Versorgung von Juden mit Ausweisen war im Volksgerichtshof-Prozess 1943 gegen die Mitglieder der Widerstandsgruppe „Europäische Union" um Robert Havemann und Georg Groscurth ein zentraler Anklagepunkt. Freisler begründete unter anderem damit die ergangenen Todesurteile:

> „Dabei weiß jedermann (...), dass die Polizei jedes geordneten Staates die absolute Gewähr haben muss, dass sie genau über die Persönlichkeit aller, die im Staatsgebiet leben, unterrichtet ist. Falsche Ausweise bedeuten eine schwere Gefährdung der Grundlagen der Staatssicherheit" (YVA 02/196).

Auf welchem Niveau die Fälschung von Papieren sich mitunter bewegte, zeigt der Bericht des Kunsthistorikers und -händlers Otto Mayer aus Osnabrück, der 1935 nach Holland floh. Dort etabliert finanzierte er Schmuggler, die erst seine Familie, später auch andere Verfolgte aus Deutschland holten. Nach dem Einmarsch der Deutschen schloss Mayer sich einer Gruppe von Künstlern im Widerstand an. Neben dem Transport und dem Verstecken von Verfolgten wurde das Fälschen von Papieren („alles, was zu falschen war") zur Hauptaktivität der Gruppe. Als Teil des aktiven Widerstandes verlangte die Gruppe keine Bezahlung, sondern akzeptierte Spenden für die erheblichen Unkosten. Stempel aller Art wurden unverzüglich kopiert und Otto Mayer erinnert sich nicht ohne Stolz an das angebliche Lob ihrer Feinde, so soll Sturmbannführer Willy Lages, Chef der Sicherheitspolizei in Amsterdam, gesagt haben, „dass die gefälschten Papiere dieser Künstler-Organisation die besten im ganzen Lande seien, und, dass die Sicherheitspolizei sie nicht von ihren eignen Papieren unterscheiden könne" (YVA 02/685).

Die Konflikte bestehen nicht nur zwischen Grenzschützern auf der einen Seite und Flüchtlingen und Fluchthelfern auf der anderen Seite. Auch die Interessen von Flüchtling und Fluchthelfer kollidieren bisweilen. Neben den auf der Hand liegenden Konfliktfeldern Bezahlung und Risikoverteilung besteht ein zentrales darin, dass es zumeist das primäre Interesse des Flüchtlings ist, heil über die Grenze zu kommen. Fluchthelfer verfolgen vielfach längerfristige Interessen, die durch das Verhalten der Flüchtlinge bei Festnahmen, Prozessen oder der Weitergabe von Informationen gefährdet werden können. Flüchtlinge brechen Absprachen, was sie selbst, Mitfliehende und den Fluchthelfer gefährden kann, wenn sie sich nicht an vereinbarte Treffpunkte, Verhaltensweisen, Kleidung, Gepäck oder Bezahlung halten. Während des Nationalsozialismus kamen häufig auch „zu viele" Flüchtlinge, wie im Falle von Frau C. aus Berlin, die selbst schon über 60, eine jüngere Freundin mitbrachte und damit den Fluchthelfer, einen Gemüsehändler aus Schachen, der C. im November 1942 durch einen Nebenfluss des Rheines in die Schweiz bringen sollte, vor logistische Probleme stellte (vgl. YVA 02/1072). Generell ist es aber der Flüchtling, der dem Fluchthelfer in vielerlei Hinsicht ausgeliefert ist. Schon die Anfrage verrät ihn, er kennt sich in der Grenzregion nicht aus und ist, was Preise und Vertrauen betrifft, dem „Dienstleister" ausgeliefert. In den Zeugnissen Überlebender finden sich immer wieder Verweise auf Täuschung, Verrat und Raub. Der jüdische „Fluchthelfer" Westermann lieferte nach dem Einmarsch der Wehrmacht in Belgien, nachdem er horrende Preise kassiert hatte, Flüchtlinge an die Gestapo aus. Der Zeitzeuge Oskar Wachsmann vermerkt: „Westermann ist aufgrund seiner Schandtaten von der Resistance umgelegt worden" (YVA 02/334). Der jüdische Kommunist K. Joseph berichtet, wie er in Laarem auf der Suche nach einem Fluchthelfer auf einen Holländer stieß, der Wege in die Schweiz anbot, aber schon im Vorgespräch als Gestapospitzel enttarnt werden konnte und der nach dem Krieg in den Niederlanden zu lebenslanger Haft verurteilt wurde (vgl. YVA 02/348). Die polnische Jüdin Ina Dembicka sollte sich von einem Schmuggler aus der Slowakei nach Ungarn bringen lassen. In die Grenzregion gelangte sie mit der Unterstützung einer zionistischen Gruppe. Diese Gruppe von „Illegalen" war selbst auf der Suche nach einer Möglichkeit nach Palästina zu gelangen. Diese vermittelte den Schmuggler, der Dembicka zwar sicher über die Grenze brachte, sie dafür aber völlig ausraubte:

„Nach mehrstündigem Marsch gelangten wir an ein einsames Gehöft- die Behausung des Mannes. Er führte mich hinein und verlangte Geld von mir. Ich wusste, dass ihm die Zionisten bereits welches gegeben hatten, aber ich wagte kein Wort zu sagen, sondern kramte meine letzten Banknoten heraus und gab sie ihm. Es war ihm zu wenig. Unter wüsten Drohungen zwang er mich, den wenigen Schmuck, den ich durch die Leidenszeit hindurch gerettet hatte, ein paar Ringe, eine Brosche, Andenken an meine Eltern, herauszugeben. Dann durchwühlte er meinen Handkoffer, plünderte mich förmlich aus und nahm mir schließlich noch den pelzgefütterten Mantel ab (...). Alle meine Bitten und Proteste beantwortete er mit Drohungen, die ich nur halb verstand, da er ein wüstes Gemisch von Deutsch, Slowakisch und Ungarisch sprach" (YVA 02/1009).

Kommerzielle Fluchthelfer im Nationalsozialismus waren allerdings besser als ihr Ruf. Die Untersuchung der Berichte von Flüchtlingen aus dem Nationalsozialismus zeigt, in welch hohem Maße – trotz Ausnahmezustand – die Nutzung von Fluchthilfe „normal" war. Es war ein gängiger Weg, über die Grenze zu gelangen und die Dienstleistung wurde in den meisten Fällen mehr oder weniger professionell erbracht, wenn auch in den Berichten der Überlebenden diesbezügliche Erfahrungen überrepräsentiert sein dürften. Bezüglich der Motivationen von Fluchthelfern kann analytisch nur mühsam unterschieden werden zwischen kommerziellen, familiären bzw. freundschaftlichen und ideellen Interessen, letztere vor allem als ethische, religiöse oder politische. Reinformen sind selten nachweisbar. So kooperierten Hilfsorganisationen mit professionellen Schmugglern, brauchten jüdische, in der Illegalität lebende Passfälscher ihre Einnahmen zum nackten Überleben und versuchten politisch motivierte Fluchthelfer durch Gebühren ihre Unkosten zu decken. In der Analyse der Motive von Helfenden im Nationalsozialismus können im wesentlich drei Positionen ausgemacht werden. Die Tat wird dabei interpretiert als altruistisches Handeln, hinter dem möglicherweise ein altruistischer Charakter stehe (Oliner/Pearl 1988), als seltenes und nicht generalisierbares singuläres Handeln (Benz 2003) oder als Handeln nach rationaler Abwägung, offensichtlich im Falle der kommerziellen Fluchthilfe, aber auch unter den Bedingungen, dass das Wissen um tatsächliche Gefahren teilweise eher gering war und die emotionalen und sozialen „Kosten", nicht zu helfen, ebenfalls hoch sein konnten (Opp 1997). Gerade letzter Ansatz ist es, der es einerseits erlaubt, Regelmäßigkeiten und strukturelle Bedingungen von Flucht und Fluchthilfe zu erkennen und andererseits in der Lage ist, die Bedeutung kommerzieller Fluchthilfe für das Fluchtgeschehen adäquat zu erfassen.

Die Möglichkeiten von Flucht- und Fluchthilfe aus dem Inneren Deutschlands nahmen während des Nationalsozialismus zunehmend ab, und die Bedeutung der Fluchthilfe von außen wuchs. Reduziert wurden die Möglichkeiten zur Fluchthilfe im Inneren durch Repression, Kriegsdienst, das Auflösen von Milieus, Verschiebung der Grenzen und einen Wandel der Zielstellung im Nationalsozialismus bezüglich des Umgangs mit Juden. Außerhalb Deutschlands stieg die Bereitschaft zur Hilfe durch zunehmendes Wissen um Ausmaß der Verfolgung und die sich abzeichnende Wende im Krieg.

Die Überwindung der Grenze stellt, folgt man Foucault, nicht nur einen Aspekt der Grenze unter anderen dar, sondern sie ist konstitutiv für deren Produktion und Reproduktion: „Grenzen und Übertretung verdanken einander die Dichte des Seins" (Foucault 1998: 73). Die Dynamik von Grenzbildung und Grenzschutz auf der einen Seite und Subversion der Grenze auf der anderen Seite beinhaltet, dass (kollektive) Akteure entgegengesetzter Interessen versuchen, jeweils das Verhalten des anderen zu antizipieren und daraus Strategien zu entwickeln. Die einen suchen Strategien der Überwindung der Grenzen und ihrer jeweiligen Sicherungssysteme, die anderen versuchen, ihre Sicherungssysteme auf die erwarteten Überschreitungen einzustellen. Gilt diese Grundüberlegung für alle Grenzen, hat sie doch nur eingeschränkte Aussagekraft über das Grenzregime im Nationalsozialismus. Das nationalsozialistische Programm des Schaffens und Eliminierens von „Anderen" war derartig radikalisiert, dass es über Jahre kaum möglich war, sich adäquat darauf einzustellen und die Grenzen des Nationalsozialismus schließlich nur militärisch und endgültig überwunden werden konnten. Die Gleichzeitigkeit von rigidem

Grenzregime auf der einen Seite und einer radikalen Verfolgung und Vernichtung auf der anderen Seite, machte Flucht oftmals zur einzigen Option des Überlebens. Massenhaft war Flucht nur möglich, solange die Nazis sie zuließen oder wenn sie in den Kontext einer breiten Widerstandsbewegung eingebettet war. Die Handlungsspielräume der Flüchtlinge und deren Helfer waren – im Vergleich mit denen ihrer Verfolger – ausgesprochen gering.

Die soziale Konstruktion
der US-mexikanischen Grenze[1]

Néstor Rodríguez

Grenzen als Konstrukte

Grenzen von Nationalstaaten sind soziale Konstrukte. Sie gehen – mit Ausnahme von Inselstaatsgrenzen – im Allgemeinen auch nicht mit bedeutenden topographischen Veränderungen der Umgebung einher, sondern existieren vornehmlich deswegen, weil Nationalregierungen freiwillig oder unter Zwang die Übereinkunft treffen, eine politische Teilung zu vermarken. Diese internationalen Grenzziehungen werden durch feierliche Verträge formalisiert, die soziale Konstruktion von Grenzen findet jedoch durch die alltägliche Reproduktion von Vorstellungen und Mythen statt. Eine dieser Vorstellungen ist, dass internationale Grenzen unverzichtbare Trennlinien zwischen Gebieten unterschiedlicher sozialer Qualität bilden.

Nationalstaaten und ihre Grenzen sind eine junge Erscheinung in der Geschichte der Menschheit (vgl. Cohen 1987: 88). Vor ungefähr 150.000 Jahren tauchte der moderne Mensch (Homo sapiens sapiens) in Afrika auf. Nimmt man diese Zeitspanne als Maßstab, dann macht die Zeit, in der es Grenzen gibt, bisher weniger

---

1   Text mit freundlicher Genehmigung des Verlags entnommen aus: Juan F. Perea (ed.) (1997). Immigrants Out! The New Nativism and The Anti-Immigrant Impulse in the United States. New York, London: NYU Press, S. 223-243. (Der Beitrag wurde vom Autor für die deutsche Übersetzung aktualisiert und wesentlich erweitert.) Ein Dank gebührt Tamara Levine für ihre Hilfe bei der Vorbereitung des Manuskripts für dieses Kapitel.

als ein Prozent der modernen Menschheitsgeschichte aus.[2] In Europa entstanden die ersten Nationalstaaten in der Zeit zwischen 1100 und 1600. Im späteren Teil dieser Periode verschmolzen die europäischen Regionen in einem kapitalistischen System, das durch Handel und Kolonialisierung mit vielen anderen Regionen der Welt verbunden war (vgl. Wallerstein 1974). Manchmal kollidierte der expandierende Kapitalismus mit der Entwicklung der europäischen Staaten, aber im Allgemeinen bot die mittelalterliche Verfestigung der Regierungsmacht im Staat einen politischen Rahmen für die weltweite kapitalistische Entwicklung (vgl. Cohen 1987; Strayer 1970; Kearney 1991). Länder mit verfestigten Staatsstrukturen wetteiferten um die Vorherrschaft in der jungen, kapitalistischen Weltordnung. Während des Kolonialisierungsprozesses schufen die europäischen Mächte auch regionale und staatliche Grenzen in peripheren Regionen (wie Afrika, Asien sowie Nord- und Südamerika) (vgl. Magdorf 1978). Im 19. und 20. Jahrhundert erreichten die nationalstaatlichen Grenzen auf Grund von Nationalismus, Nativismus und nationalen Sicherheitsbestrebungen den Höhepunkt ihrer Konsolidierung. Streitigkeiten über den Verlauf internationaler Grenzen führten von Zeit zu Zeit zu militärischen Auseinandersetzungen. Der aktuelle Verlauf der US-mexikanischen Grenze zum Beispiel ist das Ergebnis eines Krieges, der 1846-1848 zwischen den beiden Ländern geführt wurde – zum Teil auch wegen Streitigkeiten über den Verlauf der Grenzlinie im Süden von Texas (vgl. Eisenhower 1989).

Allerdings konnten selbst die eindrucksvollsten Grenzanlagen Individuen, Gruppen oder ganze Communities nicht von dem Versuch abhalten, internationale Grenzen ohne staatliche Genehmigung zu überschreiten. Die Gründe dafür waren vielfältig: die Flucht vor politischer Verfolgung, die Suche nach ökonomischen Chancen und die Vereinigung mit Familienmitgliedern. Anhaltende illegale Grenzüberschreitungen in großem Ausmaß werden oft durch makrostrukturelle Faktoren begründet, wie wirtschaftliche oder politische Umstrukturierungen und Transformationen. Den daraus resultierenden Veränderungen versuchen sich Menschen in ihrem Überlebenskampf durch internationale Migration zu entziehen.

Der globale kapitalistische Rahmen selbst setzte Staatsgrenzen unter Spannungen. Die historische kapitalistische Entwicklung war darauf ausgerichtet, Kapital und Arbeitskraft aus unterschiedlichen Ländern in einem globalen System zu verbinden – entweder durch eine Förderung der internationalen Arbeitsteilung oder durch den Anreiz für Kapital- bzw. Arbeitskräftetransfer über Staatsgrenzen hinweg (Sassen-Koob 1987: 60-87). Es gab daher Zeiten, in denen Kapitalisten nach

---

2 Die Datierung des Alters von Homo sapiens sapiens auf 150.000 Jahre stammt aus Leakeys/Lewins (1992).

einer Minimierung von Grenzrestriktionen strebten, während Regierungsvertreter versuchten diese Restriktionen zu verstärken.³

Dieser Gegensatz trat z.b. innerhalb der Regierungsinstitutionen der USA zu Tage, als das Landwirtschaftsministerium das US-mexikanische Bracero-Programm befürwortete, während das Arbeitsministerium das gleiche Programm im Interesse der Gewerkschaften ablehnte (vgl. Craig 1971). Und auch bei der Umsetzung des Immigration Reform and Control Act (IRCA) im Jahr 1986 wurde diese Spannung deutlich: Damals versuchten Interessenvertreter der von immigrierten Arbeitskräften abhängigen Landwirte weniger strenge Amnestiebedingungen für illegale Landarbeiter auszuhandeln.

Auch transnationale Communities verringern die Bedeutung von Grenzen. Dabei handelt es sich um Communities von Immigranten, die intensive Interaktionen zwischen den Siedlungen in den USA und den in ihrem Ursprungsland verbliebenen Communities aufrechterhalten. Zu diesen transnationalen Communities gehören soziale Institutionen (ökonomische, familiäre, religiöse und andere), deren Entwicklung maßgeblich von den binationalen Beziehungen abhängt. Immigranten haben schon immer einen gewissen Kontakt zu ihren Ursprungscommunities gehalten, doch die derzeitige Interaktion, die Immigranten in transnationalen Communities mit ihren Herkunftsländern verbindet, hat aufgrund technischer Fortschritte im Kommunikationsbereich, der Möglichkeit von Flugreisen und dem gut ausgebauten Autobahnnetz ein noch nie erreichtes Ausmaß angenommen. Früher waren die transnationalen mexikanischen Communities in den USA hauptsächlich in der US-mexikanischen Grenzregion angesiedelt. Heute gibt es solche Communities auch an weit vom Grenzland entfernten Orten wie Atlanta und New York City. Die konstante grenzübergreifende Interaktion transnationaler Bewohner macht die US-mexikanische Grenze für Immigranten mit gültigem Visum beinah bedeutungslos. Dies galt bis zu den Anfängen der Kampagnen zur stärkeren Grenzüberwachung in den 1990ern auch für zahlreiche Immigranten ohne Visum.

In den letzten beiden Jahrzehnten des 20. Jahrhunderts haben die europäischen und nordamerikanischen Industriestaaten bedeutende Maßnahmen erwogen und ergriffen, die internationalen Grenzen für Wirtschaftsimmigration zu öffnen. Zu diesen Maßnahmen zählen das Schengen-Abkommen und der Maastricht-Vertrag in Europa und das Nordamerikanische Freihandelsabkommen (NAFTA) in Nordamerika (vgl. Cornelius et al 1994). Das Schengen-Abkommen wurde Mitte

---

3   Ein Beispiel dafür ist die Nachfrage nach mexikanischen Arbeitsimmigranten durch landwirtschaftliche Betriebe in den 1950ern, als die OS-Regierung die Operation „Wetback" und andere Maßnahmen durchführte, um Kontrolle über die illegale Immigration zu gewinnen.

der 1980er mit dem kurzfristigen Ziel einer gemeinsamen Visa-Politik und dem langfristigen Ziel eines Europas ohne Grenzen initiiert. Der 1993 von den Ländern der Europäischen Gemeinschaft (EU) unterzeichnete Maastricht-Vertrag sah eine gemeinsame Außenpolitik, eine gemeinsame Währung und eine Europäische Zentralbank für das Jahr 1999 vor. Außerdem schaffte der Maastricht-Vertrag die Voraussetzung dafür, dass Bürger eines EU-Landes, die ihren Wohnsitz in einem anderen EU-Land haben, das passive Wahlrecht bei Kommunalwahlen an ihrem Wohnsitz ausüben können. Das 1993 in Kraft getretene Nordamerikanische Freihandelsabkommen (NAFTA) hob Handelsbeschränkungen zwischen den drei Mitgliedsstaaten Kanada, Mexiko und den USA auf und erleichterte so den Kapitalverkehr nach Mexiko und in mancher Hinsicht den Warenverkehr nach Kanada und in die USA. Im Jahr 2005 verabschiedete die US-Regierung eine entsprechende Freihandelsregelung (DR-CAFTA) für die Dominikanische Republik und die Länder Mittelamerikas.

Diese Verträge können jedoch nicht als Vorboten für ein Ende der internationalen Grenzen betrachtet werden. Zwar haben sieben europäische Länder die Grenzkontrollen für Europareisende aufgehoben, aber in den restlichen fünf Ländern, die das Schengen Abkommen unterzeichnet haben, steht die Aufhebung der Kontrollen noch aus. Auch haben manche EU-Mitglieder Teilen des Maastricht-Vertrags nicht zugestimmt (z.B. einer gemeinsamen Währung) (vgl. Cornelius et al 1994: 33). Beide Verträge sehen potentielle Restriktionen für Ausländer aus Nicht-EU-Staaten vor. Auch im Nordamerikanischen Freihandelsabkommen sind – auf Wunsch der USA – keine Erleichterungen für die transnationale Migration von Arbeitskräften vorgesehen (ebd.). In den USA wurden sogar gleichzeitig mit dem Freihandelsabkommen Maßnahmen ergriffen, welche Überquerungen der Südgrenze einschränkten. Auch mit dem DR CAFTA wurden keine neuen Regelungen für die Migration von Arbeitskräften eingeführt.

Die soziale Konstruktion der Grenze erreichte eine explosive Dimension als im ausgehenden 20. Jahrhundert zahlreiche an dieser Konstruktion Beteiligte (z.B. Politiker, Regierungsangestellte, Immigrationsgegner, Kommissionen, Wissenschaftler und Medienagenturen) das „Wissen" über eine alltägliche „Realität" verbreiteten, wonach die Grenze im Süden außer Kontrolle geraten sei, (vornehmlich öffentliche) US-amerikanische Institutionen von Immigranten geradezu überrannt würden, die aktuelle Zahl der Immigranten die institutionalisierte soziale Ordnung und die ihr zu Grunde liegenden fundamentalen Werte der USA bedrohten und so weiter und so fort. Um es kurz zu fassen: Gemäß dieser sozialen Konstruktion stand das Land vor einer Grenzkontroll-Krise, welche die Möglichkeiten der sozialen Integration zu überfordern drohte. Die Gründe für die Verbreitung dieser Krisenideologie umfassten ein weites Spektrum: Sie reichten von eugenischen Vorbehalten bis hin zu politischem Opportunismus, von Befürchtungen hinsichtlich einer veränderten Bevölkerungsstruktur bis zu inter- und intra-ethnischen Ängsten und Vorurteilen, von konservativen Rufen nach Drosselung der öffentlichen Ausgaben zu Sorgen um Arbeitsplätze.

Tatsächlich wurde der soziale Kontext von einer relativ hohen Zahl neuer Immigranten und transnationaler Communities geprägt. Doch die Frage ist, ob es sich dabei um einen Zusammenbruch der Grenze handelte, der durch neue Zwangsmaßnahmen behoben werden musste, oder ob sich darin nicht einfach eine neue Entwicklung des globalen Kapitalismus widerspiegelte, in deren Verlauf Grenzen durch verstärkten Verkehr von Kapital und Arbeitskräften immer mehr an Bedeutung verlieren. In anderen Worten: Lag das „Problem" im Mangel an Grenzsicherheitskräften und Zäunen oder stimmten die Nationalgrenzen grundsätzlich nicht mehr mit den ökonomischen Grenzen der kapitalistischen Entwicklung überein? Ich vertrete letztere Annahme. Unter diesem Aspekt betrachtet ist die immer noch bestehende „Krisensituation" an der Grenze, nicht dadurch bedingt, dass „illegale Ausländer" ungehindert über die US-mexikanische Grenze strömen, sondern vielmehr dadurch, dass die Einheiten sozio-ökonomischer Entwicklung – die Nationalstaaten – vom globalen, kapitalistischen Wachstum übermannt werden.[4]

Wenn man Kapital als soziale Verbindung zwischen ökonomischen Klassen betrachtet, dann transzendiert die kapitalistische Entwicklung nationale Grenzen nicht nur durch transnationale Transfers von finanziellen Investitionen oder Produktionstätigkeiten, sondern auch durch Strategien der Arbeiterklasse, mit denen diese versuchen, die Trennlinien zwischen den ökonomischen Schichten durch internationale Migration zu überwinden. In manchen Fällen lenkt das Kapital – mit staatlicher Hilfe – den grenzüberschreitenden Transfer von Arbeitskräften, in anderen Fällen wiederum sind es die Arbeitskräfte selbst, die autonom in im Ausland gelegene Gebiete mit besserer wirtschaftlicher Entwicklung übersiedeln (Rodríguez 1995: 211-225). Diese autonomen Siedlungsbewegungen sind oft ein Versuch, den schwierigen ökonomischen Bedingungen in den weltwirtschaftlichen Randgebieten zu entfliehen und sich zeitweise oder andauernd in sichereren Arbeitsmärkten mit höheren Einkommen der industriell weiter entwickelten Länder anzusiedeln. Diese Überlebensstrategie spielt eine wichtige Rolle für die Entwicklung des Kapitalismus, vor allem in den USA, da so ein Potential an billigen Arbeitskräften entsteht.

---

4   Eine ähnliche Auffassung findet man in Manuel Castells' und Jeffrey Hendersons „Technoeconomic Restructuring".

Die Konstruktion der US-mexikanischen Grenze

Die Grenze zwischen den USA und Mexiko erscheint uns aus heutiger Sicht als unabänderliche Tatsache. Für die Generationen der US-Bevölkerung, welche die historischen Anfänge der Grenzziehung nicht miterlebt haben, ist die Grenze eine Institution, das heißt, eine „objektive Realität", die als „selbstverständlich" (Berger/Luckmann 1966: 47-128) hingenommen wird. Die Grenze wird also als eine Institution mit eigenständiger Realität wahrgenommen und tritt dem Individuum somit „als eine von außen aufgezwungene Tatsache" gegenüber (ebd.: 58). Im Gegensatz zu anderen sozialen Institutionen (z.B. dem Bildungs- oder dem Gesundheitswesen), die regelmäßigen Überprüfungen und Reformen unterworfen werden, wird die südliche Grenze der USA als unantastbar betrachtet und als unabdingbar für die Sicherheit der USA und der OS-Gesellschaft im Allgemeinen. Auch wenn manche Bewohner der US-Grenzregion die Grenze als Hindernis für Interaktionen mit ihren mexikanischen Nachbarn betrachten mögen, nimmt die Mehrheit der US-Bevölkerung, die fernab vom Grenzland lebt, die Grenze fraglos als Notwendigkeit hin (vgl. Martinez 1994).

Dass die Grenze so uneingeschränkt hingenommen wird, hängt zweifellos auch mit der uneingeschränkten Macht zusammen, mit der sie aufrechterhalten wird und die sich in den US-amerikanischen Grenzorten durch die aktive Präsenz des Grenzschutzes und anderer Organe des Department of Homeland Security manifestiert. Doch die Exekutivorgane sind nicht die Hauptursache dafür, dass die Grenze als „absolute Notwendigkeit" wahrgenommen wird. Die eigentliche Konzeptualisierung der südlichen Grenze wird durch mächtigere Prozesse bestimmt.

„Im Interesse der nationalen Sicherheit"

Nationalismus und begrenzte nationale Ressourcen sind von zentraler Bedeutung für die soziale Konstruktion von Grenzen. Der wichtigste Grund dafür, dass Staatsgrenzen für wichtig und notwendig angesehen werden, ist jedoch die nationale Sicherheit. Die nationale Sicherheit gilt als unabdingbare Voraussetzung für nationale Souveränität und öffentliche Ordnung und aus diesem Grund haben Regierungen das Recht, die Einreise von Menschen aus anderen Ländern zu kontrollieren (vgl. Carens 1995: 229; Weiner 1995: 183-218; Zimmerman 1995: 88-116). So gesehen stellt ein uneingeschränkter Grenzverkehr an der Südgrenze der USA eine Existenzbedrohung für die grundlegenden sozialen, kulturellen und politischen Institutionen dar – und damit für den „American way of life" (Zimmerman 1995: 88-97). In den Worten der Select Commission on Immigration and Refugee

Policy (1981) hört sich das so an: „Our policy- while providing opportunity to a portion of the world's population- must be guided by the basic national interests of the people in the United States." (Carens 1995: 229) Diese traditionelle Sicht nationaler Interessen hat – wie ich später noch beschreiben werde – Einfluss darauf, wie Immigranten wahrgenommen werden.

Als Reaktion auf die steigende Zahl spanischsprachiger Immigranten in den 1970ern warnten Politiker vor den Folgen dieses Zustroms für die Sicherheit des Landes. 1978 bezeichnete CIA Director William Colby die mexikanischen Immigranten als die größte Bedrohung für die Sicherheit der USA, die sogar größer sei als die Bedrohung durch die Sowjetunion (vgl. Cornelius 1983: 389f.). Colby vertrat die Auffassung, dass das immigrationsbedingte Ansteigen der spanischsprachigen Bevölkerung im Südwesten der USA innerhalb der regionalen mexikanisch-stämmigen Bevölkerung zu separatistischen Bewegungen nach Quebecker Vorbild führen könnte. Senator Alan Simpson, ein führender Verfechter einer restriktiven Immigrationspolitik im US-Kongress, warnte vor einem potentiellen Zerfall der nationalen Einheit und Stabilität aufgrund der Zuwanderung spanischsprachiger Immigranten (vgl. Corwin/McCain 1978: 72). In einem Aufsatz über „Wetbackism" betrachten Arthur F. Corwin und Johnny M. McCain die illegalen mexikanischen Immigranten („wetbacks") als mitverantwortlich für die wachsende Militanz unter den Chicanos (den mexikanischstämmigen Amerikanern) in den USA (ebd.: 73). Die beiden Autoren, welche die Herkunft des Begriffs „Chicano" auf die „wetback barrios of the border states" zurückfuhren, argumentieren wie folgt:

> Chicano nationalism, sprouting in barrios across the country [United States], and reinforced by mass immigration, works for the political „reconquest of the Southwest by the Mexican race," that is, la raza, and the spiritual restoration of the mythical call for an open border with Mexico for reparation for the unjust conquest of „Chicano territory," and insist on the ancient and unalienable right of the Indo-Americans (...) to migrate where they please (...) Naturally liberation also means removing the deportation menace from the colonias, and accordingly Raza leaders have set up court challenges and workshops to implement „Aztlán immigration policy." (ebd.: 73)

Schreckensszenarien einer ethnischen Balkanisierung und Überfremdung aufgrund der Immigration bildeten den argumentativen Hintergrund für die Forderung nach strengeren Grenzbestimmungen.

Es ist wichtig, zu verstehen, dass solche Szenarien, wenn sie aus staatlichen oder sozialwissenschaftlichen Quellen stammen, mehr als nur irgendwelche Interpretationen des sozialen Wandels unter vielen sind. Dadurch dass diese Interpretationen aus institutionalisierten, anerkannten Quellen stammen, werden die Szenarien zu bestimmenden Faktoren bei der sozialen Konstruktion der Grenze als absolute Notwendigkeit für die nationale Sicherheit.

Grenz-„Krise"

Die soziale Konstruktion der US-mexikanischen Grenze beinhaltet mehr als die Vorstellung von der Notwendigkeit von Grenzen an sich. Im Gegensatz zu der Grenze zwischen Kanada und den USA wird die US-mexikanische Grenze oft auch als Unruheherd beschrieben. Sie wird also nicht vornehmlich als Notwendigkeit für die nationale Sicherheit dargestellt, sondern als ständiger Krisenherd, der von einem unaufhörlichen Strom „illegaler Ausländer" überschwemmt wird.[5] So gesehen muss die Grenze nicht nur aufrechterhalten, sondern sogar gesperrt werden. Statt der Suche nach bilateralen Abkommen für den Umgang mit dem zunehmenden Zuzug illegaler Immigranten, heißt das Gebot der Stunde: Verstärkte Überwachung, Einsatz von Militärtechnologie, mehr Zäune und mehr Bundesbeamte an den Grenzpunkten.[6] Besonders drastisch gezeichnet wird das Bild der überschwemmten Grenzen, wenn neue Gesetze zur Einschränkung der Immigration anstehen.[7]

Die Darstellung einer Grenze jenseits jeglicher Kontrolle – und damit eines Landes in unmittelbarer Gefahr – findet auf mehreren Ebenen statt. Zum Beispiel auf politischer Ebene, wenn Regierungsvertreter, Wahlkandidaten und Kommissionen die Grenzregion besuchen, Erklärungen zu der angeblichen Krisensituation an der Grenze abgeben und bessere Grenzkontrollen fordern. Im Sommer 1995 reiste beispielsweise der republikanische Präsidentschaftskandidat Senator Phil Gramm nach El Paso, wo er die Grenzsicherung als dringendstes Problem der USA benannte und 500 bis 600 Millionen Dollar für eine Verstärkung des Grenzschutzes um 5000 Mann forderte.[8] Ein weiteres Beispiel sind die beiden re-

---

5 Dieses Thema wurde 1995 immer wieder leitmotivisch in Fernsehspots aufgegriffen, die für eine Verabschiedung des Gesetzesantrags 187 in Kalifornien warben.

6 Siehe z. B. „Three Lines in Defense to Stop Illegal Aliens", Migration World, Ausgabe 22, Nr. 5 (1994): 17; „Stepped-Up Border Controls", Migration World, Ausgabe 23; Nr. 1 und 2 (1995): 13; „200 More Border Patrol Agents for San Diego", Migration World, Ausgabe 23, Nr. 3 (1995): II.

7 So gesehen besteht die Möglichkeit, dass die Vorhersage des INS über eine befürchtete Zuwanderung von über eine Millionen illegaler Immigranten im Jahr 1986 zum Teil auch geäußert wurde, um den Kongress von einer Verabschiedung des *Immigration Reform and Control* zu überzeugen, was dieser Ende 1986 auch tat.

8 „Gramm visits El Paso", Houston Chronicle, 16 August 1995, Teil A, S. 27.

publikanischen US-Senatoren, die im Herbst 2005 an die Grenze zwischen Texas und Mexiko reisten, um die nationale Aufmerksamkeit auf das ihrer Ansicht nach durch die illegale Immigration verursachte Problem eines „potential threats from, terrorist nations'" zu lenken und entsprechende Sicherheitsmaßnahmen zu fordern.[9] Einer der Senatoren schlug vor, der lokalen Polizeibehörde solle die Befugnis erteilt werden, illegale Immigranten nach dem Bundesgesetz zu verhaften, in Gewahrsam zu nehmen und zu bestrafen. Diese Art von Forderung ist geradezu sanftmütig im Vergleich zu den Forderungen, die vor einigen Jahrzehnten laut wurden. Bei einem Grenzbesuch im Jahr 1954 zum Beispiel deutete der US-amerikanische Generalstaatsanwalt Herbert Brownell im Zuge einer bevorstehenden Razzia auf illegale mexikanische Immigranten an, illegale Grenzgänger niederschießen zu lassen (vgl. Acuña 1981: 157f.).

Eine weitere Ebene, auf der die Grenzkonstruktion vollzogen wird, ist folgende: Vertreter von Staat und Kommunen, aber auch Vereinigungen, die eine restriktivere Einwanderungspolitik fordern, entwerfen Szenarien vom Missbrauch öffentlicher Gelder und den daraus resultierenden Krisen, wofür – ihrer Meinung nach – die außer Kontrolle geratene Grenz- und Einwanderungspolitik verantwortlich ist. Der Darstellung des angeblich durch die illegalen Immigranten und die Grenzkrise verursachten Missbrauchs öffentlicher Gelder folgt für gewöhnlich die Forderung nach drastischen Maßnahmen, die dagegen getroffen werden sollen. 1994 beschrieb der Gouverneur Pete Wilson die illegale Immigration nach Kalifornien als „Invasion", die den kalifornischen Staat bereits mehr als 10 Milliarden US-Dollar gekostet habe, deren Rückerstattung er von der Bundesregierung einforderte.[10] Auch Vertreter der Kommunen haben bereits ähnliche Forderungen erhoben, um die Aufmerksamkeit auf den von ihnen behaupteten Missbrauch öffentlicher Gelder durch die unkontrollierte Immigration zu lenken. Dabei gingen sie soweit, der mexikanischen Regierung die Kosten in Rechnung zu stellen, die den öffentlichen Behörden angeblich durch die missbräuchliche Inanspruchnahme von Dienstleitungen durch illegale Immigranten entstanden seien.

Auch wenn der Gouverneur Pete Wilson der Hauptverantwortliche für solche Darstellungen war, folgten doch viele kommunale Vertreter im ganzen Land seinem Beispiel. So verkündeten 1994 die Verantwortlichen des La Joya-Schuldistrikts an der Grenze zwischen Texas und Mexiko, sie wollten die Aufenthaltserlaubnis

---

9   Sara Ines Calderon, „Senate Majority Leader Tours Border", The Brownsville Herald, 14. Oktober 2005. http://www.brownsvilleherald.com/top stories.php (Stand der Website vom 14. Oktober 2005).

10 „Wilson sues U.S. over Immigrant 'Invasion',", Migration World, Ausgabe 22, Nr. 1 (1994): 7

der über 12.000 Schüler im Schuldistrikt überprüfen, weil sie befürchteten, dass illegale mexikanische Schüler die Schulen besuchten und bedeutende Bildungskosten verursachten.[11] Nach einer anfänglichen Überprüfung von 1.000 Schülern war nur eine unbedeutende Zahl von Kindern entdeckt worden, die ihren Wohnsitz außerhalb des Distrikts hatten – darunter US-amerikanische Jugendliche, die vor den Banden der Haustoner Schulen geflohen waren. Einen weiteren Fall gab es in Texas als 1995 am Haustoner Flughafen ein paar ausländische Passagiere lateinamerikanischer Herkunft festgenommen wurden, die gefälschte Unterlagen für die Nutzung der Kreiskrankenhäuser besaßen: Ein finanzpolitisch konservativer Commissioner aus Harris County forderte daraufhin, dass Polizisten zu den Wohnsitzen von über 100.000 Menschen ausgesandt werden sollten, die bei den Einrichtungen der öffentlichen Gesundheitsfürsorge des Kreises registriert waren.

Eine dritte Ebene auf der die soziale Konstruktion stattfindet, schließt Organisationen und Expertenkommissionen mit ein, die Konferenzen und andere Veranstaltungen sponsern bzw. Berichte vorlegen, die vornehmlich zur Verbreitung der Ansicht dienen, dass das Land von Immigranten überrannt wird und direkt oder indirekt zu verstehen geben, dass es keine Kontrolle mehr über die Grenzen gibt. Die vielleicht aggressivste dieser Organisationen ist die Federation for American Immigration Reform (FAIR). Diese Organisation mit Hauptsitz in Washington DC und Regionalvertretungen und Mitgliedern in den gesamten USA, betreibt eine Vielzahl an politischen und technischen Aktivitäten, um Grenzkontrollen und Zuwanderungsbeschränkungen zu verstärken. Diese Aktivitäten reichen von der Organisation von Informationsveranstaltungen in der Öffentlichkeit und im Kongress bis hin zur Versendung von ausgefeilten Anleitungen zur technischen Sicherung der Grenze an die für die Grenzsicherheit zuständige Behörde. Einige ehemalige Regierungsvertreter haben eng mit FAIR zusammengearbeitet.

Expertenkommissionen spielen auch eine Rolle beim Verbreiten der Vorstellung, dass die Immigrationssituation katastrophal sei und dringender Reformen bedürfe. Im Gegensatz zu FAIR oder anderen Gruppen, die striktere Zuwanderungsbestimmungen fordern, formulieren die Expertenkommissionen ihre restriktiven Forderungen in der Sprache der Sozialwissenschaft. In der Veröffentlichung „Shaping Texas: The effects of Immigration – 1970-2020" zeichnet das Center for Immigration Studies in Washington, DC ein potentiell trostloses Szenario des durch die Immigration angetriebenen Bevölkerungswachstums in Texas. Die Expertenkommission aus Washington weist in der Veröffentlichung direkt und indirekt darauf hin, welche katastrophalen Folgen die ständig steigende Zahl der

---

11 „Cracking Down on Mexican Students as a Ploy for Aid", Migration World, Ausgabe 22, Nr. 1 (1994): 12.

Immigranten für den Staat haben könnte. Dabei wird in dem Bericht Professor Donald Huddle von der Rice University zitiert, dessen statistische Schätzungen regelmäßig von Immigrationsgegnern angeführt werden. Ein Hinweis auf die Arbeiten der Wissenschaftler Jeffrey Passel und Michael Fix vom Urban Institute fehlt dagegen. Diese beiden Wissenschaftler haben einen beeindruckenden und ausführlichen Bericht veröffentlicht, in dem sie detailliert entscheidende Schwachpunkte in der Arbeit des Professors von der Rice University auflisten (vgl. Fix/Passel 1994). Der Bericht der Expertenkommission drückt besondere Besorgnis in Hinblick auf den lateinamerikanischen Aspekt des durch die Immigration verstärkten Bevölkerungswachstums aus; der abschließende Abschnitt des Berichts beginnt wie folgt:

„Unless there are near-term reductions in immigration and fertility, Texas in the twenty-first century will be much more populous than it is today, and it will be more heterogeneous. How can Texas deal with negative effects on the quality of life implicit in population growth to 25 or 30 million inhabitants?" (Bouvier/Martin o.J.: 15)

Im Gegensatz zu dem pessimistischen Ton, in dem der Bericht gehalten ist, findet man in vielen texanischen Orten Community-Führer aus unterschiedlichen ethnischen Gruppen, die den lateinamerikanischen Beitrag zum sozialen, ökonomischen und kulturellen Wachstum des Staates loben.

In der Mitte der 1990er, als Kongressausschüsse an der Verabschiedung eines neuen, restriktiven Gesetzentwurfs zur Immigration arbeiteten, dem Illegal Immigration Reform and Immigrant Responsibility Act (IIRIRA), unternahm der damalige Immigration and Naturalization Service (INS) den dritten Versuch, einen „erweiterten Plan zur Grenzkontrolle" umzusetzen und damit dem befürchteten Massenzuzug von Arbeitskräften vorzubeugen, die vor einer kollabierten mexikanischen Ökonomie oder einem anderen massiven Versagen des südlichen NAFTA-Partners der USA flohen (vgl. Dillon 1995: 16). Zu dem unter Zuspruch des Pentagons in der Wüste von Arizona umgesetzten Plan gehörten hohe Zaun- und Flutlichtanlagen, tarnfarbene Feldzelte der US-Army, Wasserbehälter und mobile Toiletten, die als „temporärer Sammelpunkt" dienten. Diesem Plan zufolge sollten Immigranten, die nicht umgehend „freiwillig" zur Grenze zurückkehrten, in Gefängnisse oder Militärbasen verbracht, dort festgehalten und vom Nachrichtendienst verhört werden. Falls der INS dem Ansturm der Immigranten nicht gewachsen wäre, sollten andere Sicherheits und Militärkräfte hinzugerufen werden.

Die Konstruktion des „Alien"

Ein grundlegender Aspekt bei der sozialen Konstruktion der Südgrenze ist zweifellos die Wahrnehmung der Grenze als absolute Notwendigkeit für den Schutz der USA vor potentiellen südamerikanischen Eindringlingen – Eindringlingen, die sich sehr von den „Amerikanern" unterscheiden, so genannte „aliens" (vgl. Zimmerman: 1995: 93). Bei dieser Sichtweise wird natürlich außer Acht gelassen, dass die spanischsprachige Bevölkerung mit der heute als Südwesten der USA bezeichneten Region durch eine fast flinthundertjährige Geschichte verbunden ist, und mit anderen Teilen des Landes sogar durch eine Geschichte, deren Anfange über hundert Jahre vor die Ankunft der Weißen (Angloamerikaner) hinausreichen. Die Geschichte, welche die Eingeborenen und Mestizen in der lateinamerikanischen Bevölkerung mit dem Land verbindet, lässt sich sogar über mehr als zehntausend Jahre vor der Ankunft der europäischen Bevölkerung zurückverfolgen.

Bei Zuwanderungswellen werden die neuen Immigrantengruppen seit jeher als fremd empfunden und insofern als grundlegend anders und geringwertiger als die älteren Immigrantengruppen. So wurden die Zuwanderer aus den großen ost-und südeuropäischen Migrantenströmen des späten 19. und frühen 20. Jahrhunderts, von den restriktiven Bewegungen als minderwertig im Vergleich zu dem überlegenen Zuwanderergruppen früherer Zeiten angesehen (vgl. Jones 1960). 1907 setzte der Kongress einen Immigrationsausschuss ein, der in einem aus 41 Bänden bestehendem Bericht zwischen den „neuen" und den „alten" Immigrantengruppen unterschied. Dieser Bericht spiegelte die öffentliche Meinung wider, nach der die neuen „Immigrantenrassen" für zahlreiche soziale Probleme verantwortlich gemacht wurden, unter anderem für:

> „Unemployment, female and child labor, the introduction of machinery, unsafe coal mines, lack of organization among wage-earners, congestion in great cities, industrial crisis, inability to gain a controlling interest in stock corporation, pauperism, crime, insanity, race suicide, gambling, the continental Sunday, parochial schools, atheism, political corruption, municipal misrule." (Hourwich 1922: 40, 55)

Der Bericht des Ausschusses sowie weitere eugenische und andere restriktive Deutungen bildeten die politisch-ideologischen Voraussetzungen für eine Entwicklung, die letztendlich zur Einführung des *national origins system* führte, einem System, das Einwanderer nach ihrer Herkunft klassifizierte, und die Zahl der Immigranten aus Südosteuropa zu Gunsten von Immigranten aus Nordwesteuropa drastisch senkte.

Die negativen Darstellungen von neuen Zuwanderern als fremd und schädlich für die Qualität des American Way of Life haben in die Nachkriegszeit hinein überdauert. Als in den frühen 1950em die illegale Immigration zunahm, wurden illegale Zuwanderer in Regierungsberichten und den Medien mit Leid, Ausbeutung, Schmutz, Krankheit, Verbrechen, Drogen, steigenden Sozialausgaben und subversiver Infiltration in Zusammenhang gebracht (vgl. Craig 1971: 126). Aus jüngerer Zeit – dem Jahr 1995 – stammt die Aussage des Leiters der vom damaligen Präsidenten Bill Clinton eingesetzten National Immigration Commission, wonach illegale Einwanderer keinen Beitrag zur Entwicklung der Gemeinschaft leisten.[12]

Seit Ende des 18. Jahrhunderts ist der Begriff „aliens" in Bezug auf Personen ausländischer, vor allem mexikanischer oder anderer lateinamerikanischer Herkunft in Regierungsbehörden verbreitet. Dabei handelt es sich jedoch keineswegs um einen neutralen Begriff. Die Definitionen und Synonyme, die man in dem gängigen Merriam-Webster's Collegiate Dictionary (2003) für den Begriff „alien" findet, sind folgende: „belonging or relating to another person, place or thing: STRANGE", „owing alliance to another country or government," „EXOTIC" und „differing in nature or character typically to the point of incompatibility". Der Begriff „alien" kommt von dem lateinischen Wort „alienus" das eine vornehmlich negative Konnotation besitzt, unter anderem: „entgegengesetzt", „feindlich", „fremd", „unpassend", „inkongruent", „inkonsistent" und „unbequem" (Traupman 1995). Zudem wird „alien" oft im Zusammenhang mit anderen negativ besetzten Wörtern verwendet, z. B. „Alien and Sedition Acts" oder „illegal alien".

In dem Buch Alien Nation wird die USA als ein Land dargestellt, dessen Zusammenbruch aufgrund der unkontrollierten Immigrationspolitik unmittelbar bevorsteht, und die in Hollywood produzierte Kinoserie Alien handelt von einer außerirdischen Kreatur, die irdische Astronauten dahinmetzelt (vgl. Brimelow 1995). Auch in Dokumenten der US-Regierung wird „alien" im negativen Sinne verwendet. In dem Statistical Abstract of the United States z. B. trägt die statistische Tabelle über Personen mit dauerhafter Aufenthaltserlaubnis für die USA die Überschrift „immigrants", in der Überschrift der Tabelle mit Statistiken über immigrationsbezogene Straftaten findet man dagegen den Begriff „aliens".[13]

---

12 Entgegen der Forderung von Gruppierungen für Immigrantenrechte hat der US-Ausschuss für eine Reform des Immigrationsrechts ein nationales Register für die Überwachung aller Personen mit Arbeitsgenehmigung in den USA gefordert; siehe „In the Spotlight: Barbara Jordan", Migration World, Ausgabe 22, Nr. 5 (1994): 43-44.

13 Siehe z.B. die Verwendung des Wortes „immigrants" in Tabelle 6, „Immigrants admitted by Class of Admissions: 1990 to 1998" und im Vergleich dazu die Verwendung des Wortes „aliens" in den Überschriften „Deportable aliens located" und „Aliens expelled" in Tabelle 313 „Immigration and Naturalization Service Enforcement Ac-

Die Bezeichnung von Mexikanern und anderen nationalen Gruppen als „aliens" (unabhängig davon, ob sie in den USA oder ihrem Herkunftsland wohnen), trägt zur sozialen Konstruktion der US-mexikanischen Grenze bei, weil dadurch die Vorstellung bestärkt wird, dass diese nationalen Gruppen nicht in Einklang mit der US-amerikanischen Gesellschaft und Kultur zu bringen sind, ja dass sie diese sogar bedrohen. Das trägt zu der Vorstellung bei, dass es sich bei Menschen ausländischer Herkunft um Barbaren handelt, deren Eindringen durch strikte Zuwanderungsbeschränkungen und eine undurchlässige Südgrenze verhindert werden muss.

Vergleich mit europäischen Immigranten

So wie die Immigranten aus Ost- und Südeuropa Anfang des 20. Jahrhunderts als minderwertig im Vergleich zu den früheren Einwanderern betrachtet wurden, beklagt man in unserer Zeit die im Vergleich zu den früheren europäischen Einwanderern fehlenden positiven Charakteristika der heutigen Immigranten, besonders derer aus Lateinamerika. Die heutigen Immigranten werden als Sozialhilfeempfänger dargestellt, als nicht assimilationsbereit und anti-amerikanisch. Von den früheren europäischen Immigranten spricht man hingegen nur Gutes und bezeichnet sie als die Väter der US-amerikanischen Gesellschaft. Diesen Gegensatz beschrieb der US-amerikanische Abgeordnete Bill Archer, als er einen der härtesten Gesetzanträge zur Immigration in den Kongress einbrachte:

> „How many jobs that would be held by the American citizens are filled by citizens of other countries? How many governmental services paid for by increasing scarce tax payer dollars are being used by noncitizens? How long can this continue? (...) It is true that our country, in its early years, thrived on the many immigrants who arrived here during the western expansion. And we owe thanks to an immigrant labor force that allowed our economy to grow during the Industrial Revolution." (Archer 1994: 1, 5)

Mit diesem ultrarestriktiven Gesetz wollte Archer die Zahl der Zuwanderer um 60 Prozent senken und so der neuen, von ihm als bedrohlich empfundenen Immigration begegnen. Das Gesetz sah vor, die US-mexikanische Grenze zu militarisieren und Massenrazzien unter illegalen Immigranten sowie deren Internierung in ehemaligen Militärbasen vorzubereiten (ebd.: 5).

---

tivities", in U.S. Bureau of the Census, Statistical Abstract of the United States: 2001 (Washington, D.C.: U.S. Government Printing Office, 2001).

In zahlreichen Texten und Veröffentlichungen wird den Mexikanern und anderen Immigranten, die in frühen Jahren über die Südgrenze kamen, nicht der privilegierte „Gründervaterstatus" zuerkannt, den die europäischen Immigranten aus dieser Zeit besitzen. Während die Würdigung der historischen Immigration von Europäern in manchen Fällen fetischistische Züge anzunehmen scheint, wird über die Immigration aus dem Süden kein Wort verloren. Ein Beispiel dafür ist das Immigrant Museum auf Ellis Island, das 1965 in den Verwaltungsbereich des für das Nationaldenkmal Freiheitsstatue verantwortlichen National Park Service eingegliedert wurde.

Ellis Island ist mittlerweile ein einflussreiches semiotisches Medium für die offizielle Darstellung der europäischen Immigration als amerikanisches Nationalerbe. Ein Schild über einem Durchgang zum Andenkenladen des Museums bezeichnet Ellis Island als „Das Tor nach Amerika". Im Laden finden Museumsbesucher eine reiche Auswahl an Souvenirs, die an die europäische Immigration erinnern (T-Shirts, Kappen, Sweat-Shirts, Stifte, Bücher, Geschirr, Poster, Gedenktafeln, Becher, Tassen, Topflappen, Schlüsselanhänger, Briefbeschwerer, Brieföffner, Aufkleber, Aufnäher und so fort). Erinnerungsstücke an die lateinamerikanische Immigration findet man hingegen keine – abgesehen von ein paar kleinen Geldbeuteln aus Guatemala und Ecuador und einer Handvoll Holzschlangen aus Chile.

In einem der Museumsführer im Souvenirshop findet man in der „Story of Ellis Island" dazu Folgendes: „It is (...) the story of the immigrants; faith and courageous dedication as they sought freedom of speech and religious thought and economic opportunity. The story of their pursuit of happiness is the saga of America" (Mullins 1995: 5). Selbstverständlich ist die Immigrationsgeschichte von Ellis Island eine wertvolle Erinnerung und von zentraler Bedeutung für das amerikanische Nationalerbe, doch das gleiche gilt auch für die Immigrationsgeschichte in anderen US amerikanischen Gebieten, vor allem in den Ländern im Südwesten der USA. Dass die Regierung diese Gebiete nicht ebenso wie Ellis Island offiziell anerkennt und würdigt, trägt grundlegend zu der Vorstellung bei, dass die Zuwanderung von mexikanischen und anderen Immigranten über die Südgrenze kein Teil der amerikanischen Legende sei und von geringerer Bedeutung als die europäische Immigration. Unter dieser Prämisse werden die über die Südgrenze Zuge-wanderten – Mexikaner und andere – immer „aliens" bleiben und nie den Immigrantenstatus ihrer europäischen Entsprechungen erhalten.

Die hier beschriebene soziale Konstruktion der Grenze hat eine lange Geschichte, aber zumindest in Texas reicht diese Geschichte nicht bis zur USmexikanischen Grenzziehung im Jahr 1848 zurück. Noch fünfzig Jahre nach der Grenzziehung konnten Mexikaner problemlos zwischen den beiden Ländern hin- und herreisen. Die einzige kleine Unbequemlichkeit stellte dabei die geringe Grenzüberschreitungsgebühr dar. Zwar patrouillierten bereits zu Beginn des 20. Jahrhunderts von der Bundesregierung eingesetzte Sicherheitskräfte an der US-mexikanischen Grenze, aber erst 1924 wurde im Zusammenhang mit Grenzsicherungsmaßnahmen der US-amerikanische Bundesgrenzschutz ins Leben gerufen. Hintergrund dieser Maßnahmen war eine verstärkte Zuwanderung mexikanischer Immigranten, die in den 1920ern vor der mexikanischen Revolution und den anhaltenden politischen Unruhen flohen und sich von den nach Arbeitskräften hungernden US-Industrien angezogen fühlten.

In dieser Zeit, Anfang des 20. Jahrhunderts, erlebte das US-amerikanische Kapital eine Phase rasanten Wachstums vor allem in der Landwirtschaft und der Produktion. Die Arbeitsmärkte, die sich in dieser Zeit entwickelten, dehnten sich über die US-mexikanische Grenze bis ins mexikanische Hinterland aus. Dadurch und durch die bedeutende Zahl der involvierten mexikanischen Arbeitskräfte begann eine ökonomische Dekonstruktion der Grenze, durch die im Laufe des Jahrhunderts auch die sozialen und kulturellen Grenzen zwischen den USA und Mexiko deutlich schwächer wurden.

Dekonstruktion der US-mexikanischen Grenze

Seit der Institutionalisierung der heutigen US-mexikanischen Grenze durch den Vertrag von Guadalupe Hidalgo im Jahr 1848, haben zahlreiche soziale Faktoren zur sozialen Dekonstruktion dieser Grenze beigetragen.[14] Man kann sogar sagen, dass die US-mexikanische Grenze auf mexikanischer Seite niemals vollständig konstruiert wurde. Sie war eher eine US-amerikanische als eine mexikanische Grenze. Für viele *mexicanos* existierte Mexiko – das mexikanische Volk und seine Kultur – auch weiterhin nördlich des Rio Bravo (Rio Grande) und in anderen Grenzgebieten auf US-amerikanischer Seite. Die Angriffe von Juan Cortina, der in den 1860ern und 1870ern die texanischen Grenzgebiete befreien wollte, die Mobilmachung der mexikanischen Gleisbauer durch die Union Federal de Mexicanos im Kalifornien des angehenden 20. Jahrhunderts, die von Mexikanern organisierte Vereinigung der Landarbeiter in Texas in den 1970ern, die zapatistische Solidarbewegung unter den mexikanischen Immigranten und ihre US-amerikanische Unterstützung in zahlreichen Städten der USA in den 1990ern und Anfang der

---

14   Nach 1848 wurde die US-mexikanische Grenze noch durch den Gadsden Purchase (1853) und den Chamizal Treaty von 1963 beeinflusst. Siehe Stanley R. Ross (1978: 1-22). Eine kurze Beschreibung der Unterzeichnung des Vertrags von Guadalupe Hidalgo findet man bei Eisenhower (1989: 365-368).

2000er – all dies sind Beispiele für die große Zahl politischer Bewegungen, welche die Ziele der *mexicanos* und ihrer US amerikanischen Parteigänger nördlich der Grenze verfolgt haben.

Spaltung durch die Wirtschaftskrise

Ende des 19. und Anfang des 20. Jahrhunderts weigerten sich zahlreiche US-amerikanische Kapitalisten ebenso wie viele Mexikaner, die US-mexikanische Grenze als fixe, undurchlässige Barriere für die transnationale Bewegungsfreiheit anzuerkennen. Zu Beginn des 20. Jahrhunderts trugen US-amerikanische Arbeitgeber in einer Vielzahl expandierender Industrien zur Förderung einer massiven Zuwanderung von mexikanischen Lohnarbeitern bei. So kam es, dass die US-mexikanische Grenze fünfzig Jahre nach Unterzeichnung des Vertrags von Guadalupe Hidalgo einer bedeutenden ökonomischen Dekonstruktion durch den Zustrom Tausender von den US-Industrien angelockter mexikanischer Arbeitskräfte ausgesetzt war. Man kann mit Sicherheit davon ausgehen, dass mit dieser ersten Welle mexikanischer Immigranten in den frühen Jahren der schwachen Grenzkontrollen zahlreiche Migranten ohne Visum einreisten.

Im Südwesten der USA fanden mexikanische Arbeiter – von denen viele aus der Landwirtschaft kamen – für einen Tageslohn von einem halben bis 1,25 US-Dollar Beschäftigung in arbeitsintensiven Industrien wie der Landwirtschaft, dem Bergbau, dem Eisenbahnbau und der Viehzucht (vgl. Cardoso 1980: 17; Reisler 1976: 4). Zwar sahen sich viele mexikanische Arbeiter durch soziale Unruhen, Landlosigkeit und Armut zur Auswanderung nach Norden gezwungen, aber in vielen Fällen waren es auch Anwerber aus den USA, die Arbeiter davon überzeugten, zu den Arbeitsmärkten „auf der anderen Seite" hinüber zu wechseln. Der bekannte Immigrationshistoriker Maldwyn Allen Jones kommentierte den steilen Anstieg der offiziellen Immigrantenzahlen von 49.000 in den Jahren von 1901-1910 auf 459.000 in den Jahren von 1921-1930 wie folgt:

> „Partly because many Mexicans were unable to fulfil literacy test requirements, but more because of the expense and delay involved in obtaining American visas (...) great number entered the United States illegally, a large proportion of these ‚wetbacks' being smuggled in by American labor contractors." (Jones 1960: 291)

Während diese Anwerber für den Anstieg des ersten Zustroms illegaler mexikanischer Arbeitskräfte mit verantwortlich waren, trug die Regierung der USA durch die mit Mexiko getroffenen Arbeitsvertragsabkommen in den Jahren 1907 und

1917-1921 ihren Teil zum Zuzug legaler mexikanischer Arbeitskräfte bei (vgl. García y Griego 1970). Als sich in den 1920ern große Firmen an Vermittlungsstellen für mexikanische Arbeiter wandten, begann eine Konzentration mexikanischer Immigranten in mehreren Städten des Südwestens (vgl. Reisler 1976: 96). 1930 wurden bei einer Volkszählung in den USA eine große Anzahl weiblicher und männlicher mexikanischer Arbeitskräfte in der verarbeitenden Industrie festgestellt: 40.000 in Kalifornien und 48.000 in Texas (ebd.: 98). Auch im Mittleren Westen kam es zur Ansiedlung einer beachtlichen Zahl mexikanischer Arbeitskräfte als sich dort ansässige Automobil- und Stahlfirmen in den 1910ern und 1920ern an Vermittlungsstellen für mexikanische Arbeiter im Südwesten wandten (ebd.: 100-104).

Oberflächlich betrachtet scheint die Anwerbung mexikanischer Arbeitskräfte im Hinblick auf die Anforderungen einer fortschreitenden Industrialisierung der USA und die Nähe und Arbeitsbereitschaft der Mexikaner als logischer Schritt. Bei genauerer Betrachtung kann man jedoch erkennen, dass diese Logik nicht nur auf den Prinzipien des Marktes und der geographischen Nähe gründete, sondern dass es sich bei der Anwerbung mexikanischer Arbeitskräfte auch um eine Strategie im Klassenkampf handelte. So wurden zum Beispiel in manchen Firmen des Westens Mexikaner zunächst als Streikbrecher eingestellt. Mark Reisler kommentiert den Einsatz von mexikanischen Arbeitskräften als „Streikversicherung" in Stahlwerken wie folgt: „By keeping the workers of various nationalities numerically balanced, employers believed that workers would not unite and organize and that labor troubles could thereby be avoided." (ebd.: 103) In den 1930ern entstanden in manchen landwirtschaftlichen Gebieten der USA Arbeiterbewegungen, die ebenso militant waren, wie die Arbeiterbewegungen in der verarbeitenden Industrie. In Kalifornien konnten kommunistische und sozialistische Arbeiterbewegungen mit der Unterstützung von Tausenden von Landarbeitern Streiks wochenlang aufrechterhalten (vgl. Chacon 1980: 34). Auf den Feldern Südkaliforniens streikten in den Gewerkschaften *Confederación de Uniones Obreros Mexicanos* und *Confederación de Uniones de Campesinos y Obreros Mexicanos* organisierte Mexikaner – darunter sowohl Immigranten als auch Einheimische (vgl. Freeman 1992: 357-359). 1935 schlossen sich im Süden von Texas 1.200 in der *Asociación de Jornaleros* organisierte Landarbeiter dem Streik an (vgl. Acuña: 1981: 233). Die mit Mexiko verbundenen Gewerkschaften, in denen sich einheimische und immigrierte Mexikaner zusammenschlossen, machten deutlich, dass die ökonomische Dekonstruktion der US-mexikanischen Grenze aus Sicht der gemeinsam für bessere Arbeitsbedingungen kämpfenden mexikanischen Arbeiter auch eine politischklassenkämpferische Dimension besaß. Doch trotz alledem war die Hauptsorge vieler mexikanischer Immigranten in den USA nicht die gewerkschaftliche Organisation, sondern die Furcht vor einer zwangsweisen Rückführung nach Mexiko durch US-amerikanische Bundes-, Staats- oder Bezirksvertreter. In den Jahren der Wirtschaftskrise wurden die illegalen mexikanischen Arbeitskräfte für die hohe Arbeitslosigkeit im Land verantwortlich gemacht und Regierungsvertreter verhafteten über 400.000 mexikanische Immigranten (samt ihrer in den USA geborenen Kinder) und schickten sie in ihr Herkunftsland zurück (vgl. Hoffman 1974: IX).

Die Rückführungsmaßnahmen und die Wirtschaftskrise im Allgemeinen führten zwar zu einem Abflauen des Massenzustroms von mexikanischen Arbeitern in die USA, nicht aber zu einer ökonomischen Schließung der Grenze. Im Jahr 1942 trug sogar ein Regierungsprogramm für die Anwerbung mexikanischer Arbeitskräfte zu einer zweiten Weile illegaler mexikanischer Immigranten bei, die bis Mitte der 1950er andauerte.

Um auf die Anforderungen der Landwirtschaft zu reagieren, hatte die US-Regierung 1942 mit der mexikanischen Regierung ein Abkommen getroffen, dass eine jährliche Zuwanderung Tausender mexikanischer Arbeiter (braceros) für eine befristete Beschäftigung in der Landwirtschaft und ein paar anderen Industriezweigen vorsah. Dieses so genannte Bracero-Programm war als Maßnahme für die Kriegszeit gedacht gewesen, behielt seine Wirksamkeit jedoch 22 Jahre lang und führte zu einem Zuzug von insgesamt 4,8 Millionen mexikanischen Vertragsarbeitern, die vornehmlich auf den Farmen in Kalifornien und Texas arbeiteten und deren offizieller Arbeitgeber die US-Regierung war (vgl. Barrera 1979: 117). Das Bracero-Programm war stark reglementiert und galt nur für Männer ohne ihre Familien. Vertreter der US-Regierung und der Farmerverbände überwachten die Arbeit und die Bewegungen der *braceros* von dem Zeitpunkt, an dem sie die Anwerbezentren in Mexiko verließen, bis zu ihrer Heimreise nach den Ernten. Die *braceros* wurden als „Stoßtruppen" in genossenschaftlich geführten Farmen eingesetzt; es war ihnen verboten, an kollektiven Kampfaktionen teilzunehmen (vgl. Galarza: 1964: 55). Damit stellten sie die ideale Arbeiterschaft für den mehrere Milliarden Dollar schweren Landwirtschaftssektor dar. Ein Farmer kommentiert diesen Aspekt des Bracero-Programm wie folgt: „[We] used to own our slaves, now we rent them from the government."[15] Die *braceros* spielten eine bedeutende Rolle für das landwirtschaftliche Kapital des Landes. Der Saatgutabsatz stieg von 3,5 Milliarden Dollar im Jahr 1940 auf 17,2 Milliarden Dollar am Ende des Bracero-Programms im Jahr 1964.[16]

---

15 Zu finden in Wayne Moquin/Charles Van Doren (1971: 334).
16 U.S. Bureau of the Census, Statistical Abstract of the United States: 1969 (Washington, D.C.: U.S. Government Printing Office, 1969), Tabelle 914.

Die soziale Expansion auf el otro lado

Das von den Anwerbezentren für Arbeitskräfte in Mexiko umgesetzte Bracero-Programm zog mehr Arbeitskräfte an, als vertraglich vorgesehen waren. Manche Experten vertreten die Auffassung, dass viele der mexikanischen Arbeiter, die von den Zentren nicht vermittelt wurden, selbst auf Arbeitssuche in der Landwirtschaft gingen und so die zweite Phase der illegalen Zuwanderung einleiteten (vgl. Barrera 1979: 122). In manchen Fällen reisten mexikanische Arbeiter zunächst als *braceros* ein und bleiben dann als Illegale, weil sie dadurch mehr Freiheit bei der Wahl ihres Arbeitgebers hatten und länger in den USA bleiben konnten.[17] Besonders die texanischen Farmer profitierten von diesen illegalen mexikanischen Einwanderern, da sich die mexikanische Regierung zunächst geweigert hatte, *braceros* in den als anti-mexikanisch betrachteten Staat ausreisen zu lassen (García y Griego 1970: 15). Der verstärkte US-amerikanische Einsatz zur Bekämpfung illegaler Immigration, machte die illegalen Einwanderer, die manchmal Seite an Seite mit den *braceros* auf dem gleichen Feld arbeiteten, zu einer Gruppe von Arbeitern, deren politischer Handlungsspielraum stark eingeschränkt war. Doch auch wenn die Illegalität für viele mexikanische Immigranten politische Benachteiligung mit sich brachte, so konnten sie sich auf der US-amerikanischen Seite der Grenze doch uneingeschränkt sozial und kulturell entwickeln und zwischen den USA und Mexiko hin- und herreisen.[18] Diese nicht unbedeutende Autonomie und die konstante Nachfrage nach ihrer Arbeitskraft führten dazu, dass die Zahl der illegalen mexikanischen Arbeiter im Grenzgebiet zunahm. In den späten 1940ern und den frühen 1950ern führte der INS mehrere Verhaftungsaktionen unter illegalen mexikanischen Arbeitern durch. Diese Serie von Verhaftungen fand ihren Höhepunkt in der 1954 durchgeführten „Operation Wetback", bei der Bundes- und Bezirksbehörden in einer konzertieren Aktion über eine Millionen mexikanischer Immigranten in ihr Herkunftsland zurückführten (Craig 1971: 127-129). Eigentlich sollte mit dieser Operation ein Schlussstrich unter die illegale mexikanische Einwanderung gezogen werden, doch wurde damit lediglich der zweiten Einwanderungswelle ein Ende gesetzt, auf welche die dritte und bis dahin größte Einwanderungswelle in den späten 1960ern und 1970ern folgte. Diese dritte Welle trug zu einem starken Anwachsen der transnationalen ImmigrantenCommunities bei und

---

17   So erzählten mir mexikanische Immigranten in Houston und anderen texanischen Orten.

18   Damit will ich ausdrücken, dass eine große Zahl illegaler Immigranten die Grenze überqueren konnte, ohne vom INS festgenommen zu werden. Ich will damit nicht ausdrücken, dass die Überquerung der Grenze eine einfache Sache wäre.

damit zum Abbau der sozialen, kulturellen und ökonomischen Barrieren zwischen den USA und Mexiko für mexikanische Immigranten.

Durch die rasante Mechanisierung der Landwirtschaft in den 1950ern und 1960ern kam es zu einer deutlichen Verlagerung der illegalen Immigration von den ländlichen in die städtischen Gebiete. Diese Veränderung war insofern von großer Bedeutung, als die mexikanischen Immigranten und ihre Familien in den Städten längerfristige Arbeitsverhältnisse und Unterkünfte fanden – beides grundlegende Voraussetzungen für die soziale Reproduktion transnationaler Immigranten-Communities. Von großer Bedeutung war weiterhin die Tatsache, dass die Ansiedlung von Mexikanern in städtischen Gebieten teilweise von mexikanisch-amerikanischen Menschenrechts- und Politikgruppen unterstützt wurde. Dieser Faktor erwies sich als entscheidend, als die illegalen mexikanischen Communities um den Zugang zu öffentlicher Bildung für illegale, in den USA lebende Kinder kämpften.

Seit Beginn des 20. Jahrhunderts hatten sich mexikanische Immigranten in etablierten mexikanischen Siedlungen sozial und kulturell weiterentwickelt, doch die Entwicklung der transnationalen mexikanischen Communities, die im Zuge der dritten Einwanderungswelle stattfand, übertraf die vorangegangenen Entwicklungen an Ausmaß und Intensität bei weitem. Auch die großen Ansiedlungen legaler Immigranten nach dem *Immigration Act* von 1965 und die Anwesenheit der schon seit jeher dort lebenden mexikanischen Amerikaner trugen zu dieser umfassenden Entwicklung der transnationalen mexikanischen Communities bei. Im gesamten Südwesten, im Mittleren Westen und schließlich auch an der Ostküste erfuhren die transnationalen mexikanischen Communities ein enormes Wachstum und etablierten auf unterschiedlichste Weise soziale, kulturelle und ökonomische Institutionen aus ihrem Herkunftsland. Die technologischen Fortschritte in den Bereichen Reise, Transport und Kommunikation in den 1980ern und 1990ern verstärkten ebenfalls die Verbindungen zwischen den mexikanischen Siedlungen in den USA und den Communities in Mexiko. Eine weitere wichtige Voraussetzung für die Entwicklung war die Legalisierung von über zwei Millionen mexikanischer Immigranten durch den IRCA, die es einer großen Zahl nun legaler Immigranten ermöglichte, die Grenze ungehindert zu überqueren (vgl. Saenz/Greenlees 1996: II).

Die Dekonstruktion der Grenze durch transnationale mexikanische Communities umfasst mehr als Reiseerleichterungen und die Ausweitung sozialer und kultureller mexikanischer Institutionen auf die Gebiete nördlich der Grenze. Sie beinhaltet auch einen konzeptionellen, grundlegenden Aspekt. Seit dem frühen 20. Jahrhundert nehmen zahlreiche mexikanische Arbeiter und Arbeiterinnen die Grenze nicht mehr als Trennlinie zu einer jenseitigen, völlig anderen Welt wahr, sondern als potentielles Tor zum wirtschaftlichen Aufstieg. Auch wird die Grenze von mexikanischen Immigranten weniger als eine natürliche, selbstverständliche Trennlinie verstanden, sondern als ein menschliches und soziales Produkt bzw. als Tor zu einem sozialen und politischen Raum, in dessen Industrie ihre Arbeitskraft benötigt und eingesetzt wird, der jedoch Einschränkungen durch die USA unterworfen ist. Diese Dekonstruktion ist für die Vertreter der Arbeiterklasse insofern von entscheidender Bedeutung, als sie die Entwicklung von Überlebensstrategien im Rahmen immer größerer geographischer Räume ermöglicht.

Der autonome Charakter der illegalen Immigration war eine wichtige Voraussetzung für die Entwicklung der transnationalen Communities. Jedes Jahr werden Tausende von Mexikanern ohne Visum an der Grenze festgenommen, aber weiteren Tausend gelingt die illegale Grenzüberschreitung und sie werden Teil der transnationalen Communities in den USA. Und das ist genau der Punkt in der Geschichte der illegalen mexikanischen Immigration, den die Immigrationsgegner anprangern. Diese konnten mit der Verabschiedung des IIRIRA im Jahr 1996 einen größeren Erfolg verbuchen. Das Gesetz sah sowohl vor, die rechtlichen Möglichkeiten eines Aufenthalts für illegale und legale Einwanderer in den USA abzubauen, als auch die Möglichkeiten der Ausweisung von Immigranten zu erweitern. Auf viele Arten wurden illegale Arbeiter mit ihren Familien durch den IIRIRA noch weiter in den Untergrund getrieben (vgl. Rodríguez/Hagan 2004: 328-351) und die Zahl der Ausweisungen stieg. In den zehn Jahren vor der Verabschiedung des IIRIRA im Jahr 1996 betrug die Zahl der Rückführung von Immigranten aus den USA zwischen 20.000 und 60.000, nach der Verabschiedung stieg diese Zahl drastisch und erreichte 2003 einen Stand von 186.000.[19]

Was die soziale Konstruktion der Grenze anbelangt, so gibt es heute hohe Regierungsvertreter, deren Ziel nicht die Beendigung der illegalen und legalen Immigration ist, sondern deren Kontrolle. 2003 erklärte George W. Bush, er wolle neue politische Strategien für die Immigration von ausländischen Arbeitskräften suchen. Zwar erläuterte er diese Absicht nicht näher, deutete jedoch an, dass er nicht auf ein Amnestieprogramm für ausländische Festangestellte ziele, sondern auf ein Programm, das einen dreijährigen Arbeitsaufenthalt mit der Möglichkeit einer anschließenden Verlängerung um weitere drei Jahre für ausländische Arbeiter (auch im Nachhinein legalisierte Arbeiter) vorsieht. Wahrscheinlich würde derzeit illegalen Arbeitern die Möglichkeit gegeben aus der Illegalität herauszukommen und als legale Arbeiter zurückzukehren.

---

19 Siehe Tabelle 40 in Department of Homeland Security. 2004. Yearbook of Immigration Statistics, 2003, Washington, D.C.: U.S. Government Printing Office.

Es bleibt jedoch abzuwarten, ob illegale Arbeiter bereit wären, die Illegalität gegen einen auf drei- bis sechs Jahre beschränkten Status als legaler Arbeiter einzutauschen.

Mit seinem Vorschlag will Bush die Autonomie der illegalen Einwanderung aushebeln, die – wie zuvor beschrieben – die Grundlage für die Entwicklung großer mexikanischer Communities in zahlreichen Gebieten der USA bildet. Eine autonome Immigration bedeutet eine Ansammlung von Arbeitskräften außerhalb der Kontrolle von Staat und- in gewissem Maße- Arbeitgebern bzw. Kapital im Allgemeinen. Aus Sicht des Kapitals (wie z.B. Großunternehmen oder landwirtschaftlichen Betrieben) wird der Wert von ausländischen Arbeitern durch autonome Migration gemindert, besonders dann, wenn die eingewanderten Immigranten auf der Grundlage transnationaler Strukturen ausgeklügelte Überlebensstrategien entwickeln können.

Die derzeit bestehende soziale Konstruktion der US-mexikanischen Grenze und der damit verbundene Nativismus kann als Reaktion auf die Ausbreitung von Immigranten-Communities (vor allem von Immigranten lateinamerikanischer Herkunft), aber auch als Reaktion auf die wandelnde Bedeutung von Nationalstaaten und Grenzen im globalen Kontext gesehen werden. Seit dem Entstehen der Nationalstaaten und des Kapitalismus im Mittelalter, haben diese beiden Weltordnungssysteme sich in einer zum Teil konfliktgeladenen Interaktion weiter entwickelt. Besonders die kapitalistische Entwicklung hat durch die direkte und indirekte Förderung der internationalen Arbeitsmigration Druck auf die Grenzen der Nationalstaaten ausgeübt. Direkte Förderung bedeutet hier die Förderung eines großen Arbeiterzustroms über Staatsgrenzen hinweg, um in arbeitsintensiven Industrien auf eine segmentierte Arbeiterschaft zurückgreifen zu können. Indirekt stimuliert der Kapitalismus die internationale Migration indem er in peripheren Weltregionen die Warenförmigkeit von Gütern und Arbeitskraft einführt und indem er Arbeiterbewegungen in diesen Regionen gewaltsam unterdrückt. Vor diesem Hintergrund und aufgrund des Fehlens einer effektiven internationalen Arbeitsmigrationspolitik, sind die Kräfte der globalen kapitalistischen Entwicklung zu einem Problem für die fortschrittlichen Nationalstaaten geworden.

Es wäre jedoch irreführend, die aktuellen nativistischen Gefühle ausschließlich auf die kapitalistische Entwicklung zurückzuführen. Auch andere Faktoren spielen eine Rolle. Der ausschlaggebende Faktor sind vielleicht die ethnischen Unterschiede zwischen den neuen Immigranten und der etablierten Bevölkerung. Die historische Entwicklung der globalen Strukturen von Nationalstaaten spiegelt deutlich eine auf der Grundlage von Ethnien und Kultur geordnete Hierarchie wider, an deren Spitze vor allem weiße Nationalstaaten stehen, während sich asiatische, schwarze und lateinamerikanische Nationen die unteren Ränge teilen. Die illegale und legale Massenimmigration in die USA aus den unteren Reihen dieser globalen Hierarchie führt also zu einem Zuzug einer großen Zahl von Menschen, die historisch gesehen als ethnisch und kulturell minderwertig angesehen werden. So gesehen unterscheidet sich die aktuelle Reaktion, die Zahl der asiatischen, schwarzen und lateinamerikanischen Immigranten zu beschränken, nur wenig von den Versuchen, die Anfang des 20. Jahrhunderts unternommen wurden, um den Zuzug von Süd- und Osteuropäern bzw. Asiaten einzuschränken, die damals alle als minderwertig betrachtet wurden. In beiden Fällen wird versucht, eine hierarchische Weltordnung aufrechtzuerhalten, in der die Arbeiterklasse sowohl entlang ethnischer und kultureller Differenzen als auch geographisch – in Zentrum versus Peripherie – gespalten ist.

(Übersetzung: Ulrike Brandhorst)

# Wer ist *Wir*?

Die Konstruktion von Communities im US-Mexikanischen Grenzdiskurs[1]

Donna M. Johnson

Einleitung

Im folgenden Beitrag soll beschrieben werden, wie ein Redner Indexikalität einsetzt, um bei binationalen Grenzkonferenzen eine Atmosphäre kooperativen Engagements aufzubauen. Binationale Grenzkonferenzen sind offizielle Treffen von Experten aus Mexiko und den USA, die in der Nähe der US-Mexikanischen Grenze stattfinden. Gegenstand dieser Konferenzen, die üblicherweise sowohl auf Englisch als auch auf Spanisch abgehalten werden, ist die Erörterung von Problemen der an der Grenze lebenden Communities. Eine solche binationale Grenzkonferenz zu veranstalten, ist ein komplexes Unterfangen, weil die Teilnehmer aus zwei Staaten kommen und ein sehr unterschiedliches Niveau an Spanisch- bzw. Englischkenntnissen besitzen. Zudem stellen die Konferenzen aufgrund ihrer geographischen Ansiedlung an der US-mexikanischen Grenze eine komplexe kommunikative Herausforderung dar.

Sowohl aus praktischen als auch aus theoretischen Gründen ist es wichtig zu verstehen, wie die Teilnehmer unter diesen Gegebenheiten Sprache für den Auf und Ausbau harmonischer Beziehungen einsetzen. Während sich die Handelsbeziehungen ausweiten und die Verhandlungen über das kontrovers diskutierte Freihandelsabkommen zwischen den USA und Mexiko andauern, ist die Zahl grenzüberschreitender Kooperationsprojekte stark gestiegen. Hierbei handelt es sich

---

1   Zuerst erschienen unter dem Titel *Who is we?: constructing communities in US-Mexico border discourse.* In: Discourse & Society, (1994) 5, 2:207-231.

nicht nur um wirtschaftliche Projekte, sondern auch um solche in den Bereichen Bildung, Wissenschaft, Gesundheit und Umwelt. Eine effektive, transkulturelle Kommunikation zwischen mexikanischen und US-amerikanischen Experten ist angesichts der Kooperation beider Länder bei der Analyse gemeinsamer Probleme, der Suche nach Lösungen und auch in Hinblick auf die Zukunft bedeutsam. Daher ist das Sammeln empirischer Informationen darüber, wie diese Kommunikation geführt wird, nicht zuletzt von praktischer Relevanz.

Und auch in theoretischer Hinsicht ist diese Frage bedeutsam. In der Diskursanalyse wurden bisher solche face-to-face Sprechsituationen als grundlegend betrachtet, bei denen die Beteiligten die gleiche Sprache sprechen und gemeinsame kulturelle Vorstellungen teilen. Bilingualen, internationalen Sprechsituationen mit Vertretern mehrerer Parteien kam dagegen weniger Aufmerksamkeit zu. Die Gesprächsfähigkeiten und rhetorischen Kunstgriffe, die in solchen Situationen essentiell sind, müssen noch beschrieben und erklärt werden (Pratt 1991). Zum Beispiel stellt sich die Frage, welche Normen für die Interaktion bei binationalen Gesprächen gelten, wie die Auswahl von Kodizes organisiert wird oder auch wie das Führen der Kommunikation im Allgemeinen dazu beiträgt, harmonische soziale Beziehungen aufzubauen und aufrechtzuerhalten. Und auch konkretere Fragen stellen sich, etwa auf welche Weise die Teilnehmer der Grenzkonferenzen die sozialen Beziehungen durch die von ihnen getroffene linguistische Auswahl reflektieren und beeinflussen. Beispielsweise durch die Verwendung deiktischer Termini wie „wir" und „hier". Personen, die keine Erfahrung hinsichtlich binationaler Veranstaltungen haben, verwenden solche deiktischen Begriffe oft auf eine Art, die Verwirrung stiftet oder auf manche Gruppen aggressiv wirken kann. Kompetenz meint bei professionellen Grenzgesprächen also auch die Fähigkeit, indexikale Termini so zu konstruieren, dass der gewünschte rhetorische Effekt erreicht wird. Im Folgenden werde ich die Bedeutung des deiktischen Terminus „wir" in einer Konferenzrede nachvollziehen und analysieren, wie ein Teilnehmer eines Grenzgesprächs soziale Beziehungen indiziert und konstruiert.

Fragestellung der Untersuchung

Mehrere aktuelle Fragestellungen aus dem Bereich der Diskursanalyse sind für die hier vorliegende Untersuchung relevant, darunter: (1) die Frage danach, was als relevanter Kontext zählt; (2) der dynamische und strategische Charakter des Kontextualisierungsprozesses; (3) Einbeziehungsstrategien und emotionaler Rahmen; und (4) die Verwendung der Indexikalität für die Kennzeichnung sozialer Beziehungen.

Was zählt als Kontext?

Diskursanalytiker verwenden eine Vielzahl von Ansätzen, um Kontexte zu analysieren. In ihren Schriften geben sie unterschiedliche Antworten auf die Frage, auf welche Art kontextueller Information der Analytiker sich stützen sollte bzw. welche er bei der Sprachanalyse jenseits des Satzes evozieren sollte. Manche Ansätze legen den Schwerpunkt auf den Kontext innerhalb des Diskurses selbst, um damit zum Beispiel zu zeigen, wie Teilnehmer sequentielle Organisation einsetzen, um Gesprochenes zu produzieren und zu verstehen, oder wie „context is attended to and constituted as a dynamic phenomenon within the turn" (Goodwin/Goodwin 1992: 151). Andere wiederum konzentrieren sich auf eine Betrachtung des Kontexts von außen nach innen, d. h. sie betonen die Rolle der vorherigen und der aktuellen organisatorischen und institutionellen Erfahrung (z. B. Cicourel 1992: 295). Baumann (1992: 126) bezeichnet diese unterschiedlichen Ansätze der Kontextanalyse als Kontextbetrachtung „von außen nach innen" bzw. „von innen".[2]

Beim Versuch die Fragestellung dieser Untersuchung- Wer ist „wir"?- zu beantworten und zu beschreiben, wie der Sprecher soziale Beziehungen indiziert und konstruiert, war es notwendig, sich sowohl auf kontextuelle Informationen außerhalb des Textes als auch auf den Kontext innerhalb des Textes zu stützen, also sowohl von außen nach innen als auch von innen heraus zu analysieren. Die Untersuchung basiert außerdem auf der in Teilen der Kommunikationsethnographie entlehnten Prämisse, dass es notwendig ist, sowohl den größeren Kontext einer Sprechsituation als auch das gesamte kommunikative Geschehen zu verstehen und zu beschreiben, bevor aussagekräftige und detaillierte Analysen des Diskurses durchgeführt werden können. In diesem Sinne ist die hier vorliegende

---

2 Eine weitere Kontextdimension ist der vergangene bzw. zukünftige Kontext, der an anderer Stelle auch als diachronisch-rhetorischer Kontext bezeichnet wird (Johnson und Roen 1992). Dieser Begriff wird in diesem Zusammenhang nicht im herkömmlichen linguistischen Sinne verwendet, also nicht in Bezug auf die Zeitspanne, die ausreicht, um einen Sprachwechsel festzustellen. Vielmehr bezieht sich der diachronisch-rhetorische Kontext an dieser Stelle auf eine Zeitspanne, die ausreicht, die wichtigsten Ereignisse und Beziehungen zu umfassen, welche die linguistischen Entscheidungen der Sprecher während der Diskurskonstruktion beeinflussen. Der diachronisch rhetorische Kontext umfasst nicht nur Ereignisse, die vor dem Diskurs stattgefunden haben und für diesen von Bedeutung sind, sondern auch zukünftige Ereignisse sowie sich aus dem Diskurs ergebende weitere Diskurse. Selbst bei Monologen müssen die Aspekte des diachronischen Kontexts berücksichtigt werden, um Ziele und Auswirkungen der unterschiedlichen rhetorischen Strategien zu verstehen. (Auch das von Ochs [1990] beschriebene „retrospective indexing" ist in diesem Zusammenhang relevant, ebenso wie Bakhtins Begriff der Heteroglossie).

Untersuchung Teil einer übergeordneten Studie zu professionellen Grenzkonferenzen. Die erste Phase dieser übergeordneten Studie beinhaltet eine Beschreibung des kommunikativen Geschehens innerhalb seines soziopolitischen und geographischen Situationskontextes, eine Analyse der Kommunikationsführung und Erklärungen für Kommunikationsabbrüche. Diese Phase der Studie wird an anderer Stelle ausfuhrlich beschrieben (Johnson/Courtney 1993) und daher hier nur kurz zusammengefasst.

Text/Kontext Interaktivität

Die Bedeutungsanalyse von deiktischen Termini wie z. B. des Terminus „wir" eignet sich zur Veranschaulichung eines weiteren, verwandten Trends in der Diskursanalyse, der dahingeht, Sprache und Kontext als interaktive und dynamische Phänomene zu betrachten. Kontext ist nicht nur eine Bedingung für die Verwendung von Sprache, sondern auch deren Produkt, das heißt Sprache und Kontext entstehen durch Interaktion. Kontext bedingt Sprache und Sprache bedingt Kontext (Goodwin/Duranti 1992). In volkskundlichem Zusammenhang schreibt Bauman:

> "(...) we are seeing a shift away from context, understood as the conventional normative anchoring of an item or form within institutional structures, or general patterns of cultural or psychological meaning, and toward the active process of contextualization in which individuals situate what they do in networks of interrelationship and association in the act of expressive production." (1992: 128)

Durch strategische Kontextualisierungsprozesse setzen Sprecher ihre eigenen Diskurse in Beziehung zu anderen Diskursen, sie setzen das Geschehen, an dem sie teilnehmen, in Beziehung zu anderen Ereignissen und sie bringen soziale Gruppen miteinander in Beziehung. Das heißt, indem Sprecher verschiedene Kontextaspekte indizieren, stellen sie Verbindungen zwischen Menschen, Orten, Ereignissen, Tätigkeiten, Einstellungen usw. her, um ihre rhetorischen Ziele zu erreichen. In dieser Untersuchung beschreibe ich die spezifischen Arten, auf die ein Sprecher ein Netzwerk von Assoziationen schafft, indem er unterschiedliche Bedeutungen von „wir" in seinen Diskurs einbaut. Zudem versuche ich, die Funktionen dieser Strategien zu interpretieren. Ich behaupte, dass das primäre Ziel der Verwendung unterschiedlicher Bedeutungen von „wir" in einen Diskurs darin besteht, die Gesprächsteilnehmer einzubinden, eine Atmosphäre binationaler Solidarität und Gleichheit zu schaffen.

Einbeziehungsstrategien und Emotionalität

Tannen (1989) hat gezeigt, dass Sprecher eine Vielzahl linguistischer Hilfsmittel einsetzen, um in einem Gespräch das Gefühl interpersonellen Engagements aufkommen zu lassen. Sie definiert Engagement als „an internal, even emotional connection individuals feel which binds them to other people as well as to places, things, activities, ideas, memories and words" (1989: 12). Manche vertreten die Ansicht, dass allein die Verwendung von Personalpronomen wie „wir" ein Gefühl der Einbeziehung aufkommen lassen kann. In ihren Untersuchungen zu Unterschieden zwischen der gesprochenen und der geschriebenen Sprache vertreten Chafe und Danielwicz (1987) zum Beispiel die Auffassung, dass in der gesprochenen Sprache die Pronomen der ersten Person Singular bzw. Plural, z.B. „ich" und „wir", häufiger verwendet werden und dass diese zur persönlichen Einbeziehung dienen. Auch Biber (1988) ist der Ansicht, dass die Verwendung von Personalpronomen und anderer Formen zum „involvierenden" und „interaktiven" Charakter vieler Gespräche beiträgt. Allerdings können Personalpronomen auch dazu verwendet werden, andere auszuschließen, oder zu beleidigen. Analytiker politischer Gespräche (z.B. Gastil 1992; Wilson 1990) haben auf die pragmatische Wirkung der Auswahl und der Verwendung von Pronomen hingewiesen. So zeigt Wilson (1990: 45-76) beispielsweise, wie Politiker das Pronomensystem „manipulieren", um die Verantwortung für bestimmte Handlungen zu übernehmen oder von sich zu weisen, ideologische Überzeugungen auszudrücken, politische Allianzen deutlich zu machen und zu Solidarität aufzurufen. Er vertritt die Auffassung, dass mit Hilfe eines bestimmten Analysemodells „a pronominal window into the thinking and attitude of politicians towards particular political topics and political personalities" (1990: 59) geschaffen werden kann.

Wurden Affektivität und Emotionalität bisher nur als Randgebiete linguistischer Studien betrachtet, wächst mittlerweile die Zahl der Schriften über die pervasive Bedeutung emotionaler Äußerungen für die Sprache und über die Beziehung emotionaler Äußerungen zu allen Bereichen der linguistischen Struktur (Irvine 1990). Sprecher nutzen eine Vielzahl von Grammatik- und Gesprächsstrukturen, um Emotionen auszudrücken und den sozialen Kontext von Interaktionen zu definieren. Gleiches gilt für bei Interaktionen konstruierte Interpretationen, die zum Teil auf diesen emotionalen Äußerungen aufgebaut sind (Ochs/Schieffelin 1989). Emotionale Äußerungen und Gesprächsphänomene bilden den *emotionalen Rahmen* („affective frames", um einen Terminus von Ochs und Schieffelin zu verwenden) oder Orientierungspunkte, die zum Bedeutungsverständnis im Gespräch beitragen. Die Arbeiten Havilands sind hierfür ein gutes Beispiel. Er zeigt, dass im Tzotzil (einer in Südmexiko gesprochenen Sprache) eine Struktur paralleler

Zeilen, die Zwei- und Dreizeiler beinhaltet, dazu dient, Leid und Verzweiflung auszudrücken (1989: 31). Damit veranschaulicht er, wie Gesprächsstruktur als Ausdrucksmittel genutzt werden kann.

Auf der Grundlage der hier untersuchten Informationen zeige ich, wie ein Redner unterschiedliche Bedeutungen von „wir" konstruiert, um soziale Beziehungen aufzubauen und zu indizieren, und komme zu dem Schluss, dass diese Strategien ein Gefühl der Einbeziehung und der binationalen Solidarität schaffen. Zugleich zeige ich, wie der Sprecher Oppositionsbeziehungen und einander ausschließende Beziehungen konstruiert, da das Einschließen mancher Menschen in ein gemeinsames „Wir", andere ausschließt. Weiterhin veranschauliche ich, dass in der Bedeutungsentwicklung von „wir" eine erkennbare Struktur vorhanden ist und lege dar, dass emotionale rhetorische Ziele nicht allein durch die Konstruktion unterschiedlicher Bedeutungen von deiktischen Äußerungen angegangen werden, sondern auch durch die Einführung und Gliederung dieser Bedeutungen im Gespräch.

Deixis in einer Kontaktzone

Deiktische Äußerungen (auch indexikale Äußerungen oder shifter genannt) sind Termini, die auf Menschen oder andere Bezugspunkte im Kontext hinweisen (oder sie indizieren). Beispiele dafür sind Pronomen (du, ich, wir, sie, mich, er, sie), Demonstrativpronomen (dieses, diese), lokale Adverbien (hier, dort), temporale Adverbien (jetzt) und präsentative Adverbien (z.B. hier, nimm) (Ranks 1992: 46). Deiktische Äußerungen erfüllen eine Vielzahl kommunikativer Funktionen, ihre Hauptfunktion ist es jedoch, etwas im Kontext zu indizieren. „Their basic communicative function is to individuate or single out objects of reference or address in terms of their relation to the current interactive context in which the utterance occurs" (Ranks 1992: 46). Wie Ranks (1990) betont, sind deiktische Äußerungen sozial relevante semantische Hilfsmittel.

Personen- und Ortsdeixis in binationalen Grenzgesprächen kann komplex und mehrdeutig sein. Betrachten wir z.B. einen Sprecher aus Arizona, der sagt: „We have a long way to go here in improving the quality of our air". Wer ist „wir"? Und wo ist „hier"? „Wir" kann sich auf die Menschen aus Arizona beziehen, auf die Menschen aus Sonora, auf beide, auf alle Communities an der Grenze, oder auf mögliche andere Bezugspunkte. Die Analyse unterschiedlicher binationaler Grenzkonferenzen hat ergeben, dass Sprecher die Bedeutung deiktischer Termini oft durch lexikale Beschreibungen verdeutlichen. So erklärte ein offizieller Vertreter Arizonas den Terminus „unser" während der hier beschriebenen Konferenz wie folgt: „When I say ‚our', that's the Arizona side." In einer präzisen, professionellen Kommunikation dürften solche Termini nicht unbeabsichtigt mehrdeutig oder verwirrend sein. Ebenso wichtig wie der klare Bezug ist jedoch die Tatsache, dass der Sprecher deiktische Termini verwenden kann, um Solidarität zu schaffen oder ungleiche Machtverhältnisse und ideologische Spaltungen herauszustreichen. Sprecher, die versuchen eine Atmosphäre gegenseitigen Respekts und internationaler Kooperation zu schaffen, können indexikale Äußerungen strategisch einsetzen, um dieses Ziel zu erreichen. In dieser Hinsicht unterschieden sich die von mir beobachteten Sprecher sehr stark in Hinblick auf kulturelle Sensitivität und Geschick. Im Zentrum dieser Untersuchung steht die Frage, wie ein in der binationalen Grenzdiskurs-Community erfahrener Sprecher ein Bedeutungsnetzwerk von „wir" aufbaut und wie diese Bedeutungen dazu beitragen, internationale soziale Beziehungen zu definieren, die für Grenz-Communities relevant sind. Hier möchte ich zwei Dinge zeigen: Zum einen will ich erklären, inwiefern der Grenzdiskurs Kontext gebunden und somit eine zentrale Bedeutung der Indexikalität gegeben ist, zum anderen will ich veranschaulichen, wie Sprache eingesetzt wird, um Kontext zu schaffen. Zunächst wird die Untersuchungsmethode kurz erläutert. Es folgt eine Beschreibung des kommunikativen Geschehens in seinem politischen Situationskontext mit anschließender Analyse der unterschiedlichen Bedeutungen von „wir". Dann folgen Betrachtungen über deren Strukturierung innerhalb des Diskurses und zuletzt werden Zusammenhänge hergestellt zwischen den in der Rede und den im übergeordneten kommunikativen Geschehen verwendeten Diskursstrukturen und -strategien.

Untersuchungsmethode

Informationssammlung

Die Informationssammlung beinhaltete den Besuch und den Kassettenmitschnitt einer dreitägigen Konferenz über Gesundheit, Industrie und Umwelt, die in der Nähe der US-mexikanischen Grenze stattfand. Informelle Gespräche, ebenso wie mehrere formelle Interviews mit Teilnehmern in Schlüsselpositionen, waren eine wichtige Voraussetzung, um das Wesen der Teilnehmer, die behandelten Themen und historische Aspekte der Strategien und Probleme beim Sprachgebrauch zu verstehen.

Die hier vorgelegte Untersuchung ist aus einer übergeordneten Studie heraus entstanden, die sich mit der Frage befasst, wie Kommunikation bei einer bilingualen, binationalen Grenzkonferenz verläuft. Daher besuchte ich gemeinsam mit einem wissenschaftlichen Mitarbeiter als nicht oder teilweise beteiligte Beobachterin eine Reihe weiterer binationaler Grenzkonferenzen, um herauszufinden, wie solche zweisprachigen Diskurse funktionieren. Bei den Konferenzen wurden Themen wie Gesundheit, Umwelt, Recycling und Linguistik behandelt. Wir sammelten weitere Kontextinformationen wie Zeitungsartikel aus Arizona und Sonora, Berichte und wissenschaftliche Aufsätze über Grenzprobleme und Interviews mit anderen an Grenzprojekten beteiligten Experten.

Textauswahl

Ich habe die hier analysierte Rede aus zwei Gründen ausgewählt: Zum einen wurde sie von einem Insider der Grenzdiskurs-Community gehalten, der eine Zeit lang an zentraler Stelle in einer binationalen, mit Grenzproblemen befassten Organisation eingebunden war. Zum anderen, weil diese Rede „tonangebend" für die Konferenz sein sollte. Aus diesen beiden Gründen ist die von dem Redner gewählte Definition der Solidaritäts-, Oppositions- und Machtbeziehungen durch Verbindung von indexikalen Termini und Kontext, für die Grenz Community wahrscheinlich sowohl repräsentativ als auch von zentraler Bedeutung. Bei unseren Beobachtungen stellten wir fest, dass Außenstehende ganz andere Strategien verwendeten.

Analyse

Die erste Phase der übergeordneten Studie schloss die Beschreibung der gesamten dreitägigen Konferenz als kommunikatives Geschehen ein, darunter eine Analyse der Strategien des Sprachgebrauchs, die zu positiven Beziehungen beitrugen, und kontextueller Faktoren, die effektive Kommunikation förderten oder verhinderten (dies wird an anderer Stelle behandelt). Die hier beschriebene Analyse umfasste die Transkription der gewählten Rede, die Ermittlung der darin enthaltenen unterschiedlichen Verwendungen von „wir", „unser" und „uns", die Bedeutungsanalyse dieser Termini, die Untersuchung der Art und Weise, wie diese Bedeutungen in den Diskurs eingeführt und gegliedert wurden und die Interpretation der rhetorischen Funktionen dieser Strategien. Das übergeordnete Ziel dieser Analyse war herauszufinden, welche Strategien Mitglieder in Schlüsselpositionen der Grenzdiskurs-Community verwenden, um positive Beziehungen während binationaler kommunikativer Ereignisse zu fördern.

Übersicht über die Ergebnisse der Studie

Folgende Hauptstrategien setzt der Redner bei der Bedeutungskonstruktion von „wir" ein: (1) Erstens verwendet er während der gesamten Rede konsistent eine Strategie des binationalen Parallelismus. Diese Strategie dient dazu, eine Atmosphäre der Gleichheit zu schaffen und aufrechtzuerhalten und die Kooperationsbereitschaft zu fordern. Zudem reflektiert und beeinflusst es die übergeordnete Strategie des binationalen Parallelismus, die für den Sprachgebrauch der gesamten Konferenz charakteristisch ist. (2) Zweitens stellt der Redner durch die Art, wie er deiktische Termini in Bezug auf Menschen oder Kontext verwendet, Solidaritäts- und Oppositionsbeziehungen her. Oppositionsbeziehungen dienen dazu, weitere In-Gruppen zu definieren und ideologische Einstellungen deutlich zu machen. Er relativiert die durch diese Oppositionsbeziehungen entstandene Ausgrenzung jedoch, indem er die Möglichkeit für die Einbeziehung engagierter und „visionärer" Menschen offen lässt. (3) Drittens schafft der Redner sowohl innerhalb der In-Gruppen als auch zwischen den Wir-Gruppen und den Ihr Gruppen Hierarchien. (4) Zuletzt verwendet er eine Rahmenstrategie für den Diskurs, um emotionale rhetorische Ziele zu erreichen. Bevor ich diese Phänomene im Text veranschauliche, werde ich den Kontext der Rede beschreiben – und zwar einschließlich des gesamten kommunikativen Ereignisses und des übergeordneten sozio-politischen Kontexts.

Kontexte

Das kommunikative Ereignis

Bei dem kommunikativen Ereignis handelte es sich um eine dreitägige binationale Konferenz zu den Themen Gesundheit, Industrie und Umwelt. Diese wurde von 30 Regierungs-, Gesundheits- und Bildungsorganisationen gesponsert und war auf eine Zielgruppe ausgerichtet, die sowohl mexikanische als auch US-amerikanische Manager, Regierungsvertreter, Gesundheitsexperten, Umweltvertreter, politische Führer und Community-Führer umfasste. Manche der Teilnehmer waren Mitglieder der lokalen Grenzdiskurs-Community (bilinguale Experten, die sich mit Grenzproblemen befassen), andere wiederum kamen aus nahe gelegenen Grenzstaaten, Mexiko City, Washington DC, oder Europa. Die bilingualen Fähigkeiten der Teilnehmer wiesen ein breites Spektrum auf: Es reichte von Teilnehmern, die hervorragende Kenntnisse sowohl der englischen als auch der spanischen Sprache besaßen, bis hin zu Teilnehmern, welche eine der Sprachen weder verstehen noch sprechen konnten.

Ziel der Konferenz war ein Informationsaustausch auf den Gebieten Gesundheit, Industrie und Umwelt, eine Beurteilung der seit dem Vorjahrestreffen gemachten Fortschritte und die kooperative Entwicklung und Präsentation von Problemlösungen. Das Treffen folgte einem typischen Konferenz-Schema mit mehreren Sitzungen in großen Gruppen und drei parallelen Sitzungen kleinerer Gruppen. Die Veranstaltung fand auf US-amerikanischen Gebiet statt, wenige Meilen nördlich der US-mexikanischen Grenze. Dieser geographische Kontext – im Grenzland zweier Nationen – beeinflusste den Sprachgebrauch vor allem in indexikalischer Hinsicht.

Politischer Kontext

Zum Zeitpunkt der Konferenz- im Oktober 1992- war das Nordamerikanische Freihandelsabkommen (NAFTA) gerade von den Präsidenten Mexikos, Kanadas und den USA in San Antonio, Texas, initiiert worden. Dieses Freihandelsabkommen – auf Spanisch Tratado de Libre Comercio (TLC) – war ein wichtiges Thema im damals aktuellen Wahlkampf um die Präsidentschaftswahlen in den USA. In den Abschlussreden der Konferenz, die von einem US-Senator und einem Kongressabgeordneten der USA gehalten wurden, lobten sich die Redner gegenseitig und strichen ihre gemeinsamen Anstrengungen für ein Zustandekommen des Freihandelsabkommens heraus, gleichzeitig jedoch machten sie auch unverhohlen Wahlkampfwerbung für ihren Präsidentschaftskandidaten.

Damit verstärkten sie das Gefühl, dass die bei der Konferenz behandelten Themen sowohl für die Zukunft der Grenzregion als auch für die Zukunft der gesamten USA von essentieller Bedeutung seien, und luden damit die bereits spannungsgeladene Atmosphäre weiter auf. Zudem gab es viele Befürchtungen bezüglich der mit dem Freihandelsabkommen verbundenen Arbeits-, Gesundheits- und Umweltprobleme und ein Gefühl der Frustration, geboren aus dem Eindruck, dass die nationalen Regierungen die Vielzahl der Probleme zu langsam begriffen und angingen. Besonders Umweltvertreter waren besorgt, dass durch das Freihandelsabkommen die Umweltverschmutzung an der US-mexikanischen Grenze dramatisch zunehmen würde, es sei denn auf beiden Seiten würden strenge Bestimmungen erlassen und durchgesetzt. Auf einer der Konferenzreden wurde gezeigt, dass die Umweltprobleme von Mexiko und den USA in vieler Weise zusammenhängen. So braucht zum Beispiel die Stadt Nogales, Arizona, eine größere internationale Wasseraufbereitungsanlage und einen weiteren Grenzübergang, wofür die US-Bundesregierung eine Förderung jedoch mehrmals abgelehnt hat. Die Bevölkerungszahl von Nogales/Arizona beträgt offiziell 20.000, de facto jedoch 40.000, da mexikanische Bürger dort arbeiten und einkaufen. Andererseits fahren zahlreiche

Teenager von den USA in den in Sonora gelegenen Teil der Stadt, um dort Alkohol zu trinken und zu feiern. Die US-Amerikaner beschweren sich, dass verschmutztes Wasser von Mexiko nach Arizona fließt, die Mexikaner hingegen beanstanden, dass Maquiladoras (Fabriken) in US-amerikanischem Besitz zu dieser Versehrnutzung beitragen. Probleme, die auf einer Seite der Grenze entstehen, beeinflussen auch die andere Seite. So brach zum Beispiel einen Monat nach der hier beschriebenen Konferenz ein Feuer auf der Mülldeponie im mexikanischen Teil der Stadt Nogales aus. Der Rauch zog über Ambos Nogales (beide Teile der Stadt Nogales in Arizona und Sonora) und sowohl Bewohner des mexikanischen, als auch Bewohner des US-amerikanischen Teils der Stadt klagten über Brennen in den Augen. Der Gouverneur von Arizona weigerte sich jedoch, den Notstand auszurufen, da das Feuer in einem „fremden Land" ausgebrochen sei. Obwohl die Grenzprobleme in den USA und in Mexiko miteinander verknüpft sind, verhindern zahlreiche rechtliche, politische, kulturelle und andere Faktoren eine grenzübergreifende Zusammenarbeit. Da jedoch nur mittels Kooperation Lösungen gefunden werden können, ist eine funktionierende Kommunikation von grundlegender Bedeutung für diesen Prozess.

Kommunikationsziele, -strategien und -prinzipien

Auf manchen Veranstaltungen, die sich binational nennen, oder die von binationalen Teilnehmern besucht werden, wird im Wesentlichen nur eine Sprache gesprochen. Zum Beispiel werden manche Grenzkonferenzen, die in den USA stattfinden vollständig oder vornehmlich in Englisch abgehalten, während man bei Konferenzen in Mexiko nur Spanisch spricht. In solchen Fällen sind Teilnehmer, die der jeweiligen Sprache nicht mächtig sind sehr eingeschränkt. Die hier untersuchte binationale Konferenz verlief in diesem Punkt ganz anders. Die Kommunikationsziele, die Kommunikationsstrategien und die Prinzipien der Sprachwahl waren darauf ausgerichtet, eine Atmosphäre der Gleichheit und Kooperation zwischen mexikanischen und US-amerikanischen Teilnehmern zu schaffen.

Kommunikationsziele der Konferenzplaner waren, dass alle Teilnehmer ohne Einschränkung an allen Sitzungen teilnehmen können, dass alle Teilnehmer alles, was vorgetragen wird, verstehen können und dass alle Teilnehmer die Möglichkeit haben sollten, sich an den Diskussionen zu beteiligen. Das heißt: Uneingeschränkte Veranstaltungsteilnahme, uneingeschränktes Verständnis und uneingeschränkte Diskussionsbeteiligung. Die übergeordnete Strategie, mit der diese Ziele erreicht werden sollten, war ein Simultandolmetsch-Angebot für die gesamte Konferenz. Von ein paar Ausnahmen abgesehen, war auf jeder Sitzung ein Dolmetscher anwesend und übersetzte alles was gesagt wurde vom Englischen ins Spanische und umgekehrt. Wenn die Teilnehmer den Dolmetscher hören wollten, verwendeten sie drahtlose Remote-Empfänger. Als grundlegendes Prinzip für die Sprachwahl bei offiziellen Reden und Diskussionen galt: Jeder Teilnehmer verwendet seine Muttersprache (oder die Sprache, die ihm geläufiger ist) und verlässt sich auf die Dolmetscher. Der Sprachgebrauch folgte also der Strategie des binationalen Parallelismus. Dieses System funktionierte insgesamt gut, wobei es zahlreiche kleinere Kommunikationspannen gab. Die größten Herausforderungen waren die hohen Honorare für erfahrene und gute Dolmetscher und die Unzuverlässigkeit der technischen Ausrüstung.

Nach diesem Überblick über den Kontext des kommunikativen Ereignisses, kommen wir nun zur Analyse der oben erwähnten Konferenzrede.

Konstruktion sozialer Identitäten im Diskurs

In dieser kurzen Rede leitet der Redner sowohl eine Sitzung als auch die gesamte Veranstaltung ein. Er sagt, dass er als einer der Organisatoren der Konferenz „den Ton für die Veranstaltung angeben" möchte- einen Ton binationaler Kooperation und community-basierter Aktion. Außerdem erörtert er, was seit der vorangegangen Konferenz erreicht wurde. Die Analyse der darauf folgenden Themen wird in den anschließenden sechs Abschnitten wiedergegeben: (1) Einleitung: Konstruktion eines Common Ground; (2) „Ton angeben": community-basierte Aktion, (3) bisher Erreichtes; (4) weitere Fortschritte: eine beispielhafte Grenz-Community, (5) die Maquiladoras: ein Wir-Ihr-Gegensatz; und (6) binationale Kooperation für Arbeitersicherheit und -gesundheit. Hier werden über 50 Prozent (ungefähr 1109/2078 Worte) des Textes wiedergegeben; lediglich solche Abschnitte, die wenig Beispiele mit relevanten deiktischen Termini enthielten, wurden ausgelassen.

Einleitung: Konstruktion eines Common Ground

In der Einleitung des Diskurses, baut der Redner ein Gefühl der Solidarität auf, indem er eine Reihe paralleler und sich überschneidender Wir-Bedeutungen konstruiert, die sowohl mexikanische als auch US-amerikanische Menschen und Instanzen einschließen. Ich werde zeigen, wie er dies tut, und versuchen, die Funktion dieser Strategien im Diskurs zu erklären. Der Redner baut Solidarität auf, indem er auf die gemeinsame Geschichte verweist und einen Common Ground gemeinsamer Ziele konstruiert.

Die ersten Beispiele von „wir", „uns" und „unser" beziehen sich auf die Konferenzteilnehmer, die zum Zeitpunkt und am Ort der Rede versammelt sind. In Zitat (1), das am Anfang des einleitenden Kommentars steht, bezieht sich der Sprecher darauf, dass sich der Beginn der Sitzung verspätet hatte. Die Dolmetschanlage funktionierte nicht und die Gruppe musste ungefähr eine Stunde warten, bis das Problem behoben war. Allerdings hatte man den Eindruck, dass sich die Teilnehmer nicht weiter darüber aufregten und die Zeit dazu nutzten, um sich kennen zu lernen und Netzwerke zu knüpfen. Als die Sitzung dann beginnen konnte, hieß der Redner die Teilnehmer willkommen und leitete wie folgt über:

(1) „I look at the last hour as being a very positive development in that **I** heard so many wonderful conversations and people having a chance to visit, exchanging views. So let **us** look at this morning as a positive, beneficial, experience for **our** group and **I** think you will find that this conference will enrich your experience even further."[3]

In Zitat (1) bezieht sich „wir" und „unser" auf die Konferenzteilnehmer. Im folgenden Abschnitt, Zitat (2), weitet der Redner die Bedeutung von „wir" aus und bezieht sich auf die Bewohner der Grenzregion.

(2) „And in the border region **I** think **we** can all say with certainty that this is a time of transformative change .... **We** have massive problems and **I** think that **we** will find that there are resources, there is talent, there is dedication, there is energy, there are people who care. And **I** think that this conference expresses the degree of care."

Hier verbindet der Redner Menschen durch den Verweis auf einen gemeinsamen geographischen Raum, „die Grenzregion", womit er sich auf das gesamte US-mexikanische Grenzgebiet bezieht – von Kalifornien bis Texas in den USA und von Niederkalifornien (Baja California) bis Tamaulipas in Mexiko. Zwar könnte „die Grenzregion" auch einfach als das Grenzgebiet Arizona/Sonora interpretiert werden, doch die weiter gefasste Bedeutung ist in diesem Fall wahrscheinlicher, da Teilnehmer und Redner aus zahlreichen Staaten anwesend waren.

---

3   Äußerungen wie „hm" oder „äh" wurden aus dem Text entfernt, da sie in der geschriebenen Sprache störend wirken und für die Untersuchung irrelevant sind. Die Beispiele für „wir, uns, unser" sind im Text fett hervorgehoben; andere für die Untersuchung relevante Textstellen wurden unterstrichen. Akustisch unverständliche Stellen wurden durch (...) gekennzeichnet; von mir hinzugefügte, erklärende Kommentare sind durch [ ] kenntlich gemacht.

Nach der Verwendung dieser weiter gefassten Bedeutung von „wir", kehrt der Redner bei der kurzen Vorstellung der wichtigsten Redner des Forums wieder auf die vorherige Bedeutung („wir" in Bezug auf die Konferenzteilnehmer) zurück. Die beiden Diskussionsteilnehmer (die anonym bleiben werden) sind offizielle Vertreter des Bundesstaates Sonora:

> (3) „With **us** this morning **we** have some distinguished panellists to assist **us** in getting the theme of the conference started. **We** have, who is the [nennt die Amtsbezeichnung], who is here and **we** also have, who is [nennt die Amtsbezeichnung] from the state of Sonora, a very good friend and colleague ...."

In der gesamten Einleitung suggeriert die Verwendung von „wir" ein gemeinsames Verständnis basierend auf gemeinsamen Erfahrungen. Dieses „wir" bezieht sich sowohl auf Mexikaner als auch auf Amerikaner, auf Bürger und Bewohner beider Länder. Diese Verwendung binationaler Parallelismen mit persönlichem Bezug durchzieht den Diskurs dieser Konferenz durch mehrere Ebenen. Es ist eine Einbeziehungsstrategie im Sinne von Tannens (1989) „involvement strategies", denn sie verbindet Menschen mit Orten bzw. Tätigkeiten. Sie verbindet mexikanische und US-amerikanische Teilnehmer miteinander, mit einem gemeinsamen Ereignis, mit einem gemeinsamen geographischen Raum und gemeinsamen Problemen, Tätigkeiten und Zielen. Zusammenfassend lässt sich sagen, dass der Redner in den Zitaten (1), (2) und (3) die Bedeutung von „wir" von den Konferenzteilnehmern auf die Bewohner der gesamten Grenzregion ausweitet und sie dann wieder auf die Konferenzteilnehmer reduziert. Abbildung 1 veranschaulicht diese Bedeutungen von „wir".

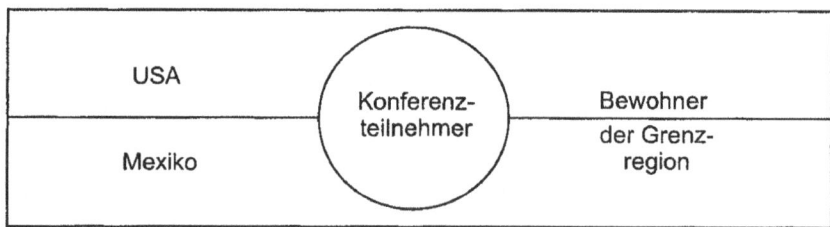

Abbildung 1 Zwei allgemeine Bedeutungen von „wir": Konferenzteilnehmer und Bewohner der Grenzregion.

Diese Strategie verbindet die Teilnehmer sowohl miteinander als auch mit dem geographischen Gebiet, denn es sind die Herausforderungen der Grenzregion, welche die Teilnehmer zusammengebracht haben. Die Verwendung binationaler

Parallelismen und die Schaffung der beiden Bedeutungen von „wir" zu Beginn der Konferenz scheinen aufgrund ihres einschließenden Charakters wirkungsvolle Einbeziehungsstrategien zu sein. Das heißt, der Redner verbindet nicht nur die südlich und nördlich der Grenze lebenden Menschen, sondern auch die Grenz-Communities von West nach Ost, in einem gemeinsamen Vorhaben und schafft sowohl im wörtlichen als auch im übertragenen Sinne einen Common Ground. Dieser Common Ground bildet eine solide Basis, von der aus Probleme angegangen werden können, denn auf ihm lässt sich ein Solidaritätsrahmen errichten.

„Ton angeben": community-basierte Aktion

Im nächsten Teil der Rede will der Redner nach eigener Aussage den „Ton für die Veranstaltung angeben". Dieser Ton ist kooperativ, binational und auf eine community-basierte Aktion ausgerichtet, mit der Grenzprobleme angegangen und die Zukunft geplant werden soll. In Zitat (4) gibt er lexikalische Beschreibungen um die Bedeutungen von „wir" noch deutlicher zu definieren. Dazu verwendet er Termini wie „als Individuen", „als Community", „als Gruppe", „die lokale Community" und „in dieser Community" (diese Stellen sind im Text unterstrichen). Er stellt diesen lokalen Bedeutungen von „wir" zudem ein auf Bundesebene bezogenes „Ihr" gegenüber.

(4) „I wanted to set a couple of things in mind for you for this conference – sort of set the tone. First and foremost, this is a working conference. Your ideas, your participation, your input, your imagination, your energy are what will make it a success. It's not going to be a conference full of speakers; it's going to be a participatory conference, like the first one, but even with a little more energy, and you're a vital part of this. **We** are here to share and exchange views, to develop feasible recommendations on projects or programs, and to look for results and outcomes for now and the future. So think short term – what can **we** do? – and think long term – what can **we** do? How can **we** build together? How can **we** pool **our** resources? If **we** depend on Mexico City and Washington DC, **we** will all get gray mustaches, **we** may all get very old, **we** may not see any results, **we** may not ever realize **our** dreams. But **we** can do something as individuals, as a community, as groups. Those are what make the wheels of life turn. And then the government, hopefully if they are wise, will follow **our** lead. But it doesn't come from the top down. It bubbles up from the local community. That's the way that it should be. This takes vision and courage and energy. It doesn't happen by itself. But **we** know in this community **we** have such dedicated people as evidence by your presence."

In diesem Abschnitt wird eine Bedeutung von „wir" nicht nur durch das Voraussetzen eines gemeinsamen Verständnisses und lexikale Beschreibungen konstruiert, sondern auch durch einen Wir-Sie-Gegensatz. Der Redner ortet das „Wir" auf lokaler Ebene, während er das gegenübergestellte „Sie" auf Bundesebene ansiedelt (siehe Abbildung 2). Dabei bleibt er bei der Verwendung binationaler Parallelismen, das heißt, „sie" bezieht sich sowohl auf die mexikanische als auch auf die US-amerikanische Bundesregierung: „Mexico City and Washington DC". Durch die Verwendung binationaler Parallelismen hält er das Gefühl US-mexikanischer Solidarität aufrecht und stellt gleichzeitig die Grenzregion den beiden Bundesregierungen gegenüber. Die Konstruktion dieser Oppositionsbeziehung erlaubt eine weitere Definition der von ihm konstruierten Bedeutung von „wir".

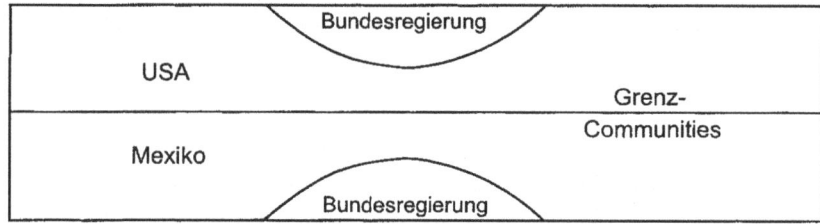

Abbildung 2 Ein lokal-bundesstaatlicher Wir-Sie-Gegensatz.

Der Redner verwendet auch eine von-oben-nach-unten/von-unten-nach-oben Metapher in Bezug auf das Mächteungleichgewicht zwischen den Bundesregierungen und den lokalen Grenz-Communities. In diesem Sprachgebrauch spiegelt sich das Gefühl der Grenz-Communities gegenüber den mächtigen Bundesregierungen wider, die nach Meinung der Communities, die Probleme der Grenzregion ignorieren und sie nicht mit der gleichen Aufmerksamkeit behandeln wie die Probleme in hauptstadtnahen Gebieten. Selbst wenn offizielle Bundesvertreter Grenzproblemen ihre Aufmerksamkeit schenken, so die in den Communities verbreitete Meinung, fehlt ihnen das ausreichende Verständnis dafür. Dieses Bild der schwerfälligen Bundesregierungen, die Gesundheits-, Umwelt- und Industrieprobleme in der Grenzregion nur langsam verstehen und ebenso langsam darauf reagieren, wird in Zitat (5) heraufbeschworen. In diesem Zitat nennt der Redner Gründe dafür, optimistisch in die Zukunft zu blicken:

> (5) „You can see a transformation appearing even at the governmental level. **We** see new visionaries popping up and **I** think the President of Mexico exemplifies such an individual, obviously an individual of tremendous vision, courage, energy, and dedication. **I** think **we** see other political leaders in all the three countries in the North

American Free Trade Agreement. **We** see evidence of vision, visionaries occurring at the highest levels of government."

Rufen wir uns in Erinnerung, dass diese Konferenz direkt vor den Präsidentschaftswahlen in den USA im November 1992 abgehalten wurde und direkt nach der Initiierung des NAFTA (TLC) durch die Präsidenten der drei Staaten in San Antonio, Texas.

Zusammenfassend lässt sich sagen, dass die Wir-Sie-Unterscheidung so konstruiert ist, dass das „Wir" der lokalen Grenz-Communities dem „Sie" der bundesstaatlichen Ebene gegenübergestellt wird. Damit wird die Vorstellung vermittelt, dass das „Wir" der Grenz-Communities mit den Problemen lebt und diese versteht, dass sie das Wissen und den Willen besitzt diese federführend anzugehen, dass ihm aber die Macht und die Ressourcen fehlen, angemessen auf die gegenwärtigen Krisen zu reagieren bzw. sich auf zukünftige Krisen vorzubereiten. Das bundesstaatliche „Sie" hingegen besitzt Macht und Ressourcen, dafür fehlt ihm – von wenigen Visionären abgesehen – das Wissen, die Vision und die Bereitschaft rechtzeitig zu reagieren.

Es ist interessant, Mutmaßungen darüber anzustellen, welche Auswirkungen die Konstruktion einer solchen Oppositionsbeziehung haben könnte. Der krasse Wir-Sie-Gegensatz könnte dazu führen, dass sich Vertreter des mexikanischen oder US-amerikanischen Bundesstaates unter den Konferenzteilnehmern wie Feinde vorkommen. Dieser potentiellen negativen Reaktion unter den Teilnehmern begegnet der Redner jedoch, indem er die neuen Visionäre auf Bundesebene preist. Seiner Aussage, wonach die Betroffenen niemals irgendwelche Ergebnisse sehen, wenn sie sich von Mexiko City und Washington, DC abhängig machen, lässt er den Hinweis folgen, dass auf Bundesebene „neue Visionäre auftauchen". Diese Relativierung der Oppositionsbeziehung ist von strategischer Bedeutung, denn sie ermöglicht den mexikanischen und US-amerikanischen Bundesvertretern im Forum sich selbst in die Gruppe der weisen, wissenden, engagierten und aktiven Regierungsvertreter mit einzuschließen. Der Redner konstruiert also eine Oppositionsbeziehung in Zusammenhang mit dem Mächteungleichgewicht und relativiert diese dann dadurch, indem er die „Visionäre" positiv hervorhebt. Die Strategie des binationalen Parallelismus wird im ganzen Abschnitt, in dem die Bedeutungen von „wir" genauer definiert werden, streng eingehalten.

Bisher Erreichtes

Hat der Redner im vorangegangenen Abschnitt der Rede „den Ton für die Konferenz angegeben", so stellt er im folgenden Abschnitt einige der seit der anderthalb Jahre zurückliegenden Vorgängerkonferenz erreichten Fortschritte dar. In Zitat (6) verwendet er eine andere Auswahl von „Wir". Diese Auswahl schließt die Organisatoren und die Teilnehmer der Konferenz ein. Wie Abbildung 3 zeigt, unterscheidet er vier sich überschneidende Gruppen.

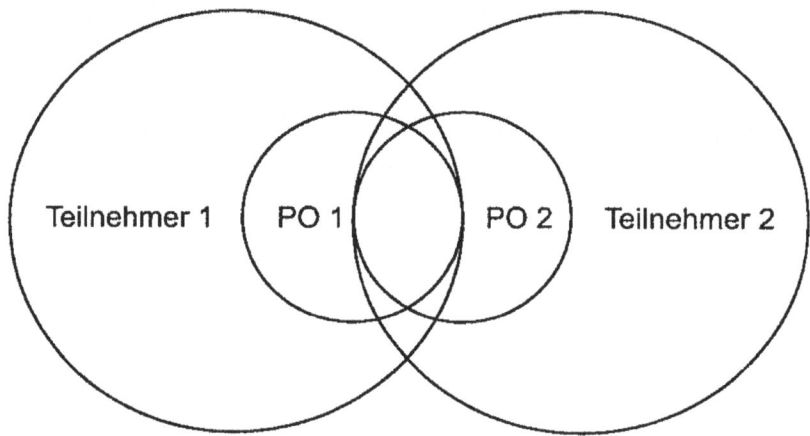

Abbildung 3 Interne Bedeutungen von „wir": Konferenzplaner/-organisatoren und Teilnehmer.

Diese Gruppen wachsen, schrumpfen und wandeln sich je nach Zeitbezug. Sie definieren sich alle über einen Common Ground gemeinsamer Anliegen, unterscheiden sich jedoch aufgrund spezifischer, zeitlich verankerter Tätigkeiten. In Zitat (6) verwendet der Redner „Wir" vornehmlich in Bezug auf die Planer und Organisatoren der Konferenz.

> (6) „I wanted also briefly to touch on some of the accomplishments since the May 1990 binational conference, in itself a very unique event. It took a lot of courage. **I** think a lot of [1] **us** were rather tentative about the format [2] **we** had chosen as to whether it would work. It turned out to be a remarkably successful experience for [3] all of **us**, and has gone on to produce and catalyze constructive change in the border region. That gives [4] **us** great hope, and, as <u>the planners and organizers</u> of this event that [5] **we** can improve on the first conference and even do a better job of this one."

In diesem Abschnitt beziehen sich die Beispiele [1] und [2] auf die Organisatoren und Planer der ersten Konferenz. Mit Beispiel [3] weitet der Redner die Bedeutung von „wir" aus und schließt „uns alle" mit ein, womit er sich auf sämtliche Teilnehmer der ersten Konferenz bezieht. Diese Bedeutung schließt diejenigen aus, die nicht an der ersten Konferenz teilgenommen haben – ein Punkt auf den ich später zurückkommen werde. Mit den Beispielen [4] und [5] fasst der Redner die Bedeutung wieder enger und bezieht sich auf „die Planer und Organisatoren dieser Veranstaltung" (im Text unterstrichen), womit er zu der Bedeutung aus den Beispielen [1] und [2] zurückkehrt, der Zeitbezug sich jedoch von der ersten auf die zweite, zum Zeitpunkt der Rede stattfindende Konferenz verschoben hat. Nach Beispiel [4] gibt der Redner eine lexikale Beschreibung für „wir", um klarzustellen, dass er sich nicht mehr auf „uns alle" bezieht, also diejenigen die am ersten Treffen teilgenommen haben, sondern auf eine sehr viel kleinere Gruppe von Insidern, die „diese Veranstaltung" organisiert haben (siehe Abbildung 3).

Wir beobachten also ein eng-/weit-/enggefasstes Bedeutungsmuster mit sich wandelnden Bezügen. Jede dieser Bedeutungsverschiebungen bedarf einer erklärenden Beschreibung. Auch der Zeitbezug wandelt sich, da der Redner sich einmal auf die erste, das andere Mal auf die zweite Konferenz bezieht. Es ist bemerkenswert, dass der US-mexikanische binationale Parallelismus wie im vorangegangen Teil der Rede auch in diesem gesamten Abschnitt implizit beibehalten wurde. Das heißt, alle Bedeutungen von „wir" beziehen sich auf Menschen aus beiden Ländern. Der Redner konstruiert durch seinen Sprachgebrauch in diesem Abschnitt eine binationale Insider-Community. Wie in Abbildung 3 veranschaulicht, gibt es drei Insider-Kreise zusätzlich zu dem neuen, vierten Kreis, der die Teilnehmer der aktuellen Konferenz umfasst. Dabei unterscheidet der Redner diejenigen, welche die Konferenzen organisiert haben (PO1 und P02 in Abbildung 3), von denen, welche die Konferenzen lediglich besuchten und diejenigen, welche an der ersten Konferenz teilgenommen haben, von denjenigen, welche daran nicht teilgenommen haben. Damit sind alle vier Gruppen in ein kollektives „Wir" eingeschlossen, gleichzeitig wird jedoch auch eine Hierarchie konstruiert, an deren Spitze sich diejenigen befinden, die sich zu allen vier Gruppen zählen können.

Es ist wichtig, zu berücksichtigen, welche unterschiedlichen Auswirkungen die Konstruktion einer Hierarchie in der In-Gruppe haben kann. Allerdings sind diese Auswirkungen nur sehr schwierig festzustellen. Wie viele Diskursanalytiker betonen, besteht zwischen Sprache und Kontext ein dynamisches, interaktives Verhältnis, so dass Gespräche den Kontext für neue Gespräche bilden (Duranti und Goodwin 1992). Es ist nicht einfach so, dass der Kontext das Gespräch formt, sondern eher so, dass das Gesprochene den Kontext für weitere Gespräche schafft. In der Rede, die auf die hier zitierte Rede folgte, findet man ein Beispiel für die

Auswirkungen der Hierarchie-Konstruktion. Der zweite Redner bezieht sich in Zitat (7) auf die vom ersten Redner erwähnten In-Gruppen:

> (7) „En la reunión se llevó a cabo hace dos años, no tuve la fortuna de estar presente, ya que mi responsabilidad como [nennt die Amtsbezeichnung] en el estado de Sonora inició precisamente hace un año ... Sin embargo, hemos estado atentos a los compromisos que en aquella ocasión se formaron ...
>
> [Ich hatte nicht das Privileg bei der Konferenz vor zwei Jahren dabei zu sein, da ich das Amt des [nennt die Amtsbezeichnung] des Staats von Sonora erst seit genau einem Jahr innehabe.... Nichtsdestotrotz waren wir uns der damals getroffenen Verpflichtungen bewusst und haben sie beachtet ...]"

Dieses Zitat ist ein gutes Textbeispiel dafür, wie die Konstruktion von „wir" in der ersten Rede einen wichtigen Kontext für die darauf folgende Rede geschaffen hat. Da der erste Redner die In-Gruppe so definiert hat, dass der zweite Redner nicht darin eingeschlossen ist, fühlt sich dieser verpflichtet, seine Abwesenheit bei der ersten Konferenz zu erklären und klarzustellen, dass er mit der zu behandelnden Problematik vertraut sei, obwohl er nicht an der ersten Konferenz teilgenommen hat (und damit nicht zu der vom Vorredner definierten In-Gruppe gehört). Damit reagiert der zweite Redner auf die implizite Aussage des ersten Redners, wonach es denjenigen, die an der ersten Konferenz nicht teilgenommen hatten, möglicherweise an Sachkenntnis mangele.

Zusammenfassend lässt sich sagen, dass der erste Redner vier sich überschneidende Bedeutungen von „wir" konstruiert und diese definiert, indem er die Art der Teilnahme an den beiden binationalen Konferenzen zugrunde legt. Obzwar alle vier Gruppen in das kollektive „Wir" eingeschlossen sind, stellt er eine Hierarchie auf, an deren Spitze diejenigen stehen, die sich zu allen vier Gruppen zählen können. Die Auswirkungen dieser Wir-Konstruktion lassen sich in der nachfolgenden Rede beobachten und sind daher ein Beispiel dafür, wie Diskurse den Kontext für weitere Diskurse bilden.

Zwischenfazit

Im bisher behandelten Teil der Rede hat der Redner fünf grundlegende Bedeutungen von „wir" verwendet. Diese sind: die Planer der 1. Konferenz, die Planer der 2. Konferenz, die Teilnehmer der 1. Konferenz, die Teilnehmer der 2. Konferenz, die Bewohner der Grenzregion und die lokalen Grenz-Communities. Diese Bedeutungen führt er ein, indem er ein gemeinsames Verständnis voraussetzt, lexikale

Beschreibungen gibt und interne bzw. externe Gegensätze zeichnet. Extern schafft er eine Wir-Sie-Oppositionsbeziehung zwischen den lokalen Grenz-Communities und den Bundesregierungen, wobei er auf die fehlende Macht der Grenz-Communities hinweist. Die Konstruktion dieser Oppositionsbeziehung ist Teil der Definition, wer zum kollektiven „Wir" gehört und wer nicht. Intern schafft der Redner nuancierte Wir-Bedeutungen, indem er Unterscheidungen trifft, die vornehmlich auf Teilnahme bzw. Sachkenntnis beruhen. Diese Unterscheidungen dienen dazu, eine Hierarchie innerhalb der In-Gruppen zu schaffen. Der Redner relativiert die zwischen Vertretern der Bundesebene und der lokalen Community beschriebene Oppositionsbeziehung, indem er darauf hinweist, dass es auch sachkundige und engagierte Bundesvertreter geben mag. Bei der internen Hierarchie hingegen relativiert er nicht, da alle zu dieser Hierarchie gehörenden Gruppen in dem „Wir" eingeschlossen sind. Erst in der Folgerede wird die daraus resultierende implizite Aussage, dass diejenigen, die sich am unteren Ende der internen Hierarchie befinden, möglicherweise über weniger Sachkenntnis verfügen, aufgegriffen und zurückgewiesen. Die grundlegende Einbeziehungsstrategie des auf Personen bezogenen binationalen Parallelismus wurde im gesamten Text konsistent angewandt, was zu einer Atmosphäre der Gleichheit beitrug.

Weitere Fortschritte: eine beispielhafte Grenz-Community

In den folgenden Abschnitten hält der Redner weiterhin Rückschau auf die seit der vorangegangenen Konferenz erzielten Fortschritte. Dabei betont er die Bedeutung der koordinierten, community-basierten Planung. Er geht kurz auf die Errungenschaften in den Bereichen Chemie-Unfälle und Notfallmaßnahmenplanung, Harmonisierung gesetzlicher Bestimmungen, Umweltverantwortung der Grenzindustrien und Arbeitergesundheit und -Sicherheit ein. In Zitat (8) bezieht sich „wir" auf die beiden Bundesstaaten Arizona und Sonora.

> (8) „Some examples of the results of the first conference would be the historical co-operation between environmental agencies of [1] **our** two states, [Einer der Sprecher aus Sonora] will touch upon that a little bit; **I** will save that for her. But **I** want to mention to you that [2] **we**, are in many ways, Arizona and Sonora, unique in the initiatives, in the creativity, and the programs [3] **we** have developed between [4] **our** governments and [5] **our** people. [6] **We** are a model for the border communities to follow..."

In diesem Zitat bezieht „wir" sich auf die in den Bundesstaaten Arizona und Sonora lebenden Menschen im Allgemeinen, aber besonders auf die Regierungsbehörden, die Nicht-Regierungsorganisationen und die Menschen, die an kooperativen Grenzproblemlösungen mitgearbeitet haben (siehe Abbildung 4). Es ist interessant zu beobachten, dass die Regierungen der Bundesstaaten in das hier konstruierte „Wir" des Grenzkollektivs mit einbezogen werden, während die Bundesregierungen im vorherigen Teil davon ausgeschlossen wurden. Der Redner stellt die Grenz-Community von Arizona/Sonora als Beispiel dar, dem Grenz-Communities in anderen Staaten folgen können. Dies ist kein externer, ausschließender Wir-Sie-Gegensatz, weil die anderen Grenz-Communities in eine von ihm definierte übergeordnete Wir-Bedeutung mit einbezogen werden. Es ist vielmehr ein interner Gegensatz, der dazu dient, eine Gruppe als beispielhaft herauszustreichen. Damit wird auf der Grundlage der bisher erzielten Fortschritte eine Hierarchie innerhalb der Grenz-Communities hergestellt. Zudem mag diese Strategie darauf hinzielen, die Solidarität innerhalb der lokalen Arizona/Sonora-Grenz-Community zu stärken, indem die Menschen durch den Stolz des gemeinsam Erreichten verbunden werden.

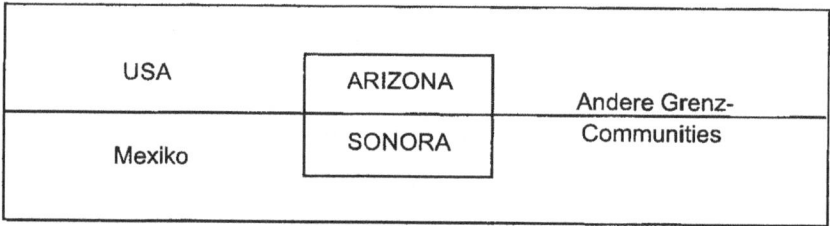

Abbildung 4 Intern spezifizierte Bedeutungen von „Wir": Die Grenz-Community Arizona/Sonora im Gegensatz zu anderen Grenz-Communities.

Diese Hierarchie ist – wie die beiden vorangegangen Hierarchien – binational parallel ausgelegt.

Der Redner bleibt bei der Erörterung des bisher Erreichten und legt die Notwendigkeit dar, sich auf Notsituationen wie Chemie-Unfälle oder Brände vorzubereiten.

(9) „Another area that has come out of the first conference, at least in contributory manner, that is the development of chemical disaster and emergency response planning. [1] **We** have a lot of toxic materials crossing [2] **our** borders, going through [3] **our** communities. They're in trucks, rail cars. These are just potential disasters waiting to happen. [4] **We**, as communities, must be prepared in the event such as disaster occurs. There's been a lot of first responder training with the fire department people, civil defense personnel. [5] **We** need to encourage more of this kind of binational, bilateral cooperation. [6] **We** must be prepared for such a disaster. This is

going to happen. Chemicals will leak, there will be wrecks, there will be problems. How do [7] **we** get equipment across the border? What are the legal issues? Those are being addressed (...) as a result of the first conference."

Der Bezug, der hier verwendeten Wir-Begriffe ist nicht eindeutig. Wahrscheinlich beziehen sich die Beispiele [1], [2] und [3] auf die Grenz-Communities von Arizona/Sonora, während sich die Bedeutung in den Beispielen [4] – [7] auf alle Grenz-Communities ausdehnt. Wichtiger als der genaue Bedeutungsumfang scheint jedoch der binational parallel angelegte Charakter der Bedeutungen. Die Bedeutungsunterschiede des „Wir" bezogen sich bisher auf die Größe der Gruppen bzw. Einheiten, die sich in Größe und Art auf beiden Seiten der Grenze jedoch entsprachen oder sich über die Grenze hinweg erstreckten.

Zu diesen Gruppen bzw. Einheiten zählen die gesamte US-mexikanische Grenzregion; die Grenzregion von Arizona/Sonora; die beiden Staaten, Behörden, Regierungen, Gruppen und Individuen in diesen beiden Staaten, alle US-mexikanischen Grenz-Communities, die Grenz-Communities von Arizona/Sonora; Konferenzteilnehmer und Konferenzorganisatoren. Diese Gruppen und Einheiten werden auf der Grundlage ihrer geographischen Lage bzw. ihrer Teilnahme an Aktivitäten definiert. Die Bedeutungsunterschiede liegen meist darin, wie eng- bzw. weit eine Bedeutung gefasst wird, wobei der Redner jedoch den binationalen Parallelismus bei allen Bedeutungen von „wir" beibehält. Jede Bedeutung umfasst sowohl mexikanische als auch US-amerikanische Gruppen bzw. Einheiten von sich entsprechender Art und Größe.

Diese sorgfältig konstruierten binational parallelen Bedeutungen von „Wir" sollen einen Common Ground schaffen und zwischen den mexikanischen und den US-amerikanischen Teilnehmern ein Gefühl der Solidarität und gemeinsamer Ziele aufbauen und aufrechterhalten. Diese Art von Wir-Definition ist eine Einbeziehungsstrategie. Dem „Wir" die Bundesregierungen als „sie" gegenüberzustellen, trägt zur Abgrenzung des definierten „Wirs" bei und verstärkt so das Gefühl der Gemeinsamkeit in Bezug auf Anliegen und Ziele. Bis hierher ist also die strategische Verwendung binationaler Parallelismen bei der Konstruktion sozial verorteter Bedeutungen von „wir" durch die Verbindung der Teilnehmer miteinander und mit gemeinsamen Aktivitäten, gemeinsamer Community Zugehörigkeit und gemeinsamen Problemen und Zielen die hauptsächliche Einbeziehungsstrategie.

Die Maquiladoras: Ein Wir-Sie-Gegensatz

In der im Folgenden zitierten Textstelle wird eine andere Art von Wir-Sie-Gegensatz ausgedrückt und damit der häufig auftretende Interessenkonflikt zwischen industriellem Wachstum und verbessertem Umweltschutz widergespiegelt.

Der Redner bleibt bei den beiden bereits behandelten Themen (die erreichten Fortschritte seit der vorangegangenen Konferenz und die lokale Grenz-Community als Vorbild für andere Grenz-Communities) und erwähnt dabei die Fortschritte im Umweltschutz, die vom Verband der Maquiladoras erreicht wurden. Die Maquilas oder Maquiladoras sind die mehr als 2.000 Fabriken in US-amerikanischen Besitz, die in Mexiko entlang der Grenze entstanden sind. Die Maquiladoras und andere Firmen in Grenznähe entsenden Repräsentanten zu den Konferenzen, um ihre Interessen dort zu vertreten, um immer auf dem neusten Stand zu sein, was Richtlinien und Bestimmungen anbelangt und um ihre Bereitschaft zu zeigen, auf Probleme der Umwelt, der Gesundheit und der Sicherheit zu reagieren. In Zitat [10] weist der Redner auf einige Punkte hin, die vom lokalen Verband der Maquiladoras erreicht wurden und fordert die Konferenzteilnehmer dazu auf, diese Fortschritte gebührend zu würdigen.

(10) „**I** think also that [1] **we** don't want to forget for one moment that the maquiladora association in this community was one of the earliest of all of the border maquila associations to develop a responsible environmental program for its membership with measures of accountability. And in short, if your are not an environmentally responsible corporation, [2] **we** do not even want you in [3] **our** membership. They have a library, they've done an extensive amount of training internally to ensure that their membership are on top of the regulations which govern their industries. That is an initiative they took. No one pressured them to do that. And **I** believe they have been a model for many other maquila associations on the border. [4] **We** are most fortunate to have such a group and [5] **we** should not forget them, that they are a sponsor of this conference, and have been a major player in getting it going."

Obwohl der Redner den Verband der Maquiladoras hier für das Erreichte lobt und ihn als beispielhaft darstellt, schließt er ihn dennoch nicht in die Wir-Bedeutung ein, die er im vorangegangenen Text konstruiert hat. Er baut vielmehr einen Wir-Sie-Gegensatz auf, wobei er sich mit „sie" auf den Verband bezieht (die Verwendung von „sie" in der Rede ist durch Unterstreichung gekennzeichnet). In Beispiel [1] bezieht sich „wir" auf die umweltbewussten Mitglieder der Grenz-Community. Der Redner spricht diese In-Gruppe direkt an und rügt sie für die unzureichende Anerkennung der Leistungen des Maquiladoras-Verbandes. In Beispiel [2] und [3] wechselt der Redner den Bezug, aus „seine Mitglieder" wird „unsere Mitglieder", als er sagt: „if you are not an environmentally responsible corporation, we do not even want you in our membership". Mit dieser Aussage spricht er die Unternehmen direkt an und schließt die umweltbewussten Unternehmen in das kollektive „Wir" ein, während er die nicht umweltbewussten Unternehmen ausschließt. Durch dieses explizite und konsequente Ausschließen intensiviert der Redner die Oppositionsbeziehung.

Gleichzeitig jedoch relativiert er die Oppositionsbeziehung durch die Verwendung von „unsere", denn dadurch impliziert er, dass umweltbewusste Unternehmen aus dem Maquiladoras-Verband erwünscht sind und dass der Verband – wenn seine Mitglieder umweltbewusst handeln – im kollektiven „Wir" aufgenommen ist. Der Redner verwendet noch eine weitere Strategie, um die Oppositionsbeziehung zu relativieren: Er lobt den lokalen Maquiladoras-Verband, indem er ihn als „Beispiel" für andere Verbände in der Grenzregion darstellt. Dann kehrt er zu dem Wir-Sie-Gegensatz zurück und behält diesen in den Beispielen [4] und [5] bei. Er sagt also, dass der Verband beispielhaft, verantwortungsbewusst und engagiert ist, schafft aber gleichzeitig eine Oppositionsbeziehung und behält diese bei. Mit dieser Strategie distanziert der Redner sich und die anderen, die er in die unterschiedlichen Bedeutungen von „Wir" eingeschlossen hat, von den Maquiladoras, besonders von denen, die nicht umweltbewusst handeln. So macht er seine eigene Haltung als Umweltvertreter klar und bekräftigt erneut die Umweltverpflichtung für die Grenz-Community. Die Ambiguität der deiktischen Äußerungen in Zitat [10] ist Spiegelbild der Ambiguität, welche die Grenzregion in ihrem ständigen Bemühen zwei sich widersprechenden Anforderungen gerecht zu werden, auszeichnet: Zum einen soll die Umwelt geschützt und gefördert werden, zum anderen will man mit den Entwicklungen Schritt halten und die Unternehmerische und industrielle Kooperation zwischen Mexiko und den USA vorantreiben.

Binationale Kooperation für Arbeitergesundheit und -Sicherheit

Das letzte Zitat, das ich hier wiedergebe ist einer Passage am Ende der Rede entnommen. Darin bezieht sich der Redner auf die Wechselbeziehungen zwischen den Bedingungen in den Fabrikanlagen, der Gesundheit und Sicherheit der Arbeiter und der Produktivität. Gleichzeitig weist er darauf hin, dass es Anzeichen für eine Verbesserung der Arbeitersicherheit und -gesundheit in den Grenzfabriken gibt. Bei der hier verwendeten Bedeutung von „wir" verlässt der Redner kurz das Muster des binationalen Parallelismus und spricht in seiner Eigenschaft als Bürger der USA, um dann im letzten Satz wieder zum gemeinsamen US-mexikanischen „Wir" zurückzukehren.

(11) „If you visit some of the maquiladoras you will find hygienic conditions even better than in many cases in the United States. Yes, you will find dismal conditions in plants. You will find dismal conditions in plants in the United States. [1] **We** have dents in [2] **our** halo as well. [3] **We** have many things to learn and much to do in [4] **our** own country. [5] **We** have no finger to point. [6] **We** need to work together, not point fingers. So **I** think, you see hope there, that there are many maquiladoras and many Mexican industries that are now aware that productivity and health of the worker are married and that the health of the worker is critical. ... The main thing is, [7] **we** need to protect [8] **our** workers and their health and safety is vital. **I** think the first conference really prompted that. The new vision of energy, partnerships, volunteerism, and caring, **I** think **we**'re seeing at an all time high."

Der Redner überschreitet internationale Trennlinien, indem er darauf hinweist, dass in beiden Ländern sowohl hygienische als auch trostlose Fabrikanlagen zu finden sind. Dieser Versuch ausgewogen zu bleiben, wirkt jedoch gekünstelt, da die implizite Aussage lautet, dass in Mexiko schlechtere Arbeitsbedingungen herrschen. In den Beispielen [1] bis [5] oder vielleicht [6] wechselt er auf die US-Amerikanische Seite und spricht als US-Bürger, wenn er die US-Amerikaner rügt: „We [in the USA] have no finger to point". Das Fehlen des binationalen Parallelismus in der hier verwendeten Bedeutung von „wir" spiegelt die Ungleichheit der Arbeitsbedingungen in den beiden Ländern wider und dient dazu, der Meinung des Redners Ausdruck zu verleihen, wonach die US-Amerikaner eine überzogen kritische Haltung einnehmen. Der Redner kehrt dann wieder zu seiner binationalen Position zurück und bezieht sich in seinem abschließenden „we need to protect our workers" wieder auf die kollektive, binationale Grenz-Community (Beispiele [7] und [8]). Der Begriff „worker" umfasst hier sowohl die Arbeiter in den in Mexiko gelegenen Fabriken in US-amerikanischen Besitz (Maquiladoras) als auch die Arbeiter in den mexikanischen Fabriken in Mexiko und vielleicht auch die Arbeiter in Fabriken in den USA. In Beispiel [9] besitzt das „Wir" wieder eine sehr umfassende Bedeutung. Kurz nach diesem Zitat beendet der Redner seine Ansprache und verwendet den Wir-Begriff nur noch in einem Sinne [12], der alle anwesenden Konferenzteilnehmer einzuschließen scheint.

(12) „... **we** look forward to having a very successful event"

Damit kehrt er zu der allgemeinen, interaktionalen Hier-und-Jetzt-Bedeutung von „wir" zurück, mit der er seine Rede begonnen hat (siehe Abbildung 1).

Diskursstruktur und Strategie der Bedeutungsverschiebung

Wie lässt sich die übergeordnete Diskursstruktur der deiktischen Strategie in dieser Rede beschreiben? Ziel der Rede war es „den Ton für die Konferenz anzugeben", einen Ton der kooperativen, binationalen und community-basierten Aktion. Wie erreicht der Redner dieses Ziel, während er gleichzeitig deutlich ideologische Überzeugungen vertritt? Ich denke, er erreicht diese rhetorischen Ziele, indem er zwei wichtige emotionale Rahmen für seine Rede schafft und Oppositionsbeziehungen hinsichtlich ideologischer Kriterien aufbaut, die er gleichzeitig aber auch relativiert. Um diese Punkte zu veranschaulichen müssen wir die übergeordnete Struktur der betreffenden deiktischen Termini analysieren. Die übergeordnete Struktur der Wir-Bedeutung im Text lässt sich folgendermaßen darstellen:

1. Konstruktion allgemeiner Wir-Bedeutungen:
   Bedeutung (a) = Teilnehmer der 2. Konferenz (allgemeine, interaktionale Hier- und-Jetzt-Bedeutung)
   Bedeutung (b) = Menschen in der Grenzregion (allgemeine, einschließende Bedeutung)
2. Externe Spezifizierung der Bedeutungen:
   Bedeutung (c) = das „lokale Wir" (das sowohl Bedeutung (a), als auch Bedeutung (b) umfasst) und in Gegensatz zum „Sie" der Bundesebene gestellt wird:
   – Bezug auf das Machtungleichgewicht
   – Relativierung des Gegensatzes in Hinblick auf Visionen
3. Interne Spezifizierung der Bedeutungen:
   Spezifizierung von Bedeutung (a) durch Konstruktion einer Hierarchie von vier In-Gruppen bestehend aus Organisatoren und Teilnehmern der Konferenz
   Spezifizierung von Bedeutung (b) durch Konstruktion einer Hierarchie zwischen der Grenzregion Arizona/Sonora und anderen Grenz-Communities
4. Externe Spezifizierung der Bedeutungen:
   Unterscheidung zwischen „wir" und dem Verband der Maquiladoras („sie"):
   – Intensivierung des Gegensatzes auf der Grundlage des Umweltbewusstseins („if ... we don't want you)
   – Relativierung des Gegensatzes auf der Grundlage des Umweltbewusstseins („our association")
   – Relativierung des Gegensatzes durch Konstruktion einer Hierarchie ("they have been a model")
5. Übergang zum US-amerikanischen Standpunkt: „wir"= Bürger der USA
6. Rückkehr zu den definierten allgemeinen Bedeutungen:

Bedeutung (b) = Menschen der Grenzregion (allgemeine, binationale, einschließende Bedeutung)
Bedeutung (a) = Teilnehmer der 2. Konferenz (allgemeine, interaktionale Hier-und-Jetzt-Bedeutung)

Diese Darstellung der Struktur veranschaulicht, dass die Rede mit zwei Bedeutungen von „wir" beginnt, die grundlegend für die gesamte Rede sind und starken Einbindungscharakter besitzen: (a) die anwesenden Konferenzteilnehmer (d. h. der Redner und die Zuhörer) und (b) die Menschen in der US-mexikanischen Grenzregion (siehe Abbildung 1). Die zweite Bedeutung beschreibt das Wesen der sozialen Grenzidentität Mit diesen Bedeutungen konstruiert der Redner einen emotionalen oder interpersonellen Rahmen für die Rede. Er schafft einen Common Ground, indem er die Zuhörer durch diese Bedeutungen mit der gesamten Grenzregion verbindet und einen Solidaritätsrahmen, indem er noch feinere Bedeutungsnuancen herausarbeitet, kontroverse Themen aufgreift und ideologische Einstellungen vertritt.

Danach spezifiziert der Sprecher die Bedeutungen von „wir", indem er sowohl externe als auch interne Bedeutungsunterscheidungen trifft. Mit den externen Unterscheidungen definiert er „wir" durch Ausschließung. Das heißt, er schafft eine Oppositionsbeziehung und Kriterien für eine Ausschließung (wie in Abbildung 2 veranschaulicht). Zudem bezieht er sich auf das Mächteungleichgewicht zwischen den Bundesregierungen und den lokalen Communities. Gemäß der Politeness-Theorie (Brown/Levinson 1987), kann der Akt der Ausschließung von manchen Zuhörern als face-threatening-act (FTA) empfunden werden. Aus diesem Grund relativiert der Redner die Oppositionsbeziehung Bundesebene/lokale Ebene und zwar auf Grundlage ideologischer Kriterien und unter Berücksichtigung des binationalen Parallelismus. Die Relativierung bezieht sich auf die Visionäre unter den Bundesvertretern aus Mexiko City und Washington DC, die er nicht aus dem „wir" ausschließt, da diese den Gesundheits- und Umweltproblemen der Grenzregion mit Respekt gegenübertreten.

Dann spezifiziert der Redner die Wir-Bedeutung intern. Er entwickelt zwei voneinander abhängige Netzwerke und führt auf dieser Grundlage zwei unterschiedliche Hierarchien innerhalb der Grenzen des kollektiven „Wir" ein. Die erste Hierarchie beschreibt die Wir-Bedeutung (a), die zweite Hierarchie beschreibt die soziale Untergruppe (b). Das erste Netzwerk besteht aus vier sich überschneidenden Gruppen bestehend aus Organisatoren und Teilnehmern der Konferenzen. Diejenigen, welche beide Konferenzen organisiert haben, stehen an der Spitze dieser Hierarchie und diejenigen, die nur an der 2. Konferenz teilgenommen haben, an deren unteren Ende (Abbildung 3). Die zweite Hierarchie verweist auf die Grenz-Community Arizona/Sonora als Modell für andere Grenz-Communities (Abbildung 4). Der Redner relativiert diese internen Hierarchien nicht, da alle dazu gehörigen Untergruppen im kollektiven Grenz-Wir enthalten sind.[4]

Es lässt sich also insofern eine kohärente Entwicklung des „Wir" innerhalb der Diskursstruktur beobachten, als der Redner gleich zu Beginn zwei allgemeine Bedeutungen von „wir" als emotionalen Rahmen einfuhrt und diese Bedeutungen dann sowohl extern als auch intern spezifiziert. Die Beziehung von Spezifizierungen untereinander kann ein wichtiger Aspekt der Textstruktur sein (Mann/Thompson 1987). In der hier behandelten Rede ist die Beziehung unter den Spezifizierungen zum Beispiel ein wesentlicher Aspekt bei der Verwendung der Deixis zum Schaffen von und Beitragen zu einer Diskursstruktur.

Eine weitere Generalisierung ist, dass die potentiell implizierten FTAs in den externen Spezifizierungen relativiert werden, in den internen Spezifizierungen jedoch nicht. Dieses Phänomen lässt sich damit erklären, dass die externen Spezifizierungen vornehmlich ausschließend sind und damit nach einer Relativierung verlangen, während die internen Spezifizierungen, auch wenn sie Hierarchieunterschiede beinhalten, im Wesentlichen einschließenden Charakter haben.

In dem Abschnitt, der von dem Verband der Maquiladoras handelt, Zitat (10), spricht der Redner einen sehr komplexen und heiklen Punkt an, nämlich den Konflikt zwischen Industrie und Umwelt in der Grenzregion. Er spezifiziert die Wir-Bedeutung extern, indem er ein Wir-Sie-Verhältnis aufbaut, bei dem das „Sie" sich auf den Verband der Maquiladoras bezieht. Er verstärkt diesen Gegensatz dann auf einer ideologischen Grundlage, relativiert ihn jedoch gleichzeitig, indem er den Begriff „unser" verwendet und eine Hierarchie aufbaut, an deren Spitze der lokale Maquiladoras-Verband steht. Diese Bedeutungsverlagerungen und diese Ambiguität spiegeln die Komplexität und die Strittigkeit des Themas wider.

In Zitat (11) wechselt der Sprecher kurz zu einer US-amerikanischen Perspektive und spricht in seiner Eigenschaft als US-amerikanischer Bürger zu den Zuhörern. Er kehrt dann wieder zu der binational parallelen Wir-Bedeutung zurück, die den Großteil seiner Rede prägt. Dieses „Wir" in Bezug auf die Grenz-Communities entspricht der stark einschließenden Bedeutung (b), die zu Beginn der Rede eingeführt wird. Schließlich, am Ende der Rede, greift der Redner die Wir-Bedeutung (a) wieder auf, die sich auf die anwesenden Konferenzteilnehmer bezieht, und

---

4   Nichtsdestotrotz zeigt das Beispiel des Folgeredners, dass Zuhörer (die zum unteren Bereich der erwähnten Hierarchie zählen) diese soziale Konstruktion als FTA empfinden können, denn der Folgeredner weist darauf hin, dass er zwar nicht an der ersten Konferenz teilgenommen hat, aber dennoch über ausreichende Sachkenntnis verfügt. Damit reagiert er auf die implizite Aussage, dass er möglicherweise über weniger Sachkenntnis verfuge, als diejenigen, die in der Hierarchie über ihm stehen.

kehrt damit zurück zu der allgemeinen, interaktionalen Hier-und-Jetzt- Bedeutung mit der er begonnen hat.

Ich interpretiere dies dahingehend, dass der Redner hier zwei wichtige emotionale Rahmenstrategien verwendet. Die erste ist eher struktureller Natur, die zweite eher pervasiv. Dadurch, dass der Redner seine Rede mit zwei allgemeinen, stark einschließenden Wir-Bedeutungen beginnt und beendet, verwendet er eine Emotionale Rahmen-Strategie (d.h.: (a), (b) ... (b), (a)). Diese dient dazu, einen Common Ground und eine Atmosphäre von Einbeziehung und Übereinstimmung zu schaffen bzw. aufzufrischen. Sie hilft dabei, einen Solidaritätsrahmen für den gesamten Text zu schaffen. Ein Rahmen besteht aus „interactional cues that mark the boundary of a social event and that provide guidelines for the interpretation of the event" (Besnier 1989, in Anlehnung an Goffman). Diese Strategie des emotionalen Rahmens ist eine subtile Indexikalitätsstrategie auf Diskursebene und wird dazu verwendet, durch deiktische Äußerungen ein Gefühl der Einbeziehung aufzubauen und aufrechtzuerhalten. Meine Interpretation stimmt mit anderen Untersuchungen überein, die zeigen, dass manche Texte von konventionellen Strategien eines emotionalen Rahmens geprägt werden. Besnier (1989: 80, 89) zum Beispiel, hat auf Emotionen als wichtigen Bestandteil der Rahmenkonventionen für die Nukulaelae-Briefe hingewiesen und Johnson und Roen (1992: 48) haben gezeigt, dass Peer-Reviews konventionelle Politeness-Rahmenstrategien aufweisen, die einen Solidaritätsrahmen für Kritik und mögliche FTAs bilden. Außerdem, so Drew und Heritage (1992), entstehen dadurch kohärente Beziehungen zwischen den durch linguistische Äußerungen vollzogenen Aktionen. Bei dieser Strategie eines emotionalen Rahmens wird Indexikalität also als Werkzeug verwendet, um zur Kohärenz des Textes beizutragen.

Durch den Einsatz der Strategie des binationalen Parallelismus beim indexikalen Bezug trägt der Redner zudem zur Kohärenz des Textes im geographischen Kontext der Grenze bei und setzt eine weitere Art emotionaler oder interpersoneller Strategie ein, die den Text durchdringt. Die Strategie kann als eine positive Politeness-Strategie bezeichnet werden (Brown/Levinson 1987), mit der Harmonie und eine kooperative, binationale Einstellung erreicht werden soll. Der Redner verwendet ein linguistisches Hilfsmittel, um diese Einstellung aufzubauen. Das heißt, durch die Konstruktion von Wir-Bedeutungen, die sich parallel auf mexikanische und US-amerikanische soziale Gruppen beziehen, indiziert und etabliert der Redner eine Atmosphäre kooperativen, binationalen Engagements (Ochs 1990). Zwar weicht er an einem Punkt seiner Rede kurz von der Strategie des binationalen Parallelismus ab, kehrt jedoch wieder zu ihr zurück und setzt sie als grundlegende und pervasive Strategie ein, um sein übergeordnetes rhetorisches Ziel – den Aufbau einer Atmosphäre binationaler Kooperation – zu erreichen. Der binationale Charakter der Rede wird durch die Bedeutung der indexikalen Äußerungen sowohl verkörpert als auch konstruiert. Die Verlagerungen der Wir-Bedeutungen sind also nicht zufällig, sondern weisen kohärente Entwicklungsmuster auf, die mit den Zielen der Handlung übereinstimmen. Der Redner verwendet Indexikalität als linguistisches Hilfsmittel, um soziale und politische Beziehungen aufzubauen und seine ideologische Haltung zu vertreten.

In der hier vorliegenden Analyse wurden bestimmte linguistische Entscheidungen und Diskursstrategien zu dem übergeordneten Sinn der Rede – „den Ton für die Konferenz angeben" – in Bezug gesetzt. In welchem Bezug stehen diese Einsichten aber zu dem übergeordneten Kontext? Kehren wir zurück, zu der übergeordneten Frage, welche sowohl der hier vorliegenden Analyse, als auch der bereits erwähnten übergeordneten Untersuchung zugrunde liegt: Wie setzen Teilnehmer an binationalen kommunikativen Veranstaltungen Sprache ein? Genauer: Wie setzen sie Sprache ein, um zu einer positiven und kooperativen Beziehung zwischen Mexiko und den USA beizutragen? Grundsätzlich konnte festgestellt werden, dass die vom Redner in dem hier analysierten Text verwendete Strategie des binationalen Parallelismus mit persönlichem Bezug die pervasive Verwendung binationaler Parallelismen in anderen Bereichen der Konferenz sowohl reflektiert, als auch zu dieser Verwendung beiträgt. Zu diesen anderen Bereichen zählen: (1) die ausgewogene Repräsentanz von mexikanischen und US-amerikanischen Rednern in den Foren; (2) die egalitären Kommunikationsziele (d.h. uneingeschränkte Veranstaltungsteilnahme, uneingeschränktes Verständnis und uneingeschränkte Diskussionsbeteiligung); und (3) die parallele Verwendung der spanischen und der englischen Sprache in allen gedruckten Unterlagen und zwar sowohl in den während der Konferenz verwendeten als auch in denen, die als Ergebnis der Konferenz erstellt wurden. Um ein besseres Verständnis der Kommunikation bei binationalen kommunikativen Veranstaltungen zu erreichen, ist es sinnvoll die Beziehungen zwischen folgenden Punkten zu analysieren: (1) bestimmte linguistische Entscheidungen im Diskurs (z.B. Verwendung von Indexikalität); (2) übergeordnete Ziele des Sprachgebrauchs, Strategien (wie z.B. Simultandolmetschen), Auswahl von Kodizes; (3) Ziele der Handlung; und (4) der übergeordnete geographische und sozio-politische Kontext.

(Übersetzung: Ulrike Brandhorst)

Unbounded Cleavages

Grenzabbau und die Europäisierung sozialer Ungleichheit

Maurizio Bach

Einleitung

Europas historische Grenzen, die bereits durch die beiden Weltkriege des 20. Jahrhunderts Verschiebungen unterworfen wurden und im Kalten Krieg eine vorläufige Stabilisierung erfahren hatten, sind in jüngster Zeit wieder in Fluss geraten. Im Inneren der Europäischen Union gehört der ungehinderte grenzüberschreitende Verkehr von Waren, Kapitalien und Personen mittlerweile zum Alltag. Im Schengenraum wurden die Grenzkontrollen auch für Personen weitgehend abgebaut. Mit der Osterweiterung verschieben sich die Außengrenzen des politisch und ökonomisch integrierten Europa weiter nach Osten. Grenzregionen erleben eine Aufwertung, sei es als europäische Förderregionen oder als alte Kontinentalbrüche überwindende Brückenräume. Die aktuellen Prozesse der Grenzüberschreitungen und neuen Grenzbefestigungen werfen daher die Frage nach der Zukunftsgestalt des erweiterten und integrierten Europa auf. Das Problem der „Finalität" der EU ist somit nicht nur ein Problem der Verfassungsgestalt des supranationalen Herrschaftsverbandes, sondern berührt mittlerweile im verstärkten Maße auch die territoriale Dimension der europäischen Integration. Wer sich mit Europa beschäftigt und dessen politische und geographische Einheit zu fassen versucht, stößt unweigerlich auf die Grenzenproblematik.

Es war schon immer schwierig und auch stets von politischer Brisanz, die Grenzen des europäischen Kulturraums – besonders im Osten des Kontinents und auf dem Balkan – wissenschaftlich präzise zu bestimmen.

„Das schwierigste Problem, das sich den Geographen seit je bei ihrem Nachdenken über Europa stellte", konstatiert Rolf-Joachim Sattler, „war die Frage, wie dieser Kontinent nach Osten zu Lande abzugrenzen sei, wo und entlang welcher Linie er nach Asien übergehe" (Sattler 1971: 16).

Die aktuelle Debatte über einen EU-Beitritt der Türkei ist dafür exemplarisch. Doch bereits die im Mai 2004 eingeleitete fünfte Erweiterungsrunde geht mit einer der ausgreifendstell Expansionen des Herrschaftsterritoriums der EU in der Geschichte der europäischen Integration einher. Deshalb hat besonders die Osterweiterung die Frage nach den Staatsgrenzen Europas ins Zentrum auch der wissenschaftlichen Aufmerksamkeit gerückt. Geopolitische Fragestellungen erlebten – im Anschluss an die geopolitische Wende in der Geographie seit Mitte der 1990er Jahre (vgl. Agnew/Corbridge 1995; Agnew 1998) – auch in der bis dato eher „institutionalistisch" ausgerichteten Europaforschung einen unerwarteten Aufschwung (vgl. u.a. Zielonka (Hg.) 2002; Anderson 2001). Die Begriffe Grenze und Territorium sind für diesen Ansatz ebenso grundlegend wie für die Geographie im allgemeinen. Aber lässt sich die Frage der europäischen Identität überhaupt geographisch beantworten?

Bekanntlich ist ein Grund für die Schwierigkeit, die territoriale und kulturelle Ausdehnung Europas genauer zu bestimmen, in der Tatsache begründet, dass Europa keine natürlichen Grenzen besitzt, sieht man vom Atlantik und vom Mittelmeer ab, die allerdings in der Geschichte viel weniger trennend gewirkt haben als etwa nationale und ethnische Gegensätze unmittelbar benachbarter Völker auf dem Kontinent. „Der Natur gegenüber", stellt schon Georg Simmel fest, „ist jede Grenzsetzung Willkür, selbst im Falle einer insularen Lage, da doch prinzipiell auch das Meer, in Besitz genommen' werden kann." Simmel führt weiter aus:

> „Gerade an dieser Unprädiziertheit durch den natürlichen Raum macht die trotzdem bestehende unbedingte Schärfe der einmal gesetzten physischen Grenze die formende Macht des gesellschaftlichen Zusammenhangs und ihrer von innen kommenden Notwendigkeiten ganz besonders anschaulich" (Simmel 1908, S. 465).

Mit anderen Worten: Grenzen sind Produkte gesellschaftlicher Prozesse. Auch die Staatsgrenzen Europas sind primär kulturelle, politische und sozial geprägte Trennungs- bzw. Verbindungslinien.

Dass sich Europa als gesellschaftlicher und politischer Raum geographisch nicht befriedigend bestimmen lässt, wird auch von Geographen immer wieder betont. Schon Sattlers vielbeachtete Rekonstruktion des Europa-Begriffs resultierte in der Erkenntnis, dass

„eine Inhaltsbestimmung dessen, was Europa als historische Größe meint, (...) nicht aus der Geographie gewonnen werden (kann). Denn der Europa-Begriff der Geographie ist deskriptiver Natur; mit einer fast naturwissenschaftlichen Präzision und an Hand morphologischer Kriterien gibt er an, welcher Teil der Erdoberfläche als Europa bezeichnet und dementsprechend kartographisch dargestellt werden kann. Der historische Europa-Begriff dagegen, und das hat er mit allen eine historische Größe bezeichnenden Begriffen gemeinsam, meint ein Abstraktum, das naturwissenschaftlichem Denken unzugänglich ist" (Sattler 1971: 38; ähnlich H.-D. Schultz 2004, insb. S. 52f.).

Die sozial- und kulturräumliche Dimension Europas bildet damit ein eigenes Diskursfeld, das man auch als „symbolische Geographie" bezeichnen könnte. „Geopolitische Vorstellungen" (Agnew) sind allerdings weder beliebig noch reine Phantasiegebilde von Intellektuellen. Soweit sich solche territorialen Ordnungsvorstellungen mit politischen Organisationen, wie etwa der EU, verbinden, strukturieren sie konkrete gesellschaftliche Herrschaftsverhältnisse. Durch die damit einhergehenden Grenzziehungen – politische wie kulturelle – wird über legitime Zugehörigkeiten und kollektive Identitäten von gesellschaftlichen Gruppen, damit über Macht und Ohnmacht, Inklusion und Exklusion wesentlich mit entschieden. In dem vorliegenden Beitrag werde ich eine These vorstellen, die sich mit der Reorganisation der Grenzen und der sozialen Räume in Europa beschäftigt, wobei „Europa" soziologisch als transnationaler Sozialraum[1] konzipiert werden soll.

Grenzbildungen und gesellschaftliche Strukturierung

Vorausgeschickt seien einige begriffliche Klärungen, die das soziologische Verständnis von Grenzen und Grenzprozessen betreffen. Wenn es eine spezifische Perspektive der Soziologie der Grenze gibt, dann die, dass eine Wechselwirkung zwischen Grenzbildungen einerseits und der Strukturierung von gesellschaftlichen Binnenräumen andererseits postuliert wird. Mit anderen Worten, in soziologischer Perspektive werden Grenzverläufe und Grenzprozesse territorialer Räume als *kausale Zuschreibungseinheiten* für gesellschaftliche Strukturbildungen und soziale Dynamiken – diesseits und jenseits der gegebenen Grenzlinien –

---

1 In Abgrenzung vom Begriff „europäische Gesellschaft", bei dem die Vorstellung eines nationalstaatlich organisierten Herrschafts- und Sozialraums mitschwingt und dessen Übertragbarkeit auf die Europäische Union grundsätzlich als problematisch anzusehen ist (vgl. Offe 2001; Delhey 2004).

angesehen. Nur unter dieser Prämisse ist Grenze als soziologische Kategorie verwendbar. Grenzen, besonders Staatsgrenzen, sind soziale Institutionen.

Stein Rokkan brachte diese Perspektive folgendermaßen auf den Punkt: „Die Geschichte der Strukturierung menschlicher Gesellschaft läßt sich gewinnbringend als Interaktion zwischen geographischen Räumen und Mitgliedschaftsräumen untersuchen" (Rokkan 2000, S. 138). Bezüglich der gesellschaftlichen Räume, die durch Grenzbildungen als Einheiten mit konstituiert werden, erweist sich bei diesem Ansatz die *Zentrum-Peripherie-Relation* als eine entscheidende Strukturierungsdimension. Dabei ist zwischen einer *horizontalen* Dimension und einer *vertikalen* Dimension der Peripherisierung zu unterscheiden. Die horizontale Peripherisierung bezieht sich auf regionale Disparitäten, mithin auf die je spezifische Konzentration bzw. Diffusion von Herrschaftsressourcen auf einem bestimmten Territorium. Hierbei geht es um „geographische Relationen", wie Abhängigkeiten von Randregionen oder strukturelle Machtasymmetrien im Verhältnis von regionalen Einheiten. Die zweite Dimension, die vertikale, verweist hingegen auf spezifische Benachteiligungen und Privilegierungen von bestimmten Bevölkerungsgruppen, vorrangig im Hinblick auf deren sozialen Status sowie politischen Einfluss. Beiden Dimensionen gemeinsam ist der Fokus auf „*cleavages*", d.h. auf Bruch- bzw. Spaltungslinien von Gesellschaften, wie die von sozialen Klassen, Konfessionen, oder regionalen Disparitäten und ethnischen Konfliktlinien. Diese faktischen oder potentiellen Konfliktlinien verweisen auf unterschiedliche Ausprägungen sozialer Ungleichheit.

Entscheidend für mein Argument ist nun, dass man feststellen kann, dass zwischen Prozessen der territorialen Grenzbefestigung und sozialen Strukturen nicht nur bestimmte Interdependenzen bestehen, sondern dass sich die Muster der Grenzziehungen darüber hinaus direkt auf die Ungleichheitsstrukturen von Gesellschaften auswirken. Dieser Zusammenhang lässt sich paradigmatisch an der europäischen Geschichte der Staatswerdung und Nationsbildung zeigen (vgl. Rokkan 2000): Die Herausbildung und Etablierung der europäischen Nationalstaaten erfolgte in erster Linie durch strategische Grenzverstärkungen in den politischen, militärischen, ökonomischen und kulturellen Vergesellschaftungsräumen. Moderne Staatsbildung lief entweder darauf hinaus, alle vorhandenen Grenzen möglichst kongruent zur Deckung zu bringen, oder zumindest den unbestrittenen Vorrang der politischen und militärischen gegenüber anderen gesellschaftlichen Einheiten durchzusetzen. Der Territorialstaat wirkte wie ein *„geographischer Container"* der modernen Gesellschaft (Agnew 1998, S. 51).

Mit der äußeren Grenzstabilisierung einer ging ein Prozess der Binnenstrukturierung des Nationalstaates in politisch-institutioneller und gesellschaftlicher Hinsicht. Dieser Prozess lässt sich mit Stein Rokkan als *Internalisierung* von *cleava-*

ges verstehen: Mit anderen Worten, die im gleichsam vorstaatlichen europäischen Raum existierenden ethnischen und religiösen Gemeinschaften, Sprachgruppen, Konfessionen und sozialen Klassen mit ihren je eigenen Grenzziehungen und territorialen Identitäten wurden im Zuge der Formierung der modernen Flächenstaaten durch *Internalisierung* in sozialpolitisch deutungsfähige und institutionalisierbare Probleme sozialer Ungleichheit der staatlich organisierten geschlossenen Nationalgesellschaft transformiert (vgl. Flora 2000).

Dieser Prozess der Internalisierung lässt sich an der deutschen Wiedervereinigung veranschaulichen: Durch die Wiederherstellung eines gesamtdeutschen Sozialraums nach dem Fall der Mauer wurden die ökonomischen und sozialen Disparitäten, die zwischen den neuen und den alten Bundesländern zur Zeit der Doppelstaatlichkeit bestanden, in das in der alten Bundesrepublik vorherrschende Deutungsmuster der sozialen Ungleichheit überführt – mit den bekannten Folgekosten, die mit den enormen Transferzahlungen in die neuen Bundesländer im Zeichen nationaler Solidarität verbunden sind.

Verallgemeinernd kann man sagen: Die Vorgänge der Externalisierung und Internalisierung von *cleavages* sind komplementäre soziale Prozesse. Grenzbefestigungen nach außen ermöglichen die Externalisierung sozialer Kosten und Folgeprobleme in Räume *jenseits* der jeweiligen Grenzlinien. Umgekehrt gehen territoriale Grenzexpansionen in der Regel mit einer Internalisierung von sozioökonomischen Kosten, Risiken und Konfliktpotentialen einher. Staatsgrenzen markieren also so gesehen nicht nur Differenzen zwischen Herrschafts- und Kulturräumen. Vom jeweiligen Grad der Durchlässigkeit der Staatsgrenzen hängen nicht zuletzt auch das konkrete soziale Konfliktniveau sowie die Integrationsfähigkeit der gesellschaftlichen Binnenordnung ab.

Für die westeuropäische Staatswerdung und Nationsbildung zeigen Stein Rokkans Arbeiten, wie im Zuge der territorialen Konsolidierung der Nationalstaaten durch Internalisierung der gesellschaftlichen Konflikt- und Komplexitätsbewältigung nicht nur stufenweise die demokratischen Partizipationsrechte verwirklicht und parlamentarische Regierungssysteme geschaffen wurden. Durch die seit Ende des 19. Jahrhunderts flächendeckend eingeführte Massenedukation und verstärkt durch die allgemeine Wehrpflicht für Männer, konnte auch ein relativ hohes Maß an kultureller Homogenisierung und Gefühlsbindung an den eigenen Staat und an die jeweilige Standardsprache erreicht werden. Aber auch die von den Klassenspaltungen ausgehenden sozialen Konflikte erfuhren- besonders unter den Wohlstandsbedingungen nach dem Zweiten Weltkrieg – in den Paktierungen der Tarifparteien, in neo-korporatistischen Arrangements und den wohlfahrtsstaatlichen Sicherungssystemen eine erfolgreiche Institutionalisierung. Unter diesem Blickwinkel lässt sich die Geschichte der Staatswerdung und Nationsbildung in Europa im wesentlichen als ein Prozess der Internalisierung von europaweiten Spaltungslinien und einer parallelen institutionellen Regulierung bzw. Zähmung von sozialen, ethnischen und religiösen Konflikten im Rahmen des souveränen und homogenen Nationalstaates auffassen. Diese historische Konstellation staatlich internalisierter sozialer Konfliktlinien wurde treffend als *„bounded cleavages"*, als gleichsam „eingehegte" gesellschaftliche Spaltungslinien bezeichnet (Ferrera 2003).

Paradoxien der europäischen Sozialintegration

Mit Bezug auf den neuen europäischen Raum stellt sich nun aber die Frage: Wie wirken sich die Grenzöffnung und Grenzenexpansion im Zusammenhang der EU-Erweiterung auf die skizzierte historische Konstellation geschlossener nationalstaatlicher Sozialräume aus? Wie strukturiert sich der europäische Sozialraum unter diesen neuen Rahmenbedingungen? Bildet sich im Zuge der fortschreitenden Integration und territorialen Expansion der EU eine europaweite und überstaatliche Gesellschaft heraus? Wie entwickelt sich das betreffende Innen-Außen-Schema? Welche neuen Spaltungslinien und Konfliktpotentiale zeichnen sich ab? Kurz: Was bedeutet das für die Formierung der „europäischen Gesellschaft" und für die soziale Integration Europas insgesamt? Die sozialwissenschaftliche Europaforschung steht hier noch gänzlich am Anfang. Es zeichnet sich aber jetzt schon eine eigentümliche Problematik der europäischen Integration ab, soweit es um ihre gesellschaftlichen Wirkungen geht.

Bei der europäischen Integration haben wir es mit der Paradoxie zu tun, dass die Fortschritte bei der wirtschaftlichen und politisch-institutionellen Einigung mit teilweiser *Desintegration* in gesellschaftlicher Hinsicht einhergehen. Die Dialektik von Grenzabbau im Inneren und Grenzbefestigung nach außen führt zu neuen Ausprägungen und Verschärfungen gesellschaftlicher Spaltungen im sozialen Binnenraum, den die EU als territoriale Herrschaftsinstitution mit eigenen Außengrenzen konstituiert. Zwar formieren sich weder eine europäische Bürgergesellschaft, noch eine europäische Identität, noch eine neue europäische Zivilität, wie die öffentliche Auseinandersetzung um das europäische Demokratiedefizit, die Finalität der EU und die europäische Staatsbürgerschaft verdeutlichen. Wir müssen aber die Fragen des europäischen Volkes und der europäischen Gesellschaft der Staatsbürger in Bezug auf das besondere Problem der Grenzen neu diskutieren, weil sich darin nicht nur materielle Interessenkonflikte, sondern auch auf besondere Weise Spannungen um kollektive Identitätsvorstellungen verdichten (vgl. Balibar 2003).

„Sind wir so sicher", fragt Remi Brague zu Recht, „daß das was wir bauen, auch Europa ist? Und nicht einfach nur eine Freihandelszone oder ein Machtzentrum, das nur durch seine geographische Lage definiert und durch den Namen, den dieses Vorgebirge des asiatischen Kontinents' (Valery) zufälligerweise bekommen hat" (Brague 1992: 47).

Dass die europäische Integration gleichbedeutend ist mit Grenzenabbau, liegt auf der Hand. Die größte Durchschlagskraft erzielte bisher zweifellos die europäische Binnenmarktpolitik Ökonomische Güter zirkulieren weitgehend ungehindert und mit minimierten grenzbedingten Transaktionskosten im ausgedehnten europäischen Wirtschaftsraum. Aber auch die grenzüberschreitende Kontakthäufigkeit und -intensität von Politikern, Beamten und Experten im Rahmen der europäischen Institutionen hat in den vergangen Jahrzehnten nachweisbar kontinuierlich zugenommen (vgl. Wessels 2000). Eine neue, demokratisch schwach legitimierte „europäische" Funktionselite lenkt mit immer weiter wachsenden Entscheidungs- und Gesetzgebungskompetenzen die Geschicke der EU und damit eines Großteils unseres Kontinents. Soweit bauen wir vor allem eines: ein Europa als bürokratische Herrschaft und ein supranationales ökonomisches und politisches Machtzentrum (vgl. Bach 2005).

Aber keineswegs alle Lebensbereiche erfahren Entgrenzungen. Die meisten lokalen und lebensweltlichen Ordnungen und die wohlfahrtsstaatlichen Sicherungssysteme bleiben einer traditionalen Semantik der Zugehörigkeit und kollektiven Solidarität verhaftet. Die kulturellen Ordnungen, kollektiven Identifikationen und nationalstaatlichen Wir-Identitäten geraten zwar auch in den Sog der Dialektik von Grenzabbau und Grenzbefestigung, aber ihre Beharrungskraft ist beträchtlich. Die Gefühlsbindungen an den eigenen Staat, die eigene Gesellschaft, die lokalen Lebenszusammenhänge erweisen sich nach wie vor als ungebrochen und lebendig. Unter den verschiedenen Schichten der Wir-Identität kommt der nationalstaatlichen Ebene immer noch ein besonderes Gefühlsgewicht zu. Daran haben auch die fünfzig Jahre europäische Einigung bisher nichts ändern können.

Daran wird deutlich, dass man sich die Öffnung des EU-Binnenraums keineswegs als einen eindimensionalen Prozess vorstellen darf, der alle gesellschaftlichen Systeme in gleicher oder ähnlicher Weise mit Entgrenzungen konfrontiert. Vielmehr erfolgt der Abbau von Grenzen sektoral und vor allem auf asynchrone Weise (vgl. Bös 2000). Deshalb ist es zweckmäßig, den „Europabegriff' zu desaggregieren und von unterschiedlichen sozialen Räumen bzw. territorialen Vergesellschaftungen auszugehen: In Anlehnung an eine aufschlussreiche Einteilung des französischen Geographen J.-F. Drevet (1997) lässt sich die „*nouvelle identité de l'Europe*" als eine Pluralität territorialer Sozialräume *(„territoires")* bestimmen: Demnach sind unterscheidbar: ein europäischer Raum der Staaten und der supranationalen Institutionen, ein europäischer Raum der ethnischen Gemeinschaften und der kulturellen Minderheiten; darüber hinaus existiert das „Europa der Regionen", aber auch ein Europa des Binnenmarktes, ferner der europäische Migrationsraum und ein europäischer Raum der Bürgerrechte usw. Wichtig ist dabei, dass die Grenzen dieser multiplen Raumstrukturen keineswegs zusammenfallen. Vielmehr weisen sie eine komplexe Konstellation von asymmetrischen und exzentrischen Grenzverläufen auf. Wir haben es offensichtlich mit einem gegenläufigen Entwicklungsprozess zur Staatswerdung zu tun: also mit Dissoziation und Dislokation vormals geschlossener und segmentarer, besonders staatlich organisierter Sozialräume. Viele dieser Räume entkoppeln sich zudem von den nationalstaatlichen Institutionenordnungen.

Festgehalten werden kann: Die asynchrone Dialektik von Grenzabbau und Grenzbefestigung, die den europäischen Integrations- und Erweiterungsprozess wesentlich bestimmt, hat eine neue, weit fluidere Konstellation von Staatsgrenzen und Räumen, von Zentrum-Peripherie-Relationen und von Innen-Außen-Verhältnissen in Europa hervorgebracht. Dabei stellt sich die Frage: Welche Folgen hat die sozio-territoriale Reorganisation Europas im Zeichen des Grenzabbaus nach innen und der Grenzenbefestigung nach außen für den Wandel der sozialen Strukturen?

Ein neues europäisches Muster sozialer Ungleichheit

Die Reorganisation der territorialen Sozialsysteme Europas, so meine These, wirkt sich direkt auf die europäischen Gesellschaftsstrukturen aus, indem sich ein gänzlich neues Muster sozialer Ungleichheit im gesamteuropäischen Makroraum herausbildet. Damit gerät eine neue gesellschaftliche Konstellation von grenzüberschreitenden Spaltungs- und Konfliktlinien in den Blick, die ich als *unbounded cleavages* – entgrenzte oder entkoppelte Spaltungsstrukturen – bezeichnen möchte. Diese *unbounded cleavages* verlaufen entlang einer Vielzahl verschiedener Konflikt- und Spannungslinien, so dass in wachsendem Maße neue Ungleichheitsformen und Ungleichheitsrelationen die innergesellschaftlichen Verhältnisse überlagern und prägen. Anders ausgedrückt: Mittlerweile ist ein neues Koordinatensystem der sozialen Ungleichheit in Europa entstanden, das die spezifische europäische Tradition von Spannungsbalancen in Frage stellt.

Zwei dieser europäischen Konfliktlinien seien hier exemplarisch hervorgehoben: *Erstens* ein *Prozess der abgestuften Integration von Peripherien*. Hierbei bildet der europäische Raum der Staaten und des Binnenmarktes die relevante Bezugseinheit Wie Georg Vobruba gezeigt hat, bildet sich ein Muster von „konzentrischen Kreisen", dem folgende sozio-politische Entwicklungsdynamik der EU zugrunde liegt: Im Zentrum befindet sich ein politisch stabiler Bereich materiellen Wohlstands. Außerhalb dieses Bereichs nimmt der Wohlstand mit zunehmender Entfernung vom Zentrum immer mehr ab. Zwischen den einzelnen Zonen ungleichen Wohlstands existieren Grenzen mit unterschiedlicher Durchlässigkeit; die Durchlässigkeit der Grenzen nimmt von der Peripherie zum Zentrum ab. Daraus ergibt sich einerseits, dass die wohlhabende Kernzone durch einen „*cordon sanitaire*" abgesichert wird. Anderseits entspricht das einem territorialen Muster wirtschaftlicher und politischer Peripherisierung, das dem europäischen Raum der Staaten und des Marktes eine nachhaltige soziale Ungleichheitsstruktur aufprägt (Vobruba 2001). Die EU-Osterweiterung verschärft diese Problematik dadurch, dass die europäische Integration mittlerweile an die geographischen Grenzen Europas stößt. Das bedeutet, dass die Staaten des ehemaligen „*cordon sanitaire*" außerhalb der Europäischen Union sich *heute* nicht mehr als Peripherie der Europäischen Union von *morgen* und somit auch nicht mehr als Teil ihres wohlhabenden Kerns von *übermorgen* betrachten können. Damit entsteht eine neue Konstellation, nämlich eine schroffe Unterscheidung und dauerhafte Grenze zwischen der Europäischen Union und ihren Anrainerstaaten (ebd.).

Was folgt daraus für die Binnenverhältnisse des europäischen Sozialraums?

Nach innen gewendet heißt das, dass sich die enormen wirtschaftlichen Disparitäten der Länder und Regionen der erweiterten Union in europaweite Binnendifferenzierungen umsetzen. Das Muster konzentrischer Kreise wird sich voraussichtlich auf die Weise durchsetzen, dass EU-Mitglieder erster, zweiter und vielleicht dritter Klasse entstehen. Die hier skizzierte neue europäische Konstellation der sozialen Ungleichheit ist demzufolge das Produkt der Zunahme von grenzüberschreitenden Transaktionen im EU-Raum, also vor allem ist sie eine Folge der neuen Mobilität von ökonomischen Gütern, politischen und administrativen Ressourcen, sowie (wenn auch noch deutlich mit gebremster Dynamik) von Arbeitskräften. Unter diesem Blickwinkel zeichnet sich eine neue gesamteuropäische Struktur von regionalen Disparitäten in der Wohlstandsverteilung sowie der territorialen Distribution von Opportunitätsstrukturen ab. Dieses Szenario wird jetzt schon vor allem von zwischenstaatlichen und interregionalen Verteilungskonflikten geprägt, und zwar entlang zweier sich neuerdings kreuzender Spaltungslinien: der Nord-Süd-Spaltung einerseits, der Ost-WestSpaltung anderseits.

Bei den zuletzt genannten Disparitäten verfugt der EU-Verband über Ausgleichsinstrumente und gewisse strategische Handlungsmöglichkeiten: die Struktur- und Kohäsionsfonds. Allerdings wird die daraus resultierende Transferlogik, die bei der EU-15 noch wirksam und erfolgreich war, sich nicht ohne weiteres auf die EU-25 plus x übertragen lassen. Die historischen Inklusionsmechanismen der EU, die territorialen Peripherien mittels Transferleistungen zu kompensieren und einzubinden, stoßen mittlerweile definitiv an ihre Grenzen, nämlich sowohl an Schranken der Finanzierungsbereitschaft wie der Legitimierbarkeit von relativ kostspieligen Fördermaßnahmen. Auf der anderen Seite begründen die auf europäischer Ebene paktierten Leitideen der europäischen Solidarität und Kohäsion sowie die entsprechenden Finanzierungsinstrumente eigentlich erst das Europa der Förderregionen und Kohäsionsstaaten als *fait social*. Interessenlagen der politischen Akteure richten sich daran aus. Die EU-Mitgliedschaft wird so zum legitimen Anspruchstitel auf effektive Förderung bei den benachteiligten oder sich als benachteiligt ansehenden Ländern und Regionen der Union. Nationale und regionale Disparitäten im gesamteuropäischen Raum werden auf diese Weise zu Relevanzkriterien eines neuen sozial und transferpolitisch instrumentalisierbaren *europäischen* Deutungsmusters von sozialer Ungleichheit. Unter diesem Blickwinkel wird die europäische Ungleichheit als ein Konstrukt der institutionalisierten Regional- und Strukturpolitik der EU sichtbar, gleichsam als selbstreferentielles Produkt der supranationalen Regulierung.

Abgestufte Inklusion im europäischen Raum der Bürgerrechte

Einen zweiten Prozess der Peripherisierung möchte ich als *abgestufte Inklusion* bezeichnen. Hier sind die Referenzeinheiten der europäische Raum der Bürgerrechte sowie der europäische Migrationsraum. Die Grenzverschiebungen nach außen im Zuge der Osterweiterung zeitigen unmittelbare Wirkungen auf die sozialen Inklusions- und Exklusions-Spannungen im Binnenraum der EU. Dies vor allem dadurch, dass europaweite Spaltungslinien, wie diejenigen zwischen Unionsbürgern und „Drittstaatenangehörigen", „Christen" und „Muslimen" oder Modernisierungsverlierern und Modernisierungsgewinnern dazu beitragen, dass sich die sozialen Polarisierungen in den gesellschaftlichen Binnenverhältnissen der Mitgliedsstaaten verschärfen. Das neue Innen-Außen-Schema, das durch die Unionsbürgerschaft definiert wird, konstituiert einen exklusiven europäischen Raum der Bürgerrechte mit schroffen symbolischen Grenzen der Zugehörigkeit und der Ausgrenzung. Hierbei reproduzieren sich die *externen* politischen Grenzziehungen des Europa der Staaten im innergesellschaftlichen Raum – vor allem in den nationalen Migrationsräumen – als soziale Exklusion in der Form abgestufter Teilhaberechte und einer begleitenden Semantik der „*neuen Apartheid*' (E. Balibar).

Derjenige soziale Raum, welcher unter dem Druck der Grenzveränderungen den wohl dramatischsten Strukturwandel erfährt, ist der europäische Raum der ethnischen Gemeinschaften und kulturellen Minderheiten. Konflikte um kollektive Identitäten sind die Folge, vor allem im Zusammenhang mit den Einwanderungsprozessen, die europaweit in den vergangenen Jahren eine neue Qualität angenommen haben. Immerhin lebten bereits vor der jüngsten Erweiterung gut 50 Millionen von 344 Millionen Menschen in der EU, die eine andere Sprache als die ihres Aufenthaltslandes sprachen. Hinzu kommen schätzungsweise 14 Millionen Muslime. Nationale Identitätsfragen gewinnen unter diesen Voraussetzungen an politischer Brisanz, und die Bedeutung der religiösen Dimension hat trotz fortschreitender Säkularisierung in Europa deutlich zugenommen. Diese Prozesse können einen neuen Nationalismus oder auch einen nicht weniger fremdenfeindlichen Euro-Chauvinismus fördern. Dort, wo diese Tendenzen sich mit sozialen Spaltungen verbinden, könnten sie sogar die gegenwärtigen Institutionen der Europäischen Union in Frage stellen (vgl. Fijalkowski 2000).

Die hier nur exemplarisch skizzierten Szenarien von *unbounded cleavages* des europaweiten Sozialraumes werden in der Öffentlichkeit zwar zunehmend als interne Probleme der EU-Gesellschaft wahrgenommen und die EU wird auch vielfach für deren negative Konsequenzen verantwortlich gemacht, beispielsweise für die Probleme in den östlichen Grenzregionen mit großem Lohn- und Wohlstandsgefalle, obwohl diese Probleme keineswegs in jedem Falle der europäischen Politik allein angelastet werden können. Als wichtiger und folgenreicher erweist sich allerdings der Umstand, dass dem gegenwärtigen politischen System der EU in vielerlei Hinsicht die geeigneten institutionellen Instrumente und die nötige soziokulturelle Verankerung fehlen, um nachholend jene Institutionalisierung und Domestikation der *cleavages* zu erreichen, die der nationalstaatlichen Vergesellschaftungsform nach dem Zweiten Weltkrieg in Europa ihre relative Integrationskraft und Systemstabilität verliehen hatte.

Wir werden es also in Zukunft in Europa, so eine naheliegende Prognose, zunehmend mit Konstellationen von *unbounded cleavages* oder, um Claus Offe (2001) zu zitieren, von „schlecht strukturierten Konflikten" und sozialen sowie kulturellen Brüchen und Spannungen zu tun haben. Mit anderen Worten: Die vertraute Tradition von Spannungsbalancen verliert zunehmend ihren institutionellen und Sozialstrukturellen Rückhalt. Gleichzeitig fuhren neue Ungleichheitsrelationen – territoriale, soziale, ethnische, kulturelle – zu ungeahnten Herausforderungen der sozialen Integration und Desintegration im politisch und ökonomisch geeinten Europa. Von einer „europäischen Gesellschaft" sind wir damit noch weit entfernt. „Sind wir sicher, daß das, was wir bauen, auch Europa ist?". Diese Frage stellt sich, so scheint es, nach der Osterweiterung und in Anbetracht der noch bevorstehenden Expansionen der EU dringlicher denn je.

Die Beitritte zur EU verändern nicht nur die geopolitischen Gewichte innerhalb und außerhalb Europas. Geopolitik nimmt vorrangig souveräne und territorial konsolidierte Staaten in den Blick. Der Fokus liegt auf den Außengrenzen. Die EU formiert sich in dieser Hinsicht als ein Machtgebilde mit relativ großer politischer Integrationskraft und darauf gründender außenpolitischer Handlungsfähigkeit. Zugleich zeitigt der Wandel der Grenzstrukturen in Europa aber auch Rückwirkungen auf die gesellschaftlichen Ordnungen und Konstellationen dieser Ordnungen. Als Folge des Grenzabbaus und der neuen Durchlässigkeit der Staatsgrenzen im Binnenraum der EU wird das bisher dominierende grenzenkongruente Gesellschaftsmodell des europäischen Nationalstaates in Frage gestellt. Gelang es letzterem, wie vor allem Rokkan zeigt, durch externe Grenzstabilisierung und interne Konfliktinstitutionalisierung soziale Spaltungen und Ungleichheiten mehr oder minder erfolgreich zu überformen und einzuhegen, so wird dieses gesellschaftliche Integrationsmodell mit fortschreitender Europäisierung zunehmend unterminiert, ohne dass auf europäischer Ebene ein neues Modell gesellschaftlicher Integration erkennbar würde. Die europäische Integration entkoppelt sich somit immer mehr von ihren Bezugsgesellschaften. Es erhebt sich dann aber die Frage, mit welchen spezifischen Grenzen sich die Gesellschaften unterhalb der politischen Integrationsebene in Zukunft formieren und Geltung verschaffen werden, und welche Konfliktpotentiale und Pazifizierungsaussichten die neue Konstellation von *unbounded cleavages* hervorbringen wird.

Wenn Grenzen wandern

Zur Dynamik von Grenzverschiebungen im Osten Europas

Mathias Bös und Kerstin Zimmer

Wanderungen und wandernde Grenzen

Wenn in den Sozialwissenschaften von Wanderungen die Rede ist, so sind meist Menschen gemeint, die politische Grenzen überschreiten. Doch viele Europäerinnen und Europäer sind im 20. Jahrhundert durch Grenzverschiebungen, durch den Aufstieg oder Zerfall von Imperien oder Nationalstaaten, zwischen politischen Einheiten „gewandert", ohne ihren Wohnort gewechselt zu haben. Dabei waren die verschiedenen Teile Europas nicht in gleichem Maße betroffen. Während einige der Grenzen, besonders in Westeuropa, im Verlauf des 20. Jahrhunderts eher stabil waren, wurden andere, besonders in Osteuropa, wiederholt verschoben, neu gebildet oder abgebaut. So gelang es etwa den Einwohnern in der Bukowina und in Transkarpatien – nördlich und östlich der Karpaten –, im Verlauf des 20. Jahrhunderts nacheinander in vier verschiedenen Staaten zu leben, ohne jemals ihr Dorf verlassen zu haben.[1]

Ähnliches gilt auch für politische Grenzen, die nicht direkt an Nationalstaaten gekoppelt sind. In der Europäischen Union (EU) der 15 waren immerhin etwa 5 Prozent der dort lebenden Bevölkerung nicht innerhalb der Grenzen der Europäischen Union geboren, insgesamt 13 Millionen Menschen (Bagavos 2004). Diese

---

1   Beide Regionen waren Teil des Habsburger Reiches, nach dessen Zerfall sie entweder zur Tschechoslowakei, Ungarn oder Rumänien gehörten. Nach dem Zweiten Weltkrieg waren die nördliche Bukowina und Transkarpatien bzw. die Karpato-Ukraine Bestandteil der Sowjetunion, heute liegen sie in der Ukraine.

Zahl ist beeindruckend, verliert aber ihren Glanz, wenn man diese Form der Mobilität einer anderen gegenüberstellt: Situationen, in denen nicht Menschen Grenzen überqueren, sondern Grenzen sich über Menschen hinweg bewegen. Mit der letzten Erweiterung auf 25 Mitgliedsstaaten im Jahre 2004 ist die Europäische Union in ihrer Bevölkerung um 20 Prozent (75 Millionen) auf 452 Millionen gewachsen. Mit einem Schlag hat damit die Erweiterung der EU mehr als fünfmal so viele Neu-EU-Bürger in absoluten Zahlen erzeugt wie die Einwanderung in die Alt-EU-Länder in den 40 Jahren zuvor.[2]

Politische Grenzen weisen also eine weitaus beträchtlichere Wanderungsdynamik auf als man gemeinhin vermutet. Grenzen, die sich über Menschen hinweg bewegen, können nationalstaatliche Grenzen oder die Grenzen von Imperien sein; darüber hinaus sind es die Grenzen von Staatenverbünden, wie etwa der Europäischen Union, und manchmal sind es sogar die Grenzen des Kontinents selbst. Oft sind diese Bewegungen politischer Grenzen mit einer Restrukturierung der politischen Zuordnungen sehr vieler Menschen verbunden. Wie Mungiu-Pippidi schreibt: „borders travel faster than people" (2004: 53).

Akzeptiert man diese Tatsache, so kann dies auch nicht folgenlos dafür sein, wie politische Grenzen konzeptionalisiert werden. Im Falle des Nationalstaates mutet diese Konzeptionalisierung recht einfach an. Völkerrechtlich besteht ein Staat aus Regierung, Volk und Territorium. Traditionell wird dem Territorium in dieser Trias die geringste Flexibilität unterstellt; Regierungen wechseln, zumindest ein Teil des Volkes kann aus- oder einwandern, aber das Territorium bleibt bestehen. Wenn dies jedoch augenscheinlich nicht der Fall ist, dann muss dies auch unsere Sicht auf die Funktionen politischer Grenzen verändern.

Der Dynamik von Grenzen und den damit verbundenen konzeptionellen Folgen soll im Folgenden genauer nachgegangen werden. Wir beginnen mit einigen allgemeinen Bemerkungen zu Grenzen in Europa und deren Wanderungsbewegungen. Danach diskutieren wir Beispiele von Grenzwanderungen in Mittel- und Osteuropa im 20. Jahrhundert. Zum Schluss sollen einige allgemeinere sozialwissenschaftliche Implikationen dieser Prozesse am Beispiel der Funktionen nationaler Grenzen diskutiert werden.

---

2   Die Schlussakte von Helsinki (1975) betonte, dass die internationalen Grenzen in Europa sicher und unveränderbar seien. Ausnahmen waren allgemein akzeptierte friedliche Veränderungen, die zu jener Zeit aber unwahrscheinlich erschienen.

Die historischen Grenzen Europas

Im Deutschen ist der Begriff „Grenze" ein Lehnwort aus dem Slawischen (Polnisch: granica, tschechisch: hranice, russisch: graniza) (Medick 1991: 157; Pille 2003). Das Wörterbuch der Gebrüder Grimm informiert uns, dass der Begriff über die Kolonialgebiete des Deutschordens in Osteuropa im 13. Jahrhundert in die deutsche Sprache Eingang fand. Als Bedeutung nennen sie: „im eigentlichen sinne bezeichnet grenze die gedachte linie, die zur scheidung von gebieten der erdoberfläche dient" (Grimm/Grimm 1854-1960).

Genau in diesem genannten Sinne waren die Grenzen Osteuropas schon immer zumindest unklar. Europa gilt zwar als Kontinent, geographisch ist Europa aber nur ein etwas zerknitterter Appendix der riesigen asiatischen Landmassen. Damit stellt sich wenigstens auf der gesamten Ostseite Europas das einzigartige geographische Problem, zu bestimmen, wo ein Kontinent endet. Einige der hier (siehe Abb. 1) gezeichneten Grenzen beziehen sich auf diese physischen Gegebenheiten des europäischen Teilkontinents.[3] So wird der europäische Teil Russlands durch den Gebirgszug des Ural begrenzt. Weite Teile der Grenzen des übrigen Europa fallen mit Küstenlinien zusammen.

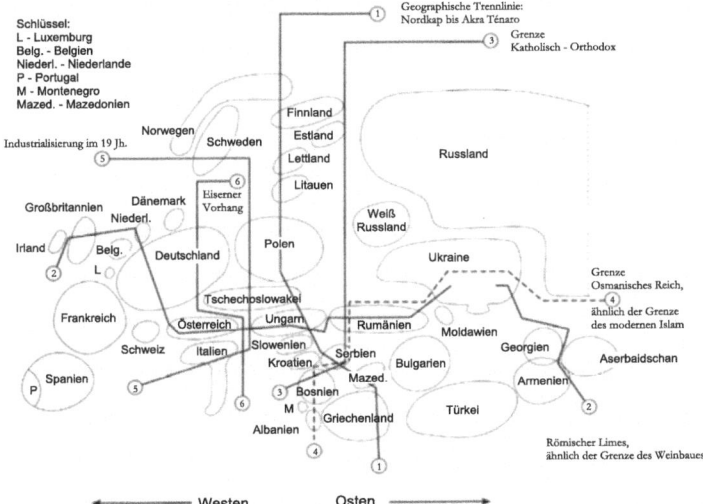

Abbildung 1 Beispiele von Grenzen in Europa[4]

---

3   Zu den folgenden allgemeinen Ausführungen
4   Die Karte ist übersetzt und leicht verändert (vgl. Davies 1918: 18).

Doch neben den Außengrenzen Europas sind auch seine „Binnengrenzen" zahl- und facettenreich. Eine gern gezogene Grenze zwischen West- und Osteuropa (1) zieht sich vom Nordkap bis zur südlichsten Spitzendes kontinentalen Teils Griechenlands (Akra Ténaro). Eine Grenze, die Nord- und Südeuropa teilt, ist der römische Limes (2). Der Limes ist eine politisch-militärische Grenze, die sich langfristig in kulturellen Unterschieden niederschlug. Ein Teil der südeuropäischen Sprachen ist stark vom Lateinischen beeinflusst; auch die Grenze des Weinbaus deckt sich etwa mit der hier angegebenen Limes-Linie und teilt die Bevölkerung Europas grob in jene, die traditionell eher Bier trinken und jene, die Wein trinken. Zwei religiöse Grenzen mit ähnlichen Funktionen sind die Grenzen zwischen katholischem und orthodoxem Christentum[5] (3) und die Grenze zwischen Islam und Christentum (4). Die frühe Ausbreitung des Christentums bis zum Dnjepr und später dann weiter nach Moskau und darüber hinaus, war wohl einer der Gründe dafür, Europa mit dem Ural enden zu lassen.

Die mittelalterliche Ausbreitung des Christentums ist also weitgehend der Raum, der heute geographisch als Europa gilt. Die beiden letzten auf der Karte verzeichneten Grenzen haben sich erst in der jüngeren europäischen Geschichte ausgebildet: einerseits zwischen jenen Ländern, deren nachhaltige Industrialisierung im 19. Jahrhundert stattfand, und den Ländern, in denen dieser Prozess später anlief (5); oder andererseits die vergleichsweise kurzzeitige Trennung von kommunistischem und kapitalistischem Europa durch den Eisernen Vorhang (6).[6]

Die auffälligsten Grenzstrukturen dieser Karte sind allerdings die Grenzen der europäischen Nationalstaaten, wie sie in den letzten zwei Jahrhunderten entstanden sind und heute die mentale Landkarte Europas prägen.[7] Zu den eben ausgewiesenen Grenzstrukturen lassen sich nach Belieben noch viele weitere hinzu reihen, beispielsweise auch: die drastisch expandierenden Grenzen der Europäischen Union.

---

5   Diese Grenze darf jedoch nicht als völlig eindeutig gesehen werden. Beispielsweise ist in der westlichen Ukraine die Unierte Kirche dominant, eine in der Union von Brest (1596) begründete römische Kirche des östlichen Ritus, die den Papst und die römisch-katholischen Dogmen anerkennt, aber orthodoxe Riten und die kirchenslawische Sprache beibehalten hat (Kappeler 2000: 286).

6   Der Osteuropa-Historiker Ivan Berend (1986) betont, dass diese Systemgrenze entlang der Flüsse Eibe, Saale und Leitha viel älteren Ursprungs ist und der Ostgrenze des Karolinger Reichs entspricht.

7   Etwa zur Zeit der Französischen Revolution wurden demarkierte Grenzen zu Schranken rechtlicher, steuerlicher, administrativer, wirtschaftlicher und politischer Räume und regulierten somit den Fluss von Gütern, Kapital und Menschen (Kolossov/ O'Loughlin 1998: 261).

Nicht zufällig fallen viele der kulturellen oder religiösen Grenzen auf die Grenzen historischer oder aktueller politischer Einheiten. Grob lassen sich diese politischen Einheiten in zwei Gruppen teilen: zum einen Imperien wie das Römische Reich, das Osmanische Reich oder die Sowjetunion,[8] zum anderen die vielen neuen und alten Nationalstaaten Europas. Nationalstaaten wie Imperien können sich ausweiten oder erobert werden. Expandierende territoriale Grenzen kann man als Kolonisation bezeichnen. Nationalstaaten und Imperien sind nicht notwendigerweise stabile und dauerhafte Einheiten. Und wenn sie doch von Dauer sind, so sind ihre Grenzen nicht notwendigerweise stabil. Neben Nationalstaaten und Imperien entstehen politische Grenzen auch durch Zusammenschlüsse, seien es Verteidigungsbündnisse, religiöse bzw. wirtschaftliche Bündnisse oder Staatenverbünde wie die Europäische Union.

Grenzen werden erst durch ihre Überschreitung voll in das Bewusstsein gehoben, oder eben durch die Tatsache, dass Menschen von ihnen „überschritten" werden. Durch die Schaffung und Abschaffung staatlicher Grenzen werden Mitgliedschaften politisch (gewaltsam oder friedlich) verändert. Die in der Migrationsforschung thematisierte Anpassungs- und Integrationsproblematik stellt sich ebenso scharf bei der Verschiebung politischer Grenzen wie bei der Migration, da damit nicht nur politisch-räumliche Veränderungen einhergehen (und damit räumliche Mobilität eingeschränkt oder ermöglicht wird), sondern auch neue institutionelle Arrangements – plötzlich oder sukzessive – lebens und handlungsleitend werden. Zudem sind Grenzverschiebungen nicht selten Auslöser von Wanderungsbewegungen der unterschiedlichsten Art: Neben freiwilliger Ab- oder Zuwanderung finden sich Flucht, Vertreibung, Umsiedlungen, Deportationen oder gar ethnische Säuberungen.[9]

Durch Grenzverschiebungen bzw. die Schaffung oder den Abbau von Grenzen werden nationale Minderheiten geschaffen oder es kommt zur „ethnischen Entmischung" (Brubaker 1998), die ihrerseits Wanderungen verschiedenster Art mit sich bringt. Neue und alte Nationalstaaten leiten Homogenisierungsprozesse ein, d.h. aus dem je neuen, zunächst einmal heterogeneren, politischen und sozialen Raum

---

8 Für die Sowjetunion ist die Anwendung des Imperien-Begriffs nicht unumstritten. Für den Begriff sprechen die territoriale Expansion durch Eroberung oder Unterwerfung sowie die Einflussnahme auf Nachbarstaaten. Dagegen sprechen die Versuche der ethnischen Homogenisierung, die Schaffung des Homo Sovieticus – phasenweise verbunden mit einer Russifizierung, wobei letztere auch im russischen Zarenreich schon stattfand (Kappeler 2001: 204 ff.).

9 Der Begriff „ethnische Säuberungen" wurde erst in den 1990er Jahren im Zusammenhang mit den Kriegen und Vertreibungen im früheren Jugoslawien geprägt. Vergleichbare Ereignisse gab es jedoch schon zuvor (Jackson Preece 1998).

wird durch Institutionalisierung ein immer homogenerer sozialer, politischer und rechtlicher Raum geschaffen. Diese neuen Grenzen haben also insbesondere über diese Institutionenbildungsprozesse Einfluss auf das alltägliche Leben innerhalb der neuen Grenzen, vor allem in den „erwanderten" Gebieten. Das Bildungssystem ändert sich, Inhalte und (neue) historische Mythen in Bezug auf den (neuen) Nationalstaat oder das Imperium werden in den Bildungseinrichtungen gelehrt und über Medien verbreitet; oft ändert sich auch die dominante Sprache. Wirtschaftsweisen und Währungen ändern sich ebenso wie das Rechtssystem und das politische System, das die Chancen zur politischen Mitbestimmung steuert.

Grob lassen sich die Funktionen von politischen Grenzen in vier Gruppen ordnen: (1) die Identitätsfunktion bezieht sich sowohl auf Prozesse der Neu-Konstruktion nationaler Identitäten als auch auf den Erhalt tradierter Identitätsformationen; (2) die Solidaritätsfunktion bezieht sich auf Solidarisierungen innerhalb nationalstaatlicher Grenzen (z.B. Wohlfahrtsstaat), und auch auf Solidaritäten, die über Grenzen hinweg bestehen; (3) die institutionelle Stabilisierungsfunktion bezeichnet die rechtlichen Rahmenbedingungen, die wohlfahrtsstaatliche Systeme oder Wirtschaftsordnungen stabilisieren bzw. zu ihrer Destabilisierung beitragen, sei es, weil sie entweder „überaltert" oder „zu neu" für eine Gesellschaft sind; und (4) die externe Ordnungsfunktion die das internationale System strukturiert, sowohl im Sinne der Begrenzung nationalstaatlicher Machträume, aber auch im Sinne der Ausweitung solcher Räume über Grenzen hinweg (z.B. mit militärischer Macht). Solche Einteilungen von Grenzfunktionen sind durchaus üblich (Taylor 1994; Smith, M. 1996; Diez 2006), die folgenden Darstellungen zeigen jedoch, dass Grenzfunktionen nicht einseitig gesehen bzw. entparadoxiert werden können. Es ist nicht übertrieben zu behaupten, dass der Erfolg des Modells politischer Grenzen gerade darin zu sehen ist, dass es in jeweils spezifischen historischen Settings durch widersprüchliche bzw. paradoxe[10] Begründungen gestützt wird.

Wir betrachten im Folgenden primär das 20. Jahrhundert und damit drei Phasen, denen man in unterschiedlichen „Mischungsverhältnissen" die erwähnten Funktionen zuordnen kann. Die erste Phase kann als Niedergang der klassischen Imperien und Aufstieg der UdSSR und des Dritten Reiches – die beide nach territorialer Expansion strebten – bezeichnet werden. Die zweite Phase beginnt nach dem Zweiten Weltkrieg und endet mit dem Zerfall der UdSSR 1989. Der Zusam-

---

10 Der Begriff der Paradoxie bezeichnet eine spezifische Form des Widerspruchs: „(1) Eine Behauptung, die widersprüchlich scheint, tatsächlich aber wahr ist. (2) Eine Behauptung, die wahr scheint, tatsächlich aber einen Widerspruch enthält. (3) Eine logische Beweiskette, die zu widersprüchlichen Schlussfolgerungen fuhrt." (Falletta 1985: 9)

menbruch des Ostblocks markiert den Beginn der dritten Phase, die schließlich in die Osterweiterung der Europäischen Union im Jahr 2004 übergeht. Neben diesen Zusammenbrüchen und dem damit verbundenen Entstehen neuer Nationalstaaten beobachten wir in allen drei Phasen die Bewegung von Grenzen.

Der Zerfall der Imperien und der Aufstieg der Union der Sozialistischen Sowjetrepubliken

Die Schaffung politischer Grenzen ging mit der Konsolidierung von Nationalstaaten einher, ein Prozess, den wir historisch im Westeuropa des 19. Jahrhunderts beobachten können. Dagegen waren Mittel- und Osteuropa zu dieser Zeit weniger durch Nationalstaaten geprägt, als durch multi-ethnische Imperien, in denen jedoch Desintegrationsprozesse – meist durch aufkommende Nationalbewegungen – stattfanden (Hartshorne 1938: 202). In einigen dieser Imperien waren die herrschenden ethnischen Gruppen, zumindest kulturell, weniger dominant, in anderen gab es starke dominante ethnische Gruppen: Zum ersteren Typ gehörte das Habsburger Reich, zum letzteren etwa das Russische Zarenreich oder das Osmanische Reich.

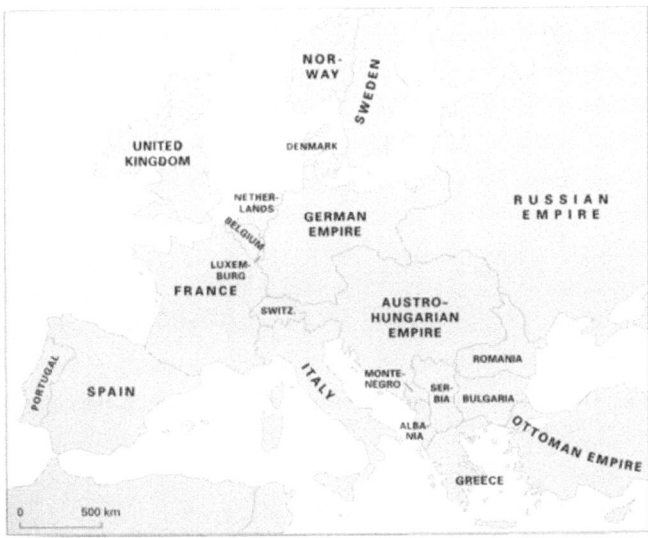

Abbildung 2 The political map of Europe in 1910. (Quelle: Knippenberg/Markusse (1999))

Das Reich der Habsburger zerfällt

Es ist an Symbolik kaum zu übertreffen, dass im August 1914 der Erste Weltkrieg ausgelöst wurde, als ein serbischer Nationalist die Inkarnation des Habsburger Imperiums, Erzherzog Ferdinand und seine Frau, ermordete. So war der Erste Weltkrieg auch die letzte große Konfrontation zwischen den Nationalstaaten und den alten europäischen Imperien, die nach dem Krieg zerbrachen. Durch die Idee des Selbstbestimmungsrechts der Völker, wie es der amerikanische Präsident Woodrow Wilson im Völkerbund festschrieb, entstanden nun auch hier staatliche Gebilde nach dem Muster des Nationalstaats. Aufgrund der ethnischen Gemengelage war dieser Prozess gleichwohl problematisch und das Prinzip des Selbstbestimmungsrechts wurde nicht konsequent durchgehalten, sondern die Grenzen wurden real nach ethnischen, mal nach historischen Kriterien festgelegt (Hartshorne 1938: 108).[11]

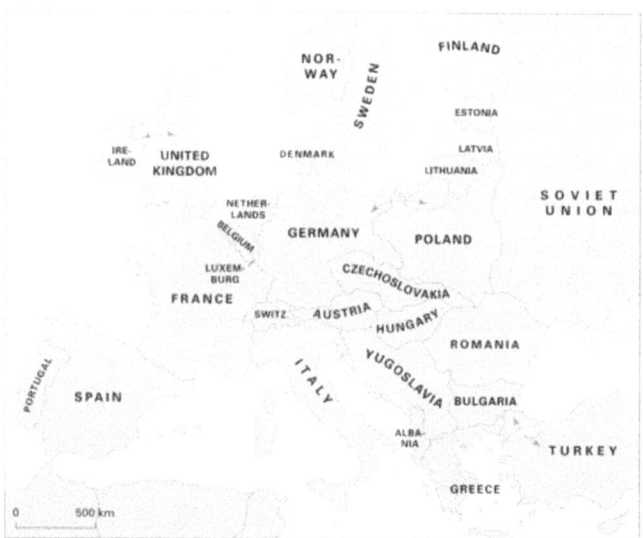

Abbildung 3 The political map of Europe in 1923. (Quelle: Knippenberg/Markusse (1999))

---

11 Auf die Relationen zwischen ethnischen Gruppen und sich bildenden Nationalstaaten in Europa kann in diesem Kontext nicht genauer eingegangen werden; vergleiche hierzu klassisch Antony Smith (1986).

Aus der Habsburger Doppelmonarchie entstand eine stattliche Anzahl neuer Nationalstaaten, deren Grenzen bis zum Zweiten Weltkrieg mehr oder weniger stabil waren. Dazu zählten die Tschechoslowakei, Ungarn, Österreich und das multiethnische Jugoslawien. Aber auch aus dem Russischen Reich entstanden neuen Staaten: Litauen, Lettland, Estland und Finnland. Die Ukraine entstand aus Teilen Habsburgs und Russlands, und zwar zum ersten Mal als Nationalstaat (und zerfiel sogleich wieder). Polen entstand wieder, nachdem es im 19. Jahrhundert als Staat von der Landkarte verschwunden war und zwischen Russland, Habsburg und Preußen – später dem Deutschen Reich – aufgeteilt war.[12] Das Osmanische Reich hinterließ unter anderem – bereits vor dem Ersten Weltkrieg und teilweise in Folge der Balkankriege – Bulgarien, die Türkei und Griechenland; das Zweistromland und die Levante nahmen ihre jeweils eigene Kolonial und Nationalstaatsgeschichte auf. Der Vertrag von Locarno garantierte 1925 nicht nur die deutsche Westgrenze, sondern führte zu einem massiven Bevölkerungsaustausch zwischen Griechenland und der Türkei.

Ungarn – als Teil der Habsburger Doppelmonarchie – erfuhr im Ersten Weltkrieg eine Niederlage und- infolge des am 20. Juni 1920 unterzeichneten Friedenvertrags von Trianon – erhebliche territoriale Verluste. Diese betrugen etwa zwei Drittel des Hoheitsgebietes und der Bevölkerung. Die Tschechoslowakei erhielt die Karpato-Ukraine und weite Teile des heutigen slowakischen Staatsgebietes, Österreich das Burgenland, das Königreich der Serben, Kroaten und Slowenen erhielt die Gebiete Kroatien, Slawonien und Teile des Banats. Rumänien erhielt den Rest des Banats und Transsilvanien. Damit lebten fortan mehr als drei Millionen Ungarn außerhalb der ungarischen Staatsgrenzen.[13] Mit der Gründung der Tschechoslowakei wurde zudem eine deutsche Minderheit geschaffen, der mehr als drei Millionen Menschen angehörten (Hartshorne 1938: 189).

---

12 Zarycki und Nowak (Zarycki 1999; Zarycki/Nowak 2000) weisen darauf hin, dass sich die Grenzen der ehemaligen Teilungsgebiete (Preußen, Russland und Habsburg) auch heute noch in Polen ablesen lassen, z. B. am Wahlverhalten oder der Wirtschaftsstruktur. Besonders deutlich werden diese Unterschiede in einer kleinräumlichen Betrachtungsweise: Die Region Oberschlesien war im „langen 19. Jahrhundert" zwischen den drei Teilungsmächten aufgeteilt, und auch hier lassen sich diese institutionellen Erbschaften nachweisen (Cybula 2004).

13 Der ungarische Revisionismus, der in den 1920er Jahren seinen Anfang nahm, zielte bekannter Weise auf die Wiederherstellung der „territorialen Integrität" des Landes, d. h. auf die Wiederherstellung der Grenzen von 1914 (Kovács 1989; Kovács-Bertrand 1997), war jedoch nicht erfolgreich.

Die neuen Grenzen Russlands

Das Russische Reich kollabierte 1917 politisch. Im März 1918 wurde der Friedensvertrag von Brest-Litowsk zwischen den Vertretern der Mittelmächte und dem nun bolschewistischen – Russland geschlossen. Russland verzichtete auf Gebietsansprüche in Finnland, im Baltikum, in Polen, Weißrussland, der Ukraine und Teilen des Kaukasus. Ein Großteil der Gebiete sollte dem Deutschen Reich und Habsburg zugesprochen werden. Der Vertrag währte nur wenige Monate, da das Deutsche und das Habsburger Reich kapitulierten. Im Friedensvertrag von Rapallo (1922) akzeptierte Deutschland die Aufhebung des Vertrages. Jedoch war es sowohl den drei baltischen Staaten und Polen als auch Finnland gelungen, unabhängig zu werden. Weißrossland und die kurzzeitig unabhängige Ukraine wurden in kriegerischen Auseinandersetzungen zwischen Polen und Russland aufgerieben. Weißrussland und die Westukraine kamen unter polnische Herrschaft, die östliche Ukraine wurde besetzt und dann Teil der Sowjetunion.

Die Oktoberrevolution 1917 gab zunächst einen politischen Impuls für nationale Selbstbestimmung (Anderson 1996: 39). Nach dem Ende des Bürgerkrieges wurde 1922 schließlich die Sowjetunion gegründet, die das Erbe des multiethnischen Zarenreichs antrat und die Russische Föderation, die Ukraine, Weißrussland und die Transkaukasische Republik (Aserbaidschan, Armenien und Georgien) umfasste. Hier wurden Grenzen also nicht durch den Zerfall, sondern durch den (Neu-) Aufbau eines Imperiums neu gezogen. Gemäß der kommunistischen Ideologie spielten Grenzen keine Rolle, da sie als temporär angesehen wurden. Zudem wurde behauptet, zwischen sozialistischen Staaten könne es keine Grenzkonflikte geben (Forsberg 1995: 9). In der sowjetischen Verfassung von 1936 (und bestätigt in der Breschnewschen Verfassung von 1977) wurde das Recht zum Austritt von Republiken aus der Sowjetunion festgeschrieben, war jedoch faktisch nicht möglich (Anderson 1996: 39).

Doch auch das restliche Europa kam nicht zur Ruhe, die politische Stabilität der vielen neuen Demokratien wurde durch Arbeitslosigkeit und politische Unruhen geschwächt. Nach einer kurzen Zeit demokratischer Freiheiten kam 1926 in Polen das autoritäre Regime von Pilsudski an die Macht; Bulgarien, Rumänien und Jugoslawien nahmen ähnliche politische Entwicklungen. In Spanien kam nach einem dreijährigen „Stellvertreterbürgerkrieg" zwischen den von der UdSSR unterstützten linken Republikanern und den von Deutschland und Italien unterstützten Faschisten Franco an die Macht (1939).

Unter neuen politischen Vorzeichen bewegten sich Europas Grenzen von neuem, in einem langsam beginnenden Zweiten Weltkrieg. Mit dem Ende der Weimarer Republik und dem Erstarken des Dritten Reiches änderte sich die deutsche Außenpolitik grundlegend. Basierend auf der Rassenideologie, dass die überlegene „germanische Rasse" die „slawischen Völker" unterwerfen müsse, um damit „Lebensraum im Osten" zu schaffen, begann eine gnadenlose Expansion Deutschlands in den Osten Europas. Anfang 1938 wurde der „Anschluss" Österreichs an das Deutsche Reich vollzogen. Nach dem Abkommen von München (1938) annektierte Deutschland das Sudetenland; die Slowakei und die Karpato-Ukraine wurden zunächst autonom.[14] Der am 23. August 1939 geschlossene Nicht-Angriffs-Pakt (Hitler-Stalin-Pakt) zwischen dem Dritten Reich und der Sowjetunion enthielt ein geheimes Zusatzprotokoll,[15] in dem Finnland, Estland, Lettland, Litauen, Polen und Rumänien in Einflusssphären eingeteilt wurden.[16] Kaum mehr als eine Woche später begann mit dem Angriff Deutschlands auf Polen der Zweite Weltkrieg, in dessen Verlauf diese Staaten abwechselnd von Deutschland und der Sowjetunion besetzt wurden und – bis auf Finnland, das mit territorialen Verlusten davon kam – schließlich im Einflussbereich der Sowjetunion landeten oder von ihr – als Sowjetrepubliken – geschluckt wurden. Mit dem „Unternehmen Barbarossa" rollte die deutsche Kriegsmaschine über die Sowjetunion hinweg; mit der Kapitulation der Wehrmacht vor Stalingrad gelang es der Sowjetunion wieder, Stück für Stück die Front durch das verwüstete Osteuropa zurückzudrängen.

Der Zerfall des Habsburger Reiches und die neuen Grenzen Russlands zeigen zweierlei deutlich: Jede politische Grenze begrenzt Macht, ist aber gleichzeitig Aufforderung, sie machtvoll zu überschreiten. Die unüberschaubare Vielfalt historischer Grenzen Europas gibt dabei für jede erdenkliche Grenzstrukturierung historische Legitimationen ab.[17] Gerade der Vergleich historischer Karten zwischen 1914 und 1923 zeigt, wie kurz oft der Traum von der immer währenden Staatlichkeit gerade im Osten Europas war, und das völlig unabhängig von der jeweils historischen Begründung der Grenzverläufe.

---

14 1939 besetzte Ungarn die Karpato-Ukraine; die Slowakei war von Deutschland abhängig und trat – zusammen mit Rumänien und Ungarn- 1941 auf deutscher Seite in den Krieg ein.

15 Die sowjetische Regierung verleugnete bis Ende der 1980er Jahre die Existenz des Geheimprotokolls.

16 Die baltischen Staaten hatten 1932 Nicht-Angriffspakte mit der UdSSR geschlossen. Nach Abschluss des Hitler-Stalin-Paktes wurden die Staaten zur Einräumung von Stützpunkten für die Rote Armee gezwungen. Die durch sowjetische Beauftragte geführten Kabinettsumbildungen und gelenkte Wahlen führten zu Aufnahmeanträgen der Staaten in die UdSSR, die im August 1940 umgesetzt wurden.

17 Murphy (1990) weist darauf hin, dass historische Legitimationen für Grenzveränderungen die einzigen international anerkannten Strategien sind.

Wenn also Grenzen ordneten, dann in dieser Phase Europas vor allen Dingen, wo der nächste Angriff auf sie erfolgen sollte.

Der Zweite Weltkrieg und die Zweiteilung Europas

Nach dem Zweiten Weltkrieg wurde- beginnend mit den Konferenzen in Teheran (1943) und Jalta (Februar 1945) sowie der Potsdamer Konferenz (17. Juli bis 2. August 1945) – versucht, Europas Grenzen neu zu stabilisieren.[18] Deutschland wurde geteilt; Polen ein Stück nach Westen versetzt. Weißrussland, die Ukraine und die baltischen Staaten wurden endgültig der UdSSR einverleibt. Es entstand eine Systemgrenze entlang der Elbe, Saale und Leitha (Bérend 1986). Mit der Gründung der NATO (1949) und des Warschauer Paktes (1955) verhärtete sich diese Blockgrenze quer durch Europa. Sie sollte besonders stark trennen, da sie nicht nur Staaten, sondern zwei verfeindete Militär- und Wirtschaftsblöcke teilte (Kolossov/O'Loughlin 1998: 260) und der Marker für konkurrierende politische Projekte war (Baud/van Schendel 1997). Die Teilung des Kontinents verschob weite Teile Mitteleuropas in den „neuen Osten", der durch das politische Diktat Moskaus bestimmt war. Die Geopolitik des Kalten Krieges sorgte damit dafür, dass Westeuropa synonym wurde mit „Europa" und damit die Staaten hinter dem Eisernen Vorhang von einer europäischen Identität ausgeschlossen wurden (Hay 2003).

---

18 In Teheran wurde die polnische Ostgrenze (entlang der Curzon-Linie)vereinbart, in Jalta zusätzlich die neue polnische Westgrenze, und in Potsdam wurde über die Aufteilung Deutschlands entschieden.

Wenn Grenzen wandern ...

Abbildung 4 The political map of Europe during the Cold War (1945-1989). (Quelle: Knippenberg/Markusse(1999))

Polen: eine alte Nation auf neuem Territorium

Vor dem Zweiten Weltkrieg war Polen ein multi-ethnischer Staat. Im Jahr 1931 machten Polen knapp 70 Prozent der Gesamtbevölkerung aus, die Minderheiten umfassten 2,2 Prozent Deutsche, 8,5 Prozent Juden und 15 Prozent Ukrainer (Davies 1981: 406).[19]

Durch den Verlauf des Zweiten Weltkrieges und die Westverschiebung der polnischen Ostgrenze wurden historisch multi-ethnische Gebiete geteilt und entmischt. Dies wird besonders deutlich im historischen Ostgalizien[20]

---

19 Der polnische Zensus von 1931 legte die ethnische Zugehörigkeit nach der Sprache fest.

20 Ostgalizien und Wolhynien gehörten zum polnisch-litauischen Großreich und nach den polnischen Teilungen zum Habsburger Reich. Es sind Gebiete, auf die sowohl ukrainische Nationalisten als auch Polen Anspruch erhoben. Diese Gebiete kamen nach dem Ersten Weltkrieg als vier Wojewodschaften (Lwów, Stanisławów, Tarnopal und Wolyn) zu Polen und wurden nach dem Hitler-Stalin-Pakt in die Sowjetunion einver-

mit seiner Hauptstadt Lemberg[21] das vor allem von Polen, Ukrainern und Juden besiedelt war.[22] Durch den Holocaust war die jüdische Bevölkerung zum größten Teil vernichtet worden. Neben den Verlusten durch den Zweiten Weltkrieg und durch den Holocaust wurden von 1943 bis 1947 zwischen 50.000 und 100.000 Polen und Ukrainer getötet und etwa 1,5 Millionen Polen und Ukrainer wurden gezwungen, ihr Zuhause zu verlassen. Die polnischen und sowjetischen- kommunistischen – Regierungen verfolgten nach dem Krieg und der Grenzziehung auf ihrem Territorium eine strikte Homogenisierungs-Politik (Snyder 1999; Wolczuk 2002).

Dem Bevölkerungsaustausch ging ein polnisch-sowjetischer Grenzvertrag voraus, der den meisten Polen nicht akzeptabel erschien. Ein geheimes Abkommen (1944) verschob die sowjetische Grenze erneut gen Westen- wie 1939 -und „entfernte" damit etwa 85 Prozent der in Polen lebenden Ukrainer. Lediglich 700.000 blieben zurück, was etwa drei Prozent der gesamten Bevölkerung auf polnischem Staatsgebiet entsprach. Die sowjetische Führung verlangte deren Deportation in die Sowjetunion. Die Sowjetunion und Polen schlossen ein Abkommen, das zugleich die „Evakuierung" von Polen und Juden aus dem nun sowjetischen Gebiet vorsah (Snyder 1999: 101-102). Während die meisten Polen die Sowjetunion „freiwillig" verließen, waren die Ukrainer in Polen weniger gewillt, in die Sowjetunion zu gehen. In Polen führten jedoch interne Machtverschiebungen zugunsten der Kommunisten dazu, dass die Ukrainer zum Weggang gezwungen wurden. Während der gesamten Phase der Rückführungen zwischen Oktober 1944 (Rückzug der Wehrmacht) und Juni 1946 wurden 482.000 Ukrainer in die Sowjetunion umgesiedelt, ca. 300.000 von ihnen unter direktem Zwang (Snyder 1999: 108). Es blieben aber Ukrainer in Polen zurück, die – vor allem im Jahr 1947 – auf das gesamte neue polnische Staatsgebiet verteilt wurden. Viele von ihnen wurden in der so genannten „Operation Weichsel" in den neu hinzugewonnenen und aufgrund der Vertreibung der deutschen Bevölkerung relativ leeren westlichen Gebieten angesiedelt. Diese Umsiedlung betraf etwa 140.000 Personen, die – häufig nur aufgrund ihres Nachnamens – als Ukrainer bezeichnet wurden (Snyder 1999).

Das zweite – vielleicht bekanntere -Beispiel ist die Vertreibung der deutschen Minderheit, d.h. der insgesamt etwa sieben bis acht Millionen Menschen aus Ost-

---

leibt. Heute sind es die Oblasti L'viv, Ivano-Frankivsk, Ternopil', Volhynia und Rivne in der unabhängigen Ukraine (Snyder 1999: 88).

21 Polnisch: Lwów, Ukrainisch: L'viv.

22 Die Bevölkerung der großen Städte war polnisch und die Kleinstädte waren jüdisch geprägt, während die Ukrainer vorwiegend als Bauern auf dem Land lebten (Davies 1981: 507; Magocsi 1997: 424 ff.; Kappeier 2000: 148 ff.).

und Westpreußen, Pommern und Schlesien. Insgesamt entsprach dieses Vorgehen der vorherrschenden Idee und den Zielen der Alliierten, das „Problem" nationaler Minderheiten durch Vertreibung und Deportation zu lösen (Henke 1985: 55). Polen wurde damit ein sehr homogener Nationalstaat, in dem fortan etwa 98 Prozent der Bevölkerung Polen waren. Alle Minderheiten, die seit Jahrhunderten hier gelebt hatten- vor allem Ukrainer, Juden und Deutsche -waren entweder vertrieben oder vernichtet worden.

Der Ost-West-Konflikt und Deutschland

Der Zweite Weltkrieg führte zu einer „Re-Imperialisierung" Europas. Die Sowjetunion dehnte sich westwärts aus und schluckte zum Beispiel die Ukraine und die baltischen Staaten, gewann Gebiete im Süden (Bessarabien) und im Kaukasus hinzu, und zwang formal unabhängige Nationalstaaten in ihren Einflussbereich. Die Ausweitung des sowjetischen Modells auf die neuen Satellitenstaaten in Mittel- und Osteuropa brachte jedoch keinen Abbau oder eine Durchlässigkeit der nationalstaatlichen Grenzen innerhalb des „Ostblocks" mit sich. Im Gegenteil: ein zweiter Eiserner Vorhang verlief an der polnischen Ostgrenze (Wolczuk 2002) und verringerte direkte menschliche Kontakte zwischen den nunmehr ethnisch stark entmischten Gebieten auf ein Minimum. Zugleich wurden den mittel- und osteuropäischen Staaten ähnliche politische und ökonomische Institutionen aufoktroyiert. Da diese jedoch auf vorhandene Systeme, Interessen und Praxen stießen, unterschieden sie sich unter einer homogenen Oberfläche vom „Mutterland" Sowjetunion und beschritten eigene Entwicklungspfade. Dies bedeutet gleichwohl nicht, dass keine Homogenisierung stattfand. Einige Autoren reden vom Entstehen einer „sozialistischen Blockkultur" (Sztompka 1993).

Auf der anderen Seite – westlich der Elbe-Saale-Leitha-Linie – wurde in den 1950er Jahren die Europäische Gemeinschaft (EG) gegründet, der sukzessive (fast) alle westeuropäischen Staaten beitraten, und innerhalb derer die staatlichen Grenzen hinsichtlich der Mobilität von Menschen, Kapital und Gütern immer durchlässiger wurden. Ein Teil der EG-Staaten schloss 1985 das Schengener Abkommen, das den Abbau von Binnengrenzen zwischen den teilnehmenden Staaten vorsieht. Weiterhin wurden Mitgliedschaftsrechte von Personen, die sich von einem Nationalstaat in den anderen bewegten, erweitert. Zwischen 1952 und 1986 verdoppelte die EG sowohl ihr Territorium als auch ihre Bevölkerung.[23]

---

23 Diese Erweiterungsschritte waren (Territorium in 1.000 km^2 und Bevölkerung in 1.000): 1952 Belgien, Deutschland, Frankreich, Italien, Luxemburg, Niederlande

Die neu geschaffene Systemgrenze zwischen den beiden Imperien verlief mitten durch Deutschland, entlang der Elbe. Auf beiden Seiten waren der Aufbau und die Festigung der Grenze mit einem Systemwechsel verbunden, was sich auch in der Wahrnehmung der Menschen (vor allem der Bewohner der Grenzgebiete auf beiden Seiten) zeigte. Die deutsch-deutsche Grenze blieb einige Zeit- für Pendler, Händler etc. -relativ durchlässig. Eine richtige Grenze entstand mit der Einführung einer eigenen Währung in den westlichen Besatzungszonen (Schubert 1991).[24] In den Grenzgebieten der DDR wurde die Grenze allerdings nur als Teil allgemeiner Einschränkungen des Alltags wahrgenommen. Ab 1952 übernahmen Einheiten der DDR die Grenzsicherung (Schubert 1991: 191)[25] Die Grenze wurde verstärkt, um eine Massenflucht in die westlichen Gebiete zu verhindern. Eine weitere Reaktion darauf war der Bau der Berliner Mauer im August 1961. Die Grenze – und die Berliner Mauer – wurden seitens der DDR jedoch als „antifaschistischer Schutzwall" interpretiert.

Auf beiden Seiten dieses „Schutzwalles" entwickelten sich voneinander abweichende Gesellschaften, die sich vor allem hinsichtlich der Rolle des Staates in der Wirtschaft und im Privatleben der Menschen unterschieden. Die Solidargemeinschaften bezogen sich fortan auf den jeweils in anderer Art und Stärke umverteilenden und „fürsorglichen" Staat und die von ihm umfassten Menschen. Daraus folgte, dass sich unterschiedliche Wertstrukturen und Erwartungen an den Staat und die Solidargemeinschaft entwickelten (Mühlberg 2002; Ahbe 2004). Dass die damit einhergehenden Identitäten als „Bürger/in der BRD" oder „Bürger/in der DDR" neben die Identität als „Deutsche" traten, zeigen Umfragen aus den späten 1980er Jahren (Woderich 1997; Kaina 2002).

Die Zeit hyperstabiler Grenzstrukturen nach dem Zweiten Weltkrieg markierte wohl eine Ausnahme in der Geschichte politischer Grenzen Europas. Aufgrund des Systemgegensatzes zwischen Kapitalismus und Kommunismus, der schließlich zur weltweiten atomaren Hochrüstung führte, waren Grenzfragen für alle politischen Akteure ein Tabuthema. Zugleich wurden die institutionellen Grenzen durch ein klassisches Freund-Feind-Denken stabilisiert. Dies führte auch zur Her-

---

(1.164; 152.692); 1973 Dänemark, Irland, Großbritannien (1.528; 254.952); 1981 Griechenland (1.661; 270.749); 1986 Spanien, Portugal (2.258; 321.625); Daten des Statistischen Bundesamtes für die jeweiligen Jahre, teilweise eigene Berechnung.

24   Den Bedeutungszuwachs der Grenze (und die Tatsache, dass sich beide Seiten langsam zu unterscheiden begannen) markierte der Anstieg des Schmuggels.

25   Bewohner der Sperrzone, die auf der DDR-Seite fünf Kilometer betrug, mussten sich gesondert registrieren lassen und durften Besucher nur mit Sondergenehmigungen empfangen. Menschen, die als „unzuverlässig" eingestuft wurden, wurden 1952 und erneut 1961 zwangsweise umgesiedelt.

ausbildung zweier unterschiedlicher staaten-übergreifender Verteidigungsgemeinschaften im Osten und Westen Europas.

Der Niedergang der kommunistischen Welt und die Ostexpansion der Europäischen Union

Der Zerfall der Sowjetunion und die Öffnung des Ostblocks brachten am Ende des 20. Jahrhunderts erneute Veränderungen, von welchen die Kriege in Ex-Jugoslawien wohl die deutlichsten sind. Eine Anzahl neuer (und zum Teil alter) Nationalstaaten entstand. Auf der Landkarte entdeckt man wieder Estland, Lettland, Litauen, die Ukraine, Belarus, Armenien, Aserbaidschan, Slowenien, Kroatien, Bosnien-Herzegowina, Jugoslawien und Mazedonien, seit 1993 auch Tschechien und die Slowakische Republik.

All diese Veränderungen lösten – zusammen mit weiteren politischen und ökonomischen Faktoren – erneut Wanderungen aus. Einige dieser Migrationsbewegungen lassen sich wieder einmal in der Geschichte Europas als „ethnische Entmischung" (Brubaker 1998) fassen, d.h. Angehörige ethnischer Minderheiten immigrieren in ihr „Mutterland".[26] Dies gilt vor allem für deutsche Spätaussiedler, ethnische Ungarn aus Rumänien und der Slowakei sowie für die russischen Minderheiten, die sich nach dem Zerfall der Sowjetunion außerhalb der Grenzen der Russländischen Föderation wieder fanden. Weiterhin wurden Grenzen verfestigt und aufgewertet, die zuvor zwar auf dem Papier vorhanden waren (z.B. administrative Grenzen innerhalb der Sowjetunion), aber keine wirkliche Bedeutung für das Alltagsleben der Menschen hatten. Beispiele sind die ukrainisch-russische Grenze, die Grenze zwischen Tschechien und der Slowakei, Grenzen innerhalb des früheren Jugoslawiens oder das Gebiet Kaliningrad, das sich seit 2004 als russische Exklave mitten in der EU befindet.

---

26 Diese Wanderungsbewegungen hatte es auch während der sozialistischen Zeit gegeben, jedoch in weit geringerem Ausmaß und unter anderen (rechtlichen) Rahmenbedingungen.

Abbildung 5 The political map of Europe in 1999. (Quelle: Knippenberg/Markusse (1999))

Die Ukraine. „Ein west-östlicher Bruderstaat"

Nach dem Zerfall der Sowjetunion wurden die vormals lediglich administrativ relevanten Binnengrenzen zwischen einzelnen Teilrepubliken zu internationalen Grenzen. Ein Beispiel dafür ist die russisch-ukrainische Grenze, die durch ein ethnisch gemischtes, aber kulturell relativ homogenes Gebiet verläuft. Auf internationalen Druck- vor allem seitens der Europäischen Union – wurde sie gefestigt.[27] 2003 unterzeichneten die Ukraine und Russland einen Grenzvertrag. Die Ukraine wurde zum östlichen *cordon sanitaire* der erweiterten EU, so dass die EU nun ein Interesse an der Sicherung der Ostgrenze dieses Landes hat und sich technisch und finanziell an deren Festigung beteiligt (Zhurzhenko 2004: 219-220). Ukrainische Autoren argumentieren, dass die negativen Konsequenzen der Schengen-Grenze an der westlichen Grenze der Ukraine nur gemildert werden können, indem man eine normale Grenze mit Russland errichtet (vgl. Zhurzhenko 2004: 221); also eine gesicherte Grenze, die internationalen Standards entspricht und nicht- so wie

---

27 Diese Grenze gilt als eines der Haupteinfallstore illegaler Migranten und Migrantinnen Richtung Europäische Union (Zhurzhenko 2004: 210).

Russland das gerne hätte – eine mehr oder weniger offene. Für viele Ukrainer wäre dies ein Zeichen eigener Staatlichkeit. Dies bedeutet aber auch eine geopolitische Entscheidung, die in der Ukraine nicht unumstritten ist.

Die neue Grenze ist untrennbar verbunden mit sozialem und institutionellem Wandel, der nach der Auflösung der Sowjetunion verstärkt in Gang gesetzt wurde. Aufgrund der unterschiedlichen Geschwindigkeit der wirtschaftlichen Reformen, der zunehmenden Verschiedenheit der Rechtssysteme und sich widersprechender geopolitischer Ausrichtungen wird die Grenze im Sinne einer Barriere relevanter (Zhurzhenko 2004: 211). Je nachdem, ob Menschen den Wandel positiv oder negativ beurteilen, fällt auch ihre Bewertung der Präsenz und der Funktion der Grenze positiv oder negativ aus. Negative Einschätzungen führen zu einer Idealisierung der sowjetischen Vergangenheit sowie der Situation der neuen Nachbarn auf der anderen Seite der Grenze, an deren relativen Wohlstand man nicht teilhaben kann (Zhurzhenko 2005). Die Grenze wird also nicht nur zwischen zwei Ländern etabliert, sondern auch zwischen Gegenwart und Vergangenheit. Die Grenze erhält damit eine reale und eine symbolische Bedeutung (Zhurzhenko 2004). Der politische Status der Grenze ist zwischen beiden Staaten nicht unumstritten. Die russische Seite zögerte die Demarkation hinaus und möchte heute die Grenze so offen wie möglich halten. Die ukrainische Seite dagegen war stärker an einer Verhärtung der Grenze interessiert. Hier ist der Status der Grenze (ähnlich wie der Status der russischen Sprache) eng mit der Legitimität des neuen ukrainischen Staates verbunden (Zhurzhenko 2004: 209). Für die Ukraine trägt das Problem der ungeregelten Ostgrenze zur allgemeinen geopolitischen Situation des Landes bei, das zwischen Ost und West zerrissen scheint.

Diese Entwicklungen gehen auf beiden Seiten mit Nationenbildungsprozessen einher. Dazu zählen Veränderungen im Bildungswesen, administrative Reformen, die die symbolischen Verbindungen zum (neuen) Staatsgebiet verändern (Zhurzhenko 2005). Die Grenze macht immer das Anderssein deutlich, so dass es tatsächlich zu Abgrenzungsprozessen kommt: „wir" und „die dort drüben". In diesem Prozess werden „Sowjetmenschen" zu Ukrainern und Russen. Dabei, so argumentiert Zhurzhenko, ist dieser Übergang für Russen leichter, da der russische offizielle Identitätsdiskurs auf die Kontinuität russischer Staatlichkeit und Geschichte setzt und nicht radikal mit sowjetischen Narrativen und Symbolen bricht. Dagegen geht der ukrainische Identitätsdiskurs von einem Bruch mit der Sowjetunion aus: „To make Ukrainians, one has to unmake Soviets, (...) [while] the making of Russians does not require the unmaking of Soviets." (Zhurzhenko 2005)[28]

---

28 Diese Unterschiede manifestieren sich bspw. in den historischen Museen auf beiden Seiten der Grenze. In Russland bleiben die sowjetischen Teile der Ausstellungen un-

Der Diskurs über die ukrainisch-russische Grenze ist in den beiden betroffenen Staaten facettenreich. Für russophile Ukrainer und „imperialistische" Russen ist sie das Ergebnis eines „tragischen Unglücks" in der gemeinsamen Geschichte der ostslawischen Völker (Zhurzhenko 2004: 223). Viele russische Akteure können die Ukrainer nicht als eine eigene Nationalität mit legitimen Grenzen denken. Als „Kleinrussen" gehören sie untrennbar zur russischen, respektive orthodox-slawischen oder eurasischen Zivilisation (Zhurzhenko 2004: 226). Die alte Ideologie der „slawischen Bruderschaft", die auch von den Sowjets genutzt wurde, lebt hier fort. Für Anhänger des ukrainischen Nationalstaates ist die Grenze dagegen die Trennlinie zwischen zwei verschiedenen ethnischen und historischen Gebilden (Kolossov/O'Loughlin 1998: 268)[29]

An der ukrainischen Westgrenze dagegen kam es zur Annäherung an Polen, was sich zunächst wegen der oben geschilderten Grausamkeiten und Vertreibungen während des Zweiten Weltkriegs als schwierig erwies. Auf pragmatischer Ebene kam man jedoch voran (Snyder 1999): Reisen wurden erleichtert, verschiedene Formen der grenzüberschreitenden Zusammenarbeit wurden initiiert. Auf staatlicher Ebene wurden verschiedene Abkommen über die Unveränderbarkeit der Grenzen und ein Vertrag über gute Nachbarschaft geschlossen (Burant 1993: 408 u. 412). Ab 2004 wurde die Lage durch Polens Aufnahme in die EU wieder problematischer, da die polnisch-ukrainische Grenze nun eine EU-Außengrenze ist.

Deutschland: Getrennt vereint?

Obwohl die Wiedervereinigung Deutschlands in der Bundesrepublik immer als Ziel formuliert wurde und sogar im Grundgesetz verankert war, war für die Bevölkerung die Grenze zwischen den beiden Teilstaaten normal geworden.[30]

Besonders die nach dem Krieg geborene Generation empfand sie als „quasinatürlich" und stellte sie auch selten in Frage (Kaina 2002)[31] Wie bereits erwähnt,

---

angetastet, während man in der Ukraine bemüht ist, diese zu reorganisieren und der aktuellen Geschichtsschreibung anzupassen.

29 Ein kurzer Überblick über die Entstehung des Einheits-Paradigmas findet sich bei Kohut (2001); die unterschiedlichen historischen Diskurse in Russland und der Ukraine bezüglich der „gemeinsamen" Geschichte beschreibt u.a. Plokhy (2001).

30 Auf solche Prozesse hat bereits Hartshorne (1938: 199) hingewiesen: „given time, man can accommodate his life even to the most illogical political boundary."

31 1979 sahen mehr als die Hälfte der 14-29jährigen Bundesbürger die DDR als „Ausland", 1984 verbanden zwei Drittel der bis 25jährigen Bundesbürger mit „Deutsch-

hatten sich – trotz des offiziellen Festhaltens an der deutschen Einheit – zwei unterschiedliche Solidargemeinschaften herausgebildet.

Die Wiedervereinigung, die der friedlichen Revolution in der DDR folgte, hatte unterschiedliche Auswirkungen auf beide Teilgesellschaften. Für die meisten Menschen im Westen des Landes änderte sich zunächst wenig (Kaina 2002). Dagegen wurde dem Osten – und seiner Bevölkerung – eine fremde institutionelle Ordnung übergestülpt, was zu Fremdheitserfahrungen führte: Die Ostdeutschen „ließen ihre Heimat hinter sich, gerieten in einen fertigen Staat, in eine gesetzte Gesellschaft, die nicht auf sie gewartet hatte, die sie kaum mitgestalten konnten, in die sie sich einzupassen hatten. Wie typische Immigranten waren die Ostdeutschen anfangs orientierungs- und weitgehend mittellos. Sie hatten hohe Erwartungen, durchliefen Begeisterung und Enttäuschung. Das Außergewöhnliche ihres Migrantendaseins ist bloß, dass sie ausgewandert sind, ohne sich fortbewegt zu haben. Das neue Land ist zu ihnen gekommen, nicht umgekehrt." (Staud 2003)

Die Feststellungen, die oben bereits für das Entstehen der russisch-ukrainischen Grenze getroffen wurden, gelten also in umgekehrter Weise für den Wegfall der deutsch-deutschen Grenze nach 1989. Der Wegfall der Grenze bedeutet hier die – schlagartige – Übernahme einer neuen politischen und ökonomischen Ordnung, die in jeden Lebensbereich eingreift. Außerdem wurde das DDR-spezifische kulturelle, ökonomische, humane und soziale Kapital entwertet. Damit einher ging ein Kulturschock, der – gestärkt durch weitere Faktoren zur (N-)Ostalgie beitrug. Man könnte diese Prozesse treffend als eine Ethnisierung der Ostdeutschen bezeichnen.[32]

Die Diskussion um die innere Einheit Deutschlands umfasst zwei Perspektiven: die Identitätsfunktion und die Solidaritätsfunktion der neuen Grenzen, die sich aber gegenseitig beeinflussen. Die „Solidargemeinschaft DDR" hatte bestimmte Werte hervorgebracht, zu denen vor allem Arbeit, Gerechtigkeit und Anerkennung zählten. Im Zuge der Wiedervereinigung treten diese im öffentlichen Diskurs aber meist als Transfer- und Alimentierungsthemen auf (Reißig 1999). Außerdem nehmen sich viele ehemalige DDR-Bürger heute als Bürger zweiter Klasse wahr, was die Befragten vor allem durch ökonomische Benachteiligungen begründen.[33]

---

land" nur die Bundesrepublik und 1984 wurden die DDR und die BRD von mehr als der Hälfte nicht mehr als Nation gesehen (Woderich 1999).

32 Ende der 1990er Jahre bezeichneten sich mehr als drei Viertel der Einwohner der neuen Bundesländer in Umfragen als „Ostdeutsche" (Staud 2003). Die Herausbildung der ostdeutschen Identität beschreiben Ahbe (2004) und Woderich (1997; 1999).

33 Dieser Anteil sank von 1990 (85 Prozent) bis 1995 (69 Prozent), nahm danach aber wieder deutlich zu und stieg auf über 80 Prozent. Dabei fand ein Bedeutungswandel statt: Anfangs sahen die Befragten die Gründe für die Benachteiligung primär im

Die estnisch-russische Grenze: Kontinuität ohne Staat

Die estnisch-russische Grenze ist ein Beispiel dafür, wie die Grenze und der Nationalstaat rekonstruiert werden, um historische Kontinuität herzustellen.[34] Interessant ist im estnischen – ähnlich wie im lettischen und abgeschwächt auch im litauischen – Fall, dass die Staaten formal nicht neu gegründet, sondern nur – aus der Zwischenkriegszeit – wieder belebt wurden. So feierte Estland 1993 den 75. Jahrestag der Staatsgründung (1918), gerade so, als ob die Sowjetzeit nie existiert hätte (Merritt 2000: 245). Das Land versteht sich weder als ein neuer Staat noch als ein Nachfolgestaat der Sowjetunion, da es in diesem Verständnis nie legitimer Bestandteil der Sowjetunion war, sondern de jure als unabhängiger Staat weiter existiert hatte.[35] Auf diesem Prinzip beruhen auch die estnischen Staatsangehörigkeitsgesetze: Die Gesetze von 1940 galten weiter, und somit war die sowjetische Staatsangehörigkeit, die den Esten nach 1940 verliehen wurde, rechtlich ungültig (Gilly 1995: 608). Anfangs konnten so nur jene Personen, die ihre Abstammung auf das Vorkriegs-Estland nachweislich zurückführen konnten, automatisch die estnische Staatsangehörigkeit erhalten.[36] Der Rest, vor allem russischsprachige Einwanderer, die zu Beginn der 1990er Jahre ein Drittel der Bevölkerung ausmachten, wurde zu „zu naturalisierenden Personen" (Berg/van Meurs 2002). Jedoch ist fast die Hälfte von ihnen staatenlos, da sie auch nicht die russische Staatsangehörigkeit haben (Aasland/Fl0tten 2001: 1024).[37]

---

vergangenen DDR-Regime, während später sozio-ökonomische Benachteiligungen relevant wurden (Woderich 2000).

34 Nach der Erlangung der estnischen Unabhängigkeit (1991) gab es lange Zeit keinen Grenzvertrag zwischen Estland und Russland. Die estnische Regierung bestand darauf, dass der Friedensvertrag von Tartu (1920) als Ausgangspunkt aller Verhandlungen dienen müsste. Hierin war Estland mehr Territorium zugesprochen worden als im Vertrag von Brest-Litowsk, dessen Grenzfestlegung die heutigen Grenzen der Republik Estland bestimmt.

35 Dabei stützt man sich auf die Tatsache, dass die Eingliederung in die Sowjetunion erzwungen war und gegen das Völkerrecht verstieß. Hierbei spielten vor allem die USA eine große Rolle, die gemäß der Stimpson-Doktrin die Eingliederung aller drei baltischen Staaten in die Sowjetunion ausdrücklich nicht anerkannten (Hughes 2005: 747).

36 Lettland, das eine noch größere russischsprachige Minderheit hat, hat eine ähnlich exklusive Politik implementiert, während Litauen, wo die russischsprachige Bevölkerung bei Erlangung der Unabhängigkeit weniger als zehn Prozent betrug, eine inklusive Politik betrieb, bei der alle registrierten Bewohner des Landes automatisch die Staatsbürgerschaft erhielten (Barrington 1995: 733-735).

37 Im Jahr 1934 – also vor der Annexion durch die Sowjetunion- bestand die Bevölkerung Estlands zu fast 90 Prozent aus Esten, nur etwa 8 Prozent waren russischsprachi-

Die Grenzen sind ein Symbol für die staatliche Kontinuität und für die Abgrenzung von Russland und der sowjetischen Phase. Besonders in Estland bestanden aber auch schon zu sowjetischer Zeit innere Grenzen, die zwischen dem „wir" und „ihr" trennten und die russischsprachige Bevölkerung quasi als Agent des sowjetischen Staates zu „Anderen" erklärten, von denen sich die Esten nach der Unabhängigkeit offiziell entsolidarisierten.[38]

Für Estland, wie auch für die anderen Republiken, hat die Zugehörigkeit zur Sowjetunion doch nachhaltigen Einfluss ausgeübt, und zwar umso stärker, je länger das Gebiet zur Sowjetunion gehörte. Dafür ist nicht die einfache Dauer ausschlaggebend (z. B. mehr als 70 Jahre im Falle der Ostukraine und 45 Jahre im Falle der Westukraine). Vielmehr spielen prägende historische Ereignisse eine Rolle. Das einschneidendste Ereignis dürfte dabei wohl der Zweite Weltkrieg gewesen sein.[39] Während jene Bevölkerungen, die zu dieser Zeit bereits unter sowjetischer Herrschaft waren, den „Großen Vaterländischen Krieg" als Verteidigungskampf und das Ende des Krieges als Befreiung (Europas) vom Faschismus erlebten, haben andere Gruppen gänzlich abweichende Erfahrungen und Interpretationen.[40] Für die Menschen in den baltischen Staaten und in der Westukraine bedeutete der Hitler-Stalin-Pakt einen Angriff der Sowjetunion auf ihre Staatlichkeit und die Nation, und der Ausgang des Krieges nicht nur eine Befreiung vom Faschismus sondern eine erneute Unterjochung.[41]

---

ge Bewohner. Dieses Verhältnis änderte sich während der sowjetischen Zeit durch gezielte Zuwanderungspolitik: 1989 waren nur noch knapp zwei Drittel Esten und etwa ein Drittel russischsprachige Bevölkerung (Hughes 2005: 744).

38 Doppelte Staatsbürgerschaft ist nicht erlaubt. In Lettland ist diese für Personen möglich, die während der sowjetischen Phase in den Westen emigrierten und nun zurückkehren, jedoch nicht für Einwanderer aus (anderen) Sowjetrepubliken (Aasland/Flotten 2001: 1029).

39 Zu weiteren Faktoren zählen das Ausmaß der Nationenbildungsprozesse vor der sowjetischen Zeit und Traditionen eigener Staatlichkeit.

40 Daran konnten auch die sowjetische Geschichtsschreibung und die offizielle Propaganda wenig ändern. Unterhalb dieser Unterschiede prägte natürlich das sowjetische Modell auch die erst nach dem Zweiten Weltkrieg hinzu „gewanderten" Menschen, so dass sich ähnliche Denk- und Handlungsmuster entwickelten.

41 Diese unterschiedlichen Haltungen wurden bei den Feierlichkeiten zum 60. Jahrestag des Kriegsendes in Moskau 2005 ganz deutlich. Die baltischen Staatsoberhäupter blieben den Feierlichkeiten zum Teil fern. In der Ukraine war dies besonders deutlich, da hier innerhalb eines Nationalstaates widersprüchliche Interpretationen und Kriegserinnerungen aufeinander treffen, die die Regierung in Kiew bei den Feierlichkeiten zu berücksichtigen versuchte.

Bei der russisch-ukrainischen Grenze handelt es sich auch um einen Kampf um die Deutung der Vergangenheit und darum, ob man mit ihr brechen sollte oder nicht. Die estnisch-russische Grenze, die sowohl zwischen Estland und Russland als auch zwischen Esten und russischsprachigen Bewohnern verläuft, richtet sich aus estnischer Perspektive gegen die sowjetische Vergangenheit und schlägt eine Brücke in die weiter zurück liegende Vergangenheit, das „goldene Zeitalter" des estnischen Staates. Neue politische Grenzen sind somit zugleich Grenzen zwischen dem Gestern und dem Heute und grenzen bestimmte Phasen der Geschichte aus.

Die Expansion der EU

Wie bereits erwähnt, ist die Expansion der Europäischen Union eines der besten Beispiele für wandernde Grenzen in Europa. In der Zeit zwischen 1991 und 2004 expandierte die Europäische Union erneut um über 30 Prozent ihres Territoriums und ihrer Bevölkerung, vor allem nach Osten, so dass sie heute 3.974.000 km2 und 446 Millionen Menschen umfasst.[42] Insgesamt leben etwa 730 Millionen Menschen auf dem Kontinent Europa, so dass mit der letzten Erweiterung gut 60 Prozent der Europäer in der Europäischen Union leben. Innerhalb der EU nimmt die Bedeutung politischer Grenzen (zumindest hinsichtlich ihrer Überwindbarkeit) ab, und durch die Erweiterung der EU werden so einige historische Grenzen abgebaut. Jedoch werden parallel die neuen Außengrenzen verstärkt.

Die institutionellen Unterschiede zwischen „drinnen" und „draußen" werden damit wichtiger. Daher werden zugleich Versuche unternommen, die Grenzen „weicher" zu machen- und dadurch paradoxerweise deren Undurchlässigkeit zu erhalten. Dazu gibt es verschiedene Instrumente. Gegenüber den östlichen Nachbarn sind das vor allem Euro-Regionen (nach westeuropäischen Vorbildern) und die „Neue Nachbarschaftspolitik", die gegenüber dem „erweiterten Europa", d.h. der Ukraine, Moldawien und Belarus, Anwendung findet und die Staaten an EU-Standards heranführen soll, ohne jedoch eine Beitrittsperspektive zu bieten. Insofern treibt die Grenze der erweiterten EU eine harte Trennlinie zwischen die beiden

---

42   Die Erweiterungsschritte in diesem Zeitraum sind (Territorium in 1.000 km2 und Bevölkerung in 1.000): 1991 Ostdeutschland (2.362; 342.510); 1995 Österreich, Finnland, Schweden (3.236; 370.961); 2004 Polen, Tschechische Republik, Slowakei, Slowenien, Estland, Lettland, Litauen, Ungarn, Slowenien, Zypern, Malta (3 974; 446.161), Daten des Statistischen Bundesamtes für die jeweiligen Jahre, teilweise eigene Berechnung.

Hälften des postsozialistischen Europas und schafft eine wohlhabende „in-group" und eine periphere „out-group" (Mungiu-Pippidi 2004: 48f.).[43]

Europas Grenzen beginnen also wieder sich zu verfestigen. Dabei fällt auf, dass unter ihren neuen zahlreiche alte Grenzen sind, wie etwa im Falle der baltischen Staaten. Außerdem können wir eine Rückkehr „Mitteleuropas" nach Europa feststellen, zwar liegen die neuen Grenzen der EU quer zum Eisernen Vorhang, teilen den Kontinent aber erneut. Damit trennen sich bestehende Solidargemeinschaften, vor allem innerhalb der ehemaligen Sowjetunion. Dies wird am ukrainischen und am estnischen Fall in unterschiedlicher Form und Härte deutlich. Außerdem beobachten wir eine neue Peripheriebildung am Rande der EU. Dies betrifft vor allem die Ukraine, die innerhalb der Sowjetunion keinen peripheren Status einnahm und sich erst in die neue Rolle einfinden muss. Zugleich besteht für die neuen EU-Mitglieder ein Spannungsverhältnis zwischen neu gewonnener Nationalstaatlichkeit bzw. Souveränität und dem notwendigen sich Einfinden in die EU, die einige der Funktionen nationalstaatlicher Grenzen wieder aufhebt bzw. auf größere Einheiten erweitert. Die Ordnungsfunktion der (neuen) Grenzen ist unübersehbar: Der Sicherheitsaspekt hat sich stabilisiert (NATO und EU) und die Wirkungsweise nationalstaatlicher Grenzen wird unterlaufen durch die Expansion der EU. Mit dem voraussichtlichen Stillstand dieser Expansion, spätestens nach dem möglichen Beitritt der Türkei, wird sich die EU umso mehr der Balance zwischen den immer durchlässigeren Innengrenzen, ihren Außengrenzen und der neuen Peripherie widmen müssen.

---

43 Diese Grenzziehungen rufen strategisches Verhalten bei den „ausgeschlossenen" Menschen hervor, die nach Möglichkeiten suchen, die Grenzen zu überwinden: Moldawier, die alt genug sind, benutzen ihre rumänischen Geburtsurkunden aus der Zwischenkriegszeit, um einen rumänischen Pass zu erhalten, so dass sie nun nach „Europa" reisen können (Berg/van Meurs 2002). In Transkarpatien entdecken Menschen ihre slowakische oder ungarische Abstammung, um den „richtigen" Pass zu bekommen. Türken, die nach dem Kalten Krieg aus Bulgarien in die Türkei immigrierten, kehren nun zurück, da Bulgarien vermutlich vor der Türkei Mitglied der EU werden wird (Mungiu Pippidi 2004: 53-54). Es geht also nicht darum, welcher Nationalität man angehört, sondern ob man sich – zufällig oder strategisch – auf der „richtigen" Seite der Grenze befindet (Mungiu-Pippidi 2004: 49).

Grenzwanderungen und die Funktionen politischer Grenzen

Europas Grenzen sind ständig in Bewegung. Die Expansion der Europäischen Union ist hier wohl einer der beliebtesten und auch gut analysierten Prozesse (vgl. Vobruba 2005), doch wie wir gesehen haben, gilt diese Beweglichkeit besonders auch für Nationalstaaten und ihre Grenzen. Einig ist sich die Europaforschung wohl darin, dass die Grenzen Europas nur schwer zu bestimmen sind.

Wenn überhaupt, dann lässt sich Europa nur als ein höchst dynamisches Gefüge unterschiedlicher, sich überlappender und überlagernder Grenzstrukturen auffassen (Lepsius 2001). Dass die Grenzen im Osten Europas viel dynamischer erscheinen als in Westeuropa, ist zum Teil der hier gewählten Betrachtungsweise geschuldet. Wir haben in geographischer Hinsicht unseren Blick auf Europa selbst beschränkt. Damit geraten die Entkolonialisierungsprozesse Großbritanniens, Frankreichs, Spaniens, Portugals oder der Niederlande aus dem Blick. Dabei handelt es sich um Prozesse, die bezogen auf das Volumen der betroffenen Bevölkerung oder die Größe des Territoriums die geschilderten innereuropäischen Grenzwanderungen oft noch übertreffen.

Doch was bedeutet die Einsicht, dass Grenzen wandern und ein höchst dynamisches Gefüge darstellen für die Konzeptionalisierung politischer Grenzen in den Sozialwissenschaften? Fassen wir die gewonnenen Erkenntnisse unter den zu Beginn des Textes genannten Funktionen, insbesondere nationalstaatlicher Grenzen, zusammen: der Identitätsfunktion, der Solidaritätsfunktion, der institutionellen Stabilisierungsfunktion und der externen Ordnungsfunktion (vgl. Diez 2006, jedoch ohne Verwendung dieser Begriffe).

(1) *Die Identitätsfunktion:* Nicht erst seit Herder gilt die Staatsgrenze als Ausdruck kultureller Gemeinsamkeiten der auf dem Territorium lebenden Bevölkerung: der Nationalstaat als politischer Ausdruck der ethnischen Gruppe. Man kann den Wanderungen osteuropäischer Grenzen allerlei „Beweggründe" unterstellen; dass sie vor kulturellen Grenzen Halt gemacht hätten oder sonst auf diese Rücksicht genommen hätten, ist bestenfalls für wenige Ausnahmefälle zu belegen. Für Osteuropa im 20. Jahrhundert hat wohl eher das umgekehrte Argument eine gewisse Plausibilität: Nachdem politische Grenzen sich etablierten, taten viele Regierungen alles, um innerhalb ihrer Grenzen einen gemeinsamen Kulturraum durchzusetzen (Anderson 1996: 56). Damit sind politische Grenzen eher der Ausdruck der Unterdrückung von Gruppen und deren kulturellen Identitäten und befördern gerade nicht deren Aufblühen. Wie wir gezeigt haben, homogenisierte z.B. der Bevölkerungsaustausch nach dem Ende des Zweiten Weltkriegs die ethnische Zusammensetzung europäischer Staaten ungemein.[44]

---

44 Dies gilt vor allem für Mittel- und Osteuropa, weniger jedoch für Südosteuropa, wo große Minderheiten leben. Die Minderheitenfrage wurde jedoch unter den

Aus diesem politischen Homogenisierungsdruck zu schließen, Nationalstaaten seien völlig homogenisierbar, ist jedoch falsch. Kulturelle Homogenitätsvorstellungen moderner Nationalstaaten können aus vielen Gründen kritisiert werden. Im Lichte dieses Textes ist kulturelle Homogenität innerhalb einer Grenze strukturell unwahrscheinlich. Auch wenn Grenzen existieren, so tun sie dies oft nicht lange genug, um nachhaltig kulturellen Einfluss auszuüben. Darüber hinaus entstehen durch transnationale Bündnisse, wie etwa die EU, umgekehrt neue Gestaltungsnotwendigkeiten, aber auch Schutzräume, in Bezug auf neue ethnisch-kulturelle Vielfalt innerhalb solcher Bündnisse.

Ebenso haben politische Grenzen häufig etwas mit der Erinnerung an ein „goldenes Zeitalter" zu tun, d.h. sie symbolisieren entweder das Vorhandensein oder das Fehlen einer historischen Grenze und damit die Zugehörigkeit zu einem anderen Staat oder einer größeren (evtl. multi-ethnischen) Einheit. Die Identitätsfunktion politischer Grenzen beinhaltet also sowohl die NeuKonstruktion nationaler Identitäten, als auch den Erhalt tradierter Identitätsformationen, und dies eben nicht als exklusive Identitäten sondern ebenso oft als Mehrfachidentifikationen, die gleichsam nebeneinander existieren.

(2) *Die Solidaritätsfunktion:* Gerade in Bezug auf die normativen Ansprüche des modernen Nationalstaats kommt territorialen Grenzen die Funktion zu, eine Schicksalsgemeinschaft von für einander verantwortlichen Bürgern abzugrenzen. Auch diese Idee ist schon aus vielen guten sozialphilosophischen Gründen infrage gestellt worden; das Beispiel Osteuropa zeigt, dass sie schlicht empirisch falsch ist. Menschen, mit denen man gerade noch in einer unverbrüchlichen, oft sozialistischen Schicksalsgemeinschaft durch das Leben ging, waren ein Jahr später schon auf der anderen Seite einer Grenze und gehörten einfach nicht mehr dazu. So mag es gängige Münze im politischen Diskurs sein, Solidaritätszumutungen über nationale Schicksalsgemeinschaften zu legitimieren. Daraus abzuleiten, diese Schicksalsgemeinschaft hätte eine etwa über Generationen andauernde Kontinuität, lässt sich historisch für Osteuropa nicht belegen. Gleichwohl bleiben nach dem Zerfall der Sowjetunion Residuen von Solidaritätsgefühlen bestehen (meist ausgehend von Russland), die jedoch inzwischen stark in die Identifikationsfunktion übergehen und kaum politische Handlungsrelevanz haben. Im deutschen Fall wurde nach der Wiedervereinigung die Solidarität politisch verordnet. Die Solidaritätsfunktion bezieht sich also zum einen auf Solidarisierungen innerhalb nationalstaatlicher Grenzen, aber eben auch auf Solidaritäten, die über Grenzen hinweg bestehen: „If a territorial change occurs, new borders most likely follow the lines of geopolitical ghosts of the past, especially those where linguistic, ethnic and confessional boun-

---

sozialistischen Regimen unterdrückt.

daries match old political boundaries." (Kolossov/O'Loughlin 1998: 264) Trotz aller konstruktivistischer Einwürfe ist es vor allem die Zahl der alten historischen Geister, die die Grenzen in Europa so flexibel macht und viel weniger die willkürliche Kreation eines neuen historischen Geistes.

(3) *Die institutionelle Stabilisierungsfunktion:* Nun mögen viele Leser/innen kulturelle Identität oder Solidarität für viel zu weiche Gründe für politische Grenzen im harten nationalstaatliehen Alltag halten. Für jene mag die institutionelle Stabilisierungsfunktion nationalstaatlicher Grenzen entscheidend sein: Der Nationalstaat begrenzt einen autonomen Rechtsraum, umschließt ein jeweils einmaliges Institutionengefüge und gibt seinen Mitgliedern Erwartungssicherheit über einen bestimmten Zeithorizont hinweg. Aber auch hier ist die gegenläufige Argumentation nahe liegend: Rechtliche Rahmenbedingungen destabilisieren die wohlfahrtsstaatliehen Systeme oder Wirtschaftsordnungen genauso wie sie diese stabilisieren, weil sie entweder „überaltert" oder „zu neu" für eine Gesellschaft sind.

Man muss ein weiteres Mal betonen, dass der oben beschriebene Zeithorizont vieler nationalstaatlicher Grenzen nicht einmal eine Generation umfasste, und dass damit Erwartungssicherheit ein relativer Begriff wird. Ein autonomer Rechtsraum oder ein unverwechselbares Institutionengefüge mag vielleicht in Frankreich oder Großbritannien über mehrere Generationen bestanden haben, nicht aber in den vielen kleineren, beziehungsweise viel weniger mächtigen Nationalstaaten im europäischen Osten. Hier ist es geradezu kennzeichnend für eine nationalstaatliche Grenze, dass mächtigere Nachbarn Rechtsstrukturen beeinflussen und Institutionengefüge aufzwingen. Aber auch ohne Zwang entwickeln sich übernationale Ordnungsstrukturen, wie etwa die EU, die nationalstaatliche Grenzen in ihrer Steuerungswirkung für Rechtsstrukturen und Institutionen überschreiten.

(4) *Die externe Ordnungsfunktion:* Die bislang diskutierten Funktionen waren gleichsam binnennationalstaatlich gedacht. Aber ist die Hauptfunktion von Grenzen nicht, die internationale Gesellschaft zu ordnen, das Zusammenleben von Staaten zu stabilisieren? Über den hier betrachteten Zeitraum begrenzten politische Grenzen nationalstaatliche Machträume und stabilisierten das Zusammenleben; fast ebenso oft waren Angriffe auf Grenzen aber auch Grund der Ausweitung nationalstaatlicher Räume. Nationalstaatliche Grenzen verhindern also Eingriffe von außen nicht, sondern steuern sie nur.

Als zentral für die internationale Ordnungsfunktion einer Grenze wird oft angenommen, dass sie rechtlich oder militärisch angefochten, diesen Anfechtungen widerstehen und nach kriegerischer Übertretung gleichsam wieder neu errichtet würde. Unsere Beobachtungen zeigen, dass dies nur einen historischen Ausnahmefall bezeichnet. Insbesondere nach kriegerischen Auseinandersetzungen werden Grenzen neu gezogen, verschoben oder aufgelöst, aber praktisch nie einfach restauriert. Selbst wenn man den Konstrukten der politischen Grenzen mancher Länder eine gewisse Kontinuität zuweisen will, so ist dies keine territoriale Kontinuität, sondern immer nur eine politisch imaginierte. Gleiches gilt für Staatenbündnisse: Etwa die „stabilen Außengrenzen" der EU werden jeweils situativ als Geschichte oder als politisches Projekt imaginiert und sind nur selten Ausdruck territorialer Kontinuität. Die Kontinuität liegt also in der Ordnungsfunktion politischer Grenzen, nicht in ihrem jeweiligen konkreten Ort.

Der Durchgang durch die verschiedenen Funktionen politischer Grenzen zeigt also ein Wechselspiel von Stabilität und Wandel, getragen durch oft widersprüchliche Funktionsbedingungen. Das oft zitierte Prinzip der „Selbstbestimmung der Völker" scheint als Bestimmungsfaktor von politischen Grenzen eher unplausibel. In der Geschichte Europas kamen meist zuerst die politischen Grenzen und dann entstanden die Völker dazu: „On the surface [self-determination] seemed reasonable: let the people decide. It was in fact ridiculous because the people cannot decide until someone decides who are the people." (Ivor Jennings, zitiert in: Anderson 1996: 40). Es mag also sein, dass ein Volk innerhalb gegebener Grenzen sich selbst bestimmt, aber dass ein Volk seine Grenzen bestimmt, bleibt meist politische Phantasie.

Die Grenze als Relation

Spanische Grenzrealität und europäische Grenzpolitik

Natàlia Cantó Milà

Ana

Staatsgrenzen gestalten nicht nur Landkarten und Grenzgebiete, sondern auch und vornehmlich menschliche Beziehungen. Deswegen sind sie nicht nur präsent und wahrnehmbar, wenn wir zum Beispiel von Spanien nach Marokko oder in die Gegenrichtung reisen wollen. Die Kraft von Staatsgrenzen zeigt sich darüber hinaus auch eklatant während eines Spazierganges durch Barcelona, Donosti, Madrid oder irgendeine andere spanische Stadt, egal wie weit weg sie von der spanisch-marokkanischen Grenze entfernt liegt. Diese Kraft wird jedoch oft nicht als die Kraft einer Grenze als solche wahrgenommen. Diesen Punkt möchte ich anhand einer Eingangsgeschichte illustrieren.[1]

Eine halbe Stunde vom Flughafen und eine Dreiviertelstunde vom Hafen von Barcelona mit dem Auto entfernt liegt eine Grundschule. Es ist 17 Uhr und die Kinder strömen aus den Klassenzimmern auf die Straße. Manche werden von ihren Großeltern oder Eltern in Empfang genommen. Die Hälfte der Frauen aber, die vor dem Schultor warten, sind mit den Kindern, die sie abholen, nicht verwandt. Sie betreuen sie lediglich tagsüber, während die Eltern ihrer Erwerbstätigkeit nachgehen. Teresa, Ana, Vilma, Nancy, Caty und Tina kommen aus Peru. Diana, Lily, Juana, Eva und Maria aus Mexiko. Andere der Betreuerinnen stammen aus Ecuador, Kolumbien und Bolivien. Mare und Xavi rennen zu ihrer Betreuerin Ana. Der Heimweg ist nicht lang, fünfzehn Minuten maximal. Auf dem Weg sehen

---

1   Entnommen aus Escribà 1999, Parella 2002, Solé et al. 2001.

die Kinder eine Baustelle. Da muss unbedingt angehalten werden, um zu schauen. Auf der Baustelle wird laut geschrien, teils auf Spanisch, teils auf Arabisch. Mohammed, Abdul und Khalid sind schon seit zwei Jahren in Barcelona. Es geht ihnen gut, sagen sie. Sie hatten schon in ihren ersten Tagen in Barcelona Arbeit gefunden. Es ist eine mehr oder weniger konstante Arbeit.

Aber sie arbeiten ohne Papiere. Genauso ergeht es Ana und den meisten ihrer Landesgenossinnen. Als die Kinder endlich mit der Baustelle fertig sind, gehen sie ein paar Schritte weiter. Da trifft Ana ihre Bekannte Trini. Sie kommt auch aus Peru. Sie haben gemeinsame Freunde und gehen manchmal am Wochenende zusammen tanzen. Nach der Arbeit, versteht sich. Trini kümmert sich um keine Kinder, sondern um „la señora Rosa", eine achtzigjährige Dame, deren Sohn Trini angestellt hat, damit sie für seine Mutter kocht, sich um sie sorgt und sich auch ein bisschen mit ihr unterhält. Da Trini schwarzarbeitet, kann er sich das gerade so leisten. Ansonsten müsste seine Mutter gegen ihren Wunsch in einem Altersheim leben. So geht es einigermaßen. Trinis Cousine kommt auch bald nach Spanien. Ana kennt eine Familie, die dringend eine Betreuerin für ihre Kinder braucht. Es könnte zeitlich gerade gut hinkommen. Sie werden sehen.

Endlich sind alle nach Hause gekommen. Ana gibt den Kindern ein Stück Obst aus Andalusien. Obst ist günstig hier, denkt Ana. Sie hat früher eine Weile in England gelebt. Da war Obst nicht so billig. Irgendwo in Andalusien arbeiten Hunderte von Männern, hauptsächlich aus Nordafrika, auf den Feldern. Auch sie arbeiten schwarz und für wenig Geld. Das tut der spanischen Landwirtschaft gut.

Ana macht den Fernseher an. Es laufen gerade die Nachrichten. Wieder sind zwei Boote mit Flüchtlingen an der spanischen Küste abgefangen worden. Diejenigen auf den Booten, die überlebt haben, sind sofort in ihre Heimatländer zurückgebracht worden. Die anderen waren schon tot, als die Polizei kam – ertrunken oder verdurstet. „Als Grenzpolizist sieht man vieles", sagt der Mann, der vom Fernsehen interviewt wird. Wenn solche Meldungen in den Nachrichten kommen, heißt es meistens, dass immer mehr Menschen an der spanischen Südgrenze sterben. Aber was soll man machen? Illegale Migranten sind schließlich unerwünscht.

Die Zahl der Menschen, die aus anderen Teilen der Welt kommen, um in Spanien zu leben und zu arbeiten, nimmt stetig zu. Zugleich steigt auch die Anzahl derjenigen, die ohne gültige Papiere ins Land kommen, beziehungsweise nach Ablauf eines Visums im Land bleiben, die sogenannten „Illegalen" (1).[2]

---

2   Im Jahr 2004 lebten mindestens 690.679 Menschen ohne gültige Aufenthaltspapiere im Land, wie die Anträge zur letzten Legalisierungskampagne belegen, vgl. Eigmüller 2005: 168ff.

Eine weitere Tatsache ist, dass sich die Grenzsicherungspolitik Spaniens seit dem Beitritt zur Europäischen Gemeinschaft 1986 deutlich verschärft hat (2) (vgl. Arango 2000; Geddes 2003). Wie neu diese Entwicklung ist, wird deutlich, wenn man bedenkt, dass eine gesetzliche Regulierung der Immigration erst in Folge des EG-Beitritts für nötig befunden wurde. Schließlich war Spanien bis zum Ende der Diktatur Francos Mitte der siebziger Jahre ein Land, aus dem die Menschen versuchten zu emigrieren und es kaum Immigration gab. Mittlerweile kann man jedoch behaupten, dass der Teil, der EU-Außengrenze, für die der spanische Staat verantwortlich ist, durch die verschärften Grenzkontrollen für Menschen, die nicht über die EU-Staatsbürgerschaft verfügen, nahezu unüberwindlich gemacht wurde.

Tatsache ist jedoch auch, dass die Mehrzahl der „illegalen" Einwanderer, die es schaffen, nach Spanien zu kommen, ohne dabei ertappt zu werden, rasch einen Job finden und in der Regel nicht ausgewiesen werden (3) (vgl. Eigmüller 2005). Sie leben ohne Schutz, weder rechtsstaatlich noch sozialstaatlich. Aber sie leben und arbeiten in Spanien und werden somit Teil der spanischen Gesellschaft.

Eine Tatsache ist schließlich aber auch, dass eine zunehmende Zahl von Menschen bei ihrem Versuch, die spanische Küste zu erreichen und spanischen Boden zu betreten, entweder ums Leben kommen oder ertappt und in ihre „Heimatländer" ausgewiesen werden (4).

Wir haben es hier mit einer komplizierten und nicht wenig widersprüchlichen Situation zu tun. Sich mit ihr zu beschäftigen, führt zu einer endlosen Kette von Fragen: Warum versuchen immer mehr Menschen nach Spanien zu gelangen, obwohl dies für sie so gefährlich ist? Warum werden einerseits die Grenzkontrollen verstärk und damit „die Grenze" dicht gemacht, während es andererseits ziemlich sichere Arbeitsmöglichkeiten für diejenigen gibt, die diesen Kontrollen entgehen? Warum konzentrieren sich diese Kontrollen auf die Küsten und Flughäfen, während die Felder in Andalusien, die Baustellen und Schulen in den Städten unbeobachtet bleiben? Warum werden die illegalen Immigranten nicht einfach dort gesucht, wo man weiß, dass sie gefunden werden, wenn die Intention ist, „illegale" Immigration und Schwarzarbeit zu „bekämpfen"?

Um diese Fragen zu klären, lohnt es sich, mit einer soziologischen Perspektive zu arbeiten, die uns hilft, diese komplizierte Situation zu verstehen. In der Soziologie erlebt das Thema Grenze im Moment eine Konjunktur. Vor allem in der Migrations- und in der politischen Soziologie stehen Grenzen im Mittelpunkt der Diskussion (vgl. Preyer/Bös 2002; Vobruba 1997; Bös 1997). Das ist in Anbetracht der oben illustrierten Verhältnisse nicht erstaunlich. In diesen Teilbereichen der Soziologie werden Grenzen jedoch oft als Gegebenheiten hingenommen, um auf ihre Konsequenzen hin befragt zu werden. Dieses Vorgehen ist natürlich nicht verkehrt und durchaus legitim, sofern es von den gegebenen Erkenntnisinteressen bestimmt ist. Denn wenn Grenzen verschoben, aufgelöst oder verstärkt werden, hat dies sehr reale Konsequenzen, deren Bedeutung be- und hinterfragt werden muss. Trotzdem möchte ich in dieser Arbeit ein anderes Anliegen verfolgen. Ich möchte nämlich einen Schritt zurücktreten und nach dem Begriff der Grenze selbst fragen, und zwar nach einem Grenzbegriff, der für die Soziologie fruchtbar gemacht werden kann. Er sollte die Skizze einer Theorie der Grenze ermöglichen, die uns die oben erzählte Geschichte, so wie die vielen ähnlich verlaufenden Geschichten, plausibel erklären kann. In anderen Worten: Wir suchen nach einer Theorie der Grenze, die es uns ermöglicht, die anscheinend irrationale und widersprüchliche Situationen von oben zu verstehen. Um dieses Ziel zu erreichen, müssen wir jetzt einen Schritt zurücktreten, das konkrete Beispiel bei Seite legen, um auf eine abstraktere Ebene zu gelangen. Dabei handelt es sich um eine Ebene, auf der es nicht mehr um eine bestimmte Grenze oder allgemein um Staatsgrenzen geht, sondern um den Begriff der Grenze überhaupt.

Was bedeutet es eigentlich, eine Linie zu ziehen und sie als Grenze zu begreifen? Wie kommt es überhaupt zu solch einer Grenzziehung? Und was heißt es, dass es gerade diese und nicht etwa eine andere Linie ist, die zur Grenze wird? In diesem Zusammenhang gewinnt die Frage nach den Prozessen und Akteuren dieser Grenzziehungen hohe Relevanz.

Um diese Fragen zu beantworten, möchte ich Inspiration bei einem der Klassiker der Soziologie suchen, nämlich bei Georg Simmel, mich also paradoxerweise an das Modethema Grenze aus der Perspektive eines Autors annähern, der seine wichtigsten Werke vor etwa einhundert Jahren verfasste. Der Grund für diesen Schritt besteht darin, dass Simmel in seinen Überlegungen zum Grenzbegriff ein relationales Paradigma verwendet und damit schon zu seiner Zeit den methodologischen Nationalismus überwinden konnte. Dieser Punkt allein schon würde vielleicht ausreichen, um ein Interesse an seinem Erbe zu wecken. Doch auch sein genuin soziologischer Blick auf das merkwürdige Phänomen namens Grenze lädt hierzu ein.[3]

Ich werde im Folgenden in vier Schritten verfahren. Zuerst werde ich kurz die verschiedenen Aspekte des Grenzbegriffes vor Augen führen, denen sich Simmel in seinen Werken widmet. Daraufhin werde ich die Grundzüge von Simmels „Re-

---

3   Im Folgenden gehe ich von einem sehr allgemeinen Begriff der Grenze aus, der nicht nur räumliche und politische, sondern generell zwischenmenschliche, also soziale Trennlinien umfasst. Daher ist die Verwendung räumlicher Metaphern, wie zum Beispiel die Rede von einer Nähe oder einer Distanz zwar in manchen Fällen leicht irreführend. Aber ich glaube, wir haben keine bessere Sprache, um über das Thema Grenze zu sprechen.

lationalismus" (den er selbst irreführend Relativismus nannte) vorstellen.[4] Drittens soll es um Simmels Definition des Begriffs der Grenze gehen, wobei besondere Aufmerksamkeit auf politisch-territoriale Grenzen gerichtet werden wird. Viertens schließlich will ich den Versuch unternehmen, Simmels Ansatz weiter zu entwickeln und seine Brauchbarkeit an dem konkreten Eingangsbeispiel zu testen.

Simmels Grenztheorie

Der Begriff der Grenze spielt bei Simmel in allen seinen Interessengebieten eine wichtige Rolle. Im Fall seiner soziologischen Interessen ist diese Relevanz durch die Zentralität seines Begriffs der Wechselwirkung und des relationalen Ansatzes überhaupt zu erklären. Im Fall seiner philosophischen bzw. sozialphilosophischen Werke ist diese Zentralität hingegen eher durch Simmels Menschenbild zu erklären. Diesem Bild zufolge sind die Menschen einerseits als „Unterschiedswesen", andererseits als „geborene Grenzüberschreiter" zu verstehen. Diese beiden Formulierungen bringen zwei eng miteinander zusammenhängende Gedanken zum Ausdruck. Die Rede vom Menschen als einem Unterschiedswesen soll auf den Umstand verweisen, dass die Weltwahrnehmung der Menschen auf der Wahrnehmung von Unterschieden beruht. Dieser Umstand erklärt, weswegen in Fällen, in denen keine prägnanten Unterschiede ins Auge stechen, häufig sehr kleine und feine Unterschiede eine enorm wichtige Bedeutung erhalten können.

Aber nicht nur die Weltwahrnehmung, sondern auch die Weltdeutung der Menschen beruht auf der Wahrnehmung von Grenzen. X ist gut, weil es etwas Schlechteres als X gibt, das eine untere Grenze bildet und etwas noch Besseres als X, das die obere Grenze markiert. Auch in menschlichen Beziehungen, sogar in den intimsten, spielen Grenzen eine große Rolle. Wie weit darf ein Individuum in seinem Verhalten gegenüber anderen Menschen gehen? Wie weit darf man den Bereich der eigenen Wünsche und Erwartungen auf den Lebensraum anderer Menschen ausdehnen? Solche Fragen entscheiden sich im Wechselspiel, in der Interaktion unter den Menschen.

Vor diesem Hintergrund ist erkennbar, was es heißt, vom Menschen als einem Grenzüberschreiter zu sprechen. Denn auch wenn wir uns notwendigerweise an Grenzen orientieren, sind wir durchaus oft gewillt, gesetzte Grenzen zu überwinden.[5] Soziologisch ist dieser Umstand von großer Bedeutung. Grenzen wären keine

---

4 Ich spreche im Folgenden von Relationalismus, da dieser Begriff das Simmelsche Konzept der Beziehung, der Relation deutlicher macht.
5 Simmel 1999: 212-214.

Grenzen, wenn sie nicht überschritten werden könnten. Denn es gibt immer ein Diesseits und ein Jenseits der Grenze. Hier wird schon der erste relationale Aspekt der Grenzen enthüllt, der für uns später von großer Relevanz sein wird.

In seinen soziologischen Schriften hat sich Simmel zwar nicht ausschließlich, aber vor allem mit territorialen Grenzen beschäftigt; ohne jedoch in einen methodologischen Nationalismus zu verfallen. Die Grenzen einer Gesellschaft sind in keiner Weise mit den Grenzen eines konkreten Staates gleich zu setzen. Und die Grenzen dieses oder jenes konkreten Staates sind keine natürlichen Gegebenheiten, sondern das Ergebnis von zwischenmenschlichen Beziehungen. Trotz des starken Einflusses, den die Völkerpsychologie und die Nationalökonomie seiner Zeit auf ihn ausübten, distanzierte sich Simmel von Anfang an von den Konzepten des Volkes und der Nation. Er ging nicht davon aus, dass die Grenzen einer Gesellschaft notwendigerweise mit den Grenzen eines Staates zusammenfallen. Und dies liegt hauptsächlich daran, dass er weder Gesellschaften noch Grenzen territorial bzw. als räumlich definierte Phänomene auffasste. Vielmehr zog er es vor, sich diesen Phänomenen durch die Konzepte der Wechselwirkung und der Vergesellschaftung anzunähern.

Um diesen Punkt besser zu verstehen, müssen wir kurz auf Simmels Relationismus eingehen. Simmel begreift Gesellschaft als ein komplexes Konglomerat zwischenmenschlicher Beziehungen. Manche dieser Beziehungen sind dauerhaft, andere punktuell, manche bewusst, andere unbewusst, manche sind folgenreich, andere weniger folgenreich und so ändern sich die Merkmale und auch die Grenzen der Gesellschaft in Abhängigkeit von den Qualitäten der Beziehungen, aus denen sie gemacht ist. Eine Gesellschaft kann nur weiterbestehen, solange diese Beziehungen bestehen oder erneut geknüpft werden. Daher zog Simmel es vor, statt von Gesellschaft von der Vergesellschaftung zu reden, um die Vorstellung eines statischen Gesellschaftszustands zu vermeiden. Und wenn er in anderen Fällen doch von der Gesellschaft als einer Summe sprach, dann meinte er nicht die Gesellschaft als Summe ihrer individuellen Mitglieder, sondern die Summe der Wechselwirkungen bzw. der Formen dieser Wechselwirkungen zwischen den Menschen.[6]

---

6 „Der Austausch der Arbeitsprodukte oder des sonst aus irgend einer Quelle her Besessenen ist offenbar eine der reinsten und primitivsten Formen menschlicher Vergesellschaftung, und zwar nicht so, dass die ‚Gesellschaft' schon perfekt wäre, und dann käme es zu Tauschakten innerhalb ihrer; sondern der Tausch selbst ist eine der Funktionen, die aus dem bloßen Nebeneinander der Individuen ihre innerliche Verknüpfung, die Gesellschaft, zustande bringen; denn die Gesellschaft ist nicht eine absolute Einheit, die erst da sein musste, damit alle die einzelnen Beziehungen ihrer Mitglieder: Über- und Unterordnung, Kohäsion, Nachahmungen, Arbeitsteilung, Tausch, gleichgerichtete Angriffe und Verteidigungen, religiöse Gemeinschaft, Par-

Vor dem Hintergrund dieser Konzeptionalisierung ist klar, weshalb Simmel keiner Gleichsetzung von Gesellschaft und Nationalstaat zustimmen konnte. Denn die Gesellschaft ist kein starres System, sondern die Summe der Beziehungen, die zwischen den Menschen geknüpft werden – und diese sind ja nicht starr.

Aber nicht nur Simmels Auffassung der Gesellschaft, sondern auch sein Begriff der Grenze ist von seinem Relationalismus (Relativismus) geprägt. Darüber hinaus sind die beiden Phänomene bei Simmel dahingehend verbunden, dass Grenzen für das menschliche und gesellschaftliche Leben notwendig sind. Doch was sind Grenzen und welche Wirkungen haben sie auf die Gesellschaft?

Nach Simmel sind Grenzen das verfestigte Ergebnis von Beziehungen. Sie können zwischenmenschlicher Art sein, dann haben wir es mit „sozial konstruierten" Grenzen zu tun, die ins Blickfeld der Soziologie treten.

„Der Begriff der Grenze ist in allen Verhältnissen von Menschen untereinander äußerst wichtig, wenngleich sein Sinn nicht immer ein soziologischer ist; denn er bezeichnet oft genug nur, daß die Sphäre einer Persönlichkeit nach Macht oder Intelligenz, nach Fähigkeit des Ertragens oder des Genießens eine Grenze gefunden hat aber ohne daß an diesem Ende sich nun die Sphäre eines andren ansetzte und mit ihrer eigenen Grenze die des ersten merkbarer festlegte. Dieses letztere, die soziologische Grenze, bedeutet eine ganz eigenartige Wechselwirkung. Jedes der beiden Elemente wirkt auf das andre, indem es ihm die Grenze setzt, aber der Inhalt dieses Wirkens ist eben die Bestimmung, über diese Grenze hin, also doch auf den andren, überhaupt nicht wirken zu wollen oder zu können. Wenn dieser Allgemeinbegriff des gegenseitigen Begrenzens von der räumlichen Grenze hergenommen ist, so ist doch, tiefer greifend, dieses letztere nur die Kristallisierung oder Verräumlichung der allein wirklichen seelischen Begrenzungsprozesse.

---

teibildung und viele andere in ihr als dem Träger oder Rahmen jener entständen. Sondern Gesellschaft ist nicht als die Zusammenfassung oder der allgemeine Name für die Gesamtheit dieser speziellen Wechselbeziehungen (...) Fast ist es deshalb noch ein zweideutiger Ausdruck, daß der Tausch Vergesellschaftung bewirke: er ist vielmehr eine Vergesellschaftung, eine jener Beziehungen, deren Bestehen eine Summe von Individuen zu einer sozialen Gruppe macht, weil ‚Gesellschaft' mit der Summe dieser Beziehungen identisch ist." (Simmel 1989: 209-210). Oder anders: „Gesellschaft in dem Sinne, den die Soziologie verwenden kann, ist dann entweder der abstrakte Allgemeinbegriff für diese Formen, die Gattung, deren Arten sie sind, oder die jeweilig wirksame Summe derselben. Es folgt weiterhin aus diesem Begriff, daß eine gegebene Anzahl von Individuen in größerem oder geringerem Grade Gesellschaft sein kann: mit jedem neuen Aufwachsen synthetischer Gestaltungen, jeder Bildung von Parteigruppen, jeder Vereinigung zu gemeinsamen Werk oder in gemeinsamen Fühlen und Denken, jeder entschiedeneren Verteilung von Dienen und Herrschen, jeder gemeinsamen Mahlzeit, jedem Sich Schmücken für die andern wird eben dieselbe Gruppe mehr ‚Gesellschaft', als sie es vorher war." (Simmel 1992: 24)

> Nicht die Länder, nicht die Grundstücke, nicht der Stadtbezirk und der Landbezirk begrenzen einander; sondern die Einwohner oder Eigentümer üben die gegenseitige Wirkung aus, die ich eben andeutete." (Simmel 1992: 696-697)

Die gründlichste Auseinandersetzung Simmels mit dem soziologischen Begriff der Grenze fand in seiner Soziologie des Raumes statt, in der er sich auf territoriale (räumliche) Grenzen konzentrierte, obwohl er die vielen anderen Arten von Grenzen (wie das Zitat oben zeigt) nicht aus seinem Blickwinkel verlor. In seiner Soziologie des Raumes schreibt Simmel über territoriale Grenzen: „Die Grenze ist nicht eine räumliche Tatsache mit soziologischen Wirkungen, sondern eine soziologische Tatsache, die sich räumlich formt." (Simmel 1992: 697)

Die Grenzen sind nicht im Raum, sondern werden von den Menschen in den Raum projiziert.

> „Man macht sieht selten klar, wie wunderbar hier die Extensität des Raumes der Intensität der soziologischen Beziehungen entgegenkommt, wie die Kontinuität des Raumes, gerade weil sie objektiv nirgends eine absolute Grenze enthält, eben deshalb überall gestattet, eine solche subjektiv zu legen." (Simmel 1992: 694-695)

An anderer Stelle spricht Simmel der Wechselwirkung unter den Menschen unter anderem die Eigenschaft zu, als Raumerfüllung betrachtet werden zu können (vgl. Simmel 1992: 689). Denn wenn zwei Gruppen von Menschen voneinander isoliert (sogar ohne Kenntnis voneinander) nebeneinander auf einem Stück Land wohnen, ist zwischen ihnen insofern keine Grenze, als das Land zwischen ihnen nie als Grenze, sondern eher als ein leeres Nichts wahrgenommen wird. Erst wenn diese Menschen in Wechselwirkung (sei sie eher friedlichen Charakters oder sei sie von Konflikten geprägt) treten, wird der Raum zwischen ihnen gefüllt und vielleicht zu einer Grenze gemacht. Ist die Grenze aber einmal da, übt sie eine zentripetale Wirkung auf die Mitglieder der getrennten Gruppen aus. Um es in einer uns vertrauten Sprache zu sagen, die Simmel nicht benutzte: Durch die Grenze entwickeln sich Mechanismen der Inklusion und Exklusion, einer Sortierung der Menschen in Insider und Outsider. Dies geschieht zwar nicht nur geographisch. Aber die Projektion der Grenzziehung auf den Raum festigt die Grenze und dient ihrer Erhaltung.

Es sind also nicht die Gebirge, die aus einer Menge Menschen zwei Gruppen machen. Es sind die Beziehungen der Nähe und Distanz, die diese Menschen zueinander eingehen. Erst die Summe dieser Beziehungen führt dazu, dass sich aus dieser Menge zwei Gruppen herauskristallisieren, die wiederum die Gebirge als ihre Grenze benutzen und so die Dynamik und den Charakter ihrer Beziehungen auf den Raum projizieren. In Simmels Worten:

"Ein geographischer Umfang von so und so vielen Quadratmeilen bildet nicht ein großes Reich, sondern das tun die psychologischen Kräfte, die die Bewohner eines solchen Gebietes von einem herrschenden Mittelpunkt her politisch zusammenhalten. Nicht die Form räumlicher Nähe oder Distanz schafft die besondere Erscheinung der Nachbarschaft oder Fremdheit, so unabweislich dies scheinen mag. Vielmehr sind auch dies rein durch seelische *Inhalte* erzeugte Tatsachen, deren Ablauf zu ihrer Raumform in keinem prinzipiell andern Verhältnis steht als eine Schlacht oder ein Telefongespräch zu den ihrigen (...) Nicht der Raum, sondern die von der Seele her erfolgende Gliederung und Zusammenfassung seiner Teile hat gesellschaftliche Bedeutung." (Simmel 1992: 688)

Simmel Weiterdenken

Wenn wir mit Simmel davon ausgehen, dass Grenzen als Kristallisationen von menschlichen Beziehungen zu verstehen sind, können wir folgern, (1) dass Grenzen auf keinen Fall entstehen, wenn keine oder nur sehr schwache Beziehungen diesseits und jenseits der potentiellen Grenze bestehen. (2) Umgekehrt werden Grenzen umso augenfälliger und wirkungsmächtiger, je mehr Beziehungen existieren, die zwischen den betroffenen Menschen trotz aller Nähe auch Distanz schaffen oder schaffen sollen. Daher kann man behaupten, dass zum Beispiel das spanisch-portugiesische Finisterri, also die Orte an der Atlantischen Küste, die bis zur Entdeckung und Kolonisierung des amerikanischen Kontinents als das Ende der Welt galten, im Mittelalter noch keine Grenze waren. Denn jenseits der Küste wurden bestenfalls Dämonen befürchtet, jedoch keine sozialen Beziehungen, deren Regulierung wünschenswert oder gar notwendig erscheinen konnten.

(3) Je dichter die Beziehungen zwischen den Menschen werden, desto dichter wird auch die Grenze, die diese Beziehungen reguliert. Und hierin liegt die „soziale Funktion" bzw. Wirkung der Grenze: (4) Sie reguliert, gestaltet und verfestigt Wechselwirkungen zwischen Nachbarn. Sie gibt den Verhältnissen zwischen den Nachbarn Form und Sichtbarkeit, indem sie die Distanz hervortreten lässt. Und insofern die Grenze eine Projektion der Beziehungen zwischen den Nachbarn ist, ist zudem zu erwarten, dass unterschiedliche Interessen der Nachbarn in der Politik und Praxis der Grenze besonders ausgeprägt zum Vorschein treten.

Vor diesem Hintergrund ist es kaum noch verwunderlich, wie anfangs schon angedeutet, dass ausgerechnet heute ein starkes Interesse für Grenzen und Grenzgebiete entsteht. Wenn wir uns jetzt in unseren Überlegungen wieder auf Europa konzentrieren, um am Ende wieder bei der spanischen EU-Außengrenze anzugelangen, wird augenfällig, dass sich seit dem Ende der 1980er Jahre vieles verändert hat: Europäische Grenzen wurden verschoben, verstärkt oder abgeschwächt. Ihre scheinbare Selbstverständlichkeit als „territoriale Grenzen" wurde durch das Tempo dieser Veränderungen enttarnt. Die raschen und tiefgehenden Transformationen, die die Grenzen Europas seit dem Fall des Eisernen Vorhangs erfahren haben, können die Tragfähigkeit des relationalen Begriffs der Grenze sehr eindrucksvoll belegen. Zugleich erinnern sie auch daran, dass Grenzen aus menschlichen Verhältnissen bestehen. Wenn die alten Verhältnisse nicht mehr gültig sind, sind die betreffenden Grenzen eben auch nicht mehr gültig. Das gilt sowohl für diejenigen Grenzen, die auf den Raum projiziert wurden, wie etwa die Grenzen der UdSSR und des Warschauer Pakts, als auch für diejenigen, die keine Widerspiegelung auf dem Boden fanden (wie die vom Guten und Bösen- auf beiden Seiten).

Da, wo früher eine Trennlinie zwischen den Territorien verlief, die die Menschen teilte, kann sich heute ein Baum, ein Rastplatz, eine Wiese oder ähnliches befinden, wie jede Reise zwischen den alten und den neuen Bundesländern uns erneut vor Augen führt. Anderseits treten jetzt neue Linien in den Vordergrund, die lange Zeit fast irrelevant oder unbemerkt waren. Die Grenze und ihre Kontrollmechanismen zwischen Polen und der Ukraine haben nach dem Beitritt Polens in die EU extrem an Sichtbarkeit gewonnen. Und sicherlich ist die Verfestigung dieser Grenze nicht an ihrem Ende angelangt – es sei denn, die Ukraine sollte auch in die EU beitreten. In dem Fall würden die EU-Außengrenzen der Ukraine entsprechend durch einen Prozess der Verschärfung und Verfestigung hindurchgehen. Andere europäische Grenzen wiederum sind zwar nicht aufgelöst, aber viel schwächer und unscheinbarer geworden. Auf einer Fahrt von Deutschland nach Holland oder von Frankreich nach Spanien bedarf es heute schon einer gewissen Aufmerksamkeit, um die Grenze überhaupt noch wahrzunehmen. Vor zwanzig Jahren war dies noch anders.

Wenn wir Simmels Theorie mit den Transformationen der EU Innen- und Außengrenzen konfrontieren, drängt sich ein Einwand auf: Da im Fall der EU nur schwer zu entscheiden ist, ob ihre Grenzen tatsächlich eine Projektion menschlicher Beziehungen sind, ob also zuerst die Beziehungen existierten und dann die Grenzen nachträglich hinzutraten, könnte man einwenden, dass es in diesem Fall andersherum gelaufen sei. Denn die Innengrenzen der EU werden gezielt marginalisiert, um Wechselbeziehungen zwischen Menschen entstehen zu lassen, die sich bis vor kurzem noch als Fremde oder gar Feinde gegenüber standen. Und durch die Osterweiterung wurden entlang der Außengrenzen Beziehungen umgestaltet, abgeschwächt oder ausgelöscht, die zwischen Nachbarn bestanden hatten, wie im oben genannten Beispiel der polnisch-ukrainischen Grenze. Offensichtlich führt hier eine Veränderung der Grenze zu einer Veränderung der zwischenmenschlichen Beziehungen und nicht umgekehrt.

Diesem Einwand gegen Simmels Aussage, dass räumliche Grenzen Projektionen menschlicher Beziehungen sind, könnte man im Geiste Simmels durch das Zugeständnis begegnen, dass es sich beim Verhältnis zwischen den Beziehungen und der Grenze um eine Wechselwirkung handelt. So könnten wir sagen, dass Grenzen einerseits die Projektion von Beziehungen sind, andererseits aber Beziehungen selber gestalten. Aber ich glaube, dass man Simmels Standpunkt auch ohne eine derartige Umformulierung verteidigen kann. Der ursprüngliche Einwand besagte, dass in der EU die Grenzen verändert worden sind, um die Beziehungen zwischen den Europäern und zwischen ihnen und den „Drittstaatenangehörigen" zu verändern. Dieser Einwand weist auf einen von Simmel vernachlässigten, aber zentralen Aspekt der zwischenmenschlichen Verhältnisse hin, die in Grenzen und Grenzenveränderungen münden. Nämlich den Aspekt der Macht. Und hier liegt tatsächlich eine Schwäche der Simmelschen Perspektive, die einerseits zwar historisch leicht zu verstehen ist, die es aber andererseits für uns zu beseitigen gilt, wenn wir mit diesem theoretischen Gerüst arbeiten möchten. In der Tat: Nicht alle Parteien und nicht alle menschlichen Beziehungen haben den gleichen Einfluss auf die Konstitution einer Grenze. Die Grenzen der Nachfolgestaaten des ehemaligen Jugoslawien etwa wurden, wie so viele andere Grenzen, letztendlich an einem Verhandlungstisch festgelegt und nicht auf den Straßen. Dieser bekannte Umstand erinnert uns daran, dass zwar alle zwischenmenschlichen Wechselwirkungen irgendwie eine Rolle spielen mögen, es aber immer auch solche Verhältnisse gibt, die eine weit entscheidendere Rolle spielen als andere. Die Marginalisierung der Innengrenzen der EU ist zwar gezielt dazu da, um Wechselwirkungen zwischen Menschen zu erzeugen, die sich bisher fremd waren oder zu Fremden gemacht worden waren. Doch diese Tatsache widerlegt nicht die Behauptung, dass diese Marginalisierung ihrerseits das Ergebnis von veränderten Verhältnissen ist. Nur betreffen diese Verhältnisse nicht die Gesamtheit der EU-Bevölkerung, sondern die Gruppe der Mächtigen und Einflussreichen; in diesem Fall der politischen und wirtschaftlichen Eliten Europas.

Durch die Marginalisierung der Innengrenzen und die Verstärkung der Außengrenzen ist tatsächlich der Raum für Beziehungen zwischen Menschen, die auch die ökonomischen Beziehungen umfassen, verändert worden. Und die Länder, die den Rand der EU bilden, haben die unangenehme Aufgabe zugewiesen bekommen, die noch weiter zu verstärkenden Außengrenzen der EU zu sichern bzw. dicht zu machen. Wenn wir die Grenze als eine Verdichtung der Beziehungen zwischen den Gruppen betrachten, die sich eine Grenze teilen und sie so zusammen bilden, können wir mit der Hypothese arbeiten, dass wir aus der Beobachtung dieser verdichteten Linie viel über die Wechselwirkungen dieser Gruppen entnehmen können. An der Grenze und rund um die Grenze herum treten oft die Konflikte zwischen den Gruppen besonders markant zum Vorschein. Auch die oft asymmetrischen Machtverhältnisse kommen hier deutlich zum Vorschein.

Widersprüchliche Interessen

Wenn wir jetzt auf das spanische Beispiel vom Beginn dieses Textes zurückschauen, können wir anhand der zurückliegenden Überlegungen die anfänglichen Fragen auflösen. In der Tat kann anhand der spanischen EU-Außengrenze sowohl die Widersprüchlichkeit der Interessen als auch ihre unmittelbare Projektion auf die Grenzen und die Grenzenpolitik knapp erläutert werden. Ihre Projektion auf alltägliche menschliche Beziehungen und Sichtweisen habe ich eingangs durch die kurze Erzählung zu illustrieren versucht. Es gilt jetzt zu versuchen, die Relationen, die sich in dieser Erzählung verbergen, ans Licht zu bringen. Am besten können wir das machen, wenn wir uns die vier Punkte, die aus dem Beispiel zu entnehmen waren, noch einmal vor Augen führen. Die Punkte lauteten:

1. In den zurückliegenden Jahren hat die Zahl „illegaler" Immigranten in Spanien stark zugenommen.
2. Die Grenzsicherungspolitik Spaniens hat sich seit seinem Beitritt in die EU deutlich verschärft.
3. Die Mehrzahl der „illegalen" Einwanderer, die es schaffen, nach Spanien zu kommen, ohne dabei ertappt zu werden, finden rasch einen Job und werden in der Regel nicht ausgewiesen.
4. Immer mehr Menschen kommen beim Versuch, die spanische Küste zu erreichen oder spanischen Boden zu betreten, entweder ums Leben oder werden ertappt und in ihre „Heimatländer" ausgewiesen.

Was steckt hinter diesen Tatsachen? Wie ist ihr Zusammenhang? Welche Relationen verdichten sich an der spanisch-marokkanischen Grenze, die uns eine Antwort auf diese Fragen ermöglichen?

Die Tatsache, dass ein Teil der spanischen Grenzgebiete auch gleichzeitig Teil der EU-Außengrenze geworden ist, heißt für uns, dass wir an dieser Grenze eine extreme Verdichtung von Beziehungen erwarten können. Nicht nur die Beziehungen zwischen Spanien und seinen Nachbarn, sondern auch die Beziehungen der EU-Staaten zu anderen Staaten sind dabei ins Auge zu fassen. Aus diesem Grund müssen wir auch nach den Interessen der EU fragen. Dabei dürfen wir weder ausblenden, dass die Interessen Spaniens und die der EU nicht immer völlig miteinander übereinstimmen, noch voraussetzen, dass innerhalb der EU oder innerhalb Spaniens immer nur miteinander übereinstimmende Positionen und Interessen vertreten werden.

(1) Als Mitglied der EU hat Spanien ein Interesse daran, die EU Außengrenzen zu sichern, und sei es nur deshalb, weil Spaniens Rolle und Einfluss in der EU stark

von dieser Aufgabe abhängt. (2) Die EU hat ihrerseits auch ein sehr deutliches Interesse (aus welchen Gründen auch immer) an der Sicherung ihrer Außengrenzen. (3) Gleichzeitig haben in Spanien jedoch viele Menschen ein Interesse an sehr billigen Arbeitskräften – vor allem für die Landwirtschaft, für das Bauwesen und als Haushaltshilfen. Diese billigen Arbeitskräfte sind die sogenannten illegalen Immigranten und Immigrantinnen. (4) Das Land Spanien hat hier wiederum das Interesse, dass seine Wirtschaft floriert und dass die Familien seine wohlfahrtstaatlichen Leistungskräfte nicht überlasten. Daher wird oft ein Auge zugedrückt, wenn es beispielsweise um die Einstellung illegaler Migranten als Betreuer von alten Menschen und Kindern geht. Denn spanische Familien mit durchschnittlichem oder sogar gutem Einkommen können sich nur so die Einstellung von Menschen leisten, die ihre kranken, alten oder abhängigen Familienmitglieder pflegen. Der Staat profitiert klarerweise davon, weil seine ohnehin nur schwach ausgebauten Sozialsysteme nicht noch mehr überlastet werden. Für die Arbeit von Immigranten in der Landwirtschaft und im Bauwesen gilt im Prinzip dasselbe. (5) Die EU hat auch kein Interesse daran, dass Spanien als Mitgliedsland eine schwache Wirtschaft hat oder sich im Übermaß verschuldet, weil die Familien keine Frauen aus Ecuador oder aus Peru mehr einstellen können und infolgedessen ihre Ansprüche an den Staat weiterleiten. Vielleicht drückt sie deswegen auch ein Auge zu.

Und genau diese Interessenkonstellation führt zu der Situation, dass (6) die spanische Außengrenze dicht gemacht wird, was Jahr für Jahr das Leben vieler Menschen kostet, aber trotzdem der Anreiz für Immigranten stark bleibt, ihr Glück zu versuchen. Denn sie wissen, dass jenseits der Grenze Arbeit auf sie wartet und dass sie mit einiger Wahrscheinlichkeit nicht mehr ausgewiesen werden, wenn sie es schaffen, über die Grenze zu gelangen. In dieser verqueren Situation verdichten sich die widersprüchlichen Interessen und Machtverhältnisse in einer verqueren und anscheinend widersprüchlichen Grenze. Doch diese Grenze erscheint nur widersprüchlich, weil sich in ihr teils übereinstimmende, teils konfligierende Relationen kristallisieren. Und auch hier gilt die selten ausgesprochene Regel, dass in den Relationen zwischen unterschiedlichen Gruppen mit unterschiedlichen Interessen die Interessen der Mächtigeren eine deutlich höhere Wahrscheinlichkeit haben, sich durchzusetzen. Die Art und Weise jedoch, wie diese Regel ihre Realisation findet, liegt in der Wechselwirkung zwischen den Gruppen. Die weniger Mächtigen gestalten somit auch die Ergebnisse, die aus ihren Wechselwirkungen hervorgehen. Aber sie tun dies mit weniger Bestimmungskraft. Und diese Wechselwirkungen lassen sich von uns verdichtet an der Grenze feststellen.

Grenzen des Grenzenlosen

Entgrenzungen und Wiederbegrenzungen
medialer Kommunikation

Udo Thiedeke

Grenzen

In der Alltagswahrnehmung erscheinen Grenzen zumeist als feste Schranken, die freie Bewegung einengen, wenn nicht sogar verhindern. Grenzen weisen zurück oder zwingen zumindest zu erhöhten Anstrengungen, um sie zu überwinden. Unwillkürlich denkt man an geographisch lokalisierte Grenzlinien, die durch mehr oder weniger feste Hindernisse, wie Mauern und Zäune oder durch Symbole wie Linien, Schlagbäume, Grenzpfähle markiert sind.

Vorstellungen der definitiven Unterbrechung oder der Umkehr sind aber auch mit nicht lokalisierten Grenzmetaphern verbunden. So können wir an Leistungsgrenzen stoßen, die uns zum Aufgeben zwingen oder nur schwer überschreitbar sind. Weiter gibt es Grenzen des ökonomischen und biologischen Wachstums, Grenzen des Konsens und der Geduld. Überall verbindet sich die Vorstellung von der Grenze mit Eindrücken des Definitiven, Nicht-Veränderlichen, das zumindest zur Umorientierung zwingt.

Derart festgefügte Grenzen stellen Orientierungspunkte dar. Sie erlauben eine eindeutige Unterscheidung des „Innerhalb" und „Außerhalb". Sie signalisieren zugleich Chancen, das Umgrenzte unter Kontrolle zu bringen und so vielleicht sogar Einfluss auf das auszuüben, was nicht umgrenzt ist.

Das gilt auch für sozial wirksame Grenzen, wobei die soziapolitischen Staatsgrenzen vielleicht nur das augenfälligste Beispiel sind, da sie sich in territorialstaatlich gebundenen Regeln, Gesetzen und Symbolen „verkörpern" und sich in hoheitlichen Akten mit umgrenzter Reichweite realisieren. Andere soziale Grenzen sind weniger konkret, grenzen aber gleichwohl, wie etwa im Fall von Gruppen- oder Schichtgrenzen, soziale Zugehörigkeiten und damit Erlebnis- und Handlungsfelder voneinander ab.

Hierbei wird deutlich, dass Grenzen jeweils zwei Seiten aufweisen. Mit Blick auf soziale Grenzen gesprochen, unterscheidet sich die inklusive von der exklusiven Sinnperspektive. Wo die erste Sicherheit vermittelt und die Grenze vielleicht nur allzu selbstverständlich erscheint, vermittelt die zweite ein Ausgeschlossensein, eine schwer zu realisierende Zugehörigkeit oder die Anstrengungen des Dazugehörens.

Grenzen ordnen soziale Handlungs- und Erlebnisbereiche durch Hervorhebung von Unterschieden. Sie werden somit als *Schwellen* der sinnhaften Orientierung wahrnehmbar. Bei ihrer Überschreitung verändern sich die Erwartungsperspektiven grundlegend und abrupt (siehe Luhmann 1989: 81). Neben den damit verbundenen Ordnungsmöglichkeiten, die umgrenzte Bereiche gleichsam als „Erwartungsinseln" gegen das Rauschen ihrer Umwelt abgrenzen, stellen sich mit dem Ziehen von Grenzen aber auch Probleme der kontrollierten Grenzöffnung, bzw. des Grenzübertritts ein.

Reflexive Grenzen

Es liegt daher nahe sich die gezogenen Grenzen als teildurchlässige, von Öffnungen durchsetzte Membrane vorzustellen. In diese Grenze sind Punkte des Grenzübertritts eingefügt, an denen „Gatekeeper" den Zugang oder Abgang in oder aus dem umgrenzten Bereich steuern. Und es liegt nahe, hieran soziologische Modelle anzuschließen, die soziale Grenzbeziehung als Steuerungsproblem des In- oder Outputs beschreiben (z.B. Parsons/Smelser 1956).

Das Bild, dass Gatekeeper soziale Grenzen gleichsam bei Bedarf öffnen, so wie der Zollbeamte den Schlagbaum hebt, mag solange plausibel erscheinen, solange die soziale Grenzproblematik umstandslos in Metaphern der räumlichen Fixierung und des Transports beschreibbar ist.

Es gibt auch durchaus Korrelate gesellschaftlicher Differenzierung, die zu solchen Grenzbildern passen. Zu denken ist etwa an eine segmentäre gesellschaftliche Ordnung, oder an Differenzierungen, die sich an Zentrum und Peripherie, oder an der stratifikatorischen Unterscheidung von „oben" und „unten" orientieren (Luhmann 1998: 634ff.; 663ff.; 678ff.). Für den aktuellen sozialen Sinnzusammenhang einer funktional differenzierten Gesellschaft (ebd.: 743ff.) scheinen sie jedoch nicht mehr realitätsadäquat.

Die funktional differenzierte Gesellschaft in ihrer historischen Konkretisierung als moderne Gesellschaft, ist zum einen durch eine Auflösung der Einheit von Zeit und Raum gekennzeichnet. Deutlich wird dies z.b. anhand der Trennung von Arbeits- und Lebensbereichen, am Verschwinden lokaler Eigenzeiten, am zeitlichen Schrumpfen räumlicher Distanzen etc.

Giddens zufolge hat dies zu einer für die moderne Gesellschaft charakteristischen Entbettung (Disembedding) sozialer Beziehungen aus raum-zeitlich lokalisierbaren Grenzen sowie zu einer Rückbettung (Re-Embedding) in abstraktere, durch Risiken, Eigenverantwortlichkeit aber auch durch Vertrauen bestimmte Grenzen geführt (1995: 28ff.; 33ff.; 102ff.).

Über strukturelle Figurationsänderungen hinaus, hat Luhmann die Dynamik der funktionalen Differenzierung als Veränderung der strukturellen, aber auch semantischen Inklusion der modernen Gesellschaft beschrieben. Hier zeigt sich ein einschneidender Orientierungswandel der Einordnung von Personen, Formen und sozialen Systeme nach funktionalen Kriterien (1998: 745f.).

Es gelten nicht mehr segmentäre, verwandtschaftlich oder lokal begrenzte Territorien als abgrenzendes Ordnungsraster, auch nicht mehr das Herkommen vom Lande oder aus der Stadt, das jeweils mit engen oder weiten Erlebnis- und Handlungsmöglichkeiten verknüpft ist – Provinzler sind engstirnig und Stadtluft macht frei. Schließlich entscheidet nicht mehr die Zugehörigkeit zur Ober- oder Unterschicht, d.h. die Positionierung innerhalb von Ranggrenzen, über die individuellen Lebenschancen.

Typisch für die funktional differenzierte Gesellschaft ist die parallele Mitgliedschaft in unterschiedlichen Funktionssystemen, die Selbstsozialisation (Selbstverwirklichung, Bildung, Anpassung), verstanden als Selbsteinordnung in soziale Grenzen sowie die individuelle räumliche, soziale, sachliche und zeitliche Mobilität (siehe zum Gesamtkomplex Luhmann 1998: 743ff.).

Einen wichtigen Beitrag zu dieser Mobilisierung leisten Kommunikationsmedien. Die Argumentation ist hier aus thematischen Gründen auf sozio-technische Kommunikationsmedien konzentriert, die sog. Verbreitungs- oder Mitteilungsmedien (vgl. Thiedeke 1997: 24f.). Die damit eng verknüpfte Evolution symbolisch generalisierter Kommunikationsmedien (etwa Liebe, Macht, Geld etc. siehe Luhmann 1998: 316ff.) bleibt unberücksichtigt.

Sozio-technische Kommunikationsmedien lösen seit Erfindung der Schrift die Kommunikation von der unmittelbaren Interaktion der Kommunizierenden und von den Bindungen an eine physisch gegebene Wirklichkeit ab (Thiedeke 1997: 319f.). Sie unterstützen somit Kommunikationsbedingungen einer heteronomen und heterarchischen Kommunikation, wie sie für die funktional differenzierte Gesellschaft charakteristisch ist (Luhmann 1998: 312).

Eine solche gesellschaftliche Kommunikation kann sich jedoch nur selbstreflexiv entwickeln, wenn sie hinsichtlich Anschluss oder Zurückweisung von Kommunikationen Orientierung gewinnen will. Für die Grenzen dieser medial kommunizierenden Gesellschaft bedeutet das, dass sie überall anhand der Art, wie sie beobachtet werden, beobachtbar und somit potenziell verfügbar sind.

Daraus resultiert tendenziell die Auflösung der räumlichen Fixierung von Grenzen. Ebenso ändert sich aber auch die Form, in der Grenzen beschrieben, d.h., im sozialen System der Gesellschaft kommuniziert werden können. Grenzen weiterhin als lokalisierbare Demarkationslinien oder weit von den Kernzonen der umgrenzten Bereiche entfernte Membrane zu verstehen, erscheint angesichts der Selbstreflexivität des Grenzregimes sowie der Kommunikationsabhängigkeit der Grenzwahrnehmung zunehmend problematischer.

Die Freiheitsgrade eines derart mobilisierten sozialen Systems hängen gerade nicht von der Festgefügtheit seiner Grenzen, sondern von seiner Fähigkeit ab, Schwellen dynamisch zu bilden, aber auch wieder aufzulösen. Der sinnhafte Zugang zur sozialen Realität wird auf das Prozessieren von Differenzen anhand von Differenzen umgestellt.

So macht die expandierende massenmediale Kommunikation überdeutlich, dass die eigenen Positionen, das eigene Lebensumfeld, die bekannten Gewohnheiten, Personen und Meinungen nur die eine Seite der Welt sind. Dort draußen gibt es immer anderes und andere, das sich gleichzeitig ereignet und die gleichzeitig erleben und handeln. Die mediale Augen- und Ohrenzeugenschaft am Weltgeschehen führt die Differenz in der Teilhabe an eben diesem Weltgeschehen vor Augen und Ohren.

Um diese Differenz wahrnehmbar zu machen, bringen „die Medien" das Weltgeschehen selbst in eine Form der „ständigen Unterscheidung". Es sind die medialen Ereignisse, die Neuheiten, Skandale und Schocks, die ein Wahrnehmen der Weltereignisse erlauben, in dem sie fortwährend Aufmerksamkeit erregen.

„Nichts ist so alt wie die Meldung von gestern" lernt sinngemäß jeder Zeitungsvolontär. Eine Information ist nur dann eine Information, wenn sie neu, vorher unbekannt und unerfahren ist. Und nur wer Informationen hat, hat Zugang zur Welt, kann die Schwelle zum Welt-Raum der Weltgesellschaft überschreiten, um vermeintlich beide Seiten zu sehen, das Eigene und das Fremde und sich so seiner eigenen Differenz versichern, der Differenz ein Individuum zu sein, das der Gesellschaft gegenübertritt. Man muss sich schon persönlich informieren und das auch zeigen, um „mitreden" zu können.

In der Konsequenz bedeutet das, Grenzen begrenzen oder entgrenzen sich nunmehr selbst. Erst die Art des Prozessierens lässt dann den jeweiligen sozialen Kommunikations- und Sinnzusammenhang unterscheidbar und darin abgrenzbar werden. Luhmann stellt dazu fest:

„Es wird dann unhaltbar, Systemgrenzen wie Ränder des Systems, wie Häute oder Membranen zu verstehen, mit denen das System sich gleichsam fortifiziert. (...) Vielmehr ist ein soziales System nichts anderes als die eine Seite, die innere Seite, die operierende Seite der Form System, und mit jeder Operation des Systems wird die Distinktheit des Systems im Unterschied zur Umwelt reproduziert." (1998: 315)

Nicht zuletzt durch mediale Kommunikation sind Grenzen überall und alles, was kommuniziert, ist an ihrer Moderation beteiligt. D.h., alle und alles sind für die Grenzen und das Grenzregime verantwortlich, was die Intransparenz der miteinander verwobenen Differenzierungsprozesse, der vielfach rückgekoppelten Schwellen ersichtlich werden lässt, zugleich aber auch Wahrnehmungen der Instabilität von Grenzen begünstigt.

Mediale Grenzüberschreitungen

Durchaus symptomatisch lässt sich also die Entwicklung der Kommunikationsmedien und der medialen Kommunikation als Prozess fortscheitenden *Grenzabbaus* oder der *Grenzauflösung* interpretieren. Und man sieht sich mit Fragen konfrontiert, wie dieser Auflösung zu begegnen ist, etwa durch direkte Interventionen oder besser indem man die Prozesse der Begrenzung sich selbst überlässt (siehe für den Buchdruck Giesecke 1991: 441 ff.)

Allerdings wird auch dieser Prozess anhand von Beobachtungen beobachtet, also entlang von Differenzen, die Differenzen wahrnehmbar machen. Das bedeutet, dass Grenzauflösungen anhand von *Grenzänderungen* konstatiert werden. Die mit der Entwicklung medialer Kommunikation verbundene Grenzdynamik ist folglich besser in Bildern der *Grenzüberschreitung,* als der Grenzauflösung zu fassen. Einer Grenzüberschreitung, so ist hinzuzufügen, von der die Wahrnehmbarkeit und Beschreibbarkeit der Kommunikationsmedien selbst nicht ausgenommen sind.

Damit gerät die Eigendynamik medialer Grenzüberschreitung in den Blick. Gesellschaftlich wird sie anhand der strukturellen und semantischen Überschreitung von Kommunikationsgrenzen beobachtbar. Die derzeit am weitesten reichenden Möglichkeiten der Grenzüberschreitung zeigen in diesem Zusammenhang die sog. neuen Medien, wie sie sich anhand der computergestützten und vernetzter Kommunikation, etwa des Internet, World Wide Web (WWW) oder der Mobilkommunikation konkretisieren.

Dabei ersetzen die „neuen" Medien die „alten" Medien, etwa die *Individualmedien,* wie Sprache, Schrift, Telefon, oder die *Massenmedien,* wie Druck, Film,

Rundfunk oder Fernsehen nicht. Vielmehr stellt sich die Grenzüberschreitung so dar, dass bislang isolierte Formen medialer Kommunikation etwa Text, Bild und Schrift im Zuge multimedialer Kopplung in den neuen Medien enger aneinander angeschlossen werden (Thiedeke 1997: 58). Der Übergang von einer medialen Wahrnehmungs- und Kommunikationsform in eine andere wird vereinfacht. Die Folge ist eine strukturelle Neupositionierung medialer Kommunikationsmöglichkeiten, die mit einer Neubewertung der einzelnen Medien und der durch sie erzeugten Weltsichten einhergeht.

Diese wechselseitige Verknüpfung, die das sinnhafte „Umschalten" zwischen medialen Kommunikationsformen erleichtert, was bei den elektronischen Medien noch diskontinuierliche Sprünge beim „Zappen" zur Folge hatte, beim Internet und WWW aber bereits ins kontinuierliche „Surfen" übergegangen ist, markiert jedoch nur einen Aspekt medialer Grenzüberschreitung.

Vielleicht noch wichtiger sind die Kapazitäten neuer Medien zum einen *Telepräsenz* für alle Kommunizierenden, nicht nur für privilegierte Medienkommunikatoren (Journalisten, Politiker, VIPs) herzustellen. Anders als noch bei den Massenmedien hat jetzt jeder, der es versteht Computer zu bedienen und „ins Netz" zu gehen, sowohl Möglichkeiten zu einer bilateralen Individualkommunikation (etwa via E-Mail), zu einer unilateralen Verbreitung von Berichten oder Meinungen (etwa über Homepages), die der massenmedialen Kommunikationssituation ähnelt, als auch zu einer multilateralen Kommunikation, die sich als Interaktion virtueller Akteure (Personae) gestalten lässt (etwa in Internetforen oder sog. virtuellen Welten).

Demzufolge erlauben Interaktionsmedien den medial Kommunizierenden zum anderen eine *wechselseitige Steuerung (Telematik)* des Digitalcodes, der diesen Medien zu Grunde liegt. Neue Medien sind sozio-technische *Interaktionsmedien*, die *Multimedialität, Telepräsenz* und *Telematik* ermöglichen.

Interaktionsmediale Expansion

Hinsichtlich der Art von Grenzüberschreitungen die Interaktionsmedien begünstigen, fällt zunächst die *Expansion,* d.h., die Ausdehnung bestehender Kommunikationsgrenzen auf. Hierbei erweitern sich die räumliche, aber auch die soziale, sachliche und zeitliche Reichweite medialer Kommunikation.

So sind immer mehr Kommunikationsteilnehmer in immer entlegeneren Regionen medial erreichbar. Mehr Informationen lassen sich speichern, miteinander verknüpfen oder rekombinieren. Die Informationsvolumina der globalen Kommunikation wachsen ebenso, wie die Vernetzung von Kommunikationsströmen und die digitalen Speicherkapazitäten (vgl. Lyman et al., 2003: Online).

Diese Ausweitung von Kapazitätsgrenzen hat zur Folge, dass interaktionsmediale Kommunikation potenziell ubiquitär wird (vgl. Thimm, 2004). Die entsprechende mediale Ausstattung vorausgesetzt, können von jeder geographischen Position aus eine Vielzahl an Informationen abgerufen, eingespeist, gekoppelt und in Kommunikationen realisiert werden. Die Grenzexpansion medialer Kommunikation findet ihren Nachhall daher in Beschreibungen der gesellschaftlichen Kommunikation als „globaler Kommunikation" sowie in der Metaphorik vom medial integrierten „globalen Dorf" (McLuhan). Die Innengrenzen lokaler Kommunikationsreichweiten scheinen in der Außengrenze globaler Kommunikation aufgehoben.

Zugleich werden im Zuge der interaktionsmedialen Expansion die Möglichkeiten zur medialen Grenzüberschreitung individualisiert. So entstehen interaktionsmediale Kommunikationsterritorien zwar durchaus entlang von regionalen, kulturellen, vor allem aber von thematischen Grenzen. Allerdings markieren diese Grenzen die Schwellen von *Netzwerken,* die sich entsprechend der Kommunikationsinteressen, -aktivitäten und Kontaktmöglichkeiten der kommunizierenden Individuen *selbstorganisiert* ausprägen und verformen (vgl. Döring 2003: 522ff.; Thiedeke 2005b). Diese Kommunikationsterritorien entstehen nicht *heteronom,* formiert durch territorialstaatliche Ordnungen, sondern *autonom,* z.B. „quer" zu den bestehenden Grenzen territorialer soziapolitischer Ordnungsräume.

Anders als im Fall der individualmedialen Briefe, Faxe oder Telefonate oder der massenmedialen, Bücher, Filme oder TV-Sendungen überschreiten nicht nur einzelne Medienkontakte oder -produkte die Grenzen. Durch Interaktionsmedien werden interaktive Kommunikationsmöglichkeiten als individuelle Produktionsmöglichkeiten preisgünstig uni-, bi- und multilateral verfügbar.

Die vorwiegend bilateral operierenden Individualmedien können dies nur sehr eingeschränkt leisten. Massenmedien operieren hingegen typischerweise unilateral, wobei formierte Informationen von territorial lokalisierten und an nationalstaatliches Recht gebundenen Sendern, Verlagen oder Studios verbreitet werden.

Individualmedien mangelt es somit an Kapazitäten zur kollektiven medialen Grenzüberschreitung und zur gemeinschaftlichen Konstitution von Kommunikationsbereichen. Massenmedien sind hingegen heteronom kontrolliert. Ihre mediale Expansion ist zudem sozioökonomisch aufwändig und nur von Organisationen zu leisten.

Die interaktionsmediale Expansion weist dem hingegen eine neue Qualität der Grenzüberschreitung auf. Mit den Interaktionsmedien haben die Kommunikationsströme endgültig das Bett der nationalstaatlich organisierten und kontrollierten Medienkanäle verlassen.

Während die Reichweite territorialstaatlich organisierter, politischer Macht und daran anschließend die Durchsetzungsfähigkeit entsprechender Rechtsnormen in der Regel an Staatsgrenzen endet, überschreitet die interaktionsmediale Kommunikation diese Grenzen. Mehr noch, die individuell organisierten Kommunikationsterritorien sind lokal nur schwer zu kontrollieren. Der individuelle Zugang zu ihnen realisiert sich global. Zudem ist etwa die Infrastruktur des Internets so konzipiert, regionale Ausfälle im Datenfluss durch selbständige Umorganisation der Informationsströme zu umgehen und auszugleichen. Lokale Blockaden, z. B. aufgrund von Zensurmaßnahmen, werden vom Netz als „Störung" behandelt und durch Öffnung neuer Informationswege ausgeglichen. Lawrence Lessig stellt fest: „The system was coded to be free." (2002: 1789).

Angesichts dessen erscheinen Forderungen plausibel, Verfahren zur soziopolitischen Regulation des Internets zu institutionalisieren, die unabhängig von territorialstaatlichen Grenzen gültig sind. Staatliche und nicht-staatliche Akteure sind gefordert sich etwa mit einer Reichweitenausdehnung rechtlicher Regularien über Staatsgrenzen hinweg und damit einer Überschreitung von Geltungsgrenzen auseinander zu setzen. Beobachter konstatieren sogar einen regelrechten Wettlauf bei der grenzüberschreitenden Verrechtlichung des Netzes (vgl. Holznagel, Werle 2002: 20) zwischen diesen Akteuren, aber auch im Versuch, die technischen Forstschritte neuer Kommunikationsmöglichkeiten regulatorisch einzuholen (Mayer, 2004: 514).

Neben der globale Regulierungskonkurrenz und Schwerfälligkeit territorial begrenzt handlungsfähiger Akteure wird ein weiteres Problem erkennbar. Mit der Erweiterung von Geltungsgrenzen ist ein Verlust an territorialstaatlicher Kontrollmacht verbunden, der sich ebenso wenig vermeiden lässt, wie ein qualitativer Wandel rechtlicher Institutionen. Wollen sie der Expansion der Interaktionsmedien gerecht zu werden, so müssen sich selbst flexibilisieren.

Daraus folgt zunächst eine Internationalisierung des Internetrechts. Vormals national begrenzte rechtliche Geltungsbereiche und Institutionen werden unter Inkaufnahme von Fragmentierung und Mediation staatlicher Regulierungskompetenzen (Mayer 2004: 514) gekoppelt, bevor mittel- und langfristig ein neuer trans- oder supranationaler rechtlicher Geltungs- und Regulierungsraum mit entsprechenden Institutionen entstehen kann.

Weiter unterliegen die Verfahren des internationalisierten Internetrechts einer qualitativen Mobilisierung. Mayer hat mit Blick auf ein internettaugliches Völkerrecht darauf hingewiesen, dass dieses nicht mehr auf den überkommenen Begrenzungen der Symmetrie, Hierarchie und Zentralisierung beruhen kann. Zunehmend ist es durch Elemente der Selbstregulierung und durch atypische internationale Organisationen geprägt, wie sie etwa die ICANN (Internet Corporation of Assigned Names and Numbers) repräsentiert (2004: 513).

Zusätzlich problematisch für die Bildung neuer regulatorischer Grenzen ist der amorphe Charakter des zu begrenzenden Gegenstandes. Die Regulation gilt weniger der Infrastruktur von Datenleitungen, Knotenrechnern und Internetorganisationen, sondern eigentlich dem *Code* der interaktionsmedialen Kommunikation. Lawrence Lessig hat dies 1999 auf die kurze Formel „code is law" gebracht und damit gemeint, dass rechtliche Regulation im Internet erst dort greift, wo sie in den Code selbst, z.B. in die digitalen Datenprotokolle, eingeschrieben wird und deren Entwicklung steuert. Das bedeutet abstrakte Grenzentscheidungen auf dynamischer Grundlage darüber zu treffen: „(...) what kind of code will govern cyberspace, and who will control it and what values that code embodies." (1999: 61f.)

Allerdings entsprechen Vorstellungen eines einheitlichen Codes, etwa zur Codierung von Namen und Internetadressen, nach denen im Netz alle Inhalte organisiert sind (sog. Domain-Name System, DNS) und von einer begrenzten Infrastruktur der Organisationen, Computer und Netze, die diesen Code steuern, kaum der Wirklichkeit der Netzkommunikation.

Zwar sind Versuche zu beobachten, lokalisierbare Verwaltungs- und Kommunikationsstrukturen regulatorisch zu begrenzen. So setzt rechtliche Regulation an lokalisierbaren Organisationen der Codeverwaltung, wie etwa der genannten ICANN oder an Infrastrukturen, wie den Servern der Internetprovider an, die man bei Rechtsverletzungen sperrt oder vom Netz nimmt (Thiedeke 2004a: 295ff.).

Aufgrund der Selbstorganisationsfähigkeit der Interaktionsmedien sowie infolge der Möglichkeiten, parallele Codes und Infrastrukturen mit niedrigem Organisationsgrad zu entwickeln, ist die Reichweite solcher Begrenzungsmöglichkeiten des Codes jedoch beschränkt. Beispiele hierfür sind die spontanen Weiterentwicklungen von Codierung und Programmen durch Nutzer, die evolutionäre Weiterentwicklung des Codes durch geplante und ungeplante Manipulationen, das Entstehen paralleler Organisationssysteme der Codierung und sog. Peer-to-Peer Netzwerken, die mit einem Minimum an zentral kontrahierbaren Schalt- und Knotenpunkten auskommen etc. (Thiedeke 2005b).

Die mit einer internationalisierten Regulation verbundene Re-Territorialisierung der expansiven Grenzüberschreitung ist demzufolge nur um den Preis einer drastischen Einschränkung der Eigendynamik und der im Code angelegten Kontingenzpotenziale zu haben. Eine dauerhafte Festlegung von Geltungsbereichen und -territorien steht im Widerspruch zur quantitativen und qualitativen Expansion interaktionsmedialer Kommunikation. Nicht umsonst wird die grenzausdehnende Eigendynamik und temporäre Grenzbildung des Codes in den sozialen Gemeinschaften des Netzes als „running code" charakterisiert (vgl. z.B. Reimers et al. 1998: 52).

Angesichts des bisherigen Kenntnisstandes scheint eine Regulation der Expansion interaktionsmedialer Kommunikation weder überflüssig, noch unmöglich. Allerdings ist zu erwarten, dass diese Regulation neue Formen der Begrenzung finden muss, die sich von einer territorialstaatlichen Legitimationsgeltung lösen und zugleich deutlich verzeitlichte institutionelle Fassung in „Institutionen mit Verfallsdatum" finden. Charakteristisch erscheint eine rasche Abfolge regulatorisch, begrenzender Episoden einerseits und der Emergenz deregulatorischer Grenzüberschreitungen andererseits, die aus der Expansion medialer Kommunikationsmöglichkeiten der interaktionsmedialen Kommunikation resultiert.

Die Eigengesetzlichkeit der Grenzüberschreitung und selbstorganisierten Wiederbegrenzung verweist demzufolge auf den, über die Expansion hinausgehenden, Aspekt der *Exteriorisierung* interaktionsmedialer Kommunikation.

Interaktionsmediale Exteriorisierung

Exteriorisierung ist ursprünglich ein Begriff der Paläontologie, der den Zuwachs an Freiheitsgraden der Bewegung und eine Erweiterung von Handlungsmöglichkeiten des Körpers durch Werkzeuggebrauch, schließlich die Ablösung der Handlungsmöglichkeiten durch Werkzeuge, gezähmte Tiere, Symbole oder Programme vom Körper selbst meint (vgl. Leroi-Gourhan 1988: 302f.). Exteriorisierung bezeichnet eine qualitative Öffnung begrenzter Aktionsbereiche. Bspw. versetzt der Gebrauch von Werkzeugen die Hand in die Lage, Bilder oder Grapheme zu zeichnen, womit sich „Handlungsmöglichkeiten" in den Bereich des Symbolischen ausdehnen.

Ohne die interaktionsmediale Kommunikation als Bestandteil der Biologie des Menschen oder als anthropologische Konstante anzusehen, wird Exteriorisierung hier als Erweiterung von Kommunikations- und Interaktionsfähigkeiten und damit verbunden als *Entgrenzung* von bestehenden sachlichen, sozialen, zeitlichen und räumlichen *Sinngrenzen* verstanden. Interaktionsmedien bieten dazu Möglichkeiten der Wirklichkeitsbehandlung an, die eine Öffnung der physikalisch, biologisch und sozial festgelegten raum-zeitlichen und sozialsachlichen Begrenzungen unserer aktuellen Lebenswirklichkeit unterstützen.

So weisen Multimedialität, Telepräsenz und Telematik auf die grundsätzliche Eigenschaft computergestützter Medien hin, Wirklichkeit in digitalisierbare Informationen aufzulösen und zugleich *computerbar* zu machen. Eine digitalisierte Welt, kann mittels Algorithmen bearbeitet und z.B. in einer anderen Form, mit anderen Wirklichkeitsbedingungen, als *virtuelle Welt* rekombiniert werden. Der Medienphilosoph Villem Flusser hat diese computertechnische *Virtualisierung* bereits zu Beginn der 1990er Jahre anhand des Übergangs von „Daten" (dem Gegebenen) zu „Fakten" (dem Gemachten) charakterisiert (Flusser, 1998: 203).

Diese Virtualisierung stellt eine grundlegende Bedingung für die Exteriorisierung von Sinngrenzen durch mediale Kommunikation dar, ist aber keinesfalls als *Fiktionalisierung* zu verstehen. Fiktionalisierung erleben wir beim Betrachten von Kunstwerken, Filmen, Theaterstücken, beim Lesen von Texten oder Hören von Musik, wenn wir deren Imaginationen *rezipieren*. Virtualisierung entsteht durch das *Produzieren* einer anderen Wirklichkeit, mit eigenen Gesetzen, *mit* der wir, aber *in* der wir auch selbst agieren. Virtualisierung *vermöglicht* (Thiedeke 2001: 21) die aktuell gegebene Wirklichkeit; die Grenzen der aktuellen Wirklichkeit werden exteriorisiert.

Zusammen mit der interaktionsmedialen Kommunikation entsteht so ein eigener, vermöglichter Sinnhorizont Dieser auf kybernetischer Gestaltung und Steuerung basierende *Cyberspace* ist ein Sinnhorizont der Grenzüberschreitung, jedoch kein Kontinuum der Grenzauflösung. Die faktisch realisierbaren Möglichkeiten der Virtualisierung erlauben es, bestehende Sinngrenzen nicht nur in Gedankenexperimenten zu hinterfragen. Man kann auf sie zugreifen und sie regelrecht umbauen, indem man ihre Sinngrundlagen verändert. Im Cyberspace sind die Grenzen des Sinnhorizonts plastisch formbar (Thiedeke 2004b: 130f.).

Warum sollte man sich z.B. beim Eintritt in den Cyberspace, den wir heute hauptsächlich in den Foren, Gemeinschaften und Umwehen der News Groups, Chats, MUDs und Multi Player Online-Spiele im Internet erleben, nicht von der körpergebundenen Identität der Person befreien? Im Cyberspace ist ein *Identitätswechsel* möglich, der nicht in einer psychischen oder sozialen Grenzauflösung der Person mündet. Stattdessen kommt es zur Selbsterfindung einer *Persona*, die man mit einer gewünschten Identität versieht und steuert (vgl. Thiedeke 2005a).

Eigentumsgrenzen, die in der aktuellen Wirklichkeit durch die Verknappung der in Besitz genommenen Ressourcen sozial gesichert werden – wer Ressourcen besitzt, der kann über deren Verfügbarkeit verfügen und erhöht auf diese Weise sowohl die Attraktivität Eigentum zu bilden, als auch die Notwendigkeit es zu schützen – sind im Cyberspace nur bedingt als Besitzgrenzen anerkannt. Ressourcen vervielfältigt sich im Zugriff, wie beim digitalen Kopieren von Musikdateien oder Software. Bestehende Eigentumsgrenzen werden somit entgrenzt und konstruktiv verfügbar. So vertritt die *Open Source Bewegung* im Internet ein Urheberrecht (copyleft), das nicht am Eigentum, wohl aber am *Eigennutzen* und der Zurverfügungstellung von Nutzungsmöglichkeiten für andere orientiert ist (Thiedeke 2004a: 303ff.).

Ebenso leicht ist im Cyberspace die Ablösung von kulturellen, politischen und rechtlichen Homogenitätsgrenzen des Nationalstaats möglich. Warum also nicht eine eigene Nation gründen, in der eine virtuelle, die bestehenden Staatsgrenzen überlagernde Staatsbürgerschaft gilt? Sog. micro nations im Internet sind mehr oder weniger ernst gemeinte Experimente mit einer vermöglichten politischen Ordnung, die nur *Beschreibungsgrenzen* mit regulatorischer Geltung für die entstehenden virtuellen Gemeinschaften kennt.[7]

Am deutlichsten wird die Exteriorisierung aber vielleicht dort, wo im Cyberspace, neben humanen Akteuren, d. h. Personae, die von Personen in der aktuellen Wirklichkeit gesteuert werden, auch Maschinen, in Form softwaregesteuerter Agenten oder „Robots" bzw. „Bots" in die Kommunikation eintreten.

Den bislang letzten Fluchtpunkt der Exteriorisierung scheint die Virtualisierung der *doppelten Kontingenz* zu markieren (Braun Thürmann 2004: 82; Thiedeke 2005b). Angedeutet hatte sich das bereits in der Frühzeit der Computertechnik, als Probanden begannen mit dem Gesprächssimulationsprogramm ELIZA wie mit einem Gesprächspartner zu kommunizieren, obwohl sie über dessen Simulationscharakter informiert waren (Weizenbaum 1978: 251f.). Heute gehören Interaktionen mit Bots, die Neulinge in virtuellen Welten einführen, Sanktionen vollziehen, als Gatekeeper oder „eigenartige" Akteure auftreten, zur Routine im Cyberspace (siehe z.B. Foner 1999: Online; Storp 2002: Online; Döring, Sehestag 2003: 337f.).

Auch hier bleibt es nicht bei der Entgrenzung zwischen humanoiden und technoiden Akteuren, Infrastruktur und Sinnstruktur, symbolischem und strukturellem Handeln. Es entstehen neue Sinngrenzen, die auf hybride Akteure bezogen sind, die als konstruierte und gesteuerte sozio-technische Beschreibungen, als *kybernetische Soziofakte* (Thiedeke 2004b: 130) in Erscheinung treten.

Die Sinngrenzen dieser Soziofakte werden anhand ihrer Handlungs- bzw. Kommunikationsfähigkeit definiert. So entstehen Zuschreibungen der Aktionsfähigkeit, aber auch der Verantwortlichkeit, die nicht an intentionale Akteure gebunden sind, die Soziofakte aber gleichwohl in Handlungsfelder einbetten. Nicht die körperlichen oder geistigen Eigenschaften, sondern die Informationen hinsichtlich der Gestaltungsmöglichkeiten von Kommunikationsstrukturen, entscheiden über Handlungsreichweite und Begrenzung der Interaktionsfähigkeit (Thiedeke 2005b).Der Cyberspace kann mithin nicht als grenzenloser Raum einer differenzlosen Weltsimulation gelten. Sein Vermöglichungspotenzial ist vielmehr nur anhand der hier möglichen, durch Beschreibungen konstruierten, Sinngrenzen zu beobachten.

So ist einerseits festzustellen, dass nach der interaktionsmedialen Auflösung aktueller Begrenzungen eine Rekonstruktion von Grenzen unter Bedingungen kybernetischer Konstruier- und Steuerbarkeit stattfindet. Diese vermöglichten Grenzen stehen aber unter dem dauernden Vorbehalt ihrer Revision, z.B. der Um-

---

7 Siehe bspw. zur „Verfassung" der micro nation „nova roma": http://www.novaroma.org/tabularium/constitution_new.html

programmierung, Aushandlung, Verformung oder Umcodierung. Das bleibt nicht ohne Konsequenzen für die sozialen Erwartungen, die sich im Cyberspace an Grenzen knüpfen. Sie richten sich auf die Bestätigung einer unwahrscheinlichen sozialen Ordnung, die auf gültigen, aber individuell verfügbaren Grenzen basiert. Es kann somit erwartet werden, dass die Wirklichkeitsschwelle zwischen aktuell Realisiertem und potenziell Möglichem ständig oszillierend gekreuzt wird (Thiedeke 2004b: 137ff.).

Die interaktionsmediale Exteriorisierung von Grenzen bleibt zum anderen nicht nur auf den Cyberspace beschränkt. Die Entgrenzung aktueller Grenzen ist hier besonders deutlich, und alle, die sich bspw. mit dem Internet verbinden, werden von ihr erfasst. Das geschieht kaum merklich, bspw. beginnend mit der Frage, welchen Namen, welches Identitätszeichen man für seine E-Mail Adresse festlegen möchte? Die Vermöglichung des Sinnhorizonts tangiert darüber hinaus aber auch die Gewissheiten der Grenzbildung in der aktuellen gesellschaftlichen Wirklichkeit.

Neben die physisch rückgekoppelten Grenzen der aktuellen Wirklichkeit treten nun *entkoppelte* Begrenzungsmöglichkeiten, die zumindest als eine Erweiterung bisheriger Grenzsetzungen erscheinen. Auf Grenzen bezogene Erwartungen werden auf diese Weise relativiert, bzw. in einen gesellschaftlichen Experimentalraum der Grenzüberschreitungen und vermöglichten Grenzziehungen hinein erweitert.

Von der aktuellen Seite der Gesellschaft aus betrachtet kann das bedeuten, Grenzen und vor allem Grenzveränderungen im Cyberspace zu simulieren, um sie relativ konsequenzlos zu erproben.

Beispielhaft stehen dafür all jene Beobachtungstechniken der sog. virtuellen Realität, wie wir sie aus der Wissenschaft, Wirtschaft, Politik aber auch der Kunst kennen (vgl. z.B. Helsel, Paris 1991). Sie erlauben es Handlungszusammenhänge als realisierbare Möglichkeiten durchzuspielen und dabei nicht nur deren Konstellationen und Ergebnisse, sondern die Möglichkeiten ihrer Bedingungen zu beobachten, während die virtuelle Realität durch Eingriffe verändert wird, die reproduzierbar und mehr noch, die reversibel sind.

Die Exteriorisierung durch Interaktionsmedien kann aber auch den Ausstiegspunkt in einen Fluchtraum grenzloser Selbstverwirklichung oder gar anarchischer Freiheit markieren.

Dieser Aspekt zeigt sich z.B. an so unterschiedlichen Phänomenen, wie den Erwartung der grenzlosen Wirtschaft der „new economy" (vgl. z.B. Bischof 2001; Röhrs et al. 2004), den Versuchen institutionelle Leistungen unabhängig von ihren organisatorischen Begrenzungen verfügbar und modifizierbar zu machen, etwa bei virtuellen Bildungsangeboten (vgl. z.B. Bett, Wedekind 2003) oder im Rahmen sog. virtueller Verwaltungen oder des „E-Government" (vgl. z.B. Brosch, Mehlich

2005). Er wird im Bestreben offenkundig, methodische Wahrheitskriterien nicht in einem Methodenkanon vorzugeben, sondern in einer virtualisierten Diskussion auszuhandeln und so eine Entgrenzung spezialisierter Kommunikationsbereiche herbeizuführen, wie die Online-Enzyklopädien im Internet zeigen, die von jedermann und jederfrau verfasst und redigiert werden (was in „edit wars" münden kann, vgl. Wikipedia 2004: Online). Schließlich wird dieser Aspekt der Exteriorisierung anhand der sog. Computer-, Konsolen- oder Handyspiele offenkundig, die vor allem im Fall der Online Rollenspiele die Teilhabe an parallelen Welten mit parallelen Biografien und physikalisch, biologisch aber auch sozial sowie normativ entgrenzten Wirklichkeitsbedingungen bieten (vgl. z.B. Pias 2004).

Ob sich eher die experimentell regulative oder die deregulative Perspektive der Entgrenzung durchsetzt und welche Erwartungskonstellationen sich einstellen, sind bislang noch unentschiedene empirische Fragen. Dennoch ist der Cyberspace auch hinsichtlich der Grenzperspektiven der aktuellen Wirklichkeit kaum zu ignorieren. Anders gesagt, er ist deshalb soziologisch relevant, weil es sich um kein utopisches Gedankenexperiment der Grenzauflösung handelt, sondern um konkrete Formen der Differenzsetzung einer ins Potenzielle erweiterten Interaktionsrealität

Die Grenzen des Grenzenlosen

Die hier an die theoretischen Vorarbeiten der funktionalstrukturalistischen Systemtheorie Luhmanns anknüpfende, komplexitätsorientierte Analyse der medialen Entgrenzungsproblematik verweist demnach auf die Differenzen von Grenzbildungen.

Das meint nicht nur den Umschlagspunkt von Erwartungen, anhand dessen Grenzen als Schwellen überhaupt erst sinnhaft wahrnehmbar werden, in dem sie jetzt und nachher, relevant und irrelevant, bekannt und fremd oder drinnen und draußen voneinander abgrenzen und dabei in einer Form des Übergangs zusammenziehen – eine Grenze hat immer zwei Seiten. Es bedeutet auch, den Differenzierungscharakter der Formbildung „Grenze" in den Blick zu nehmen, deren Entgrenzung nicht einfach einen Abbau oder eine Auflösung, sondern eine Umkonfiguration entlang neuer Differenzen bedeutet, sei es in der Erweiterung bestehender Grenzen, im qualitativen Perspektivwechsel, etwa wenn räumliche Grenzen temporalisiert werden, sei es im individuellen Verfügbarwerden des Potenzials Differenzsetzungen vorzunehmen und dies auch erwarten zu können.

Dabei scheint besonders die Medialisierung der gesellschaftlichen Kommunikation „Bedingungen der Möglichkeiten" eines mobilisierten Grenzregimes zu bieten. Dies sind die Voraussetzungen, die die Erlebnis- und Handlungsgrenzen individuell disponierbar und als Herausforderung, Chance, Bedrohung oder Katastrophe kommunikativ verfügbar machen, wodurch sowohl die Problematik der Entgrenzung, als auch der Wiederbegrenzung als erwartbares Thema in die (mediale) Kommunikation der Gesellschaft eintreten.

Mediale Grenzüberschreitungen in dieser reflexiven, gesellschaftlich relevanten Form, treten bereits mit der globalen Verbreitung der Individual- und Massenmedien in der modernen, funktional differenzierten (Welt-)Gesellschaft auf. Die soziologische Besonderheit interaktionsmedialer Grenzüberschreitung liegt jedoch darin, dass Möglichkeiten zur Moderation sozialer Kommunikations- und Sinngrenzen ubiquitär und individuell verfügbar werden. Die interaktionsmediale „Grenzauflösung" basiert auf Kleinteiligkeit und individualisierter Handhabbarkeit.

Auf diese Weise werden zum einen Möglichkeiten zum informationellen Überschreiten regionaler Grenzen individualisiert. Man kann sich via Internet und WWW schneller selbst aus unterschiedlichen „Kanälen" mit Informationen versorgen sowie bei Bedarf Informationen „einspeisen" und verbreiten. Zum anderen findet eine Individualisierung interaktioneller Konstruktions- und Steuerungsmöglichkeiten statt. Man kann, gemeinsam mit anderen, in medialen Interaktionsumwehen zusammentreffen, sie bei Bedarf verändern sowie nach eigenen Vorstellungen selbst konstruieren.

Die medial Kommunizierenden beziehen sich jetzt nicht mehr nur *auf* eine mediale Umwelt mit vorgegeben Grenzen, die von „den Medien" erzeugt und verändert werden. Stattdessen operiert man selbst *in* dieser medialen Umwelt und verändert deren Grenzen. Auf diese Weise verändern sich die strukturellen Grenzen der Kommunikation aber auch ihre Deutungsgrenzen. Obwohl die Fähigkeit Interaktionsmedien zu nutzen individuell variiert, sind die Möglichkeiten zur Grenzüberschreitung und Grenzmoderation zum offensichtlichen Bestandteil der faktischen, nicht mehr nur der utopischen gesellschaftlichen Wirklichkeit geworden. Mit der Nutzung der Interaktionsmedien tritt so eine *Virtualisierung* als *Vermöglichung* sinnhafter Erwartungen ein, die auf den *Cyberspace,* den entgrenzten Sinnhorizont interaktionsmedialer Kommunikation bezogen sind.

Die strukturelle und sinnhafte Entgrenzung medialer Kommunikation manifestiert sich zum einen in der *Expansion* von scheinbar festgefügt Grenzen, wie sie etwa in territorialstaatlichen Grenzen oder in Grenzen der Rechtsgeltung gegeben sind. Auf Abgrenzung, Homogenität, kontrollierten In- oder Output basierende Grenzregime geraten so unter einen wachsenden Mobilisierungsdruck. Dieser entsteht jetzt vor allem „von unten" z.B. aus der individualisierten Nutzung von Interaktionsmedien.

Jeder und jede kann beobachten, was vorgeht, was anderswo, wie gemacht wird und erkennen, dass andere auch medial beobachten und dass es von der Beobachtung abhängt, was als Wirklichkeit handlungs- und erlebnisleitend wird. Man hat sich über eigene Grenzen zu informieren. Ja, man muss die Berührungspunkte von Grenzen kennen oder sie neu, gemäß den jetzt erweiterten Handlungs- und Erlebnismöglichkeiten, markieren, um das Umgrenzte weiter kontrollieren zu können.

Dies alles bedingt keine Grenzauflösung im Sinne einer Zersetzung von Grenzen. Zu beobachten ist jedoch eine Grenzerweiterung im Sinne einer Kopplung umgrenzter Bereiche, die dann durch neue, erweiterte Grenzen definiert werden – so etwa bei der medial mitinitiierten Internationalisierung des Rechts.

Das Entstehen des Cyberspace hat zum anderen aber auch eine qualitative *Exteriorisierung* von Sinngrenzen zur Folge. Die Begrenzungen der sozialen, sachlichen, zeitlichen und räumlichen Sinndimensionen werden im Cyberspace über aktuelle Grenzen hinaus, zu kybernetischen Soziofakten, d.h., zu konstruierbaren und steuerbaren Beschreibungen.

Die interaktionsmediale Vermöglichung öffnet Handlungs- und Erlebnisbereiche für faktisch realisierbare Möglichkeiten. Grenzen lösen sich damit nicht ersatzlos auf, werden aber, besonders in ihrer zeitlichen Geltung, radikal relativiert. Sie entstehen im Cyberspace aufgrund individueller und kollektiver Eingriffe in die interaktionsmediale Kommunikation, bleiben zugleich aber disponierbar. Grenzen gelten, so lange bis sie neu gezogen oder neu programmiert werden. Ihre Sinnperspektive oszilliert nicht nur um die Schwelle dessen, was hier gilt und dort nicht gilt, sondern auch zwischen dem was gerade gilt und dem was gleich gelten kann.

Der Cyberspace ist alles andere als grenzenlos. Vielmehr bestimmen selbst organisierte, sich immer wieder neu konfigurierende Wirklichkeitsdifferenzen das Bild. Hierbei entstehen unterschiedliche Erwartungsgrenzen, die sich für die Produktion und Reproduktion sozialer Formen, wie virtueller Identitäten oder Institutionen sowie virtualisierter sozialer Systeme, wie Organisationen, Gemeinschaften oder Gruppen, als unterscheidungsfähig erweisen.

Es gibt also Grenzen des Grenzenlosen. Sie sind jedoch als selbstreflexive, konstruktionsabhängige Grenzziehungen erkenn- und für ihre Beobachter verfügbar. Eine solche Vermöglichung von Grenzen bleibt nicht auf den Cyberspace als Refugium von Netizens, Computerfreaks oder Hacker beschränkt, die hier Spiele der Selbstkonstruktion und Codemanipulation spielen. Der Cyberspace steht nicht außerhalb der medial kommunizierenden (Welt-)Gesellschaft. Er ist ihr „legitimes Kind" und irritiert ihre aktuellen Wirklichkeitsbezüge durch seine Entgrenzungsdynamik.

Der Cyberspace wirkt wie eine experimentelle (Selbst-)Erweiterung gesellschaftlicher Handlungs- und Erlebnisgrenzen durch interaktionsmediale Kommunikation. Die Vermöglichung des Sinns verunsichert allerdings zugleich die Wahrnehmung von Dauerhaftigkeit und Geltung verbindlicher Grenzen. Sie erscheint verstörend, bedrohlich, grenzenlos.

Diese Irritation kommt nicht nur im Handlungsdruck zum Ausdruck, den das Internet auf nationalstaatliche Regierungen ausübt, die politischen und rechtlichen Grenzen an die globale Kommunikationssituation anzupassen. Sie drückt sich auch darin aus, dass die Perspektive auf alltägliche und individuelle Sinnsetzungen ins Potenzielle erweitert wird. Neben der gewohnten ist eine andere Wirklichkeit mit eigenen Grenzen zugänglich geworden, für deren Grenzziehungen alle verantwortlich sind, die medial kommunizieren.

Von der aktuellen Wirklichkeit aus ist Position zu den Möglichkeiten des Cyberspace zu beziehen. Dies kann durch Ausblendung, Zurückweisung, durch Adaption, selektive Nutzung oder im Spiel mit Grenzen, die je nach medialem „Aggregatzustand" unterschiedliche Dichte, Dauer und Plastizität aufweisen, geschehen. Es bedeutet aber immer, sich mit eigenen Erlebnis- und Handlungsmöglichkeiten abzugrenzen und so die Reflexivität von Grenzziehung in der interaktionsmedialen Kommunikation zur Lebenspraxis nicht nur selbstgewählter, sondern selbstgestalteter Unterscheidung zu entwickeln.

Grenzsoziologie als Beobachtung zweiter Ordnung

Georg Vobruba

Einleitung

Das sind Bilder, die zur Grundausstattung des modernen visuellen Haushalts gehören: Der springende Volksarmist 1961, beim Bau der Berliner Mauer, dessen Flucht aus geheimnisvollen Gründen von Kameraleuten erwartet wurde. Das Verkehrsschild am Highway an der US-mexikanischen Grenze, das die Autofahrer vor überquerenden Flüchtlingen warnt. Das Bild eines Markensportschuhs, der im NATO-Stacheldraht des Grenzzaunes zwischen Marokko und der spanischen Enklave Melilla bei dem Massenfluchtversuch im Oktober 2005 hängen geblieben ist, könnte dazu kommen.[1] *Perverse Product Placement (PPP).* Was mit dem Bein passierte, das in diesen Schuh gehört, mag man sich nicht vorstellen. Aber hier geht es nicht um die eigene Empörung, sondern um die Beobachtung von Grenzbeobachtungen.

Die Bilder stehen für die Funktion von Grenzen, die Verteilung von Lebenschancen zu steuern. Grenzübertritte können belanglose ebenso wie existentielle Ursachen haben. Es kann darum gehen, Preisunterschiede zu nutzen, sich behördlicher Verfolgung zu entziehen, ein Leben in Armut hinter sich zu lassen oder dem Tod zu entgehen (vgl. Mann 1974). Keine andere Institution entscheidet über so drastische Unterschiede an Lebenschancen, und keine andere Institution evoziert so dramatische Versuche, sich ihrer Steuerungsfunktion zu entziehen, also die Grenze zu überwinden. Gegenwärtig nimmt das politische und sozialwissen-

---

[1] Großes Foto in der Financial Times Deutschland, 7.10.2005, S. 29

schaftliche Interesse an Grenzen rasch zu. Das liegt an praktischen Erfahrungen mit neuen und intensivierten grenzüberschreitenden Prozessen, in deren Folge die regulierenden Effekte von Grenzen ihre Selbstverständlichkeit verlieren und die „Grenzen von Staatsgrenzen" (Vobruba 1997) deutlich werden.

Grenzen in Steuerungsperspektive

Entwickelt sich also die Welt zu einer „grenzenlosen Gesellschaft" (Honegger et al. 1999) in der Staatsgrenzen ihre Funktion verlieren und sich darum auflösen? Auf den ersten Blick drängt sich ein eigenartiger Widerspruch auf: Die sozialwissenschaftliche Diagnose, dass die Bedeutung von Staatsgrenzen abnimmt, kommt genau in der Zeit, in der für eine historisch einmalig große Zahl an Menschen Staatsgrenzen von existentieller Bedeutung werden. Was kann man daraus soziologisch machen? Ich will diese Beobachtung erst einmal in einer einfachen Steuerungsperspektive erörtern. Dann werde ich einen grenzspezifischen Vorgang erzählen, um an die Akteursperspektive zu erinnern. Schließlich will ich aus der Kombination dieser beiden Perspektiven ein paar Stichworte für die Weiterführung einer empirisch informierten Soziologie von Grenzen und Anhaltspunkte für die Zukunft von Grenzen gewinnen.

Sozialwissenschaftliche Diagnosen, die auf einen Funktionsverlust von Grenzen hinauslaufen, machen sich die staatliche Steuerungsperspektive zu Eigen. Sie beobachten Grenzen aus einer policy- und Vogelflugperspektive. Für die Triftigkeit der Diagnosen grenzbezogenen Steuerungsversagens gibt es in der Tat starke Anhaltspunkte. Die Dynamik der Entwicklung der kapitalistischen Welt-Ökonomie stellt unterschiedliche Aspekte der Steuerungskompetenz von Staatsgrenzen zunehmend in Frage. Die einschlägigen Theorieüberlegungen dazu sind fast noch überzeugender als die empirischen Beispiele, mit denen sie illustriert werden. Die Argumente laufen im Kern immer auf den Bedeutungszuwachs großräumig – und im Grenzfall raumunabhängig – wirksamer Zusammenhänge hinaus, an denen einzelstaatliche Steuerungsversuche scheitern. Das können transnationale Finanzströme, grenzüberschreitende Umweltverschmutzung, Migrationsströme, Informationsnetze etc. sein. Solche Prozesse, die sich über Grenzen hinweg setzen, stellen den Steuerungsanspruch des Staates in mehrfacher Hinsicht in Frage. Denn Staatsgrenzen haben in steuerungstheoretischer Sicht (vgl. Mayntz 1986) zweierlei Status: Erstens sind Grenzen steuernde Institutionen, also Steuerungsinstrumente. Ziel von Grenzsteuerung ist zum einen, Grenzen als Engpässe für Steuerungsobjekte, also für alle Arten grenzüberschreitender Prozesse, zu erhalten; und zum anderen auf dieser Grundlage die grenzüberschreitenden Prozesse zu regulieren, im Extremfall zu unterbinden. Und zweitens fungieren Staatsgrenzen als institutionelle Absicherung der territorialen Erstreckung des staatlichen Steuerungsanspruchs insgesamt. Steuerungssubjekt staatlicher Grenzen ist der Staat, dessen grenzpolitische Entscheidungen unter variierenden nationalitätsinternen und -externen Bedingungen zustande kommen. Idealiter konstituiert sich in Demokratien der politische Wille auf der Grundlage der politischen Partizipation genau jener, die auch Adressaten der daraus resultierenden politischen Steuerung sind.

Idealiter also umschließen Staatsgrenzen den Raum auf dem die Staatsbürger als Subjekte der politischen Willensbildung und als Adressaten politischer Steuerung leben. Essentieller Teil des Souveränitätsanspruchs der modernen Nationalstaaten ist also der Anspruch, ihre Staatsangehörigen zu „umfassen" (vgl. Torpey 2000: 15). Das impliziert sowohl staatliche Möglichkeiten des Zugriffs zwecks Ressourcenbeschaffung (Steuerhoheit) als auch staatliche Garantien von Freizügigkeit und Sicherheit (Rechts- und Sozialstaatlichkeit) auf dem Staatsgebiet. Der Raumaspekt moderne staatlicher Souveränität besteht somit in der Fähigkeit des Staates, Mobilität über seine Grenzen zu kontrollierten und auf Kontrolle von Mobilität innerhalb der Grenzen zu verzichten.[2] Das erfordert die Institutionalisierung der Unterscheidung von dem Staat Zugehörigen und Nichtzugehörigen sowie die Institutionalisierung der Kontrolle dieser Unterscheidung. Dem diente die staatliche Monopolisierung transnationaler Mobilitätsmöglichkeiten und die Entwicklung von Identitätsdokumenten, Pässen, Identity Cards (vgl. Torpey 2000).

Dass das ganze Staatsvolk, und nur das Staatsvolk, innerhalb der Staatsgrenzen lebt, war stets Anspruch und nie Realität. So lange jedoch der Staat sein Monopol transnationaler Mobilitätsmöglichkeiten so weit verteidigen kann, dass Differenzen von Anspruch und Realität als Ausnahmen erscheinen, lässt sich der personenbezogene staatliche Steuerungsanspruch in Raumkategorien beschreiben. Der gegenwärtige Transnationalisierungs- und Globalisierungsdiskurs bezieht starke Impulse aus der Diagnose, dass sich dieser staatliche Steuerungsanspruch gegen die gesellschaftliche Realität immer weniger behaupten lässt. Beobachtet wird eine abnehmende Deckungsgleichheit zwischen politischer Willensbildung und dem Adressatenkreis politischer Steuerung einerseits und zwischen Staatsgebiet und faktischer Ausdehnung gesellschaftlicher Punktionssysteme samt ihrer personellen Besetzung andererseits.

Grenzen als Steuerungsinstrumente und als Beschreibung des Umfangs der Erstreckung des räumlichen und damit personenbezogenen Steuerungsanspruchs –

---

2 Darum sind innerstaatliche Beschränkungen der Freizügigkeit tatsächlich „Ausdruck eines noch unreifen Zustands der Staatsentwicklung" (Schroer 2003: 331). Empirisches Material dazu bot die UdSSR (vgl. Zaslavsky 1982).

beides hängt eng miteinander zusammen. Scheitert der Staat bei der Steuerung grenzüberschreitender Prozesse, ist sein Steuerungsanspruch insgesamt in Frage gestellt.

Generell gilt als unbestritten, dass es den einzelnen Staaten immer weniger gelingt, im Rahmen ihrer Staatsgrenzen ihr gesellschaftliches Gestaltungsmonopol aufrechtzuerhalten. Vielmehr wird als ein zentrales Problem der Nationalstaaten seit dem ausgehenden 20. Jahrhundert gesehen, dass ihnen weitgehende Verantwortung für die konkreten Lebensverhältnisse zugeschrieben wird, diese Lebensverhältnisse aber zunehmend von Faktoren bestimmt werden, die außerhalb des staatlichen Einflussbereichs liegen und von außerhalb auf das Staatsgebiet als Lebensraum der Staatsangehörigen wirksam werden. Die legitimatorische Klemme in die der Staat dadurch gerät wird insbesondere in demokratiepolitischer und sozialpolitischer Hinsicht gerne ausbuchstabiert. Insbesondere Vertreter von Theorien, die mit Staatsgrenzen nie so recht etwas anfangen konnten, sind deshalb erleichtert: Die Weltgesellschaft ist nahe. Aus der Perspektive der Grenzüberschreiter sieht das anders aus.

Grenzenlose Gesellschaft?

Für Pardeep Saini (23) stellte sich diese Frage nicht. Die Brüder Pardeep und Vijay Saini stammen aus dem Punjab. Vor ihrer Flucht waren sie zweimal verhaftet und das zweite Mal in der Haft geschlagen worden. Man warf ihnen Kontakte zu militanten Sikhs vor. Sie wollten, mussten weg. Zu einem Onkel in London.

Für einen Tipp, wie sie das Land verlassen und nach London kommen könnten, bezahlten sie 9.000 Rupien. Das ist sehr billig. Professionelle Fluchthilfe, inklusive falscher Dokumente, kostet normalerweise mehr als das Zehnfache.

Der Tipp war nicht gut. Sie sollten in einer unbeobachteten Ecke des internationalen Flughafens von Neu Delhi warteten, dann in den Bugradkasten des Jumbos nach London-Heathrow klettern. Dort befinde sich eine Tür, durch die man in den Gepäckraum komme. Dann müsse man nur noch bis zur Landung warten.

Dort war keine Tür. Zum Abspringen war es zu spät. Die Maschine hob mit einem Höllenlärm ab, die vom Start glühend heißen Räder verbrannten die Brüder, von denen jeder in einer Ecke des Bugradkastens kauerte. Dann wurde es sehr rasch eisig kalt. Vijay, der Jüngere, war vermutlich schon nach wenigen Minuten tot. Sein Körper fiel im Landeanflug auf London aus etwa 2.000 Fuß Höhe aus der Maschine. Pardeep wurde aufgegriffen, als er verletzt und verwirrt auf dem Gelände des Flughafens Heathrow umherirrte. Ärzte nehmen an, dass er unmittelbar nach dem Start in New Delhi in einen Zustand von „suspended animation" gefallen war und so überlebte. Danach interessierten sich Wissenschaftler der NASA für ihn (genauer: für seine körperliche Verfassung). All das ist nachzulesen im Guardian vom 20. August 1997.

Moral und Interessen an Grenzen

Nun liegt es nahe, aus dieser Kontrastierung zwischen sozialwissenschaftlicher Diagnose und Akteursperspektive eine moralisierende Schlussfolgerung zu ziehen. Der Vorwurf liegt nahe, dass die Sozialwissenschaften ihren Gegenstand Grenze aus zu weiter Ferne beobachten, präokkupiert durch Interessen an staatlicher Steuerung, die gegen die Interessen der Grenzüberschreiter stehen. Sozialwissenschaftliche Zweifel an der Intaktheit von Grenzen reflektieren diese Parteinahme für die Stärkeren und verniedlichen das Elend, das sich real an vielen Grenzen in dieser Welt abspielt.

Soziologisch ist von einer solchen Moralisierung des Grenz-Problems abzuraten. Denn damit verbaut man sich den Zugang zur Empirie grenzüberschreitender Prozesse und damit zur Frage der Funktionsverluste und der Zukunft von Staatsgrenzen. Selbstverständlich gibt es in der Gesellschaft Moral. Die Soziologie hat Moral als empirisches Datum zu nehmen und ihre Ursachen, Erscheinungsformen und Folgen zu untersuchen (vgl. Dux 2004). Das gilt auch für die Empirie der moralischen Empörung. Da es an Grenzen um existentielle Entscheidungen gehen kann, können bei grenzbezogenem Handeln immer wieder sehr starke Motive – Interessen und moralischen Haltungen- ins Spiel kommen (das zeigen einige der Berichte in diesem Band). Folglich muss auch die Empirie der moralischen Empörung über bestimmte Praktiken politischer Grenzsteuerung samt ihren Folgen Gegenstand der Grenzsoziologie sein (vgl. Keck/Sikkink 1998; Autorinnenkollektiv 2000). Selbstverständlich muss man soziologisch beobachten, mit welcher moralischen Empörung die Leute beobachten, was an Grenzen vorgeht. Aber genau dafür ist erforderlich, die soziologische Beobachtung moralischer Empörung von eigenen Moralpositionen abzukoppeln. Dies gilt umso mehr, als an die Steuerungsfunktion von Grenzen unterschiedliche Interessen anknüpfen, darunter auch starke Interessen an dichten oder strikt steuernden Grenzen. An solchen Interessen können von außen herangetragene moralhaltige Appelle gegen Grenzen und ihre Ausschlusswirkungen leicht abprallen.

An politische Steuerung knüpfen Interessen. Denn Steuerung definiert Handlungschancen, beschneidet die Möglichkeiten der einen, eröffnet Chancen für die anderen. Migranten sind für offene Grenzen. Touristen und die Tourismusindustrie in Maßen auch. Unternehmer in arbeitsintensiven Branchen sind für kalkulierte Grenzöffnungen. Sofern sie darauf eingestellt sind, illegale Arbeitskräfte zu beschäftigen, sind sie für programmatisch dichte Grenzen, praktisch aber laxe Grenzkontrollen – eine Konstellation also, die illegale Arbeitsmigration ermöglicht. Denn illegale Arbeitskräfte sind am leichtesten ausbeutbar (vgl. Quintanilla/ Copeland 1996). Professionelle Schlepper bevorzugen dichtere Grenzen, sonst ist ihre Dienstleistung „Fluchthilfe" nichts wert (vgl. Zhang/Gaylord 1996). Ungelernte Arbeitskräfte sind für strikte Grenzkontrollen als Schutz gegen den Zuzug billiger Arbeitskräfte. Die Alteingesessenen sind gegen den Zuzug Neuer immer dann, wenn sie mit den Neuen Anpassungslasten auf sich zukommen sehen.

Erfahrungen von der Grenze USA-Mexiko

Grenzen lassen sich allenfalls dann absolut dicht halten, wenn sie von beiden Seiten geschlossen werden, und wenn sich die Grenzsteuerung an keinerlei Kriterien von Demokratie und Menschenrechten prüfen lassen muss. Die Grenzen der reichen, demokratischen Länder – der bevorzugten Migrationsziele – sind also nicht nachhaltig dicht zu machen. Grenzen, die starke Wohlstandsgefälle zwischen reichen und sehr viel ärmeren Staaten markieren, sind erst recht nicht schließbar (vgl. Vobruba 1997).

Die Außengrenzen der Europäischen Union nach Osten und Süden und die Grenze zwischen den USA und Mexiko haben mindestens eines gemeinsam. Beiden Grenzen markieren hohe Wohlstandsgefälle. Zugleich unterscheiden sich beide in einem entscheidenden Punkt. Die Konstellation an der Grenze zwischen den USA und Mexiko ist alt, die sich daraus ergebenden Verhaltensmuster haben sich gut eingespielt. Die Situation an den Außengrenzen der EU ist relativ neu (vgl. Schultz 1996). Das scheint einstweilen noch unrealistische politische Kontrollphantasien zu beflügeln.

Vergleiche zwischen der alten Grenze US-Mexiko und der neuen Außengrenze der EU nach Osten und vor allem nach Süden ergeben gutes Material als Grundlage für eine Soziologie von Grenzen. Die folgenden Hinweise sollen zuerst die Ebene institutioneller Gegebenheiten an Grenzen, dann die Ebene grenzbezogenen Handelns markieren.

Die Grenze zwischen den USA und Mexiko wurde in Mexiko lange Zeit als einseitige Setzung durch die USA angesehen. „Sie war eher eine US-amerikanische als eine mexikanische Grenze." (Rodríguez i.d.B., S. 100). Die Grenze reagiert sensibel auf Veränderungen, die von der Zentrale kommen. Zum Beispiel hat die Prohibitionsgesetzgebung in Washington die Vorgänge an der Grenze binnen kürzester Zeit immens brutalisiert. Über die Jahrzehnte bildeten sich spezifische

Formen von Kooperation der an der Grenze Lebenden aus. Augenfällige Folge der langen Tradition grenzüberschreitender Kooperation ist die Entwicklung von „twin cities", Browns-Ville und Matamoros, Laredo und Nuevo Laredo, El Paso und Ciudad Suarez sowie San Diego und Tijuana (vgl. Herzog 1996). Das sind Aspekte des institutionellen Rahmens, in dem grenzspezifisch gehandelt wird.

Es gibt viel sentimentale, moralgesättigte Literatur über die US-MexikoGrenze. Sie dreht sich um Schicksale, Leid, unfaire und faire Gegnerschaften. Eine Episode aus den Lebenserinnerungen eines Mitglieds des U.S. Immigration Service:

> „,Hallo, Perkeens. You know you shoot me?' Puzzled by his knowing my name and acting as though there was something humorous about a shouting, I asked him ‚When? and where?' Laughing, and telling me I was some fine shot, he said he had been one of the men shooting from the rocks at the two officers in the whole on the river bank behind the depot. With the admission that one of my bullets had accounted for his speedy departure from the scene, he dropt his pants. On each buttock were two tiny round scars from a bullet passing through about an inch below the surface." (Perkins 1978: 57; vgl. ders. i.d.B.)

Durch die intensiven grenzüberschreitenden Interaktionen konstituiert die Grenze ihren Grenzraum als eigenen sozialen Raum. „Wir" bezieht sich in vielen Diskurszusammenhängen auf die Gemeinsamkeit der Grenzbewohner auf beiden Seiten der U.S.-Mexiko-Grenze in Abgrenzung zu den beiden politischen Zentralen (vgl. Johnson i.d.B.).

Die sich aus Alltagsinteraktionen konstituierenden Gemeinsamkeiten im Grenzraum werden vom politischen Zentrum als „gemeinsame Sache machen" beobachtet und beargwöhnt. Direktiven des Zentrums wiederum werden von den Grenzakteuren als Störungen des Gleichgewichts im Grenzraum perzipiert.

Eine breite Publizistik befasst sich klagend und warnend mit der Durchlässigkeit der Grenze (vgl. Nelson 1994). Seltener sind „reports from a disappearing line" (Byrd, Byrd 1996), die von bisherigen Kontrollverlusten an der Grenze berichten und diese in eine optimistische Perspektive unvermeidlich fortschreitenden Grenzabbaus stellen. Insbesondere die Vorgänge an den Außengrenzen der Europäischen Union bieten zur Zeit Anlässe genug, vergleichende Fragestellungen mit Blick auf die Grenze USA-Mexiko zu entwickeln.

Ausgangspunkt einer Grenzsoziologie müssen einerseits Grenzen als spezifische Institutionen und andererseits grenzbezogene Handlungsstrategien sein. Aufgabe einer Grenzsoziologie ist es, Wechselwirkungen zwischen Grenzen und grenzbezogenem Handeln zu untersuchen. Dazu reicht es nicht, Grenzen als Institutionen und die auf sie bezogenen Vorgänge soziologisch zu beobachten. Eine Grenzsoziologie lässt sich nur auf der Grundlage von Beobachtungen ausarbeiten, deren Gegenstand es ist, wie die relevanten Akteure Grenzen und die Vorgänge an ihnen beobachten und daran orientiert handeln.

Wie gesagt: Grenzen entscheiden über Lebenschancen. Grenzen können darum zum Anlass und Austragungsort dramatischer Interaktionsverläufe werden, in denen aus unterschiedlichen Beobachtungsperspektiven grenzbezogen unterschiedlich gehandelt wird. Die Entwicklung der Institution Grenze vollzieht sich in solchen Interaktionen. Es ist dem Gegenstand der Grenzsoziologie darum nicht angemessen, wenn sie Partei für eine Perspektive ergreift. Grenzsoziologie kann vielmehr die unterschiedlichen Perspektiven auf die Grenze verknüpfen, indem sie diese Perspektiven selbst mit zum Untersuchungsgegenstand macht. Darum also: Grenzsoziologie als Beobachtung zweiter Ordnung. Grenzsoziologie hat von den unterschiedlichen Formen von Grenzen, ihrer Genese, ihren Eigenschaften, Funktionen und Effekten auszugehen (vgl. Bös 2000: 432) und dann in die soziologische Beobachtung mit aufzunehmen, in welcher Beobachtungsperspektive welchen Eigenschaften, Funktionen, Effekten welche Bedeutung von welchen Akteuren beigemessen und wie in deren Konsequenz gehandelt wird.

Die Grenzsoziologie untersucht institutionelles und institutionell bedingtes Handeln mit Bezug auf Grenzen und Rückwirkungen dieses Handelns auf die Institution Grenze und ihre Entwicklung. Damit ist in der Grenzsoziologie zugleich die Möglichkeit des Anschlusses an weiter reichende Fragen der Gesellschaftsentwicklung angelegt. Denn da Grenzen nicht nur Steuerungsinstrumente sind, sondern den Steuerungsanspruch des Staates insgesamt umschreiben, wirken Änderungen von Grenzen auf die staatliche Verfasstheit von Gesellschaft unmittelbar zurück. Aus der Grenzsoziologie führt somit ein empirisch abgesicherter Theoriepfad zu den weit ausholenden Theoriediskursen über die Möglichkeit und Wahrscheinlichkeit einer postnationalen Gesellschaft, wie sie vor allem unter den Stichworten „Weltgesellschaft" und „Globalisierung" geführt werden.

Schluss

Zurück zum Ausgangspunkt, zum *PPP*. Nach einer Schätzung des European University Institute sind zwischen 1999 und 2005 etwa 8.000 bis 10.000 Menschen bei dem Versuch, von Nordafrika über das Mittelmeer in die Europäische Union zu gelangen, gestorben (vgl. FAZ 20.10.2005, S. 1). Der Sturm auf die Grenzbefestigung von Melilla im Herbst 2005 kostete zahlreiche Menschen unmittelbar das Leben. Etwa Dreitausend wurden von marokkanischen Behörden aufgegriffen und in der südlichen Sahara ausgesetzt. Nach internationalen Protesten wurden etwa 1.000 wieder eingesammelt und in Lager gebracht. Die EU reagierte auf den

Grenzsturm mit dem Plan, einerseits die Grenzbefestigung zu verstärken, andererseits die Finanzhilfen für die Herkunfts- und Transitregionen der Flüchtlinge aufzustocken. Der spanische Außenminister forderte von der EU verstärktes finanzielles Engagement in Nordafrika und die Aktivierung von Abschiebeketten über Marokko in die Länder der Subsahara Region (vgl. SZ 5.10.2005, S. 2).

Aus der Beobachtungsperspektive der Flüchtlinge ist die Grenze eine Barriere, die zu überwinden ebenso schwierig wie alternativlos ist. Aus der Beobachtungsperspektive der Europäischen Union ist die Grenze eine Institution, deren Steuerungskapazität an Grenzen gerät, und die darum durch andere Politiken ergänzt werden muss. Die politischen Reaktionen entsprachen den theoretischen Erwartungen (vgl. Vobruba 2005): Bereits eine Woche nach dem Sturm auf die Grenzanlagen in Melilla im Oktober 2005 stellten der EU-Kommissionspräsident José Manuel Barroso und der Kommissionspräsident der Afrikanischen Union, Alpha Oumar Konare, in Brüssel eine „neue strategische Partnerschaft" zwischen Europa und Afrika vor (vgl. SZ 13.10.2005, S. 6). Es geht dabei um Entwicklungshilfe und Infrastrukturprojekte im Gegenzug für herkunftsnahe Unterbringung von Flüchtlingen und Abschiebeabkommen. Wir finden also einerseits Politik der Exklusion, Versuche der technischen und vertraglichen Verstärkung der Steuerungsfunktion der Grenze; andererseits Politik der kalkulierten Inklusion[3] und damit das Anerkennen der Tatsache, dass sich Grenzen nicht nachhaltig dicht machen lassen.

Der eingangs skizzierte eigenartige Widerspruch löst sich damit so auf: Gerade der Umstand, dass für eine historisch einmalig große Zahl an Menschen Staatsgrenzen von existentieller Bedeutung werden, weist auf die Grenzen von Staatsgrenzen. Dem Druck der Armen und politisch Gefährdeten, Grenzen in Richtung der reichen, freiheitsverbürgenden Länder zu überschreiten, kann staatliche Steuerung auf die Dauer nicht standhalten. Versuche der Leute von außerhalb der Wohlstandsblöcke, Grenzen zu überwinden, mögen im Einzelfall glücken oder scheitern. Jedenfalls wird es immer wieder, unter Opfern, versucht werden. Langfristig machen diese Versuche Grenzen porös und verändern die Grenzpolitik Denn langfristig stellt sich die politische Steuerung darauf ein, dass sich Grenzen nicht nachhaltig dicht halten lassen und reagiert mit kalkulierter Inklusion (vgl. Vobruba 2005: 21ff.): mit Legalisierungsprogrammen für illegale Migranten (vgl. Eigmüller 2006), mit regulierter Grenzöffnung und mit beschränkten Partizipationsangeboten an besseren Lebensbedingungen. Der Zynismus, der in dieser Beobachtung steckt, ist der Grenzsoziologie nicht vor zuwerfen. Denn er steckt im Gegenstand, nicht im Beobachter.

---

3   Zum Einfluss dieses Politikmusters auf die Gestaltung der Außenbeziehungen der EU vgl. Vobruba 2006.

Teil III
Grenzbeobachtungen

Der tägliche Trott

Aus dem Leben eines Immigration Officer
an der Grenze zwischen den USA und Mexiko[1]

Clifford Alan Perkins

Villa[2] und seine Revolution stellten einen dramatischen Bruch in unserer täglichen Routine dar, doch änderten sich unsere Standardprobleme kaum. Bei meiner Ankunft fand ich die Grenze in Texas genauso durchlässig wie in Arizona und die Schmuggler eifrig am Werk. Der Strom illegaler chinesischer Einwanderer war sogar noch größer, und wir hielten die Zellblöcke ständig gut gefüllt. Mein erster Beitrag dazu kam kurz nach meiner Ankunft eines Nachts gegen elf Uhr von den Frachtlagerplätzen. Uns war seit einiger Zeit bekannt, dass den Schmugglern von Bahnangestellten geholfen wurde. Als wir also den Hinweis bekamen, dass einige illegale Einwanderer einen Güterzug besteigen wollten, ging ich zu den Lagerplätzen und versteckte mich unter einem der Wagen auf einem Abstellgleis. Nach ungefähr einer Stunde erschien ein Mexikaner mit drei Chinesen im Schlepptau. Während ich sie beobachtete, versteckte er sie unter einem der Gelenkgestelle (um Güterwaggons zusammenzuhängen). Als er gegangen war, ging ich zu dem Gestell und kroch darunter, meine Waffe auf sie gerichtet, um sie ruhig zu halten. Es war ungefähr eine halbe Stunde vergangen, als sich plötzlich ein Bremser dem Gestell näherte, stehen blieb, sich die Nase putzte, um sich umzusehen, und sich

---

[1] Text entnommen aus: Clifford Alan Perkins (1978). Border Patrol. With the U.S. Immigration Service On the Mexican Boundary 1910-54. Texas Western Press – The University of Texas at El Paso.

[2] Francisco „*Pancho*" Villa, (eigentlich Doroteo Arango), mexikanischer Revolutionär, * 5. Juni 1878 in San Juan del Rio, Durango, Mexiko; † 20. Juli 1923 in Parral, Chihuahua, Mexiko. (alle Anmerkungen vom Übersetzer)

schließlich bückte, um uns zu bedeuten, dass wir ihm folgen sollten. Ich kroch hervor, während ich meine Waffe direkt auf ihn richtete, und befahl ihm, sich nicht zu bewegen. Nachdem er eingesehen hatte, dass weglaufen nutzlos war, rief ich die Chinesen und eskortierte alle vier zu kostenlosen Betten hinter schwedischen Gardinen.

Diese Schmuggler benutzten alle Arten von Tricks, um uns reinzulegen. Verkleidet als bettlägerige oder ernsthaft kranke Patienten in Begleitung von uniformierten Krankenschwestern gelang es vielen Chinesen in den Salons der Personenzüge die Städte im Landesinneren zu erreichen. Frachträume in anderen Teilen der Züge wurden ebenfalls genutzt, wie wir erkannten, als der Körper eines toten Chinesen im Eisfach eines Speisewagens gefunden wurde, der im Kansas City Bahnhof gereinigt wurde. Es war klar, dass der Mann tatsächlich erfroren war.

Vieles im Chinesenschmuggel war zeitlich auf das Ende des Wintermeetings in Juarez[3] abgestimmt. Wenn die Saison zuende war, wurden die Pferde mit der Bahn nach Chicago, New Orleans und auf verschiedenen östlichen Linien verfrachtet und die Möglichkeit, die Frachtkosten durch gelegentliches Unterbringen von illegalen Einwanderern zu decken, war so verführerisch, dass Gegenmaßnahmen notwendig wurden. Gewöhnlich gab es zumindest eine ganze Zugladung aus Waggons mit Pferden. Die größeren Ställe sandten ihre Tiere mit Expresswaggons, während die breite Masse der Besitzer normale Transportwaggons verwendete. Die gründliche Durchsuchung der Waggons stellte ein echtes Problem dar, wenn sie mit Tieren und Futter für mehrere Tage voll beladen waren, da es die Inspektion beider Enden eines Waggons bedeutete, wo die Heuballen normalerweise gestapelt lagen. Ein- und Zweipferdbesitzer errichteten am Ende der temporären Pferdeställe ein kastenförmiges Gebilde, dreieinhalb Fuß[4] hoch, mit einem bewegbaren Brett. Darauf wurden Heuballen, Rennsattel- und Zaumzeug und ähnliches geladen. Darunter konnte man sich verstecken, bis der Zug auf seinem Weg war.

Den Rennstallmitarbeitern zu erlauben, in diesen so genannten Schweißställen zu reisen war eine Sache; das Unterbringen von chinesischen Einwanderern war eine ganz andere. Als wir darauf aufmerksam wurden, war ich jeden Tag während des Wintermeetings an der Bahn, um damit vertraut zu werden. Manchmal ging ich am Morgen hin und verbrachte den ganzen Tag mit Besuchen in den Ställen, so dass ich mit vielen der Leute dort bekannt wurde, die Männer im Büro des Geschäftsführers eingeschlossen. Ein gewisses Quantum unguter Gefühle existiert immer zwischen Gewinnern und Verlieren, und es war nicht schwierig, von dem einen herauszufinden, was der andere tat. Als es im März Zeit für das Ende des

---

3   Mexikanische Stadt an der US-amerikanischen Grenze
4   ca. 1.06 Meter

Treffens wurde, wusste ich gut darüber Bescheid, welche Besitzer knapp bei Kasse waren. Der Rennverband lieh etablierten Besitzern oft genug Geld, um Waggons für ihre Pferde zu mieten, da sie die Tiere nach Ende des Treffens nicht länger auf der Rennbahn haben wollten. Doch Männer, die nicht bekannt waren, hatten wirkliche Probleme, ihre Pferde aus der Stadt zu bringen.

Wann immer wir erfuhren, dass ein Pferdebesitzer aufbrach, der in finanziellen Schwierigkeiten war, gingen wir ins Büro der Eisenbahngesellschaft und erkundigten uns nach den Nummern der Waggons, die sie bestellt hatten, und wann geplant war, dass sie die Grenze überqueren.

Die übliche Prozedur der Schmuggler in Juarez war, die Chinesen über den Fluss zu bringen und sie zu einem Punkt vierzig oder fünfzig Meilen[5] nördlich der Grenze zu führen, wo der Zug anhielt, um Wasser aufzunehmen. Dort wurden sie in die Pferdewaggons geladen, damit kein Chinese in den Waggons war, wenn die Zoll- und Immigrationsbeamten sie an der Grenze kontrollierten. Die Besitzer konnten zwischen drei- und fünfhundert Dollar pro Kopf verdienen, wenn sie illegalen Einwanderern erlaubten, in ihren Waggons zu reisen, was für die Pferdebesitzer oder Gyps, wie sie genannt wurden, attraktiv klang, wenn sie pleite waren. Als Arbeitsergebnis einer Saison wurden vier Gruppen von Chinesen aufgegriffen, und die Rennpferdbesitzer machten uns anschließend kaum noch Schwierigkeiten.

Die Zollbehörde beorderte eines Nachts einen neuen Mann zur *International Bridge*[6] als ich dort Dienst tat, und ich wurde gebeten, nach ihm zu sehen und ihm auf jede erdenkliche Art zu helfen. Zu dieser Zeit gab es in Juarez freies Glücksspiel[7], und bei der normalerweise zwischen eins und drei in der Früh aus den Spielhallen zurückkehrenden Menge konnte damit gerechnet werden, dass sie auf die eine oder andere Weise Unruhe stifteten. Ungefähr um zwei Uhr stoppte ein Auto und als wir heraustraten, erkannte ich die Frau am Steuer als eine der Prostituierten, die sich den Glücksspielern in Juarez anboten. Nachdem ich sie mehrere Abende unter die Lupe genommen hatte, kam ich zu dem Schluss, sie mit ihren Erfolgen aufzuziehen.

Oft sagte ich ihr im Scherz, dass sie so viele Kunden habe, die ihr so viel Geld gäben, dass sie bald reich genug sein würde, um sich zur Ruhe zu setzen. Als ich in dieser bestimmten Nacht an das Auto trat, machte ich einige Bemerkungen in derselben Art wie in früheren Gesprächen, aber anstatt mir auf dieselbe Art zu antworten, regte sie sich auf und spielte die Beleidigte. Ich konnte mir keinen Grund

---

5 60 – 80 Kilometer
6 Die International Bridge verbindet das mexikanische Nuevo Laredo mit dem texanischen Laredo.
7 In den USA gelten sehr restriktiv Glücksspielgesetzte.

für ihre Reaktion denken, aber während ich erwog, ob es ratsam wäre, einen beiläufigen Kommentar zu machen, bemerkte ich zufällig ihre Hand auf der Autotür. Sie musste wegen irgendetwas extrem nervös sein, da sie mit ihren Fingern auf das Blech trommelte. Das passte nicht zu ihr, so wie ich sie kannte, also befahl ich dem Zollangestellten, er solle sie ausquetschen und ihr Auto gründlich durchsuchen.

Er befahl ihr auszusteigen, durchsuchte das Auto gründlich, konnte aber nichts finden. Als er im Auto war, erinnerte ich mich aus unerfindlichen Gründen, dass ein Freund, dem ein Batteriegeschäft gehörte und mit dem ich auf der Jagd gewesen war, erwähnt hatte, dass er gebeten worden war, einige Batterien von halber Größe herzustellen. Er war verwundert gewesen, warum jemand eine Batterie wollte, die nur die Hälfte der normalen Batteriekästen füllte. Daran erinnerte ich mich, rief den Zollinspektor und schlug ihm vor, die Batterie des Autos zu überprüfen. Das tat er und es war nichts Ungewöhnliches an der Batterie außer, dass sie sauber war. Das Auto aber war ordentlich mit Staub bedeckt. Dann schlug ich vor, er solle einen Draht holen, einen der Batterieverschluss kappen öffnen und den Draht in die Zelle stecken. Er fand, dass der Draht nur halb so weit hinunter ging wie er sollte, also nahmen wir die Batterie heraus und schnitten sie auf. Die untere Hälfte des Kastens war mit Heroin gefüllt.

Die Schmuggler versuchten, auf jedem erdenklichen Weg Drogen ins Land zu bringen, sie verbargen sie sogar in ihren Körpern. Jeder Platz, der groß genug war, um ein kleines Paket zu verbergen, war verdächtig und wurde wahrscheinlich auch das ein oder andere Mal dazu verwendet. Die Festnahme von Drogenschmugglern war eine Aufgabe der Zollbehörde und nicht unsere primäre Zuständigkeit, aber wir haben immer mit ihren Beamten zusammen gearbeitet. Es war recht lehrreich, ihnen beim Durchsuchen eines Autos zuzusehen und gelegentlich konnten wir das Gelernte anwenden.

Der Präsident, einer der Vizepräsidenten und der Kassierer der *El Paso Bank and Trust Company* hatten die Angewohnheit, während der Woche in Juarez zu Mittag zu essen und nach einiger Zeit freundete ich mich mit ihnen an. Als ein amerikanischer Drogensüchtiger herausfand, wie regelmäßig sie die Brücke überquerten und wo sie für gewöhnlich aßen, begann er nach Juarez zu kommen, Heroin zu kaufen und kleine Pakete davon unter die Kotflügel am Auto der Bankangestellten zu heften. Zollbeamte durchsuchten den Drogensüchtigen immer und immer wieder, wenn er zurück nach El Paso unterwegs war, aber fanden natürlich nie etwas bei ihm. Sie wussten, er musste seinen Stoff irgendwie über die Grenze bringen, also arrangierten sie, dass ein Mexikaner ihn in Juarez beschattete, und so entdeckten sie seinen Kurier. Nachdem der Mexikaner berichtet hatte, dass er den Abhängigen gesehen hatte, wie er etwas unter dem Kotflügel des Autos eines Bankangestellten versteckte, wurden Zollbeamte in der Garage positioniert, in der das Auto während des Tages geparkt war, und das Auto wurde verfolgt, wann immer es bewegt wurde. Als der Drogenabhängige in der Garage auftauchte, um sein Heroin wieder zu holen, wurde er auf frischer Tat ertappt und lieferte uns allen für einige Zeit ein Gesprächsthema mit den Bankern über ihre „Verschwörung", Drogen in unser Land zu schmuggeln.

Den Verkehr auf der Brücke zu kontrollieren und zu versuchen, mit den in vielen verschiedenen Sprachen, doch üblicherweise spanischsprachigen Reisenden zu sprechen, war manchmal langwierig. Der Bundesstaat Chihuahua zum Beispiel hatte eine große japanische Einwohnerschaft, und etliche Antragsteller zum Übergang in El Paso waren japanische Geschäftsmänner. Sie beantragten oft Passierscheine, damit sie Handelswaren in den hiesigen Geschäften kaufen konnten, denn es gab nur wenige Produktions- und Verarbeitungsbetriebe in Mexiko. Die Firmen, die sie repräsentierten, und die Häufigkeit ihrer Besuche waren auf jeden Fall ausreichend, um die Einstellung eines japanischen Dolmetschers zu rechtfertigen, der ihre Fälle zügig und fair abwickelte. Die meisten von ihnen sprachen zwar ziemlich fließend Spanisch, aber ein Spanisch mit japanischem Akzent ist alles andere als leicht zu verstehen. Auch eine Anzahl von deutschsprechenden Personen tauchte an den Grenzen auf, als Villa alle Ausländer aus Chihuahua und Torreon verjagte. Deutschland hatte in den Jahren vor dem ersten Weltkrieg viele junge alleinstehende Männer nach Mexiko gesandt, mit der Anweisung, in die Wirtschaft einzusteigen und einheimische Frauen zu heiraten. Durch ihre Eingliederung in das Land und in die Gemeinschaften, in denen sie lebten, erhofften die deutschen Führer, nahe genug an den Vereinigten Staaten eine Operationsbasis aufbauen zu können, um etwas von unserer Aufmerksamkeit und von unserem Kriegsmaterial von Europa abzulenken, wo sie gerade in die Offensive gingen. Wir schenkten diesen japanischen und deutschen Bewohnern Mexikos nicht mehr Beachtung als Angehörigen aus anderen Staaten. Für die Einwanderungsbehörde ist es wichtiger, Leute als Individuen zu beurteilen, denn als Deutsche, Japaner oder Mexikaner.

Um gute Arbeit zu verrichten, muss ein Inspektor Leute respektieren und sogar mögen und ihre Zulässigkeit anband von Fakten und der Beurteilung ihres Charakters ermitteln und nicht anband ihres Aussehens. Tonfall, Erscheinung und Kleidung sind natürlich Teil des Bildes, aber Antragsteller werden mehr an Eigenheiten und Reflexhandlungen gemessen, und es wird einem fast zur zweiten Natur, von allem bestimmte Eindrücke aufzunehmen und zu behalten, wenn etwas außerhalb des Gewöhnlichen ist. Die Durchschnittsperson kann nicht lügen, ohne es auf die eine oder andere Art zu zeigen. Antragsteller an der Grenze sind immer nervös, aber Anzeichen für Nervosität werden von den Immigrationsbeamten erwartet. Das Fehlen jedweden Anzeichens von Unbehaglichkeit oder kleinster Anzeichen von Angst eines Einreisenden wird im Bewusstsein des Beamten sofort als verdächtig registriert und zum Gegenstand von Abwägungen bei der Entscheidung, die er treffen muss. Er wundert sich, warum der Antragsteller sich so verhält, wie er es tut, er beginnt zu zweifeln und er prüft jedes bisschen Information, das er über diesen bestimmten Einreisenden gesammelt hat. Als ich eines Tages in Uniform die Straße hinunterging, griff ich einen illegal Eingereisten auf, bloß weil er vor mir plötzlich auf die andere Straßenseite wechselte, genau in der Mitte eines Blocks. Ich wunderte mich darüber, warf einen zweiten Blick auf ihn, überquerte dann die Straße und stoppte ihn. Wäre er auf seinem Weg auf mich zu geblieben, hätte ich wahrscheinlich kaum oder überhaupt nicht auf ihn geachtet.

Das Einströmen chinesischer Einwanderer wurde 1916 praktisch gestoppt. Die Grenzprobleme mit Mexiko und die Beteiligung der Vereinigten Staaten am ersten Weltkrieg veränderte die Situation vollständig. Das Ende des Dampfschiffpersonenverkehrs zwischen dem Orient und Mexiko schloss alle aus, die vor hatten, sich über mexikanische Häfen in die Vereinigten Staaten zu schmuggeln, und die meisten Chinesen, die noch in Mexiko wohnten, mussten das Land verlassen. Mexikanische Beamte, die aus der Revolution Gewinn ziehen und sich etwas aneignen wollten, drangsalierten die sparsamen, schutzlosen chinesischen Ladenbesitzer, die zu einem gewichtigen Faktor im Handel des Landes geworden waren. Besitz wurde konfisziert; einige wurden ins Gefängnis gesteckt und viele wurden gewaltsam hinausgeworfen; der Rest wurde so lange herumkommandiert, bis sie froh waren zu gehen.

Die Behörde erkannte die abnehmende Wichtigkeit des Problems und änderte am 1. Juli 1917 meine Bezeichnung von *Chinese Inspector* in *Immigrant Inspector*, obwohl meine Aufgaben die gleichen blieben. Wie in Tucson[8] behielt das Büro Unterlagen sowohl über alle Chinesen, die Geschäfte besaßen und betrieben, als auch über die fünfhundert oder mehr Chinesen in der Stadt. Die meisten der Männer und wohl ein halbes Dutzend Frauen gehörten zu den drei vermögenden Familien: den Mars, den Ings und den Wongs. Etliche der älteren Männer waren vermögende Geschäftsleute und in der Gemeinde hoch angesehen, besonders Chew, der älteste der Mar, der eines von El Pasos Restaurants betrieb. Er war ein außergewöhnlicher Mann und ein guter Vater, der darauf bestand, dass alle jungen Mars amerikanisierte Vornamen annahmen, die sich die Ortsansässigen leicht merken konnten. One Mar Ben, Mar Chews jüngerer Bruder und ein exzellenter Koch, wurde in seiner späten Jugend auf gerichtlichem Wege legalisiert und Mars Geld schützte fünfzig oder sechzig Ausländer in der Stadt, die wir ignorierten, weil sie keine Probleme verursachten. Auch waren wir uns absolut bewusst, dass ihre Verfolgung zur Legalisierung ihres Status auf unsere Kosten enden würde.

---

8   Stadt in Arizona

Es begab sich, dass alle diese Männer eingebürgert wurden, denn sie waren Teil eines aus El Paso rekrutierten Kontingents, das sich freiwillig zur National Guard[9] meldete und pauschal in die Armee übernommen wurde, als Villa in Juarez auf dem Höhepunkt seiner Macht war und als die Vereinigten Staaten Deutschland den Krieg erklärten. Wegen ihrer außergewöhnlichen militärischen Verdienste räumte die Einwanderungsbehörde ihnen praktisch den Bürgerstatus ein und rüttelte auch später nicht mehr daran. Etliche Mars würden im Kampf in Europa getötet und zwei kamen mit ernsthaft schwierigen, aber nicht dauerhaften Verletzungen nach Hause. One Mar Ben erzählte mir als er zurückkehrte, dass er nicht einen Kratzer abbekommen hätte, obwohl einige verirrte Granaten den Boden aufgepflügt hatten, wo er noch wenige Momente zuvor gestanden war. Aus einem mysteriösen, nur dem Oberkommando der Armee bekannten, Grund war er als Koch genau zu der Arbeit abkommandiert worden, die er am besten tat, und kämpfte den Krieg in einer Feldküche.

Der vielleicht bekannteste Chinese in El Paso war ein Mann namens Charlie Sam. Obwohl er meines Wissens kein rechtmäßiges Geschäft hatte, kontrollierte er angeblich Chinatown und wurde verdächtigt, hinter allem Schmuggel von Opium und Chinesen im Ort zu stecken. Charlie war als Bürgermeister von Chinatown allgemein bekannt und agierte als Mittelsmann in allen Fragen zwischen El Pasos Beamten und den örtlichen Chinesen. Wann immer einer von ihnen verhaftet wurde, erschien er prompt, um die Kaution zu stellen; er beteiligte sich im Namen der chinesischen Kolonie an diversen Wohlfahrtsveranstaltungen; und wann immer eine öffentliche Angelegenheit, die eine chinesische Anwesenheit erforderte, auf der Tagesordnung stand, war entweder Charlie dort oder er schickte jemanden, um ihn zu vertreten. Er war immer wachsam gegenüber dem, was vor sich ging und war eine extrem freundliche und kontaktfreudige Person. In seinen Mitfünfzigern sprach er perfekt Englisch und trug schöne maßgeschneiderte, teure Anzüge, die seine schmale Figur mehr als kompensierten. Wir sahen Charlie jeden Tag in Chinatown, jedoch selten vor Mittag, und egal wie oft wir ihn damit aufzogen, wie viele Chinesen er letzte Woche ins Land geschmuggelt hätte, oder wann er mehr rein brächte, lächelte er breit und fühlte sich nicht angegriffen. Ohne Zweifel erkannte er, dass er in echten Schwierigkeiten sein würde, wenn wir aufhörten, mit ihm zu scherzen. Charlie war bekannt als eine zentrale Figur im Fan Tau-Glücksspiel in Chinatown. Er lebte oberhalb eines Kräuterladens, der nichts anderes als die Fassade für eine Spielhalle war. Neben der langen engen Stiege, die zu Charlies oberen Quartieren führte, war ein hoher, mit dunkelbraunem Holz bedeckter Tresen, der alles andere versteckte, so auch die Tür, die unter der Treppe Zugang

---

9 amerikanisches Milizheer für den Heimatschutz

zu den hinteren Räumen gewährte. Zu Beginn des Abends konnte man unter einer einzelnen unverhüllten Glühbirne, die an einem langen Draht von der Decke hing, einen kleinwüchsigen bescheidenen Mann mit einem weißen buschigen Zopf sitzen sehen, der eine stahlumrandete Brille, einen schwarzen baumwollenen Mantel und eine ebensolche Hose trug. Hinter seinem Rücken war eine solide hölzerne Regalwand mit kleinen Schubladen, die Kräuter und getrocknete Gegenstände, von denen man gar nicht genau wissen will, was es ist, enthielten. Daraus suchte er angeblich Heilmittel für die Wehwehchen einer ansehnlichen Kundschaft aus, die eigentlich die Stammkundschaft der Spieltische war. Keine Weißen waren an den 2,10 Fuß[10] langen ovalen Tischen erlaubt, wo sich zwölf bis fünfzehn oder mehr Chinesen scharten, um Fan Tan zu spielen. Zigaretten oder Zigarren kettenrauchend schlurften sie zu den Tischen, machten ihre Wetten darauf, wie viele weiße Marken unter dem kleinen Becher übrig sein würden, nachdem der Spielleiter nach einiger Zeit aufgehört hatte, welche heraus zu nehmen, um dadurch zu gewinnen oder zu verlieren. Dann gingen sie wieder. Es wurde nichts gesprochen, und es war nie eine Änderung im Gesichtsausdruck der Teilnehmer zu sehen, ein Fan Tan-Spiel zu beobachten war daher ungefähr so unterhaltend, wie einer Beerdigung zuzusehen.

Die Spieler und viele der alten Chinesen wollten uns nicht dabei haben und waren in unserer Gegenwart ausgesprochen wortkarg. Ihre Haltung stand in einem deutlichen Kontrast zu einer Gruppe relativ frisch eingetroffener Chinesen, die von unseren Streitkräften aus Mexiko gebracht worden waren, als die Truppen unter dem Kommando von John J. Pershing[11] aufhörten, Villa und seine Männer zu verfolgen und in die Vereinigten Staaten zurückkehrten. Sie hatten Essen- und Spirituosenstände für unsere Soldaten betrieben, und um sie vor der Verfolgung durch die Mexikaner wegen ihrer Zusammenarbeit mit den Amerikanern zu schützen, brachte die zurückkehrende Armee sie in die Vereinigten Staaten. Kurz danach wurde ihr Aufenthalt in diesem Land durch ein Sondergesetz des Kongresses legalisiert. Sie waren so froh, hier zu sein und von unserer Regierung zu legalen Einwohnern erklärt zu werden, dass sie extrem freundlich zu allen Angloamerikanern waren und nur wenig oder nichts mit den alteingesessenen Chinesen zu tun hatten. Sie hatten auch wirklich wenig mit ihnen gemeinsam, denn sie waren geschäftstüchtiger und mehr auf dem Laufenden als die Alten. Viele von ihnen eröffneten Lebensmittelgeschäfte und schließlich besaßen oder managten sie praktisch alle Restaurants in der Stadt. Soweit ich weiß, waren die neuen Chinesen nicht in die Glücksspiele in Chinatown verwickelt und sie hatten auch nichts mit dem

---

10   etwa 3 Meter
11   John Joseph Pershing, amerikanischer Militär, *13. September 1860 † 15. Juli 1948

von Chinesen fast ausschließlich für die alten chinesischen Männer importierten Opium zu tun.

Es gab mehrere Opiumhöhlen in EL Paso, und sie wurden von wenigen Amerikanern aufgesucht, von denen die meisten Prostituierte aus dem angrenzenden Rotlichtviertel waren. Aber Opium war keines der Hauptprobleme, mit denen die Gesetzeshüter zu tun hatten. Ebenso wie viele Leute das Aroma und den Rauch einer guten Zigarre zu ihrer Zufriedenheit brauchen, waren die alten Chinesen daran gewöhnten, jeden Tag ein paar Pfeifen Opium zu rauchen, um einem Leben zu entfliehen, das trostlos und einer Zukunft, die fast hoffnungslos war. Wir konnten Charlie Sam nie mit dem Opium in Verbindung bringen, aber der Behörde war völlig klar, dass er der Kopf hinter dem Schmuggel von Chinesen war und machte mehrere Versuche, ihn zu kriegen. Schließlich brachten sie einen Beamten aus einem anderen Bezirk mit dem Namen Jim Kealy rein, ein großer, schlaksiger Mann mit einem großartigen Sinn für Humor, dessen Job in New Mexiko war, Rindern Brandzeichen zu verpassen, und der die Bedeutung des Wortes Furcht nicht kannte. Kealy hing in Chinatown herum; bald lernte er Charlie Sam kennen und rauchte angeblich einige Male Opium in einer der Höhlen in Chinatown, um an die Chinesen ran zu kommen. Nach und nach gewann er Charlies Vertrauen. Dann erkundigte er sich beiläufig, ob Charlie eine Idee hätte, wie er ein bisschen Geld machen könnte, denn er sei beinahe pleite. Charlie war misstrauisch, aber nach einigen Wochen sagte er, er hätte einen chinesischen Jungen, der in die Vereinigten Staaten einzureisen solle, und ob Jim für einen gewissen Preis bereit wäre, ein Abteil im El Paso Südwest-Nachtzug Richtung Kansas City zu organisieren. Jim kaufte die Fahrkarte, reservierte das Abteil und organisierte einen mexikanischen Taxifahrer, der ihn und den Jungen nach Newman, zwanzig Meilen[12] nördlich der Stadt brachte. Dort sollte der Junge von der nichteinsehbaren Seite in den Zug geschmuggelt werden, während der Zug nach dem Aufstieg auf den steilen Grad aus El Paso hielt, um Wasser aufzunehmen.

Kealy hielt die Behörde über all seine Manöver auf dem Laufenden, indem er sich einmal mit dem zuständigen Inspektor McKee traf, aber die meiste Zeit meldete er sich über Telefon von verschiedenen Plätzen in der Stadt. Seine Fortschritte und Pläne wurden bis ins Detail diskutiert, besonders die Idee, den Jungen in Alamogordo aus dem Zug zu holen, um ihn für Charlie Sams Festnahme und Verhandlung zurück nach El Paso zu bringen. Zwei von uns äußerten energische Einwände, denn die ganze Inszenierung schien uns nicht in Ordnung zu sein. Aber der Plan wurde wie vorgesehen ausgeführt. Kaum saß der Junge im Gefängnis, als auch schon ein Anwalt auftauchte. Er legte Papiere vor, die bewiesen, dass der

---

12 ca. 32 Kilometer

Junge ein amerikanischer Bürger war; daher war es kein Verbrechen, dass Charlie eingefädelt hatte, den Jungen mit dem Zug nordwärts zu schicken.

Einige Jahre später lief ich Charlie Sam eines Nachmittags in Chinatown in die Arme. Nachdem wir uns die Hände geschüttelt hatten und er mir die übliche Zigarre angeboten hatte, erzählte er mir, dass er plante, für die verbleibenden Jahre seines Lebens nach China zurückzukehren. Zur Feier des Tages lud er mich in seine Räume ein, wo er einen Krug von exzellentem schweren Reiswhiskey mit Nussgeschmack und zwei zerbrechliche Porzellantassen hervorholte. Nach einigen Drinks vertraute er mir lächelnd an: „Ihr wusstet es nicht, aber ihr hättet mich einmal fast erwischt mit diesem Jim Kealy. Ich war ihm gegenüber etwas misstrauisch, aber ich dachte, ich sollte ihn testen, deshalb schickte ich einen Einheimischen mit ihm. Wenn der Junge durchgekommen wäre, hatte ich geplant, zwei weitere zu schicken; wenn die ohne Probleme durchgekommen wären, hätte ich ihm jede Menge Chinesen zum Einschmuggeln gegeben." Dann sprachen wir über viele Dinge, die in den Jahren unserer Bekanntschaft entlang der Grenze passiert waren. Viele meiner Vermutungen und Verdächtigungen wurden bestätigt. Aber das war nun alles verjährt, und wir trennten uns mit vielen guten Wünschen für unsere unbekannte Zukunft. Einige Wochen später erzählte mir ein gemeinsamer Freund, dass Charlie abgereist sei, und offenbar war er das wirklich, denn ich habe nie wieder von ihm gehört.

(Übersetzung: Matthäus Vobruba)

Partisan, Siedler, Asylant

Zur politischen Anthropologie des Grenzgängers[1]

Eva Horn

No peace beyond the line. Diese Formel Sir Francis Drakes gilt noch immer. Sie bezog sich ursprünglich jedoch nicht auf eine Staatengrenze, sondern auf den alteuropäischen Typus der *amity line,* einem Friedensvertrag zur Abgrenzung der überseeischen Kolonial- und Handelszonen. Sie trennt zwischen Räumen des Friedens und des Kriegs, zwischen Alter und Neuer Welt, rechtlichem und rechtsfreiem Raum. Sie entlastet damit das europäische Verhältnis der Staaten, indem sie Interessenkonflikte und Friedensbrüche in Übersee als irrelevant für den Frieden in Europa erklärt (Schmitt 1950: 60ff). Dieser Typ einer vormodernen kolonialen Großraumordnung, der es darum ging, den Krieg auf einen gleichsam exterritorialen, in diesem Fall außereuropäischen Raum zu beschränken, ist längst dem Ausschlussprinzip territorialer Souveränität gewichen, das da lautet: Es gibt keinen Zwischenraum staatlicher Souveränität, entweder man ist in Freundes- oder in Feindesland.

Seitdem sind Grenzen *politische* Linien – politisch nicht nur in dem Sinne, dass sie den Ein- und Ausschlussbereich staatlicher Souveränität markieren, zwischen Bürgern und Ausländern unterscheiden, sondern weil sie, jedenfalls nach Carl Schmitt, bestimmen, wer Freund und wer Feind ist. Das Faszinierende einer solchen Bestimmung des Politischen liegt darin, dass sie ein Raum-Denken, das Denken von Grenzen und Verortungen, mit einer politischen Anthropologie verknüpft und Figuren politischen Handelns entwirft. Grenzgänger wie der Partisan,

---

[1] Zuerst erschienen in: Ästhetik & Kommunikation Heft 102, September 1998, S. 39-46, aktualisierte und leicht veränderte Fassung.

der Siedler und der politische Flüchtling, den wir in Deutschland heute „Asylant" nennen, sind solche Figuren: An ihnen lässt sich die Wirkung und das Wesen von Grenzen in genau dem Moment sichtbar machen, wo diese Grenzen verletzt, verschoben oder verwirrt werden. Gerade in dem Maße aber, wie sich Denkfiguren Schmitts und der Geopolitik hier analytisch fruchtbar machen lassen, ist nicht nur nach der territorialisierenden Kraft eines solchen Diskurses zu fragen, sondern es lässt sich auch die Probe auf die Kontinuität bestimmter Figuren des Raumdenkens bis heute machen, wo mit dem Asylanten das Verständnis und die „Verteidigung" von Grenzen noch einmal eine völlig neue Virulenz erhalten.

Das geopolitische Denken in Deutschland fasst von Anfang an Freund oder Feind mit gleicher theoretischer Emphase. In dem Maße, wie die Grenze nach innen eine möglichst homogene, organische Gemeinschaft umschließt, schließt sie diese nach außen gegen einen als radikal Anderen definierten Feind ab. Schon Friedrich Ratzel, der Begründer der politischen Geographie in Deutschland, verknüpft seine Theorie der Grenze mit einem Modell des Staates als Organismus. Die Grenze ist dessen Außenhaut, an der Stoffwechsel stattfindet, die peinlichst gegen Verletzung geschützt werden muss und die sich mit dem Wachsen des Staats- und Volkskörpers natürlicherweise ausdehnt. Grenzkriege sind damit die natürliche Folge staatlicher Entwicklung, Expansion ein Zeichen der Lebenskraft (Ratzel 1903: 150, 605, 381). Karl Haushofer, Vater der deutschen Geopolitik und Vordenker nationalsozialistischer Expansionspläne, knüpft an dieses Organismus-Modell des Staats an. Wie die Wände eines Druckbehälters erzeugen Grenzen unnatürlich den inneren Überdruck („Volksdruck") eines prosperierenden, aber räumlich beengten Volkes. Haushofer hat einen „elastischen" Grenzbegriff: Grenzen sind nicht die Linien, die das Staatsterritorium markieren, sondern sie werden erweitert zu „Zonen mehr oder weniger lebenswichtiger Interessen, Rechte, Unternehmungen", die man, so Haushofer etwas drohend, „leicht ahnungslos verletzen kann." (Haushofer 1979: 550, vgl. Diner 1993) Das Raumdenken der deutschen Zwischenkriegszeit kennzeichnet so eine doppelte Bewegung: nach innen die Vorstellung von einem organisch anwachsenden, bodenverhafteten und homogenen Volkskörper, der sich sozial, ethnisch, kulturell und politisch zu einer Totalität organisiert. Nach außen die Idee einer zugleich undurchdringlichen („wehrhaften") und beweglichen Grenze, einer Grenze, die über die Grenzlinie hinweg ausstrahlt in ein Feld des Einflusses oder der möglichen Annexion. Die Rede von der „totalen Mobilmachung", die Forderung nach absoluter funktionaler Integration aller ökonomischen, militärischen, kulturellen und sozialen Energien in einem Akt, „durch den das (...) Stromnetz des modernen Lebens durch einen einzigen Griff am Schaltbrett dem großen Strome der kriegerischen Energie zugeleitet wird" (Jünger 1930: 14), verkoppelt in ihrer expliziten Kriegsbezogenheit diese beiden Seiten zu einem einzigen Phantasma: wehrhafte Totalität.

Jenseits seiner präfaschistischen und nationalsozialistischen Ausprägungen bestimmt dieses Phantasma mit seinen drei Strukturmomenten – (1) Integration in eine homogene Gemeinschaft nach innen, (2) ein über seine Grenzmarkierung hinaus „ausstrahlender" oder in Expansion begriffener Raum, (3) Grenze als territoriale Feindefinition – noch immer die Art und Weise, wie über Grenzen nicht nur nachgedacht wird, sondern auch, wie sie gezogen werden und funktionieren. Dies illustrieren ausgerechnet die Figuren, die diese Grenze überschreiten, verletzen oder verwirren (vgl. Horn/Kaufmann/Bröckling 2002). Drei davon möchte ich kurz skizzieren.

Partisan

Der Partisan, so dekretiert sein wichtigster Theoretiker im 20. Jahrhundert, Carl Schmitt, hat zuhause zu bleiben. Er verteidigt seine Heimat gegen die reguläre Armee eines eindringenden Staats, allerdings mit Mitteln, die „irregulär" sind: Er trägt keine Uniform, ist nicht als „Kombattant" gekennzeichnet und zieht gerade aus seiner Unsichtbarkeit, seiner hohen Beweglichkeit und Verstreutheit einen taktischen Vorteil. Er sieht aus wie ein Zivilist, handelt aber wie ein Krieger. Als *partisan*, Parteigänger, ist er, anders als ein auf eigene Rechnung operierender Bandit, Träger einer politischen Position, Mitglied einer Gruppe und insofern deren kämpfender Vertreter. Es ist diese „Intensität des politischen Engagements" (Schmitt 1963: 26), das ihn vom Verbrecher trennt, und es ist die „Irregularität" und seine gesteigerte Mobilität, die ihn vom regulären Armeesoldaten unterscheidet. Diese drei Merkmale (Politisierung, Irregularität, hohe Mobilität) verbinden die unterschiedlichsten historischen Formen des Partisanenkampfs: die Guerrilleros gegen Napoleon, den Vietkong, Che Guevara, die russischen Partisanen im Zweiten Weltkrieg, oder den deutschen „Werwolf" (vgl. dazu Münkler 1990). Grenzgänger in dieser Hinsicht ist der Partisan nicht (oder nicht in erster Linie), weil er Staatsgrenzen illegal übertritt, sondern weil er die im Kriegsrecht entscheidende Differenz verwirrt: die Abgrenzung und Unterscheidbarkeit von Kombattanten und Nicht-Kombattanten. Er bringt damit eine grundlegende und dramatische Unordnung in die Kategorie des Feindes: Wo nicht mehr zu erkennen ist, wer kämpft und wer nicht, wird die ganze Bevölkerung zur potentiellen Bedrohung für die Besatzer. Partisanen sind darum immer wieder- eklatant im 2. Weltkrieg oder im Vietnamkrieg-zur Rechtfertigung für Vernichtungsakte an der Bevölkerung geworden. Weiß die Besatzungsarmee nicht mehr, wer und wo ihr Feind ist, so weiß der Partisan auf der anderen Seite es umso besser. Er beruft sich auf eine „innere Grenze", die, wie Johann Gottlieb Fichte 1808 schreibt, „durch gemeinschaftliche

Sprache und Denkart" gezogen wird (Fichte 1978: 207). Diese innere Grenze, die 1808 die Selbstkonstitution der Deutschen als Nation umreißt, zu anderen Zeiten und an anderen Orten eine Gemeinschaft der Klassenkämpfer, der Widerstandskämpfer oder die Identität einer ethnischen Gruppe abzirkelt, ist als Linie unsichtbar, aber politisch wirksam, sofern sie Kriterium von Gemeinschaftsbildung wird. Sie ersetzt die verletzte äußere Grenze in dem Moment, wo mit der Besatzung das eigene Land zum Feindesland geworden ist. Die Gemeinschaft, die sich so zusammenfindet, konstituiert sich in der inversen Spiegelung des Anderen, des Feindes. Denn Gemeinschaftsidentitäten brauchen Feinde, um sich zu bilden, nicht nur in der Abgrenzung von ihnen, sondern auch, um die Leerstelle ihrer Eigenschaften mit Inhalten zu füllen.

Stört der Partisan die Spielregeln des Kriegsrechts, indem er zum ortlosen, nicht erkennbaren und nicht lokalisierbaren Kämpfer wird, so stört er doch als Verteidiger seiner angestammten Heimat nicht deren Grenze: die Linie, die das Eigene vom Fremden, d.h. die Einheimischen vom Besatzer trennt. Carl Schmitt nennt diesen Wesenszug des Partisanen seinen „tellurischen" Charakter. Er ist erdverbunden, verteidigt seine Scholle, seine Familie und seinen König gegen den einen äußeren Feind; aber der Krieg – so brutal er gegen Besatzer, Partisanen und Zivilisten geführt werden mag – ist beschränkt auf diesen Akt der Selbstverteidigung. Schreckgestalt in Schmitts Theorie des Partisanen ist dagegen ein Kämpfertypus, der nicht mehr rein defensiv und ortsgebunden agiert, sondern dessen Feind universal, überstaatlich und international geworden ist. Wer, so Schmitts 1963, mitten im Kalten Krieg, nicht zufällig gewähltes Beispiel, gegen einen „Klassenfeind" Krieg führt – einen Feind also, der nicht mehr national, sondern global und ökonomisch definiert ist – der führt auf der ganzen Welt und gegen eine ganze Welt Krieg. Das Gefährliche am Feindbegriff dieses international operierenden Terroristen, des „Berufsrevolutionärs", ist, dass er den Feind nicht mehr als gleichgestellten, wenn auch existentiellen Gegner anerkennt, sondern ihn als universalen Schädling, als *hostis generis humanis* betrachtet. Wird der Feind in dieser Weise zum Menschheitsfeind schlechthin diskriminiert, gibt es keine Grenzen seiner Vernichtung mehr: Geiselnahmen unbeteiligter Zivilisten oder ungezielte Attentate gegen die Bevölkerung werden damit begründbar. Im Rückblick auf den Terrorismus der letzten dreißig Jahre ließe sich von hier aus zeigen, dass das tellurische Prinzip der Landverteidigung (wie im Falle der Palästinenser oder der Mudjaheddin in Afghanistan) ein Operieren auf internationaler Ebene und gegen internationale Ziele durchaus nicht ausschließt, mehr noch: dass der Übergang vom lokalen Befreiungskampf zum globalen, theologisch aufgeladenen Endkampf (wie es die Programmatik des salafischen Djihad ist) mittlerweile fließend geworden ist. Die Irregularität, deren erste theoretische Figur der Partisan ist, aber die er nicht ausschöpft, hat die Tendenz (wie schon Schmitt bemerkt und abzuwehren sucht), den lokalen Konflikt zum weltweiten Kampf zu stilisieren und – umgekehrt – einen globalen Feldzug in Form lokaler, aber *überall möglicher* Attentate virtuell über die ganze Welt zu verteilen (Sageman 2004).

Auch wenn sich die aktuellen Formen des Terrorismus bestenfalls noch partiell mit Schmitts Instrumentarium des Irregulären fassen lassen, so ist doch zu fragen, welche Absicht Schmitts Theorie selbst gegenüber ihrem Gegenstand verfolgte. Denn sie transportiert eine Bestimmung des Politischen, die sich scharf nach zwei Seiten abgrenzt. Einerseits vom privatisierenden Verbrechertum, das einfach ein Verstoß gegen Recht und Gesetz bedeutet und damit sozusagen eine „innerstaatliche" Angelegenheit bleibt. Andererseits aber von der globalen, Feind und Kriegführung radikal entgrenzenden Aktivität des – wie Schmitt es mit einem schon 1963 etwas altmodischen Terminus bezeichnete – „Berufsrevolutionärs". Das Gefährliche an diesem *global player* ist seine Ortlosigkeit, die, dies scheint mir der zentrale Punkt, keinen verorteten Feind, aber auch keinen verortbaren Freund hat. Der Berufsrevolutionär, der internationale Terrorist, mag Mitglied hermetischer und verschworener Gruppen sein, er mag mit verschiedenen Mächten sogenannter „interessierter Dritter" vernetzt sein, aber er ist – in Schmitts Logik – kein Teil einer verortbaren Gemeinschaft. Schmitts Theorie des Partisanen ist damit der Versuch, diesen gefährlichen Grenzgänger zu entorten, ihm die Zugehörigkeit zu einer Gemeinschaft abzusprechen – und ihn damit implizit zum Feind schlechthin, zum *hostis generis humanis* oder jedenfalls zum Feind einer ganzen Kultur, eines ganzen Lebensstils zu erklären. Der Partisan als *politischer* Grenzgänger wirft so ein Licht auf das Wesen dieses Politischen: Seine Dignität und Legitimität, so scheint es, bedarf nicht so sehr der Instanz einer moralischen Integrität (wie es Rolf Schroers Theorie des Partisanen nahegelegt hatte, Schroers 1961), sondern eines *Orts,* einer lokalisierbaren – und damit abgrenzbaren – Gemeinschaft, deren Struktur und deren Interessen verhältnismäßig gleichgültig sind gegenüber der Tatsache, dass sie einen Ort anweist und damit für Grenzen garantiert.

Siedler

Erdverbundenheit ist das Prinzip des Siedlers. Er ist klar verortet auf dem Stück Erde, das er bebaut, und er macht diese Verortung zu seinem wichtigsten politischen Kapital. Der Grenzgang des Siedlers besteht darin, einen Grenzsaum auf dem Boden zu verschieben oder überhaupt erst zu markieren, damit er dann als Grenzlinie auf der Karte verzeichnet werde. Die Landnahme durch den Siedler besteht also darin, der faktischen Einzäunung die politische Grenzziehung folgen zu lassen. So kauften die zionistischen Siedler in Palästina zunächst das Land der Araber, bestellten und bebauten es und verpflichteten sich, es nie wieder an nichtjüdische Besitzer zu veräußern, um so die territoriale Grundlage für die Staatsgründung zu legen (Diner 1982: 81ff.). Der Besitz des Landes als Privateigentum und seine Kultivierung werden so zur sowohl faktischen als auch symbolischen Voraussetzung für die politische Landnahme, die Erklärung zum Staatsterritorium. Der Regelfall der Kolonialisierung im 16. und 17. Jahrhundert, die Ableitung des völkerrechtlichen Besitzrechts aus der geographischen Entdeckung hält sich an diese Reihenfolge: Der Rechtsanspruch auf das Gebiet ergibt sich aus seiner Entdeckung (Schmitt 1950: 100ff.), was folgt, sind symbolische Akte der Okkupation, deren Effektivität – ihre völkerrechtliche Anerkennung – jedoch immer prekär bleibt. Wirkungsvoll sind diese Akte offenbar besonders dann, wenn sie nicht nur punktuell sind, wie ein Landgang oder das Aufpflanzen eines Banners, oder abstrakt, wie das Einzeichnen in eine Karte, sondern raumgreifend. Formen der Besiedelung wie Einzäunung, Bepflanzung oder Pflügen haben in ihrer archaischen und agrarischen Bildlichkeit genau diesen doppelten Charakter faktischer und symbolischer Landnahme (Vismann 1995: 169f.). Geopolitische Theorien wie die Haushofers und anderer vom „Volk ohne Raum" wiederum verharren in einem Denken agrikultureller Ernährbarkeit eines Volks durch einen Boden, um mit diesem demographischen Argument politische Okkupationsziele zu rechtfertigen (vgl. dazu Diner 1993). Erdverbundenheit, verkörpert in der Gestalt des ackernden Siedlers, ist also ein symbolisches Vehikel, das seinen politischen Gehalt gerade dadurch verwirklicht, dass es ihn unter einer *apolitischen,* nämlich archaischen und privaten Imagerie verbirgt.

Der Siedler in seiner politischen Wirksamkeit ist nicht diesseits oder jenseits der Grenze, sondern er *ist* die Grenze – die Grenze in ihrem Vorrücken, ihrer Dynamik, ihrer Umkämpftheit. Dennoch bedarf es immer eines zweiten Schritts, um aus der faktischen Siedlungsgrenze eine völkerrechtlich anerkannte Staatsgrenze zu machen. Die Landnahme durch einen kolonialisierenden Staat oder durch Siedler unterscheidet sich von den Besitzansprüchen etwa von Handelsgesellschaften durch ihr primär territoriales Interesse; es geht ihnen nicht um Handel und Verkehr, sondern um den Boden selbst. Implizieren Handelsbeziehungen keine Festsetzung eines rechtlichen Status und kann die militärische Besetzung durchaus mit den Souveränitätsansprüchen eines anderen Staats rechnen, so erklärt die Landnahme durch Besiedlung ihr Territorium ex post zur *terra nullius,* einem Gebiet, das zuvor niemandem gehört hat. Das bedeutet nicht, die Ureinwohner solcher Gebiete für rechtlos zu erklären, aber es bedeutet, ihnen die „Staatsfähigkeit", die Fähigkeit zur territorial markierten Souveränität abzusprechen (Vismann 1995: 167). *Terrae nullius,* besitz- und souveränitätsfreie Gebiete haben keine Grenze, weil sie – so besagt jedenfalls ihre Definition als Niemands Land- keinen Staat haben, der diese Grenzen setzt und garantiert. Völkerrechtliche Streitigkeiten um Landnahmen waren darum nur zwischen konkurrierenden Kolonialmächten möglich, nicht aber zwischen Einwohnern und Siedlern (Schmitt 1950: 100ff.). Deren Konflikte sind damit vom politischen auf einen privatrechtliehen Charakter herunterdefiniert, es geht nicht um politische Rechte, sondern um gegeneinander stehende Besitzansprüche. Der – in Carl Schmitts Sinne- „wirkliche" Feind des Siedlers ist also der Ureinwohner. Wenn das Vorrücken der Siedlungsgrenze, wie im Fall der amerikanischen *Frontier,* nicht nur private, sondern immer auch nationale Besitzansprüche transportiert und diese *politischen* Besitzansprüche gerade durch symbolische und faktische Formen der Bodenkultivierung anzeigt und durchsetzt, dann geraten zwei Formen der Erdverbundenheit – die kolonialisierende und die indigene – miteinander in Konkurrenz. Der Feind muss darum entortet werden: Er ist nicht einfach jenseits der Linie, sondern er ist nirgendwo. Eine erste und nur scheinbar harmlosere Form dieser Entortung bestand darin, die Ureinwohner Afrikas, Amerikas und Australiens zu Nomaden zu erklären; was folgte, war entweder ihre Auslöschung oder die assimilierende Auflösung im okkupierenden Volk. Reservate und *Homelands* sind in dieser Hinsicht weniger Verortungen als Ausschlüsse im Inneren eines flächendeckend okkupierten Raums: Sie garantieren dafür, dass der Andere, der zum Verschwinden gebrachte Ureinwohner im restlichen Raum nicht mehr als ein solcher Anderer auftritt, d.h. dass er die Restbestände seiner „kulturellen Identität" ausschließlich in diesen Enklaven pflegt, sich aber jeder Ansprüche auf das übrige Gebiet enthält. Auch wenn der Siedler es ist, der *beyond the line* geht und sich dem Krieg aussetzt, so ist er doch diejenige Figur des Grenzgängers, der es gelingt, aus rohen Fakten Rechtstitel zu schaffen, sich selbst einen Ort zu geben und damit seinen Feind, den ursprünglichen Einwohner, in einem politischen und rechtlichen Sinne ortlos zu machen (Kaufmann 2002).

Asylant

Der in Deutschland so genannte „Asylant" ist ein Grenzgänger im elementaren Sinne. Anders aber als der Siedler oder der Partisan kann er auf keine Hilfe eines Mutterlandes oder eines „interessierten Dritten" rechnen. Er ist irregulär, *sans papiers,* in einer weitaus radikaleren Weise als der Partisan. Denn sein Grenzübertritt ist nicht per se ein politischer Akt: Der Asylant muss sich die politische Natur seiner Verfolgung und Flucht in einem Verfahren anerkennen lassen. Erst wenn er damit vom *Asylbewerber* zum anerkannten politischen Flüchtling geworden ist, verlässt er den Status der Irregularität, wenn nicht Illegalität. Diese Anerkennung aber hat seit der Änderung des Art. 16 des Grundgesetzes von 1993, der sogenannten Drittstaatenregelung, einen nicht nur verfahrenstechnisch anderen Weg, sondern einen grundlegend anderen Charakter bekommen. Über die Anerkennung als politischer Flüchtling entscheidet nun nicht mehr der Nachweis einer Verfolgung im Herkunftsland; entscheidend ist vielmehr der geographische Einreiseweg. Die Einreise über einen „sicheren Drittstaat" macht die Frage, ob es sich um einen politisch Verfolgten handelt, zur Sache dieses Drittstaats. Dieser wiederum hat ein Interesse daran, dieses Anerkennungsverfahren nicht selbst durchführen zu müssen und ergo: seine Grenzen gegen den Übertritt von Flüchtlingen zu schützen. Die Sphäre der Grenzen, die ein Flüchtling überschreiten muss, um überhaupt nur die Frage seiner Anerkennung stellen zu können, ist damit entscheidend erweitert worden. Und die Drittstaatenregelung ist nur ein (wenn auch das wichtigste und häufig wirkungsvollste) Verfahren dieser Erweiterung der Grenze: Die Flughafenregelung, d.h. die Abweisung „offensichtlich unbegründeter" Anträge schon vor Antritt der Reise ist Teil dieser Erweiterung nach außen, ebenso wie die Fahndung nach „Schlepperorganisationen" in Nachbarstaaten. Nach innen, ins Landesinnere hinein, finden im „Grenzschleier", einer 30-Kilometer-Zone hinter der Grenze, verstärkte Kontrollen statt; in Großstädten und an Verkehrsknotenpunkten wird nach Kriterien wie Hautfarbe oder Autokennzeichen überprüft. „Grenzen umschließen kein Territorium mehr, sondern sind Ausgangspunkte eines Kontroll- und Überwachungssystems, das sich nach vorn wie nach hinten (...) vervielfältigt" (Schneider 1998: 50). Was dabei entsteht, sind überstaatliche Verbünde der Migrationsabwehr, die sich an ihren Rändern, etwa in Osteuropa oder spanischen Grenzposten in Nordafrika, Ceuta, mit besonderem polizeilichen Aufwand gegen Eindringlinge abriegeln. Wir haben es heute also wieder mit der elastischen Grenze Karl Haushafers zu tun, eben jener „Zone mehr oder weniger lebenswichtiger Interessen, Rechte, Unternehmungen, die man (...) leicht ahnungslos verletzen kann." Der Asylbegehrende macht die Grenze zur weitflächigen Zone der Abwehr, auch wenn er sie weder leicht noch ahnungslos verletzt. Mit ihm erhält der flexible Grenzbegriff der Geopolitik eine neue Aktualität, wenn auch nicht in seiner expansiven, sondern in seiner defensiven Hinsicht.

Irgendwo in dieser weitläufigen Grenzzone entscheidet sich die Legalität oder Illegalität des Flüchtlings: Auf einem Flughafen, in einem Wald, an einer Autobahn, vor einer Kneipe. Es ist diese Form der Grenze, die die illegale Einreise ebenso unumgänglich wie vergeblich macht. Der Exterritorialisierung in doppelter Hinsicht, die diese Einreise in die Fremde und in die Illegalität bedeutet, begegnet die europäische Asylpolitik mit verstärkten Anstrengungen der Verortung. In Deutschland werden Asylbewerber in Heimen zusammengefasst, dürfen sich nicht aus ihrem Landkreis herausbewegen und nicht arbeiten. Ähnlich wie im Fall der indigenen Reservate hat diese Form der Verortung die Funktion eines Ausschlusses im Inneren des Territoriums: Ist es nicht möglich, den unliebsamen Grenzgänger außen auszuschließen, so muss er wenigstens innen ausgeschlossen sein, nur so kann die „wehrhafte Totalität" gewahrt bleiben, die sich nunmehr nicht völkisch oder kulturell, sondern ordnungspolitisch definiert. Diese Form der Zusammenfassung und Festsetzung greift damit eine Bedeutung des Worts *Asyl* auf, die sich im 19. Jahrhundert zunehmend gegenüber einer älteren Bedeutung von Asyl als Zuflucht durchgesetzt hat: *Asyl* bedeutet „nicht mehr allein Zufluchtsstätte, sondern ist nun überdies zum Namen für einen Ort der Einsperrung geworden (...) als Heim, als Unterkunft für Bedürftige, als Irrenanstalt und Ort der Disziplinierung." (Vogl 2003: 35) War das Asyl zuvor ein dem Gesetz und seinem Zugriff entzogener Ort, an dem sich Verfolgte ohne Ansehung der Person zusammenfinden, so ist es nun zur diskriminierenden (zwischen Legalen und Illegalen, anerkannten und nicht anerkannten Flüchtlingen unterscheidenden) Instanz geworden. Damit bricht die heutige Rede vom „Asyl" und „Asylanten" sehr präzise mit der ursprünglichen Bedeutung des Terminus. „Das Asylrecht", so schreibt Hannah Arendt, „galt als heilig seit den frühesten Anfängen politischer Organisation. Es besagte, daß dem Flüchtling, der dem Machtbereich eines Staates entkommen war, sich automatisch der Schutz eines anderen staatlichen Gemeinwesens öffnete, wodurch verhindert wurde, daß irgend ein Mensch ganz rechtlos wurde und ganz außerhalb aller Gesetze zu stehen kam." (Arendt 1986: 583) Historisch ist das Asyl eine Art Korrektiv innerhalb des geltenden Rechts in genau dem Maße, wie es sich jenseits des Rechts, oder besser: neben ihm situiert. Sein politischer Impetus, rechtlich einen Raum jenseits des Gesetzes zu sichern, ist damit verschwunden hinter polizeilich-verwaltungstechnischen Verfahren: Wir sind im Bereich der Verordnungen, der Verstöße, der Versorgung – nicht aber des Politischen. Der Asylant fällt damit aus einer Beschreibbarkeit in Termini von (Gast-)Freund und Feind heraus; sein Grenzgang macht ihn weder zum Feind noch zum Freund, sondern zum Gegenstand kontrollierender und kanalisierender Maßnahmen, lange bevor er (wenn überhaupt) als Subjekt der Freundschaft oder Feindschaft, mithin als politisches Subjekt anerkannt wird. Er fällt damit in den rechtsfreien Raum reiner Verwaltung, eines „nackten Lebens" (Agamben 2002), das aller Rechte als Bürger verlustig gegangen ist. Der Verlust dieser Wertigkeit zeigt sich nicht zuletzt in der Bestimmung eines „Humanitären", das niemals politische Eingriffe beinhalten oder fordern darf (Horn 2002).

No peace beyond the line – die Linien, hinter denen Krieg oder Frieden herrscht, haben sich verändert. Der exterritoriale Raum, in den das koloniale Alt-Europa seine Kriege zu verlegen suchte, ist ebenso verschwunden wie die *terra nullius* und das antike *asylon* als Ort des suspendierten Gesetzes. Wo die Un-Orte verschwinden, multiplizieren sich die Grenzen. Grenzlinien wandern oder schwellen zur Grenzzone an, Fronten vervielfältigen und virtualisieren sich im globalen Terrorismus, der jeden Verkehrsknotenpunkt und jede Menschenansammlung zum potentiellen Kriegsschauplatz erklärt. Wenn Grenzen politische Linien sind, wenn man also mit Carl Schmitt das Politische an eine Verortung, eine „Raumordnung" knüpft, dann ändert sich der Begriff des Politischen mit den Metamorphosen der Grenzen.

Die Physiognomien der Grenzgänger, die ich hier skizziert habe, erscheinen mir als Indikatoren dieses Prozesses. Gehört der Siedler dem kolonialen Zeitalter, der Epoche der großen Landnahmen an, und spekuliert er politisch auf eine Umwandlung gesetzter Fakten in verbriefte Rechte, so muss er sich immer auf die Seite der Macht schlagen, eines Mutterlands oder eines „interessierten Dritten".

Der Partisan dagegen ist eine typisch postkoloniale Erscheinung, die sich aus dem Kampf gegen Besatzung und Kolonialisierung zu einer radikal post-nationalen Form der Politik und Kriegführung entwickelt hat. Nach dem Ende des Kalten Kriegs ist ihm in manchen Fällen der machtvolle Dritte entzogen, in anderen (wie etwa der Unterstützung israelischer Siedlungspolitik durch die USA und der palästinensischen Terror-Organisationen durch einige arabische Regierungen) hat erst die Globalisierung eines lokalen Konflikts diesen Konflikt praktisch unbeendbar werden lassen. Die politischen Optionen des heutigen „Partisanen" gehen in dieser post-nationalen Formatierung des Konflikts daher zusehends auf kulturelle und religiöse Weltentwürfe. Der Feind des Partisanen aber war immer weniger eine politische Macht, sondern Kontrollorgane wie Polizei und Geheimdienste, und seinem Anspruch, „politischer Gefangener" zu sein, begegnet die strafrechtliche Anklage als Krimineller oder die Suspendierung jeglicher rechtlicher Erfassung wie im Fall der „enemy combatants" auf Guantánamo. Diese Ent-Politisierung teilt er mit dem Flüchtling. Ebenfalls postnationale Figur einer neuen Qualität globaler Migration, operiert der Flüchtling aus einer Position vollkommener Machtlosigkeit heraus, und das mag ein Grund dafür sein, warum es so schwierig geworden ist, seinen politischen Charakter anzuerkennen und durchzusetzen. Genau deshalb aber, weil er keinen „interessierten Dritten" hinter sich hat, ist der Flüchtling ein Prüfstein dafür, wie weit wir bereit sind, Recht nicht nur *für uns,* als Ordnungsinstrument, sondern als Menschenrecht, als Organ und Instrument von Gerechtigkeit zu verstehen. Denn der Flüchtling, *jeder* Flüchtling, ist immer schon in dem Sinne politisch, als er das lebende Anzeichen für Konflikte und Entartungen in einer Welt ist, in der es zugleich immer schwieriger und immer unvermeidlicher wird, nicht dort zu sein, wo man nicht hingehört.

Das Mittelmeer als Wohlstandsgrenze[1]

Paolo Cuttitta

Die Mittelmeergrenze trennt Wohlstand von Armut, den Norden vom Süden der Welt, die europäischen Demokratien von den totalitären Regimes der afrikanischen Staaten. Tausende von Migranten aus afrikanischen und asiatischen Ländern, die jedes Jahr an der Südküste Siziliens oder auf einer der sizilianischen Kleininseln[2] landen, betrachten jedoch das Mittelmeer als eine Brücke, als das Tor zu einem menschenwürdigen Leben. Indessen ist es durch die europäische und italienische Abschottungspolitik immer schwieriger geworden, legal in Italien einzureisen. Deswegen müssen sowohl Arbeitsmigranten als auch asylsuchende Flüchtlinge sich an skrupellose Schleuser wenden, um illegal einzureisen.

Die Zahl der Personen, die jährlich nach irregulärer Einreise an den Küsten Siziliens bzw. in den italienischen Hoheitsgewässern südlich von Sizilien aufgegriffen werden, ist zwischen 1999 und 2004 von 2.000 auf 14.000 gestiegen, der Höchstwert wurde 2002 mit 18.000 Aufgriffen erreicht. Ungewiss ist die Zahl derjenigen, die es schaffen, nach ihrer Ankunft unterzutauchen.

---

1 Dieser Text ist die überarbeitete Fassung folgender Artikel des seihen Autors: *Das diskrete Sterben,* in „Frankfurter Rundschau", 14. August 2004, und *Africa ad portas? Italiens Migrationspolitik,* in „WeltTrends", 45, 2004.
2 Lampedusa, Linosa, Pantelleria, Favignana, Levanzo und Marettimo.

Wenn sie in Italien bleiben, müssen sie bestenfalls schwarz arbeiten und warten, in der Hoffnung, beim nächsten Legalisierungsprogramm einen legalen Aufenthaltstitel zu bekommen.[3] Viele schaffen es aber nicht einmal, die Überfahrt zu überleben. Allein zwischen 2003 und 2004 berichteten Pressemeldungen von mindestens 700 Menschen, die in der Meeresstraße von Sizilien ums Leben kamen. Zu diesen Opfern muss man noch all diejenigen hinzuzählen, die anonym und in aller Stille sterben, weil ihre Boote mit ihren Körpern untergehen und verschwinden, ohne dass die Medien davon Notiz nehmen und es bekannt machen könnten, oder weil sie in der Wüste verdursten, noch bevor sie das Mittelmeer erreichen oder nachdem sie zurückgewiesen und am Rande der Sahara von tunesischen oder libyschen Behördenvertretern ausgesetzt werden.

Wenn Leichen in den italienischen Gewässern geborgen werden, dringen die Bilder ihrer erstarrten Körper über Fernsehen und Zeitungen in alle italienischen Haushalte. Wenn Überlebende von der italienischen Küstenwache gerettet und in italienischen Krankenhäusern behandelt werden, erschüttern ihre Berichte über die Reise die Öffentlichkeit und lassen die politische Debatte über Grenzkontrollen wieder aufflammen. Den Ablauf ihrer Asyl- bzw. Abschiebungsverfahren in Italien wird man noch verfolgen müssen.

Wenn aber Leichen unmittelbar vor der nordafrikanischen Küste oder in der Sahara geborgen, wenn Überlebende von der tunesischen oder libyschen Küstenwache gerettet werden, bekommt man darüber diesseits des Mittelmeers kaum Informationen: Bestenfalls berichten Nachrichtenagenturen über die ungefähre Anzahl von Toten, Vermissten und Überlebenden. Keine italienische Familie wird dann den Schreckensbildern der übereinander gestapelten Leichen in einem Holzkahn ausgesetzt, keiner hat die Gelegenheit, sich über das Los der Überlebenden auf dem Laufenden zu halten. Was den Flüchtlingen danach passiert (ob sie z.B. in Länder abgeschoben werden, wo sie der Folter oder anderen unmenschlichen Behandlungen ausgesetzt sein können) wird man nur in den wenigsten Fällen erfahren.

Die von Italien und der EU angestrebte Vorverlagerung der Grenzkontrollen in die nordafrikanischen Transit- und Herkunftsländer hat also nicht nur das Ziel, Flüchtlinge von Europa fern zu halten. Sie soll auch vermeiden, dass die unangenehmen Folgen der europäischen Abschottungspolitik die europäische Zivilgesellschaft dazu bringen, sich mit ihrem Gewissen zu konfrontieren.

Inzwischen befindet sich der Vorverlagerungsprozess schon in einem fortgeschrittenen Stadium. Italien hat in den letzten Jahren besonders auf die Tran-

---

3   Im Rahmen solcher Programme wurden zwischen 1986 und 2004 über 1,4 Mio. Ausländer legalisiert.

sitländer Libyen, Tunesien und Ägypten verstärkten Druck ausgeübt, um sie zu einem konsequenteren Einsatz bei der Überwachung sowohl der Küsten als auch der jeweiligen grünen Grenzen in der Sahara zu veranlassen. Die wichtigsten Migrationsrouten aus Afrika und Südasien sollen durch polizeiliche Kooperation, Entsendung von Verbindungsbeamten, Abschluss von Rückübernahmeabkommen und Einrichtung von Abschiebelagern gesperrt werden.

Eine verstärkte Überwachung des Seeraums zwischen Nordafrika und Sizilien sowie der grünen Grenzen der nordafrikanischen Staaten würde im Übrigen nicht nur von der italienischen Regierung sondern EU-weit begrüßt werden. Die meisten Einwanderer aus Nord- und Zentralafrika betrachten Italien lediglich als Transitland auf dem Weg in andere EU-Länder. Deswegen sind seit September 2003 neben Italien und Malta auch andere EU-Mitgliedstaaten – darunter Deutschland – an der Überwachung der Gewässer vor Sizilien mit Luft- und Wasserfahrzeugen beteiligt. Der italienische EU-Kommissar für Justiz, Freiheit und Sicherheit, Franco Frattini, hat bekannt gegeben, dass die Europäische Kommission im Jahr 2005 die Summe von 5 Mrd. Euro für den Kampf gegen die illegale Immigration bereitstellen wird.

Als Musterbeispiel einer erfolgreichen Kooperation gilt für die italienische Regierung ihre Zusammenarbeit mit Ägypten. Bis 2002 fuhren viele Migranten aus Asien mit größeren Schiffen über das Rote Meer. Sie erreichten das Mittelmeer durch den Suez-Kanal und steuerten die sizilianische oder die kalabrische Küste an. Inzwischen haben sich diese vorwiegend aus Sri Lanka stammenden Migrationsbewegungen erheblich reduziert, was die italienische Regierung als einen Erfolg ihrer Politik betrachtet. Im Jahr 2002, zwei Jahre nach Abschluss eines italienisch-ägyptischen Polizeiabkommens, entsandte die italienische Polizei einen Verbindungsbeamten nach Ägypten mit spezifischen Aufgaben im Bereich der illegalen Wanderungsbewegungen und des Menschenhandels. Seit Anfang 2003 stellt Italien den ägyptischen Behörden Charterflüge für die Repatriierung von Flüchtlingen aus Sri Lanka zur Verfügung, deren Schiffe im Suez-Kanal auf dem Weg nach Italien von der ägyptischen Polizei kontrolliert und beschlagnahmt werden. Der Rückgang der Fluchtbewegung aus Sri Lanka ist allerdings nicht zuletzt auf den Waffenstillstand zwischen der Regierung und den tamilischen Rebellen zurückzuführen. Darüber hinaus wandern jedes Jahr Tausende von ägyptischen Staatsbürgern weiterhin über Libyen nach Italien aus, und viele Migranten – etwa aus Bangladesch, Indien und Pakistan – sehen sich jetzt durch die verstärkte Überwachung des Suez-Kanals genötigt, anstatt der Route über das Rote Meer die gefährlichere Sahara-Durchquerung anzutreten.

Ohne Gegenleistungen sind die nordafrikanischen Länder jedenfalls nicht bereit, den Forderungen Italiens nach Zusammenarbeit entgegenzukommen. Sie haben keine Mittel, ihre Grenzen aufzurüsten, und darüber hinaus wenig Interesse daran: Die Geldüberweisungen der eigenen Staatsbürger aus dem Ausland stellen eine der wichtigsten Einnahmequellen dar (im Jahr 2003 betrugen die Überweisungen aller tunesischen Emigranten über 1 Mrd. Dollar) und Transitwanderungen von Drittstaatsangehörigen haben an sich keine negativen Auswirkungen auf diese Länder: In Libyen z.B. florierte jahrelang, entlang der wichtigsten Migrationsrouten aus den südlichen Nachbarländern, eine Grenzwirtschaft- bestehend aus spezifischen Läden, Gasthäusern und Werkstätten für Reisende und deren Fahrzeugen -, die jetzt durch Grenzschließungen vom Aussterben bedroht ist. Es bedarf also schlagender Argumente, um diese Länder zu einer engeren Kooperation zu veranlassen.

Als wichtigste politische Druckmittel benutzt Italien Einwanderungsquoten und Entwicklungshilfe. Das System des quotierten Migrantenzuzugs wurde 1998 eingeführt. Seitdem wird jedes Jahr eine Höchstzahl erlaubter Einwanderungen pauschal festgelegt. Ein Teil davon wird auf bestimmte Herkunftsländer verteilt. Ein weiterer Teil wird bestimmten Gruppierungen von Ländern vorbehalten (z.B. EU-Beitrittsländer oder Länder, die beabsichtigen, Rückübernahmeabkommen mit Italien abzuschließen), ohne dass im vornherein feste Quoten für die jeweiligen Länder beschlossen werden. Die restliche Zahl der erlaubten Einwanderungen unterliegt keiner länderbezogenen Einschränkung.

Durch Erhöhen bzw. Herabsetzen der Quoten werden Herkunftsländer für ihre Kooperationsbereitschaft belohnt bzw. wird dadurch versucht, sie zu einer Kursänderung zu veranlassen. So war es etwa im Jahr 1998 in erster Linie dem italienischen Versprechen zu verdanken, Einwanderungsquoten zugunsten tunesischer Staatsbürger einzuführen, dass Tunesien ein Abkommen zur Rückübernahme von Personen ohne legalen Aufenthaltsstatus mit Italien abschloss. Zwei Monate später wurde die Verordnung über Einwanderungsquoten für das Jahr 1998 durch die Angabe konkreter Länderquoten ergänzt. Italien behielt Länderquoten nur Tunesien und zwei weiteren Herkunftsländern (Albanien und Marokko) vor, die ebenfalls Rückübernahmeabkommen mit Italien abgeschlossen hatten. Als 2001 das italienisch-tunesische Abkommen von 1998 ablief, stieg auch die Zahl der Tunesier und der Drittstaatsangehörigen, die aus Tunesien in Italien illegal einwanderten: Ein Zeichen dafür, dass die tunesischen Grenzkontrollen nachgelassen hatten. Nach einem Anstieg von 1.500 (1998) auf 2.000 (1999) und dann auf 3.000 (2000 und 2001) wurde die jährliche Einwanderungsquote für tunesische Staatsbürger dagegen 2002 auf 2.000 und 2003 auf nur noch 600 herabgesetzt. Im Dezember 2003 wurde dann ein neues Abkommen unterzeichnet, womit sich Italien verpflichtete, Tunesiens Grenzpolizei und Küstenwache auszubilden und mit neuen Fahrzeugen und Geräten auszurüsten. Wenige Tage später wurde die Einwanderungsquote für tunesische Staatsbürger für das Jahr 2004 wieder auf 3.000 erhöht, woraufhin das tunesische Parlament im Februar 2004 ein Gesetz verabschiedete, das strenge Strafen für Schleuser, ihre Helfer und sogar für zufällige Mitwisser einführte. Nach einer ersten Phase der Abschreckung der Bevölkerung scheint jedoch das Gesetz kaum noch angewendet zu werden: Die tunesische Regierung wollte zwar eine rechtliche Maßnahme vorweisen, die die europäischen Erwartungen zufriedenstellt, wendet diese aber nur sehr dosiert an, um den Unmut in der Bevölkerung nicht zu sehr zu provozieren und um die illegale Auswanderung von tunesischen Staatsbürgern nicht ganz zu verhindern.

Auch Ägypten bekam erst eine eigene Einwanderungsquote, als der Verbindungsbeamte der italienischen Polizei sich im Oktober 2002 in Kairo niederlassen und die gemeinsame Überwachung des Suez-Kanals beginnen durfte.

Länderquoten folgen dem Prinzip, wonach Migranten aufgrund ihrer Staatsangehörigkeit unterschiedlich behandelt werden. Das zeigen sowohl die zunehmende Anzahl von Ländern mit Quoten (von 3 im Jahr 1998 auf 11 im Jahr 2005) als auch der steigende Anteil der länderbezogenen Quoten an der Gesamtzahl der erlaubten Zuwanderungen (von 10% im Jahr 1998 auf 81% im Jahr 2005). Während ihrer EU-Ratspräsidentschaft (Juli – Dezember 2003) schlug die italienische Regierung die EU-weite Einführung eines Einwanderungsquotensystems nach italienischem Vorbild vor. Bedenken wurden jedoch u.a. von der deutschen Regierung geäußert, die Einschränkungen der Autonomie ihrer Einwanderungspolitik befürchtete.

Ein hingegen schon längst von allen EU-Mitgliedstaaten gebilligtes Druckmittel gegenüber Herkunfts- und Transitländern ist Wirtschaftshilfe. Zwar wurde bei der EU-Ratssitzung von Sevilla im Juni 2002 der italienische Vorschlag abgelehnt, Sanktionen gegen Drittstaaten zu verhängen, die im Kampf gegen die illegale Migration nicht kooperieren. Das Konzept der abhängigen Kooperation wurde jedoch in nur leicht veränderter Form angenommen. Der EU-Rat forderte dazu auf, „dass in allen künftigen Kooperations- oder Assoziationsabkommen" die die EU „mit gleich welchem Land schließt, eine Klausel über die gemeinsame Kontrolle der Migrationsströme sowie über die obligatorische Rückübernahme im Falle der illegalen Einwanderung aufgenommen wird". Der Rat kam ferner zu dem Entschluss, „dass die Beziehungen zu den Drittländern, die nicht zur Zusammenarbeit bei der Bekämpfung der illegalen Einwanderung bereit sind, systematisch evaluiert werden müssen", was bedeutet, dass Kooperationsprojekte und Entwicklungshilfe gestrichen werden können. Eine ähnliche Formulierung beinhaltet auch das jüngste italienische Ausländergesetz, das im September 2002 in Kraft getreten ist. Allerdings hat Italien das Prinzip der so konditionierten Entwicklungshilfe schon früher geltend gemacht: 1998 z.B. trug die Bereitstellung von 77,5 Mio. € Entwicklungshilfe für Tunesien wohl mit zum Entschluss der tunesischen Regierung bei, das Rückübernahmeabkommen zu akzeptieren.

Anders als Tunesien und Ägypten ist der Ölproduzent Libyen nicht Auswanderungs-, sondern – schon seit den Sechziger Jahren des 20. Jahrhunderts – Einwanderungsland. Über 2 Mio. ausländische Staatsbürger (meist aus Ägypten, Tunesien und anderen afrikanischen Staaten) leben und arbeiten dort, davon nur die wenigsten mit legalem Aufenthaltsstatus. Insofern kann das Druckmittel der Einwanderungsquoten in den Beziehungen zu Libyen keine Anwendung finden. Obwohl die Krise der libyschen Wirtschaft (die zuerst auf die Senkung des Ölpreises, dann aber auch auf die zwischen 1986 und 1992 von USA, EU und UN verhängten Sanktionen zurückzuführen war) schon in den Achtziger und Neunziger Jahren Anlass zu gelegentlichen Ausweisungen von Ausländern gab, betrieb Libyen grundsätzlich bis zur Jahrhundertwende eine offene Einwanderungspolitik. Dann wurden aber die Aufhebung der Sanktionen und die volle internationale Rehabilitation zum Hauptziel der libyschen Außenpolitik. Ghaddafi benutzte Transitmigranten als diplomatische Waffe: Er wollte beweisen, dass bei bestehendem Embargo eine wirksame Grenzkontrolle selbst bei bestem Willen unmöglich war. So wurde im Juli 2003 von den Polizeichefs Italiens und Libyens ein Kooperationsabkommen unterzeichnet. Seitdem wurden Tausende von Ausländern festgenommen und abgeschoben: Viele hatten versucht, über Libyen nach Italien weiterzureisen, viele andere hielten sich einfach illegal im Land auf. Darüber hinaus verhaftete die libysche Polizei (auf einen internationalen Haftbefehl der italienischen Ermittlungsbehörden hin) die eritreische Chefin einer Schleuserbande und lieferte sie an Italien aus. Jedoch hinderte das Fortbestehen des EU-Embargos Italien weiterhin daran, die libysche Grenzpolizei und Küstenwache mit Fahrzeugen und Geräten auszustatten, die als militärische Ausrüstung galten, und die Zahl der Flüchtlingsboote in der Meeresstraße von Sizilien nahm immer noch nicht ab.

Es war in erster Linie den diplomatischen Anstrengungen der italienischen Berlusconi-Regierung sowie des italienischen EU-Kommissionschefs Prodi zu verdanken, dass nach USA und UN auch die EU ihr Embargo aufhob – im Oktober 2004. In den Wochen davor hatte Ghaddafi eingewilligt, Libyens Grenzschutzbeamte von der italienischen Polizei ausbilden zu lassen und Transitmigranten wieder aufzunehmen. Über tausend illegal Eingereiste waren unmittelbar nach ihrer Ankunft in Lampedusa, ohne jegliche Identifizierungsmaßnahme – in Handschellen in Militärflugzeuge gezwungen und nach Libyen zurückgeschoben worden. Weitere Hunderte wurden im März 2005 zurückgeschoben. In beiden Fällen wurde dem UN-Flüchtlingshilfswerk UNHCR der Zugang zum Abschiebelager von Lampedusa verweigert. Zwei Abgeordnete des italienischen Parlaments durften, nach zehn Stunden Wartezeit, nur die Verwaltungsräume der Anstalt besuchen: In der für 190 Personen vorgesehenen Einrichtung befanden sich über 700 Menschen.

Was die Ausländer in Libyen erwartet, scheint für die italienische Regierung belanglos zu sein. Dort werden sie in menschenunwürdige Lager untergebracht und dann in ihre Herkunftsländer bzw. ins nächste Nachbarland zurücktransportiert – entweder mit von Italien bezahlten Charterflügen oder einfach mit LKWs. Allein zwischen September 2004 und März 2005 starben nach Angaben der libyschen Regierung 106 Menschen bei ihrer Rückführung über die Sahara. Das erklärt, warum Italien neben Schlauchbooten, Geländewagen und Nachsichtgeräten auch Leichensäcke an Libyen liefert: 1.000 Stück seit Juli 2003. Da Libyen die Genfer Flüchtlingskonvention nicht unterzeichnet hat und damit nicht an sie gebunden ist, hat es auch keine Skrupel, politisch Verfolgte in diktatorische Länder weiter abzuschieben: Eritreische Oppositionelle z.B., die in ihrer Heimat Haft und Folter erwarten, wurden 2004 von Libyen auf Kosten der italienischen Regierung repatriiert.

Tunesien hat im Gegensatz zu Libyen die Genfer Flüchtlingskonvention unterzeichnet, aber die Bestimmungen des Abkommens werden kaum angewendet. Die Asylprozedur ist einem Honorar-Vertreter des UNHCR anvertraut, der keinen Zugang zu den Haftzentren für Ausländer hat. Somit kann er auch nicht nachprüfen, ob sich dort potentielle Asylbewerber befinden. Übrigens liegen die meisten tunesischen Abschiebehafteinrichtungen an geheimen Orten. Ausländer werden von den tunesischen Lagern einfach an die Südgrenze begleitet und dort in der Wüste abgesetzt. Trotzdem weist Italien selbst auf offener See nach Tunesien zurück: Ohne eine Verifizierung der Identität und des Herkunftslandes der Migranten, ohne diesen die Möglichkeit zu geben, einen Asylantrag zu stellen.

Im April 2005 forderte das Europäische Parlament Italien auf, die Rückführungen nach Libyen einzustellen und dem UNHCR den Zugang zum Abschiebelager Lampedusa zu gewähren. Im Mai stoppte der Europäische Gerichtshof für Menschenrechte die Abschiebung der wenigen Flüchtlinge nach Libyen, denen es gelungen war, eine Beschwerde einzulegen. Gleichzeitig beschlossen aber die EU-Innenminister eine Verstärkung der Kooperation mit Libyen gegen illegale Immigration: Auch die EU will bald Ausrüstung für den Grenzschutz an Libyen liefern.

Schließlich soll demnächst auch Libyen der euro-mediterranen Partnerschaft (dem sogenannten Barcelona-Prozess) beitreten. Ziel der Partnerschaft – die die EU sowie zwölf außereuropäische Partner aus dem südlichen und östlichen Mittelmeerraum umfasst – soll u.a. auch die Förderung der Demokratie, der Menschenrechte sowie eines besseren Verständnisses zwischen den Kulturen und Religionen sein. Das Hauptziel scheint jedoch die Zusammenarbeit im Kampf gegen Terrorismus und illegale Immigration sowie die Errichtung einer euromediterranen Freihandelszone zu sein, wodurch Handelsschranken zwischen der EU und dem südlichen und südöstlichen Mittelmeer abgeschafft werden sollen. Somit soll auch der Markt für europäische Industriewaren erweitert werden. Für Migranten und Flüchtlinge soll das Mittelmeer nach wie vor Europas Festungsgraben darstellen. Mitten in dieser tödlichen Grenzzone, die Insel Lampedusa: *De jure* Bestandteil des italienischen Hoheitsgebiets, *de facto* Exklave außerhalb des Geltungsbereichs der italienischen Verfassung sowie der internationalen menschenrechtliehen Verpflichtungen.

Der Fall Papa Wemba

Matthias Neske

Im Dezember 2001 kamen auf dem Pariser Flughafen Roissy 127 junge Kongolesen mit dem Flugzeug aus Kinshasa an. Alle besaßen Schengenvisa und Arbeitserlaubnisse als Musiker. Nur wenige allerdings hatten ein Instrument dabei, und kaum jemand beherrschte sein Instrument auch. Alle 127 gaben an, als Musiker in der Band des Soukous-Stars Papa Wemba beschäftigt zu sein. Ermittlungen wurden aufgenommen, bei denen sich herausstellte, dass die angeblichen Musiker jeweils etwa 3.200 US $ für ihr Visum gezahlt hatten, was für sie, wollten sie die überaus gefährliche und entbehrungsreiche clandestine Reise vermeiden, die einzige Möglichkeit darstellte, nach Europa zu kommen.

Zu den lukrativsten Jobs in Afrika hätten, so Jay Rutledge (2003: o.S.), lange Zeit diejenigen des Zöllners und des Musikers gehört: „Der Grenzbeamte konnte gegen eine gewisse ‚Gebühr' natürlich – den obligatorischen Zoll erlassen. Und Musiker zählen in ganz Afrika zu den wenigen Berufsgruppen, die vergleichsweise leicht an ein Visum für Europa kommen."

Papa Wemba, selbst seit langem in Frankreich und Belgien ansässig, galt als einer der wichtigen Förderer des musikalischen Nachwuchses in seiner Heimat, eben auch dadurch, dass er immer wieder rund 20 jungen Musikern per Einladung die Möglichkeit bot, als Begleitmusiker für seine zum Teil ausgedehnten Tourneen zu fungieren. Dass selten alle Musiker nach dem Ende der Tournee auch wieder in ihr Heimatland zurückkehrten, mag von den zuständigen Behörden lange Zeit als „akzeptabler Schwund" angesehen worden sein, vielleicht war es ihnen auch gar nicht bekannt, in jedem Fall griff nun im Jahr 2001 die auch in anderen europäischen Ländern an den Tag gelegte zunehmende punktuelle Härte beim Umgang mit Visumserschleichungen.

Wemba war geständig, wies aber darauf hin, dass die absolute Mehrzahl der Fälle sich ohne sein direktes Zutun abgespielt hätte. Die Tatsache, dass er lediglich zu einer größtenteils zur Bewährung ausgesetzten Haftstrafe verurteilt wurde, werteten seine Anhänger als einen „Beinahe-Freispruch". Westliche Medien hingegen taten sich weitgehend schwer bei der Bewertung dieses „Schleusungsfalls". Den meisten Tageszeitungen war der Ausgang des Prozesses nur einen Dreizeiler wert, in dem erwähnt wurde, dass der „Sänger Papa Wemba als Menschenschmuggler verurteilt" wurde. Bei dezidierteren Kommentaren gehen die Auffassungen jedoch auseinander. Rutledge (ebd.) hält es für ernüchternd, „dass gerade Papa Wemba, der für sein soziales Engagement bekannt war und als eine Art kultureller Botschafter des Kongo gilt, so etwas nötig hat", und schließt folgende, zweifellos zutreffende Bemerkung an: „Leiden werden unter seiner Geschäftspraxis nun vor allem die ehrlichen, professionellen Musiker, die es jetzt noch schwerer haben werden, an europäische Visa zu kommen". Daniel Stoevesandt und Dominic Johnson (2004; o.S.) hingegen weisen darauf hin: „Billigere Möglichkeiten, legal oder illegal nach Europa zu kommen, gibt es jedoch für Durchschnittskongolesen kaum." Ein Versuch, die Hintergründe dieses Vorgehens zu verstehen, das in ähnlicher Form bei wechselnden Beteiligten alles andere als ein Einzelfall sein dürfte, beginnt zwangsläufig mit den sozialen Rahmenbedingungen, unter denen es stattgefunden hat: Die meisten afrikanischen Staaten, erst recht jene südlich der Sahara, haben in den letzten Jahrzehnten in vielfacher Weise einen Niedergang erleben müssen. Inzwischen ist man von einem Pan-Afrikanismus im Sinne der Visionen der 1960er Jahre genauso weit entfernt wie von ökonomisch-politischer Unabhängigkeit von den einstigen Kolonialmächten. Papa Wemba wirkte daher gleich im doppelten Sinne identitätsstiftend für junge Menschen insbesondere in Kinshasa. Zum einen steht er für musikalisch „bessere" Zeiten, als kongolesischer Soukous die absolut führende Rolle in Zentral- und Westafrika inne hatte – natürlich auch ermuntert durch die „Zarrisierungskampagne" Mobutus. Das Bandkollektiv „Zarko Langa Langa", bei dem Wemba vor 30 Jahren als Sänger begann, galt für lange Zeit als „spokesmen for a whole new generation" (Ewens 2000: o.S.). Zum anderen prägte sein exzessives Interesse für Haute Couture nicht nur seine Auftritte, sondern auch die Wünsche seines Publikums. Als selbst ernannter Anführer der „Societé des Ambianceurs et des Personnes Elegantes", deren Anhänger sich nach der Abkürzung SAPE „sapeurs" nännten, pflegte Wemba einen dandyhaften Kult europäischer Markenkleidung. Dies sei „im Niedergang des Kongo in den 80er- und 90er-Jahren (...) identitätsstiftend für Jugendliche in Kinshasa [gewesen], die damit beweisen wollten, dass sie den Traum vom ‚Weltniveau' nicht aufgegeben hatten" (Stoevesandt & Johnson, ebd.). Noch deutlicher werden sowohl der Einfluss Papa Wembas als auch seine Selbsteinschätzung bei der Betrachtung des BBC-Dokumentarfilms „The Importance of Being Elegant" von George Amponsah und Cosima Spender aus dem Jahr 2004. Vom Interviewer danach befragt, was die Kongolesen in ihm sehen würden, antwortet Wemba: „Je suis l'esperance pour tous les Congolais. Et je suis bien responsable pour eux."

Vertrauen und Verpflichtung

Dieses Gefühl der Verantwortlichkeit mag zunächst überraschend erscheinen, die Verantwortlichkeit für ein ganzes Land gar stark überzogen, in seinen Ansätzen hat es aber dennoch Berechtigung: Emigranten oder diejenigen, die zu emigrieren wünschen, sind zunächst einmal auf ein *Migrationsnetzwerk* angewiesen (sofern es sich nicht um echte Pioniere handelt), also auf möglichst persönlich Bekannte, die selbst gewandert sind und nun als potenzielle Anlaufstellen fungieren können (Spener 2001; Koser 2004; van Liempt & Doomernik 2005). Dabei ist es selbstverständlich, dass man sich auf diejenigen konzentriert, die in der Fremde auch reüssiert haben, die also erstens das Gespür für den richtigen Weg mitgebracht zu haben scheinen und zweitens auch Dank ihres Erfolgs in der Lage sind, sinnvoll weiterzuhelfen (Tandian 2005). Auf Papa Wemba treffen beide Voraussetzungen zu, zumal er seine Kontakte in den Kongo nebst persönlichen Besuchen stets gepflegt hat. Insofern ist es wenig überraschend zu sehen, wie in dem genannten Dokumentarfilm mehrfach „Bittsteller" zu Wembas Haus nach Paris kommen, in der Hoffnung hier ein Empfehlungsschreiben, einen Rat, eine Stelle als Musiker oder Kontakte zu Bonoratoren zu erhalten. Die Situation bei Wembas Besuchen im Kongo dürfte, was die Anzahl der Bittsteller anbelangt, diesen Rahmen weitaus sprengen. Bezeichnend ist dabei, was ein kongolesischer Ministerialbeamter berichtet, der als staatlicher Abgesandter die wissenschaftliche Reise des Biologen Redmond O'Hanlon begleitet (O'Hanlon 1998): Nachdem er einen guten Posten in einem Ministerium in Kinshasa erhalten hätte, seien eines Tages etwa 30 Bewohner seines Heimatdorfes gekommen – alles entfernte Verwandte – die beschlossen hätten, ihn zu besuchen, in Wirklichkeit aber dauerhaft in seinem Garten campierten. Auf seine Frage, was sie damit bezwecken würden, antworteten die Verwandten ganz offen, sie hätten von dem „schönen Posten" gehört, den er jetzt bekleiden würde und sich gefragt, ob seine guten Kontakte nicht auch für sie nützlich sein könnten. Und im Heimatdorf hätten sie sich zu weit vom Geschehen gefühlt, zumal er ja jetzt nur noch so selten nach Hause käme. Dem Ministerialbeamten sei das Verhalten seiner Verwandten sehr verständlich gewesen, obwohl er es persönlich natürlich nicht begrüßte. Es war ihm klar, dass er dank seines Erfolgs ein wenig zum „neuen Häuptling" werden musste. Im Übrigen darf man nicht vergessen, dass in „schlecht" organisierten Gesellschaften immer der Stärkere die Verpflichtung verspürt, es – ausgewählten – Schwächeren zu ermöglichen, an seinem Erfolg teilzuhaben.

Die Frage der Constraints

An der Darstellung des kongolesischen Ministerialbeamten zeigt sich ganz deutlich, unter welchen „Constraints" (das deutsche Wort „Zwänge" gibt dies nur unvollkommen wieder) sich erfolgreiche Migranten befinden können, seien sie innerhalb ihres Landes zu einem bestimmten Posten gekommen oder außerhalb des Landes zu wirtschaftlichem Erfolg. Der Wunsch, der „erweiterten Familie" zu helfen und der gleichzeitige Wunsch dieser, an dem Erfolg teilzuhaben, führt daher häufig zu einem Konflikt auf unterschiedlichen Ebenen: Der Erfolgreiche will helfen, sich aber nicht ausbeuten lassen. Er will seine Kontakte nutzen, kann dabei aber leicht in einen Gesetzeskonflikt geraten. Ohnehin muss man sich vergegenwärtigen, dass in anderen Gesellschaften auch andere Organisierungsprinzipien existieren. Die belgische Schriftstellerin Lieve Joris beispielsweise begegnet in Kinshasa diesen „anderen" Vorstellungen, wie bestimmte Handlungen dort gesellschaftlich beurteilt werden. Dafür dass sie ein Auslandsgespräch führen kann, muss sie erst dem Telefonvermittler einen Briefumschlag mit 500 Zaire überreichen:

> „Ich muss an die Belgier denken, die mir in den vergangenen Tagen geschildert haben, wie sie die Einheimischen bestechen. Ich hatte mir vorgenommen, da nicht mitzumachen, und nun ist dies mein erster Akt der Korruption. (...) Jetzt verstehe ich, weshalb kleine Beamte wie er, die nicht mehr als tausend Zaire im Monat verdienen – ein Sack Maniok kostet schon zwölfhundert Zaire –, über die Runden kommen" (Joris 2004: 122f.)

So ein Vorgehen kann man selbstverständlich als Korruption bezeichnen, man kann es aber auch anders sehen: „Article 15, débrouillez-vous pour vivre", sangen Empire Bakuba, die Band des 1998 verstorbenen Pepe Kalle, im übertragenen Sinne als „jeder hilft sich selbst" zu übersetzen. Dieser „Artikel 15" ist jedoch beileibe nicht auf zentralafrikanische Staaten zu beschränken. Überall dort, wo der „Staat" zwar als bedeutendster Arbeitgeber fungiert, jedoch weder seine Ordnungsfunktion ausfüllen noch für eine angemessene und regelmäßige Bezahlung sorgen kann, müssen „Selbsthilfeaktionen" im fragilen Gesellschaftsgefüge das Überleben sichern. Insofern ist Väyrynen zuzustimmen, wenn er bemerkt, dass sich zentrale Positionen in einem Schleusernetzwerk vor allem dort ausbilden könnten, wo „political and social structures are fragmenting, the economy is deteriorating, laws are incomplete and poorly enforced" (Väyrynen 2003: 12). Die Abwesenheit von Gesetzen bzw. das „Gewohnheitsrecht", bestimmte Gesetze nicht zu befolgen, bringt es aber mit sich, dass bestimmte Handlungen im Kontext der Zustände in der Heimat bewertet werden.

Auch Papa Wemba sagte vor Gericht, er gebe zwar die Taten zu, wisse aber nicht, was daran so schlimm sein solle, schließlich habe es sich um einen Freundschaftsdienst gehandelt. Einen Freundschaftsdienst allerdings, den er sich hat gut bezahlen lassen.

Geld fördert Migration

Dabei besteht zwischen „Schleusern"/Vermittlern und „Schleusungswilligen" eine gegenseitige Abhängigkeit. Die Vermittler verspüren die Gefahr der Verpflichtung dahingehend, dass sie von den eigenen Familienangehörigen, Verwandten oder Landsleuten „ausgebeutet" werden könnten, weil sie zu den wenigen unter ihnen gehören, die aufgrund des Erfolgs überhaupt als Ankerpunkte geeignet sind. Andererseits – und dies trifft sicherlich auf die absolute Mehrzahl der Schleuser zu – werden überzogene Preise in genau dem Bewusstsein verlangt, dass die Schleusungswilligen auf andere Weise kaum je die Möglichkeit hätten, die Schleusungsaktion selbst durchzuführen. Letztlich handelt es sich in erster Linie um ein Business, das zwar geprägt wird von persönlichen Kontakten, ihren Möglichkeiten und Verpflichtungen, bei dem der ökonomische Aspekt aber die Hauptrolle spielt. Dies gilt nicht nur für die Schleuser selbst, sondern auch für alle anderen Beteiligten. Migranten versuchen mit Hilfe von Schleusern letztlich ökonomischen und natürlich auch humanitären Mehrwert zu erzielen, indem sie Regionen verlassen, in denen sie keine Chance mehr für sich sehen. Familien versuchen, einzelne Mitglieder erfolgreich schleusen zu lassen, damit diese später über Remittances (also Rücküberweisungen aus westlichen Ländern) zum Familieneinkommen in der Heimat beitragen können. Diese Remittances werden aber natürlich auch dafür genutzt, weitere Familienmitglieder schleusen zu lassen. Khalid Koser, der Migrationsnetzwerke zwischen Afghanistan, Pakistan und Großbritannien untersucht hat, stellt in seinem Artikel „Why Smuggling Pays" dann auch fest, dass

> „one way to understand human smuggling is as a business, in which all those involved – including smugglers, migrants and their families – stand to make a profit. (...) With certain reservations (...) smuggling pays for all of those involved; this approach thus providing another explanation for why human smuggling seems to persist despite ongoing efforts to stop it" (Koser 2004: o.S.).

Zusätzlich weist er darauf hin, dass – das Beispiel Papa Wemba hat dies bereits gezeigt – „it may be time to alter our impressions of smugglers as Blofeldian archcriminals" (Koser 2004: ebd.). Modeme Schleuser sind also in vielen Fällen Networker, Vermittler, „Businessmen", also Menschen, die viel mehr als eine genaue Ortskenntnis oder ihre kriminelle Energie ihren Geschäftssinn nutzen, an einer Aktion mitzuwirken, die letzten Endes für alle Beteiligten erfolgreich sein soll. Dabei sind sie kaum noch an „echte" Grenzen im Sinne von Landmarken und bewachten Linien zwischen einzelnen Staaten gebunden. Rechtliche Regelungen, aber auch die Beziehungen, genau jene zu umgehen, erscheinen in diesem Zusammenhang weitaus bedeutender. Will man ein solches System stören, bei dem doch alle Mitwirkenden ein gemeinsames Interesse haben und es nur selten zu echten Konflikten zwischen Schleusern und Geschleusten kommt, bleibt außer punktuellen und zeitlich begrenzten Aktionen der Abschottung eventuell nur eine Möglichkeit: „Where, as in this case, the main purpose of human smuggling is for economic well-being, one way to reduce it might be to fmd a way to stop smuggled migrants sending home money" (Koser 2004: ebd.). Die überaus große Bedeutung dieser „indirekten Entwicklungshilfe" für die betroffenen Staaten – und seien die Gelder auch primär konsumptiv genutzt- lässt diese Möglichkeit jedoch auch aus der Sicht westlicher Staaten äußerst fragwürdig erscheinen. Nuscheler bemerkt hierzu:

> „In Westafrika tragen diese Geldüberweisungen zu 30-80% zum Haushaltseinkommen bei. Die Kapverden wären ohne Emigration kaum überlebensfähig. (…) Im Großraum Manila sollen 60% der Familien teilweise oder ganz von Überweisungen ihrer im Ausland oder auf ausländischen Schiffen arbeitenden Väter, Söhne und Töchter (vor allem diesen) leben. Für El Salvador und die karibischen Inselstaaten gibt es ähnliche Schätzungen" (Nuscheler 2003: 12).

Von den Bangladeshi der ersten und zweiten Generation, die Siddiqui (2004) in Großbritannien interviewte, sagte nur jeder Neunte, dass er nicht regelmäßig größere Summen in die alte Heimat versende. Bezieht man noch die großen Emigrationsstaaten wie Pakistan, Mexiko oder Marokko mit ein, wäre es aus Sicht der „receiving countries" dieser Rücküberweisungen inoffiziell völlig indiskutabel, hier eine Veränderung der Situation herbeiführen zu wollen.

Was passiert ohne Schleuser?

Dabei sind es momentan die Anachronismen einer unorganisierten, individuellen und finanziell in keiner Weise abgefederten Wanderung, die die Bilder in den westlichen Medien beherrschen. Die weitgehend spontanen „Masseneinbruchsversuche" junger Schwarzafrikaner in die spanischen Enklaven Ceuta und Melilla werden in der Regel von verzweifelten Menschen durchgeführt, die eben nicht über das notwendige Geld oder die notwendigen persönlichen Beziehungen verfügen, um einen bequemeren Weg in den „goldenen Norden" zu finden, deren Entschlusskraft aber mindestens genauso hoch ist (Moura 2004).

Die Frage, die sich hier aufdrängt, ist also nur teilweise diejenige, wie die Existenz des *organisierten* Menschenschmuggels verhindert werden kann. Vielmehr handelt es sich um ein Dilemma, das ohne weiteres in absehbarer Zeit wohl nicht aufzulösen sein wird: Stehen einzelnen Personen über Rücküberweisungen, durch fehlgeleitete Entwicklungshilfe oder auf andere Weise erwirtschaftete Gelder zur Verfügung, werden diese dazu benutzt, einen Weg nach Europa zu finden. „L'Afrique dégage" – Afrika stinkt –, so antworteten junge Senegalesen Aly Tandian (2005) auf die Frage, warum sie nach Europa gekommen seien – keinerlei Hoffnung auf eine bessere Zukunft. Diese Gelder verschwinden peu à peu in den Brieftaschen eines Heeres von „Beratern", bestechlichen Beamten, Zöllnern, Bootsleuten und Schleusungskoordinatoren (also „Menschenschmugglern"); den Kontakt zu den „richtigen Beratern" vorausgesetzt kommen diese Migranten aber zumindest in einem westeuropäischen Land an. Diejenigen hingegen, die sich entweder einem schlechten „Berater" anvertraut haben oder aber sich auf gut Glück nach den überschwänglichen Schilderungen ihrer auf Heimaturlaub befindlichen Landsleute (Diome 2004) auf den Weg gemacht haben, tritt mittlerweile weit vor der eigentlichen Grenze Europas die Realität der unterschiedlichen Welten entgegen. Flüchtlingslager, Squattersiedlungen und illegale Abfahrtshäfen von Flüchtlingsbooten ziehen immer mehr Menschen an, die nicht in ihrer mehrere Tausend Kilometer entfernten Heimat bleiben wollen – ganz anders als Menschen in Katastrophengebieten, die zunächst nie vorhaben, für eine längere Dauer fernzubleiben.

Eine Lösung dieses Dilemmas wäre beispielsweise dann möglich, wenn es gelänge, bisherige Transitstaaten in Zielstaaten zu verwandeln, um eine Etablierung eines größeren Teils der Zuwanderer zu ermöglichen – ein Versuch, der angesichts der sozialen Situation beispielsweise im Herkunfts- wie Transitland Marokko unrealistisch erscheint. Zum anderen würden Menschen *dann* in ihrer Heimat bleiben, wenn sie dort die Möglichkeit hätten, wirtschaftlich und sozial zu reüssieren. Anders jedoch als bei osteuropäischen oder südasiatischen Ländern, in die schon jetzt erhebliche Gelder auch von Privatfirmen fließen, um dort kostengünstiger für den Weltmarkt produzieren zu lassen, ist diese Tradition in Afrika praktisch inexistent. Zu unsicher waren politische Machtverhältnisse, zu stark die ehemaligen Kolonialmächte auf die einseitige Förderung von Rohstoffen ausgerichtet, um die Möglichkeit von „Zweigstellen" in größerem Maße in Betracht ziehen zu können.

Und so stellt sich in der Tat die Frage, welche Lösung, wenn nicht die ausschließlich reaktive, denn den Ländern der Europäischen Union bleibt, um einerseits auf ihrem Territorium eine noch halbwegs funktionierende Solidargemeinschaft aufrecht zu erhalten, andererseits aber den Blick vor die Tore dieser im Endeffekt nie zu sichernden „Festung Europa" nicht zu verschließen. Eine Patentlösung wäre angebracht, einzig, in Sicht ist sie nicht.

„It's not an entertainment."

Prostitution an Grenzen

Daniel Schmidt

Seit den frühen Neunzigerjahren hat sich an der Staatsgrenze zwischen der Bundesrepublik Deutschland und seinen östlichen Nachbarn – Polen und der Tschechischen Republik – ein spezifischer Sexmarkt entwickelt, der seine ökonomische Basis dem relativ freien Personenverkehr über die Grenze verdankt. Grenzüberschreitende Prostitution ist jedoch viel mehr als ein Wirtschaftszweig. Sie ist, je nach Perspektive, ein staatliches Wissens- und Interventionsfeld, ein Ort der Kriminalität, der Ausbeutung und des Missbrauchs, Anlass polizeilicher Prävention und Repression, Hort infektiöser Erkrankungen, Erfordernis gesundheitsfürsorglicher und aufklärerischer Aktivitäten, Bühne für mediale Inszenierungen, Schlachtfeld hedonistischer Begierden und (manchmal versteckter) moralischer Besorgnisse.

Was sich normalerweise weitgehend außerhalb des öffentlichen Blicks abspielt, das sogenannte „Geschäft mit der Lust", ist in Bezug auf das deutsch-tschechische Grenzgebiet zu einer veröffentlichten Angelegenheit geworden: Es gibt inzwischen Hunderte Zeitungsartikel, Fernseh- und Hörfunkbeiträge internationaler Medien, die über die Prostitutionsszene in der Region berichten. Ein Wissenschaftler, der Polizeipsychologe Adolf Gallwitz, hat das Phänomen einmal auf den Punkt gebracht, als er vom „größten Freilicht-Bordell Europas" sprach. Diese Formulierung wird man in etwa der Hälfte der Zeitungs- und Zeitschriftenartikel finden. Dank dieser eifrigen Medienberichterstattung wissen wir so viel über die grenzüberschreitende Prostitution. (In Tschechien, wohlgemerkt; aus verschiedenen Gründen gibt es nur wenige Berichte über grenznahe Prostitution in Polen, sodass man der irrigen Auffassung sein könnte, dort existiere sie nicht. Tatsächlich wird sie nicht öffentlich problematisiert.)

Die öffentliche Aufmerksamkeit richtet sich vor allem auf zwei Phänomene: Erstens werden häufig die Schicksale von jungen Frauen beschrieben, die aus ihrer (osteuropäischen) Heimat unter Abgabe falscher Versprechungen und unter Ausnutzung des materiellen Elends in ihren Ländern in westeuropäische Staaten oder eben in die deutsch-tschechische Grenzregion gelockt werden, um sie zur Prostitution zu zwingen. Zweitens geht es seit etwa 2003 um Kinderprostitution; deutsche Pädophile – so die Berichte – fahren über die Grenze, um sich, weitgehend unbehelligt von den tschechischen Behörden, an Kindern und minderjährigen Jugendlichen zu vergehen. Diese Nachrichten aus der Grenzregion haben politische Folgen: Behörden und Regierungen fühlen sich gezwungen zu handeln und möglichst in grenzüberschreitender Zusammenarbeit das eine oder andere Problem zu bekämpfen und die Prostitutionsszene insgesamt in den Griff zu bekommen. Offenbar treten dabei enorme Schwierigkeiten auf; denn die Wahrheit ist: Wir wissen gar nichts über die grenzüberschreitende Prostitution.

Oder besser formuliert: Jeder „weiß" etwas anderes. Dies ist die vorläufige Quintessenz, die wir ziehen können, nachdem wir Dutzende von Interviews geführt haben mit Menschen, die sich mit der Prostitution im deutsch-tschechischen und deutsch-polnischen Grenzgebiet auskennen müssten: Polizisten, Gesundheitsbeamte, Bürgermeister, Ordnungsbeamte, Sozialarbeiterinnen, Ministeriale, Vertreterinnen von Nichtregierungsorganisationen.[1] Da wir weder die Anbieterinnen, noch die Kunden sexueller Dienstleistungen zum Objekt wissenschaftlicher Beobachtung machen wollten, und weil sich sowohl Feldforschung als auch teilnehmende Beobachtung bei diesem Gegenstand schwierig bis unmöglich gestalten, sind wir auf die Deutungen und Narrationen der, im weitesten Sinne, „Verwalter der Prostitution" angewiesen, wenn wir unsere Grenzbeobachtungen zusammenfassen und systematisieren wollen.

Staatsgrenzen markieren Differenzen zwischen territorialen und sozialen Räumen. In Grenzregionen werden gerade diese Differenzen zur Existenzbedingung bestimmter Austauschbeziehungen mit eigenen sozialen Phänomenen, die dadurch, dass sie existieren oder stattfinden, Grenzen manifestieren und reproduzieren.

Betrachten wir die Grenzen zwischen Deutschland und der Tschechischen Republik sowie Deutschland und Polen, so markieren sie (den Erklärungsmustern unserer Interviewpartner zufolge) drei relevante Differenzen: 1. das ökonomische

---

1 „Wir" meint die Forschungsgruppe „Die Verwaltung der Prostitution: Sachsen- Polen-Tschechische Republik" an der Universität Leipzig. Ich danke den Mitarbeiterinnen, die, neben mir, die offenen Leitfaden-Interviews organisiert, geführt, transkribiert und gegebenenfalls übersetzt haben: Anne Dölemeyer, Christine Hentschel, Iva Mäder, Rebecca Pates, Magdalena Strzep, Claudia Vorheyer und Bärbel Uhl.

Gefälle zwischen West- und Ostmitteleuropa; 2. eine legalistische Differenz zwischen gesetzlich zugelassener und gesetzlich nicht geregelter Prostitution; und 3. eine regulatorische Differenz zwischen der behördlichen Überwachung und Regulierung bestimmter Prostitutionsformen und einfach der Nicht-Regulierung. Was heißt das konkret?

Ökonomisches Gefälle bedeutet, dass sich durchschnittliche Einkommen und Preise für Waren und Dienstleistungen in benachbarten Ländern signifikant unterscheiden. Konkret lag der durchschnittliche Jahresbrutto-Verdienst im Industrie- und Dienstleistungssektor im Jahr 2002 in Polen bei 7.172 und in Deutschland bei 39.440 Euro, das ist das Fünfeinhalbfache.[2] Für die Tschechische Republik sind mir keine Vergleichdaten bekannt. Allerdings unterscheiden sich die Preise für sexuelle Dienstleistungen – glaubt man einschlägigen Freier-Foren im Internet – nicht (mehr) so eklatant zwischen Leipzig und Usti oder Lubin, vor allem nicht, wenn man die Fahrtkosten hinzurechnet Entweder das Angebot hat sich (wie bei vielen „touristischen" Dienstleistungen) preislich inzwischen der Nachfrage angepasst oder es gibt andere Faktoren, die den kleinen Sextourismus auch ökonomisch attraktiv machen.

Das ökonomische Gefalle hat aber noch weitere Effekte. So reisen zum Beispiel nicht nur Sextouristen ins nahe Ausland, sondern Prostituierte reisen ein, weil sie sich „im Westen" Gewinnmargen versprechen, mit denen sie ihre Familien alimentieren können – ein typischer „Pull-Faktor" für Migration. Das ist der zweite Fall der ökonomisch motivierten Grenzüberschreitung; er strapaziert zudem das staatliche Grenzregime (man erinnere sich der sogenannten „VISA Affäre", die unter anderem mit dem Argument der „Zwangsprostitution" durch „illegale Einschleusung" skandalisiert wurde). Dafür ist jedoch in der Regel nicht der starke Bruch in den Lebensverhältnissen zwischen der Bundesrepublik und seinen unmittelbaren Nachbarn entscheidend, sondern das allmähliche Gefalle in Richtung Osten. Erst in Russland, der Ukraine, Rumänien, Bulgarien sei die ökonomische Differenz so groß, dass der Sog, den der ferne Westen ausübt, stark genug wirkt.

---

2   Quelle: Eurostat (28.09.2005) http://epp.eurostat.cec.eu.int/portal/page?_pageid=l996, 39140985&_dad=portal&_schema=PORTAL&screen=detailref&language=de&product=Yearlies_new_population&root=Yearlies_new_population/C/C4/C43/dbb12560

In der Öffentlichkeit wird oft unterstellt, dass die „ukrainischen Mädchen" unter Vorspiegelung falscher Tatsachen von skrupellosen Menschenhändlern gelockt werden und mit gefälschten Pässen oder in LKW versteckt illegal die Grenzen überqueren[3] – das ist die Opfervariante. Es gibt aber auch die aktive Variante: Frauen wollen Geld verdienen und entscheiden sich bewusst, als Prostituierte zu arbeiten. Da man für diese Tätigkeit bisher kein Arbeitsvisum bekommen kann, gehen sie zur Botschaft und besorgen sich ein Touristenvisum. Damit überqueren sie ganz legal die Grenze und „werden illegal" in dem Moment, da sie anfangen zu arbeiten – und sei es in der Sexindustrie. Werden sie erwischt, müssen sie in der Regel das Land wieder verlassen, es sei denn sie sind Opfer von Zwangsprostitution und sagen vor Gericht gegen ihre Zuhälter aus.

Eine weitere Folge der ökonomischen Differenz betrifft den Sexmarkt nur mittelbar: Deutsche Polizisten und Sozialarbeiterinnen begründen die mangelhafte Kooperation mit den Beamten der anderen Seite unter anderem mit deren Korruptheit, die angesichts der niedrigen Einkommen irgendwie auch verständlich sei: „Wenn das Jahresgehalt eines qualifizierten Polizisten erheblich geringer ist als das, was eine osteuropäische Putzhilfe in einem deutschen Haushalt verdienen kann, braucht niemand einen moralischen Stab über die Korruptionsanfälligkeit mancher Sicherheitsbehörden in diesen Ländern zu brechen." Lokale Polizisten seien entweder in die Prostitution verwickelt oder würden für entsprechende Gratisdienste gerne mal ein Auge zudrücken. Jedenfalls würden sie nicht so repressiv gegen die Prostitution oder kriminelle Begleiterscheinungen vorgehen, wie man es von ihnen erwartet.

Legalistische Differenz heißt nichts weiter, als dass an Staatsgrenzen zwei unterschiedliche Rechtsräume aufeinanderstoßen. Was auf der einen Seite erlaubt ist, kann auf der anderen verboten sein. Hätte man also einen Staat A, der Prostitution rigoros unter Strafe stellt, und einen benachbarten Staat B, in dem sie legalisiert ist, wäre der grenzüberschreitende Sex-Verkehr beinahe monokausal zu erklären. In unserem Fall verhält es sich aber komplizierter. Deutschland hat seit 2002 ein Prostitutionsgesetz, das sexuelle Aktivitäten gegen Bezahlung nicht länger als unsittlich bezeichnet. Prostitution gilt formal als gewöhnlicher Beruf, in dem man ein steuerpflichtiges Einkommen erzielen kann, sofern man geschäftsfähig ist.[4] In der Tschechischen Republik dagegen gibt es überhaupt keine gesetz-

---

3 Eine polnische Kriminalpolizistin berichtete uns gar von einer „Situation, dass die Mädchen in Nonnensoutanen verkleidet die Grenze überschritten haben. Also das ist auch einfach Kreativität, weißt du, irgendwelcher Schmuggler und dieser Mädchen."

4 Man muss hier die Einschränkung machen, dass das ProstG bisher nicht in allen Bundesländern implementiert, das heißt durch Verwaltungsanordnungen anwendbar gemacht worden ist.

liche Regelung von Prostitution. Ein Vertreter des Prager Innenministeriums sagte uns, man müsse erst einmal definieren, was Prostitution überhaupt ist: „It's not an entertainment (...); it's a legal vacuum." Und ganz genauso ist das in Polen. Behördenvertreter sagen entweder: Prostitution ist bei uns erlaubt (oder „legal") oder aber sie behaupten, wie jene Offizierin einer Wojewodschaftskommandatur: „Es gibt keine Prostitution in Polen." In allen drei Ländern ist also die Ausübung der Prostitution erlaubt – mit dem Unterschied, dass das deutsche Gesetz die „Prostitution" kennt.

Dass Ende Juli 2005 nun auch dem tschechischen Parlament ein – äußerst detaillierter und deshalb umfangreicher – Entwurf eines Prostitutionsgesetzes vorgelegt wurde, findet seinen mittelbaren Grund in grenzüberschreitenden Prozessen. Wie schon erwähnt, haben einige deutsche Sozialarbeiterinnen, die in Nordböhmen AIDS-Prävention und Beratung von Prostituierten betreiben sollten, die ausufernde Kinderprostitution in diesem Gebiet medial skandalisiert und damit Behörden und tschechische Regierung unter Druck gesetzt. Die Argumentationskette geht so: Wenn Prostitution allgemein zulässig ist, gibt es keinen Anlass, sie behördlich zu regulieren und zu kontrollieren (Rechtsvakuum); wenn keine Kontrolle stattfindet, kommen die (natürlich auch in der Tschechischen Republik strafbewehrten) Fälle von Kinder- und Zwangsprostitution nicht ans Tageslicht. Deshalb konnten die nordböhmischen Grenzgebiete zum Dorado für pädophile Sextouristen werden. Gegen diese Argumentation spricht einiges; aber die gesetzgeberischen Konsequenzen liegen auf der Hand: Entweder man verbietet Prostitution gänzlich (wie es in Schweden der Fall ist) oder man legalisiert sie nach deutschem Muster und unterwirft sie staatlicher Kontrolle („Entertainment"-Variante). Im Moment ist noch nicht klar, ob sich das tschechische Parlament für letzteres entscheiden kann. Fraglich bleibt indes, ob dadurch die kommerzielle sexuelle Ausbeutung von Kindern und Frauen verhindert werden kann.

Am stärksten augenfällig wird die legalistische Differenz bei der grenzüberschreitenden Polizei-Zusammenarbeit. Hier wirkt sich das an das Territorialitätsprinzip des Staats gebundene Gewaltmonopol aus. Wie erwähnt ist Prostitution nicht strafbar; aber es können in ihrem Umfeld kriminelle Akte geschehen. Sei es, dass ein Sextourist eine Frau missbraucht und misshandelt, dass er selbst bestohlen oder beraubt wird, oder dass sogenannte „Menschenhändler-Ringe" im Grenzgebiet aktiv sind. In solchen Fällen wäre es sinnvoll, dass Polizeien und Strafverfolgungsbehörden grenzüberschreitend zusammenarbeiten. Das tun sie auch, allerdings in äußerst beschränktem Maße, wie Polizeibeamte in Interviews immer wieder beklagen. Es gibt gemeinsame Streifengänge an den Grenzen, es gibt sogar eine gemeinsame Dienststelle deutscher, polnischer und tschechischer Polizisten, es gibt Informationstreffen am Grenzübergang, es gibt Austausch über

Tatprofile, es gibt (oder vielmehr es gab) eine Trinationale Arbeitsgruppe der Innenministerien und so weiter. Falls eine Straftat begangen wird, laufen die Anfragen jedoch über Europol, jene leicht anachronistische Informationsaustausch-Behörde der Europäischen Union in Den Haag. Es besteht eine auffällige Diskrepanz zwischen dem freien Personenverkehr über die Grenzen hinweg und den Polizeiaktivitäten, die an den Grenzen zwingend Halt machen. („Die Polizeien und die rechtsbewussten Staatsbürger kennen die Grenzen, die Kriminellen aber nicht.", meinte der Leiter des ungarischen ME-PA-Büros[5], Jószef Magyar, auf einem Symposium.- Wenn er sich da, bezüglich der Kriminellen, mal nicht irrt.) Manche, die Prostitution mit Kriminalität gleichsetzen, sehen darin eine Ursache für den grenzüberschreitenden Sextourismus und fordern deshalb einen freieren Informationsfluss und verstärkte Kooperation. Die Europäische Union hat sich inzwischen auf die Fahnen geschrieben, einen „gemeinsamen Raum der Freiheit, der Sicherheit und des Rechts" zu schaffen, also letztlich die legalistischen Differenzen in diesem Bereich zu nivellieren.

Um den Punkt der *regulatorischen Differenz* zu klären, müssen wir zunächst einen Referenzfall betrachten. Es hat offenbar einige Zeit lang eine grenzüberschreitende Prostitutionsszene im Österreichischen Vorarlberg gegeben; dies berichtete jedenfalls die Mitarbeiterin eines privaten Sozialforschungsinstituts. Die Anbieterinnen waren also in Österreich, die Kunden kamen aus der Schweiz. Nun ist das ökonomische Gefälle zwischen diesen beiden Staaten lange nicht so stark wie in unserem Fall, sodass diese Erklärung ausscheidet. Interessanterweise war in der Schweiz nur die Straßenprostitution verboten und in Vorarlberg die Prostitution insgesamt; das Argument von der legalistischen Differenz wäre kontradiktorisch. Jedoch wurde auf der Österreichischen Seite „die Straßenprostitution geduldet. Das war der Grund, warum die dann rübergefahr'n sind, ja." Es gab gesetzliche Regelungen, aber sie wurden von den Ordnungsbehörden, der Polizei, den Staatsanwaltschaften oder wem immer nicht angewandt oder umgesetzt.

Die Sexindustrie in einer Grenzregion ist wahrscheinlich durchaus von Preisdifferenzen abhängig; sie basiert aber weniger auf gesetzlichen Regelungen als auf der Intensität der Vollstreckung dieser Gesetze. Es könnte für die Prosperität eines regionalen Sexmarktes durchaus eine Rolle spielen, ob Bordelle regelmäßig von Gesundheitsbeamten kontrolliert werden, ob Zuhälter wegen abgelaufener TÜV-Plaketten belangt werden (wenn man ihrer wegen anderer Delikte nicht habhaft werden kann), ob Straßenprostituierte wegen „Gefährdung des Straßenverkehrs" einen Platzverweis erhalten. Oder ob all das nicht passiert. Dies sind Beispiele für

---

5   Die MEPA ist die Mitteleuropäische Polizei-Akademie, die sich um die internationale Polizeikooperation bemüht.

tatsächlich stattfindende Regulierungsmaßnahmen auf der Grundlage von Gesetzen, die nicht dazu erlassen worden sind, die Prostitution zu verwalten.

Da es sich bei diesen Prostitutionsverwaltern aber um Angestellte oder Beamte lokaler Behörden handelt, sind ihre Bemühungen vornehmlich lokal gebunden. Die Staatsgrenzen markieren die regulatorische Differenz auch, aber vor allem deshalb, weil sie zugleich die Grenzen administrativer Einheiten bilden.

Wie ich eingangs erwähnt habe, wissen wir einerseits sehr viel über grenzüberschreitende Prostitution, andererseits wissen wir aber gar nichts. Das „sehr viel" bezieht sich auf mediale Inszenierungen und bestimmte Standard Narrationen. Das „Nichtswissen" bezieht sich auf sehr abweichende Deutungen und Beobachtungen der einzelnen Akteure, die sich mit grenzüberschreitender Prostitution beschäftigen und die die öffentlichen Bilder (z.B. von der ukrainischen Zwangsprostituierten) um ihre subjektiven Erkenntnisse ergänzen. Die Folge sind Prostitutionsverwaltungen, die keinem Masterplan folgen, sondern vielmehr oft gegeneinander arbeiten.

Zusammengefasst besteht die Prostitution an der deutsch-tschechischen und deutsch-polnischen Grenze aus einer Art Netzwerk von Personen und Institutionen, die in ihrer Interaktion einen spezifischen sozialen Raum schaffen. Einige von ihnen (Anbieter und Kunden sexueller Dienstleistungen, „Schleuser" und Migranten) profitieren von der faktischen Durchlässigkeit der Grenze bei ihrer gleichzeitigen Essentialität. Ihre Grenzüberschreitung hebt sie nicht auf, dekonstruiert sie nicht, sondern reproduziert sie. Denn die Staatsgrenze markiert nicht nur das Aufeinandertreffen zweier Hoheitsgebiete, sondern auch ökonomische, legalistische und regulatorische Differenzen. Damit bildet sie das Rückgrat dieser Form der Sexindustrie. Andere Akteure werden in ihren Bemühungen, die Prostitution einzuhegen und zu kontrollieren, durch die Grenze in die Schranken der Souveränität verwiesen. Man versucht deshalb, durch Kooperation mit der jeweils „anderen Seite" dieses Hindernis zu überwinden – allerdings nur mit mäßigem Ehrgeiz und deshalb sehr begrenztem Erfolg.

Grenzbespielungen

Visuelle Politik in der Übergangszone[1]

Beatrice von Bismarck

Der Begriff der „Grenzbespielung" rückt die zum Raum erweiterte Grenzlinie in den Blick, eine Vorstellung, die sich zugleich als physische und metaphorische Zone, als Theorem und als Handlungsform versteht. In einer Verschränkung der um Grenzen einerseits und um Raum anderseits geführten Diskurse – beide zentral für die an Globalisierungseffekten entzündeten Debatten – soll er Perspektiven bündeln, die in unterschiedlicher Weise darauf zielen, die diskursiven und politischen Beschränkungen aufzulösen, die der bisherige Fokus auf „Überschreitungen" der Grenzlinie auferlegte. Stattdessen weisen sie ihr die Funktion eines durch eine Politik des Visuellen performativ nutzbaren, aber auch generierbaren Bühnenraums zu.

Die Diskurse um Grenze und Raum zeichnen sich dadurch aus, dass sich in ihnen politische, ökonomische und kulturelle Perspektiven in besonderem Maße ineinander verschlungen finden. Ein- und Ausschlüsse, Befreiungen und Beschränkungen, geschlossene oder poröse Umrisse erweisen sich insofern als Problematiken, die ihre Relevanz nicht allein aus dem Zusammenhang territorialer oder nationaler Fragestellungen beziehen, sondern sowohl im gesellschaftspolitischen Kontext von Geschlecht, Rasse und Klasse als auch im enger gefassten kulturellen Feld mit Blick auf Disziplinen, Institutionen oder Medien. Vor diesem

---

[1] Text mit freundlicher Genehmigung des Verlags entnommen aus: Beatrice von Bismarck (Hrsg.) (2005). Grenzbespielungen. Visuelle Politik in der Übergangszone. Köln: Verlag der Buchhandlung Walther König, S. 7-12. (von der Autorin überarbeitete Fassung der Einleitung)

Hintergrund zeichnete sich in den 1990er Jahren eine nahezu inflationäre Zunahme des Gebrauchs der Präpositionen „inter" und „trans" ab, der symptomatisch für vorrangig auf Übertritt oder Auflösung von Grenzen zielende Ansätze war. So unverkennbar diese die maßgeblichen Voraussetzung für die jüngsten Entwicklungen etwa in den Cultural und Visual Studies, den Postcolonial und den Gender Studies schufen, indem sie die Bedingungen herausstellten, unter denen Grenzziehungen jeweils stattfanden und -finden, so deutlich treten heute auch ihre problematischen Aspekte zu Tage: Zum einen hängt den unterschiedlichen Formen der Überschreitung oder Grenzverletzung, seien sie durch wirtschaftliche Not, kriegerische Auseinandersetzung, kulturelle Tradition oder politische Subversion motiviert, stets ein Moment des Heroischen an, das Einzelindividuen, aber auch individualisierbare Gruppen, zu distinkten, von ihrem Umfeld unterschiedenen Handelnden erhebt. In der Figur des Grenzverletzers kehren die Gerichtetheit, Konturiertheit und Solidität zurück, die der durch die Übertritte durchlöcherten, durchbohrten, eingekerbten oder aufgeweichten Grenze abhanden gekommen sind. Zum Zweiten sind die Akte des Übertretens letztlich immer auch konstitutiv für solche der Grenzziehung, begründet und bestätigt doch jede Verletzung die Gesetzgebung stets aufs Neue. Der antagonistische Charakter des Aufeinandertreffens der dies- und jenseits von einander geschiedenen Felder oder Bereiche mit ihren spezifischen Verhältnissen und Normen bleibt erhalten, so er nicht, als Effekt der Überschreitung, im Differenzierungsinteresse noch zusätzlich gesteigert wird.[2]

Das Konzept der „Grenzbespielung" setzt hier an: Der Fixierung von Unterschieden und der herausgehobenen, sie unterbrechenden Einzeltat stellt das Modell der verräumlichten, ausgeweiteten Grenzlinie einen Raum gegenüber, in dem Momente und Prozesse sowohl der Artikulation als auch Verhandlung von Differenz stattfinden und generiert werden können.[3] Es geht von der Grenzlinie als einer Zone aus, die ebenso von den mit und in ihr sich vollziehenden Handlungen geformt ist, wie durch die sich in ihr durchkreuzenden Verhältnisse und Vorgaben, die den jeweils angrenzenden Bereichen entstammen, die hier aber, in ihrem Aufeinandertreffen, Einander-Durchdringen und Sich-Überlappen, Prozessen der Neuformulierung unterworfen werden. Der Grenzraum ist damit Zwischenraum, ist Teil der jeweils an ihn anschließenden Räume, ohne restlos in ihnen aufzu-

---

2   Zu einer aktuellen Untersuchung der Figur des Grenzüberschreitenden vgl. Horn, Eva et al (2002).

3   Gerald Raunig spricht mit einem stärker antagonistischen Akzent von der zu Raum erweiterten Grenzlinie als einem „Ort des Trainings der Differenz", vgl. ders. (2002: 118-127).

gehen, ist Zone des nicht mehr und noch nicht Entschiedenen. In diesem, in der Terminologie Homi Bhabhas, „Dritten Raum" konstituieren sich

> „die diskursiven Bedingungen der Äußerung, die dafür sorgen, dass die Bedeutung und die Symbole von Kultur nicht von Anfang an einheitlich und festgelegt sind und dass selbst ein und dieselben Zeichen neu belegt, übersetzt, rehistorisiert und gelesen werden können." (Bhabha 2000: 57)

Voraussetzung für die Verwandlung der Linie in einen Raum ist ihre Aktivierung. Definiert man mit Michel de Certeau den Raum als einen Ort, „mit dem man etwas macht", so sind es sowohl narrative als auch körperliche Bewegungen, die, sich ineinander verwebend, diese Transformation vollziehen. In sich mehrdeutig und konfliktreich, bleibt der Raum stets „in Bewegung", verweigert mithin im Gegensatz zu dem aus festen Elementen zusammengesetzten Ort die Stabilität oder die Eindeutigkeit von etwas „Eigenem" (vgl. de Certeau 1988: 218).[4] Seine politische Dimension findet eine Entsprechung in den von Stuart Hall als „bewegliches Fest" beschriebenen identitären Prozessen in der Postmoderne (vgl. Hall 1994: 182). Er birgt in seiner Orientierung am Bewegten zudem die oppositionellen, subversiven Potenziale, wie sie Michel Foucault der Heterotopie, Hakim Bey dem nomadischen Raum oder de Certeau der „verbrecherischen" Erzählung zusprechen. Durch sie kann er zu einem Gegenlager werden, das Foucault exemplarisch im Bild des kontinuierlich mobilen Schiffs eingefangen sieht, zur „Temporären Autonomen Zone" Beys, die sich in ihrer Flüchtigkeit und punktuellen Gegenwärtigkeit den Machtstrukturen sesshafter Gesellschaften entzieht oder, mit de Certeau, zum Prinzip, das in den Zwischenräumen der Codes lebt, die es außer Kraft setzt (vgl. Foucault 1991: 65-72; Bey 1991; de Certeau 1988).[5]

In der Zusammenschau dieser Theorien ist im Sinne einer „Grenzbespielung" allerdings vor allem die raum-zeitliche Verdichtung entscheidend, mit der Raumschichten und Prozesse einander durchkreuzen und sich ineinander verstricken. Eine von der Vergangenheit in die Zukunft reichende Achse durchläuft die gegenseitigen Durchdringungen materieller und sozialer Raumkonzeptionen.[6] In einem solchen vertikal und horizontal strukturierten Raum sind die internen und die ex-

---

4   Vgl. dort auch S. 219: „(...) (die Erzeugung eines Raumes scheint immer durch eine Bewegung bedingt zu sein, die ihn mit einer Geschichte verbindet)."

5   Vgl. bei Michel Foucault (1991) bes. S. 72 und bei Michel de Certeau (1988) bes. S. 237-238.

6   Zum Verhältnis materieller und sozialer Raumkonzeptionen vgl. Bourdieu, Pierre (1991: 25-34); Funken, Christiane. Martina Löw (2002: 69-91, bes. 84-87).

ternen Verhältnisse Ergebnisse fortdauernder Gestaltungsprozesse, die ihrerseits anstatt auf eine Hybridisierung und das darin angelegte Risiko der Entdifferenzierung abzuheben, auf das Verhandeln von Repräsentation, Macht und Differenz gerichtet sind.

Die unterschiedlichen Verfahren, die im Interesse solcher Verhandlungen zum Einsatz kommen, zielen darauf, fixierte, vereinheitlichte und naturalisierte Differenzen, unabhängig davon, ob sie etwa politisch, sozial, ökonomisch, national, geschlechtlich oder rassisch, juridisch oder ästhetisch bestimmt sind, zu mobilisieren. Es sind Akte des Destabilisierens, des In-Bewegung-Setzens und des In-Bewegung-Haltens. Ihre Arena ist die Übergangszone, die sie zugleich auch performativ konstituieren, insofern sie die Beweglichkeit der vorgefundenen Verhältnisse impulsgebend herbeiführen, sie aber auch selbst ausführen. In einem solchermaßen generierten Raum des nicht mehr oder noch nicht Unterschiedenen übernehmen sie die Aufgabe, zwischen vormals Geschiedenem Überschneidungen, Überlappungen, Vermischungen und Unschärfen herzustellen, die Prozesse der Umdeutung überhaupt erst ermöglichen. Sie halten die pendelnden Bewegungen aufrecht, die zwischen der Neutralisierung von Differenz und deren Neuartikulation hin und her gehen, prozessieren die Artikulation von Differenz als ein Oszillieren zwischen Realem und Symbolischen.

In dem Maße, wie die zum Raum erweiterte Linie die Übereinanderlagerung von vormals Getrennten in einen Aushandlungsprozess verwandelt, ist sie, folgt man den Thesen Jacques Rancières zur Politik, sowohl ihrer Genese als auch ihrer Struktur nach politisch. Sie betreibt eine Politik der Sichtbarkeit, insofern sie der Raum ist, der die Subjekte und Operationen politischen Handelns zu sehen gibt.[7] Wenn mit „Grenzbespielungen" also eine Politik des Visuellen angesprochen ist, so geschieht dies in expliziter Abgrenzung von einer illustrativen ebenso wie von einer propagandistisch eindeutigen Aneignung bildhafter Mittel seitens der Politik. Es geht vielmehr um visuelle Strategien, die, anstatt in ihrer politischen Bedeutung aufzugehen, die Beziehung zwischen Bild und seinem in einem politischen Kontext definierbaren Zeichencharakter in der Schwebe lassen und als Artikulationsprozess ausweisen. Der Kontakt im Grenzraum versetzt das Verhältnis von Realem und Symbolischem und mit ihm ein ganzes Set von Relationen – von

---

[7] Vgl. Rancière, Jacques (2004), Eleven theses on politics. http://theater.kein.org/node/view/121 (18.10.2004), dort die 9. These: „The essential work of politics is the configuration of its own space. It is to get the world of its subjects and its operations to be seen. The essence of politics is the manifestation of dissensus, as the presence of two worlds in a single one."

Außen und Innen, Einbeziehung und Ausgrenzung, Vergangenheit und Gegenwart – in Bewegung (vgl. dazu auch Bhabha 2000: 1).

Die künstlerischen Positionen, die eine solche visuelle Politik in der Übergangszone betreiben, setzen die Debatten voraus, die in den 1990er Jahren um „Ortsspezifik" geführt wurden. Über die materiellen Gegebenheiten eines Ortes hinaus auch die verschiedenen sich in ihm kreuzenden sozialen, ökonomischen, politischen oder kulturellen Funktionen in seine Definition mit einzubeziehen, besitzt für die Generierung und Nutzung der verräumlichten Linie durch visuelle Mittel ebenso Bedeutung, wie die Erweiterung diese Konzepts, die auf ein verzeitlichtes und translokales Verständnis von Örtlichkeit dringt.[8] Mit der artspezifischen Methodik und ihren Mitteln allerdings auf der Differenz eben zu genau denjenigen örtlichen Verhältnissen zu bestehen, auf die sie referieren, zählt zu den Verfahren, die die Konstitution und den Charakter des Grenzraumes voraussetzen. Angesiedelt zwischen „site" und „non-site", um an die Begrifflichkeit Robert Smithsons als einem wesentlichen Stichwortgeber des Diskurses um „site-specificity" anzuknüpfen, prozessieren sie das Verhältnis zwischen beiden und machen es als einen Verhandlungsprozess – nicht zuletzt im Sinne der räumlichen Politik Rancières – sichtbar.[9] Die künstlerische Setzung, als eine visuelle Politik, bringt den spezifischen Ort mit seinen bestehenden Eigenschaften und Funktionen in Bewegung, verwandelt ihn zum Raum, indem er ihn in ein oszillierendes Verhältnis zum Symbolischen des „non-site" setzt.

Wenn das Konzept der „Grenzbespielungen" mit kritisch-konstruktiver Perspektive auf das raumgenerierende Potential der Bilder und dessen politische Relevanz gerichtet ist, so ist damit also nicht intendiert, Lücken in der bestehenden gesellschaftlichen Situation zu füllen oder sie bildhaft zu verdoppeln und in der Repräsentation zu fixieren, sondern vielmehr sie zur Aufführung zu bringen. Der visuellen Inszenierung kommt als Wiederholung eine verschiebende Funktion zu, ist sie doch immer von der Differenz zu den Verhältnissen bestimmt, auf die sie sich bezieht.[10] Das Bild, die Setzung im visuellen Feld, hat damit nicht nur reaktiv, sondern auch gestaltend an den Verhältnissen teil. Nachdrücklich besteht W. T. Mitchell darauf, dass es sich bei der Beziehung von bildlieber Repräsentation und dem Realen nicht um eine Einbahnstraße handelt, sondern dass der sozialen Kons-

---

8   Zu den zentralen Positionen in der Debatte um „Ortspezifik" vgl. Meyer, James (1997: 44-47); Kwon, Miwon (1998: 17-39); dies. (2002); Höller, Christian (1999: 169-184).
9   Zu Smithsons Definition von „Site" und „Non-Site" vgl. insbesondere Smithson, Robert (1972; 1996: 143-153).
10 Zu den Verschiebungen innerhalb performativer Verfahren vgl. Butler, Judith (1991: 202-204).

truktion der visuellen Welt stets die visuelle Konstruktion der sozialen Welt gegengespielt werden müsse. In einem solchermaßen flexibilisierten Verhältnis von Betrachterinnen und Bildern, die beide Subjekt- und Objektpositionen übernehmen können, beschreibt er die Funktion von Bildern im Sinne von „go-betweens" innerhalb sozialer Transaktionen (vgl. Mitchell 2002: 96). Die „Grenzbespielungen" sind damit wesentlich auch auf die Effekte gerichtet, die gerade Bilder – als Agenten einer visuellen Politik in der Übergangszone – im Sinne öffnender Verhandlungsprozesse über Repräsentation, Macht und Differenz auslösen können.

Literatur

Aasland, Aadne/Tone Fløtten (2001). Ethnicity and Social Exclusion in Estonia and Latvia. In: *Europe-Asia Studies, 53,* 7: 1023-1049.
Acuña, Rodolfo (1981). *Occupied America: A History of Chicanos.* New York: Harper and Row.
Agamben, Giorgio (2002). *Homo sacer. Die souveräne Macht und das nackte Leben.* Frankfurt: Suhrkamp.
Agnew, John/Stuart Corbridge (1995). *Mastering Space: Hegemony, Territory and International Political Economy.* London: Taylor & Francis.
Agnew, John (1998). *Geopolitics. Re-visioning World Politics.* London, New York: Routledge.
Ahbe, Thomas (2004). Die Konstruktion der Ostdeutschen. In: *Aus Politik und Zeitgeschichte, B 41-42:* 12-22.
Ahrens, Daniela (2001). *Grenzen der Enträumlichung. Weltstädte, Cyberspace und transnationale Räume in der globalisierten Moderne.* Opladen: Leske + Budrich.
Alt, Jörg (2003). *Leben in der Schattenwelt.* Karlsruhe: von Loeper Literaturverlag.
Amponsah, George/Cosima Spender (2004). *The Importance of Being Elegant.* BBC-Dokumentarfilm.
Anderson, Malcolm (1996). *Frontiers: Territory and State Formation in the Modern World.* Cambridge: Polity Press.
Anderson, Malcolm (2001). *Frontiers of the European Union.* New York: Palgrave.
Arango, Joaquin (2000). Becoming a Country of Immigration at the End of the Twentieth Century: the Case of Spain. In: Russel King et al. (Hrsg.). *Eldorado or Fortress? Migration in Southern Europe.* New York: Palgrave MacMillan.
Arango, Joaquin et al. (2005). *Worlds in Motion.* Oxford University Press.
Archer, Bill (1994). Just Can't Take So Many Immigrants. In: *Houston Chronicle,* 8. August 1994.
Arendt, Hannah (1986). *Elemente und Ursprünge totaler Herrschaft.* München: Piper.

Autorinnenkollektiv (2000). *Ohne Papiere in Europa. Illegalisierung der Migration, Selbstorganisation und Unterstützungsprojekte in Europa.* Berlin, Hamburg: Schwarze Risse, Rote Straße, VLA.

Bach, Maurizio (2000). Die Europäisierung der nationalen Gesellschaft Problemstellungen und Perspektiven einer Soziologie der europäischen Union. In: ders. (Hrsg.). *Die Europäisierung nationaler Gesellschaften.* Sonderheft der Kölner Zeitschrift für Soziologie und Sozialpsychologie, Nr. 40.

Bach, Maurizio (2005). Europa als bürokratische Herrschaft. Verwaltungsstrukturen und bürokratische Politik in der Europäischen Union. In: Gunnar Schuppert et al. (Hrsg.). *Europawissenschaft.* Baden-Baden: Nomos.

Bach, Maurizio (2010). Die Konstitution von Räumen und Grenzbildung in Europa. Von verhandlungsresistenten zu verhandlungsabhängigen Grenzen. In: Monika Eigmüller, Steffen Mau (Hrsg.). *Gesellschaftstheorie und Europapolitik.* Wiesbaden: VS Verlag für Sozialwissenschaften.

Bach, Maurizio (Hrsg.) (2013). *Der entmachtete Leviathan.* Baden-Baden: Nomos.

Bagavos, Christos (2004). Quantitative Aspects of Migration Trends in Europe, with an Emphasis on the EU-15. In: *sdf-puzzle 02-2004,* Online: http://www.antigone.gr/files/en/library/selected-publications-on-migration-and-asylum/eu/quantitative_aspects_of_migration_in_eu.pdf (11.09.2015)

Balibar, Étienne (2003). *Sind wir Bürger Europas? Politische Integration, soziale Ausgrenzung und die Zukunft des Nationalen.* Hamburg: Hamburger Edition.

Barrera, Mario (1979). *Race and Class in the Southwest: A Theory of Racial Inequality.* Notre Dame: University of Notre Dame Press.

Barrington, Lowell (1995). The Domestic and International Consequences of Citizenship in the Soviet Successor States. In: *Europe-Asia Studies, 47,* 5: 731-763.

Barrington, Lowell/Erik Herron (2004). One Ukraine or Many? Regionalism in Ukraine and its Political Consequences. In: *Nationalities Papers: The Journal of Nationalism and Ethnicity, 32, 1*: 53-86.

Bauböck, Rainer (2009). Global Justice, Freedom of Movement and Democratic Citizenship. In: *European Journal of Sociology/Archives Européenes de Sociologie, 50, 1*: 1-31.

Baud, Michiel/Willem van Schendel (1997). Toward a Comparative History of Borderlands. In: *Journal of World History, 8, 2*: 211-242.

Beck, Roland (1995). *Die Frontiertheorie von Frederick Jackson Turner, 1861-1932. Darlegung und Kritik von Turners Interpretation der amerikanischen Geschichte.* Zürich: Europa Verlag.

Becker, Joachim/Andrea Komlosy (Hrsg.) (2004). *Grenzen weltweit. Zonen, Linien, Mauern im historischen Vergleich.* Wien: Promedia.

Benz, Wolfgang (Hrsg.) (2003). *Überleben im Dritten Reich. Juden im Untergrund und ihre Helfer.* München: C.H.Beck.

Berend, Iván T. (1986). The Historical Evolution of Eastern Europe as a Region. In: *International Organization, 40, 2*: 329-346.

Berg, Eiki/Wim van Meurs (2002). Borders and Orders in Europe: Limits of Nation- and State-Building in Estonia, Macedonia and Moldova. In: *Journal of Communist Studies and Transition Politics, 18, 4*: 51-74.

Literatur

Berger, Peter/Thomas Luckmann (1966). *The Social Construction of Reality: A Treatise in the Sociology of Knowledge.* Garden City, N.Y.: Doublesday.
Bett, Katja/Joachim Wedekind (Hrsg.) (2003). *Lernplattformen in der Praxis.* Münster: Waxmann.
Bey, Hakim (1988). *The Temporary Autonomous Zone, Ontological Anarchy, Poetic Terrorism.* Brooklyn: Autonomedia.
Bhabha, Homi K. (2000). Das theoretische Engagement. In: ders. *Die Verortung der Kultur.* Tübingen: Stauffenburg.
Bigo, Didier/Elspeth Guild (Hrsg.) (2005). *Controlling Frontiers. Free Movement Into and Within Europe.* Aldershot: Ashgate.
Bilger, Veronika et al. (2006). Human Smuggling as a Transnational Service Industry. Evidence from Austria. In: *International Migration, 44, 4:* 59-94.
Birkwald, Ilse (1998). Die Finanzverwaltung im Dritten Reich. In: Wolfgang Leesch (Hrsg.). *Geschichte der Finanzverfassung und -verwaltung in Westfalen seit 1815. 3. Sonderausgabe.* Münster: Oberfinanzdirektion Münster.
Bischoff, Joachim (2001). *Mythen der New Economy. Zur politischen Ökonomie der Wissensgesellschaft.* Hamburg: VSA.
Blumberg, Gerd (1999). Etappen der Verfolgung und Ausraubung und ihre bürokratische Apparatur. In: Alfons Kenkmann/Bernd A. Rusinek (Hrsg.). *Verfolgung und Verwaltung. Die wirtschaftliche Ausplünderung der Juden und die westfälischen Finanzbehörden.* Münster: Oberfinanzdirektion Münster.
Bochow, Martin (1935). *Sie wurden Männer. Eine Erzählung aus den Freikorpskämpfen im Grenzland.* Stuttgart u.a.: Union.
Bommes, Michael (1999). *Migration und nationaler Wohlfahrtsstaat. Ein differenzierungstheoretischer Entwurf.* Opladen: Westdeutscher Verlag.
Boswell, Christina/Andrew Geddes (2010). *Migration and Mobility in the European Union.* Basingstoke: Palgrave Macmillan.
Bös, Mathias (1997). *Migration als Problem offener Gesellschaften. Globalisierung und sozialer Wandel in Westeuropa und in Nordamerika.* Opladen: Leske + Budrich.
Bös, Mathias (2000). Zur Kongruenz sozialer Grenzen – Das Spannungsfeld von Territorien, Bevölkerungen und Kulturen in Europa. In: Maurizio Bach (Hrsg.). *Die Europäisierung nationaler Gesellschaften. Sonderheft der Kölner Zeitschrift für Soziologie und Sozialpsychologie.* Wiesbaden: Westdeutscher Verlag.
Bös, Mathias (2002). Zu den Grenzen der Politischen Steuerung von Grenzen: nicht-intendierte Folgen von Einwanderungs- und Staatsangehörigkeitsgesetzgebung. In: Armin Nassehi/Markus Schroer (Hrsg.). *Der Begriff des Politischen. Sonderband Soziale Welt,* Nr. 14 (2003).
Bös, Mathias/Gerhard Preyer (Hrsg.) (2002). *Borderlines in a Globalized World. New Perspectives in a Sociology of the World-System.* Dordrecht: Kluwer Academic Publishers.
Bös, Mathias (2007). Ethnizität und Grenzen in Europa. In: Petra Deger/Robert Hettlage (Hrsg.). *Europäischer Raum und Grenzen. Probleme der Räumlichkeit und Identitätsbildung in einem vereinten Europa.* Wiesbaden: VS Verlag für Sozialwissenschaften.
Boubakri, Rassan (2004). *Migrations de transit entre la Tunisie, la Libye et l'Afrique subsaharienne: Etude à partir du cas du Grand Tunis.* Rapport présénte à la Conférence régionale sur "Les migrants dans les pays de transit: partage des responsabilités en matière de gestion et de protection", Istanbul, 30. September- 1. Oktober 2004.

Bourdieu, Pierre (1991). Physischer, sozialer und angeeigneter Raum. In: Martin Wentz (Hrsg.). *Stadt-Räume. Die Zukunft des Städtischen. Frankfurter Beiträge, Bd. 2*. Frankfurt a.M., New York: Campus.
Bouvier, Leon/John L. Martin (1995). *Shaping Texas: The Effects of Immigration – 1970-2020*. Center for Immigration Studies, Washington, D.C., 1995, No. 15.
Brague, Remi (1992). *Europa. Eine Exzentrische Identität*. Frankfurt, New York, Paris: Edition Pandora.
Braudel, Fernand (1989). *Frankreich. Bd. 1, Raum und Geschichte*. Stuttgart: Clett-Kotta.
Braun-Thürmann, Holger (2004). Agenten im Cyberspace: Soziologische Theorieperspektiven auf die Interaktionen virtueller Kreaturen. In: Udo Thiedeke (Hrsg.). *Soziologie des Cyberspace. Medien, Strukturen und Semantiken*. Wiesbaden: VS Verlag für Sozialwissenschaften.
Bruns, Bettina (2010). Grenze als Ressource: die soziale Organisation von Schmuggel am Rande der Europäischen Union. Wiesbaden: VS Verlag für Sozialwissenschaften.
Bruns, Bettina at al. (2013). Making a living on the edges of a security border: everyday tactics and strategies at the Eastern Border of the European Union. In: Peter Gilles at al. (Hrsg.). *Theorizing Borders Through Analyses of Power*. Bruxelles, Bern, Berlin, Frankfurt a.M. u.a.: Peter Lang.
Brimelow, Peter (1995). *Alien Nation: Common Sense about America's Immigration Disaster*. New York: Random House.
Bronnen, Arnolt (1929). *O.S.* Berlin: Rowohlt.
Brosch, Dieter/Harald Mehlich (2005). – Bedeutung für die Neugestaltung der sozialen Sicherungssyteme und Perspektiven für die Kommunalverwaltung. Wiesbaden: Gabler.
Brubaker, Rogers (1998). Migrations of Ethnic Unmixing in the "New Europe". In: *International Migration Review, 32, 4:* 1047-1065.
Bruns, Dietrich (1934). *Deutschtum auf Vorposten im Grenzland und Ausland. Eine Auswahl aus zeitgenössischer volksdeutseher Dichtung*. Paderborn u.a.: Schönigh.
Buchheim, Hans (1965). Die SS – Das Herrschaftsinstrument – Befehl und Gehorsam. In: ders. et al. (Hrsg.). *Anatomie des SS-Staates, Bd. 1. Gutachten des Instituts für Zeitgeschichte*. Olten und Freiburg i.Br.: Walter-Verlag.
Burant, Stephen R. (1993). International Relations in a Regional Context: Poland and Its Eastern Neighbours. Lithuania, Belarus, Ukraine. In: *Europe-Asia Studies, 45, 3*: 395-418.
Butler, Judith (1991). *Das Unbehagen der Geschlechter*. Frankfurt a.M.: Suhrkamp.
Buttmann, Günther (1977). *Friedrich Ratzel. Leben und Werk eines deutschen Geographen, 1844-1904*. Stuttgart: Wissenschaftliche Verlagsanstalt.
Byrd, Bobby/Susannah Mississippi Byrd (Hrsg.) (1996). *The Late Great Mexican Border. Reports from a Disappearing Line*. El Paso, Texas: Cinco Puntos Press.

Calderon, Sara Ines (2005). Senate Majority Leader Tours Border. In: *The Brownsville Herald, 14. Oktober 2005*. Online: http://www.brownsvilleherald.com/news/local/article_5f78ac32-c869-58f3-b289-962bf1282656.html (14.10.2005)
Carens, Joseph J. (1995). Aliens and Citizens: The Case for Open Borders. In: Ronald Beiner (Hrsg.). *Theorizing Citizenship*. Albany: State University of New York Press.
de Certeau, Michel (1988). Berichte von Räumen. In: ders., *Kunst des Handelns*. Berlin: Merve Verlag.

Chacon, Ramon D. (1980). The 1933 San Joaquin Valley Cotton Strike: Strike Breaking Activities in California Agriculture. In: Mario Barrera et al. (Hrsg.). *Work, Family, Sex Roles, Language*. Berkeley: Tonatiuh-Quinto Sol Internacional.

Cohen, Robin (1987). Policing the Frontiers: The State and Migrant in the International Division of Labor. In: Jeffrey Henderson/Manuel Castells (Hrsg.). *Global Restructuring and Territorial Development*. Newbury Park, Calif.: Sage.

Cardoso, Lawrence A. (1980). *Mexican Emigration to the United States, 1897-1931*. Tucson: University of Arizona Press.

Cornelius, Wayne A. (1983). America in the Era of Limits: Migrants, Nativists, and the Future of U.S.-Mexican-Relations. In: Carlos Vásquez/Manuel García y Griego (Hrsg.). *Mexican-US-Relations: Conflicts and Convergence*. Los Angeles: UCLA Chicano Studies Research Center Publications and Latin American Studies Publication.

Cornelius, Wayne A. et al. (1994). Introduction: The Ambivalent Quest for Immigration Control. In: dies. (Hrsg.). *Controlling Immigration: A Global Perspective*. Stanford: Stanford University Press.

Corwin, Arthur F./Johnny M. McCain (1978). Wetbackism since 1954. In: Arthur F. Corwin (Hrsg.). *Immigrants and Immigrants: Perspectives on Mexican Labor Migration to the United States*. Westport, Conn.: Greenwood Press.

Craig, Richard B. (1971). *The Bracero Program – Interest Groups and Foreign Policy*. Austin: University of Texas Press.

Cuttitta, Paolo (2003). *Der Begriff Grenze in der postnationalen Welt und die EU-Politik der Zuwanderungskontrollen*. Unveröffentlichtes Manuskript; Vortrag gehalten am Institut für Sozialwissenschaften, Humboldt-Universität zu Berlin (17.06.03).

Cuttitta, Paolo (2006). I confini d'Europa a Sud del Mediterraneo. Strumenti e incentivi per l'esternalizzazione dei controlli. In: ders. (Hrsg.). *Migrazioni, frontiere, diritti*. Napoli: Edizioni Scientifiche Italiane.

Cuttitta, Paolo (2014). Borderizing the Island. Setting and Narratives of the Lampedusa Border Play. In: *ACME: An International E-Journal for Critical Geographies, 13*, 2: 196-219.

Cuttitta, Paolo (2014). Mandatory Integration Measures and Differential Inclusion: The Italian Case. In: *Journal of International Migration and Integration 12-2014*, Online: DOI 10.1007/s12134-014-0410-0 (11.08.2015)

Cuttitta, Paolo (2014). Migration Control in the Mediterranean Grenzsaum: Reading Ratzel in the Strait of Sicily. In: *Journal of Borderland Studies, 29*, 2: 117-131.

Cybula, Adrian (2004). Sector Versus Region, Homogeneity Versus Diversity. The Silesian-Dabrowa Coal and Steel District in the Context of Linked Areas. In: Melanie Tatur (Hrsg.). *The Making of Regions in Post-Socialist Europe – the Impact of Culture, Economic Structure and Institutions. Case Studies from Poland, Hungary, Romania and Ukraine*. Wiesbaden: VS Verlag für Sozialwissenschaften.

Cyrus, Norbert (2004). *Aufenthaltsrechtliche Illegalität in Deutschland Sozialstruktur – Wechselwirkungen – Politische Optionen*. Berlin: Expertise für den Sachverständigenrat Zuwanderung und Integration (Nürnberg).

Cyrus, Norbert et al. (2004). Illegale Zuwanderung in Großbritannien und Deutschland: ein Vergleich. In: *IMIS-Beiträge, Heft 24/2004*: 45-74.

Davies, Norman (1981). *God's Playground A History of Poland Volume II. 1795 to the Present*. Oxford: Clarendon Press.
Davies, Norman (1998). *Europe – a History*. New York: Harper Perennial Edition.
Delhey, Jan (2004). *European Social Integration. From Convergence of Countries to Transnational Relations Between Peoples. WZB-Discussion Papers*. Berlin: WZB.
Department of Homeland Security (2004). *Yearbook of Immigration Statistics, 2003*. Washington, D.C.: U.S. Government Printing Office.
Dietrich, Helmut (2004), Lampedusa & Öl. In: *Konkret, 12/2004*. Online: http://www.materialien.org/texte/migration/lampedusa.pdf
Dietrich, Helmut (2005). *Das Mittelmeer als neuer Raum der Abschreckung. Flüchtlinge und MigrantInnen an der südlichen EU-Außengrenze*. Online: http://www.ffm-berlin.de/mittelmeer.html
Diez, Thomas (2006). Weltgesellschaft kontra internationale Gesellschaft? Zur Konflikthaftigkeit und Unterwanderung von Grenzen. In: Thorsten Bonacker/Christoph Weller (Hrsg.). *Konflikte der Weltgesellschaft: Akteure – Strukturen – Dynamiken*. Frankfurt, New York: Campus.
Dillon, Sam (1995). U.S. Tests Border Plan in Even of Mexico Crisis. In: *The New York Times*, 8. Dezember 1995. Online: http://www.nytimes.com/1995/12/08/us/us-tests-border-plan-in-event-of-mexico-crisis.html (27.10.2015)
Diner, Dan (1982). *Keine Zukunft auf den Gräbern der Palästinenser. Eine historisch-politische Bilanz der Palästina-Frage*. Hamburg: VSA.
Diner, Dan (1993). Grundbuch des Planeten. Zur Geopolitik Karl Haushofers. In: ders. *Weltordnungen: Über Geschichte und Wirkung von Recht und Macht*. Frankfurt a.M.: Fischer.
Diome, Fatou (2004). *Der Bauch des Ozeans*. Zürich: Diogenes.
Döring, Nicola (2003). *Sozialpsychologie des Internet. Die Bedeutung des Internet für Kommunikationsprozesse, Identitäten soziale Beziehungen und Gruppen*. Göttingen: Hogrefe.
Döring, Nicola/Alexander Sehestag (2003). Soziale Normen in virtuellen Gruppen. Eine empirische Analyse ausgewählter ChatChannels. In: Udo Thiedeke (Hrsg.). *Virtuelle Gruppen. Charakteristika und Problemdimensionen*. Wiesbaden: Westdeutscher Verlag.
Drepper, Thomas (2003). *Organisationen der Gesellschaft. Gesellschaft und Organisation in der Systemtheorie Niklas Luhmanns*. Wiesbaden: Westdeutscher Verlag.
Drevet, Jean-François (1997). *La nouvelle identité de l'Europe*. Paris: Presses Universitaires de France.
Dux, Günter (2004). *Die Moral in der prozessualen Logik der Moderne: Warum wir sollen, was wir sollen*. Weilerswist: Velbrück.

Eder, Klaus (2006). Europe's Borders. The Narrative Construction of the Boundaries of Europe. In: *European Journal of Social Theory, 9*, 2: 255-271.
Efionayi-Mäder, Denise et al. (2001). *Asyldestination Europa. Eine Geographie der Asylbewegungen*. Zürich: Seismo.
Eigmüller, Monika/Daniel Schmidt (2005). Grenzsicherungspolitik und Grenzregime. In: Schrenk Klemens H. (Hrsg.). *Zuwanderung und Integration*. Rothenburg: Rothenburger Beiträge, Bd. 22.

Eigmüller, Monika (2007). *Grenzsicherungspolitik Funktion und Wirkung der Europäischen Außengrenze. Eine Studie am Beispiel der Zuwanderungs und Arbeitsmarktpolitik Spaniens.* Wiesbaden: VS Verlag für Sozialwissenschaften.
Eigmüller, Monika/Andreas Müller (Hrsg.) (2008). Subversion am Rande. Grenzverletzungen im 20. und 21. Jahrhundert. In: *Zeitschrift für Globalgeschichte und vergleichende Gesellschaftsforschung, 18, 1.*
Eigmüller, Monika/Georg Vobruba Georg (2009). Selektive Grenzöffnung im Rahmen der Europäischen Nachbarschaftspolitik. In: Martin Möllers/Robert van Ooyen (Hrsg.). *Migration, Integration und Europäische Grenzpolitik. Sonderheft des Jahrbuchs für Öffentliche Sicherheit.* Frankfurt a.M.: VS Verlag für Polizeiwissenschaft.
Eigmüller, Monika/Christof Roos (Hrsg.) (2010). Selektive Grenzen. In: *Sonderheft der Zeitschrift WeltTrends. Zeitschrift für Internationale Politik, Heft 71.*
Eigmüller, Monika/Christof Roos (2010): Von Migrationsvermeidung zu selektiver Grenzöffnung. Neue Wege in der europäischen Migrationspolitik. In: *WeltTrends. Zeitschrift für Internationale Politik, Heft 71*: 25-34.
Eigmüller, Monika/Georg Vobruba (2010). Zwischen Exklusion und Selektivität. Die Außengrenzpolitik der Europäischen Union. In: *Kommune. Forum für Politik, Ökonomie, Kultur, 4-2010*: 14-17.
Eigmüller, Monika (2010). Vom Nationalstaat lernen? Möglichkeiten und Grenzen von Analogiebildungen zwischen nationaler und Europäischer Sozialpolitikentwicklung. In: Monika Eigmüller/Steffen Mau (Hrsg.). *Gesellschaftstheorie und Europapolitik. Sozialwissenschaftliche Ansätze zur Europaforschung.* Wiesbaden: VS Verlag für Sozialwissenschaften.
Eisenhower, John S. D. (1989). *So Far from God: The US. War with Mexico 1846-1848.* New York: Doubleday.
Escrivá, A. (1999). *Mujeres peruanas del servicio doméstico en Barcelona: trayectorias socio-laborales.* (Unveröffentlichte Dissertation. Universidad Autónoma de Barcelona)
Eulitz, Walter (1968). *Der Zollgrenzdienst. Seine Geschichte vom Beginn des 19. Jahrhunderts bis zur Gegenwart.* (Schriftreihe des Bundesministeriums der Finanzen, Heft 6 (1968)). Bonn: Wilhelm Stollfuß Verlag.
European Commission (2004). *Report on the Technical Mission to Libya on illegal immigration,* 27. November- 6. December 2004.
Ewens, Graeme (2000). *Rough Guide to Congolese Soukous.* London: Rough Guide Publications.

Faber, Richard/Barbara Naumann (Hrsg.) (1995). *Literatur der Grenze – Theorie der Grenze.* Würzburg: Königshausen & Neumann.
Faist, Thomas/Andreas Ette (Hrsg.) (2007). *The Europeanization of National Policies and Politics of Immigration. Between Autonomy and the European Union.* New York: Palgrave Macmillan.
Falletta, Nicholas (1985). *Paradoxon – Widersprüchliche Streitfragen, zweifelhafte Rätsel, unmögliche Erläuterungen.* München: Hugendubel.
Febvre, Lucien (1953; 1988). Frontière – Wort und Bedeutung. In: ders.: *Das Gewissen des Historikers.* Berlin: Wagenbach.
Ferrera, Maurizio (2003). European Integration and National Social Citizenship. Changing Boundaries, New Structuring? In: *Comparative Political Studies, 36,* 6: 611-652.

Fichte, Johann Gottlieb (1978). *Inhaltsangabe der dreizehnten Rede. Reden an die deutsche Nation*. Hamburg: Meiner.

Fijalkowski, Jürgen (2000). Erfordernisse und Grenzen der Entwicklung eines transnationalen Bürgerstatus in Europa. Demokratietheoretische Reflexionen zur Zuwanderungs- und Integrationspolitik in der Europäischen Union und den Mitgliedstaaten. In: Hans-Dieter Klingemann/Friedhelm Neidhardt (Hrsg.). *Zur Zukunft der Demokratie. Herausforderungen im Zeitalter der Globalisierung, WZB-Jahrbuch 2000*. Berlin: Edition Sigma.

Fix, Michael/Jeffrey S. Passel (1994). *Immigration and Immigrants: Setting the Record Straight*. Washington, D.C.: Urban Institute.

Fligstein, Neil (2008). *Euroclash: The EU, European Identity, and the Future of Europe*. Oxford: Oxford University Press.

Flora, Peter (2000). Externe Grenzziehung und interne Strukturierung – Europa und seine Nationen. Eine Rokkan'sche Forschungsperspektive. In: *Berliner Journal für Soziologie*, 10, 2: 151-166.

Flusser, Vilém (1998). *Medienkultur*. Frankfurt a.M.: Fischer

Foner, Lenny (1999). *Agents and appropriation. A prototypical agent: Julia*. Online: http://bella.media.mit.edu/people/foner/Julia/section3_2.html

Forchtner, Bernhard/Christoffer Kølvraa (2012). Narrating a 'new Europe': From 'bitter past' to self-righteousness? In: *Discourse & Society*, 23, 4: 1-24.

Forsberg, Tuomas (1995). The Collapse of the Soviet Union and Historical Border Questions. In: ders. (Hrsg.). *Contested Territory. Border Disputes at the Edge of the Former Soviet Empire*. Aldershot: Edward Elgar.

Foucault, Michel (1967; 1991). Andere Räume. In: Martin Wentz (Hrsg.). *StadtRäume*. Frankfurt, New York: Campus.

Foucault, Michel (1998). Zum Begriff der Übertretung. In: ders.: *Schriften zur Literatur*. Frankfurt a.M.: Suhrkamp.

François, Etienne at al. (Hrsg.) (2007). *Die Grenze als Raum, Erfahrung und Konstruktion: Deutschland, Frankreich und Polen vom 17. bis 20. Jahrhundert*. Frankfurt a.M.: Campus.

Frankfort, Henry (1951). *The Birth of Civilization in the Near East*. London: Williams & Norgate.

Freeman, Joshua et al. (1992). *Who Built America? Working People and the Nation's Economy: Politics, Culture, and Society, Band 2: From the Gilded Age to the Present*. New York: Pantheon Books.

Fröbel, Julius (1861). *Theorie der Politik, als Ergebnis einer erneuerten Prüfung demokratischer Lehrmeinungen*. Wien: Carl Gerold's Sohn.

Funken, Christiane/Martina Löw (2002). Ego-Shooters Container, Raumkonstruktionen im elektronischen Raum. In: Rudolf Maresch/Niels Werber (Hrsg.). *Raum – Wissen – Macht*. Frankfurt a.M.: Suhrkamp.

Galarza, Ernesto (1964). *Merchants of Labor: The Mexican Bracero Story*. Santa Barbara, Calif.: McNally and Loftin.

García y Griego, Manuel (1970). *The importation of Mexican Contract Laborers to the United States, 1942-1964*. Diskussionspapier der US-mexikanischen Studien, Nr. 11 (1970), Programm der United States-Mexico Studies, University of California, San Diego.

Gatti, Fabrizio (2005). L'ultimo viaggio dei dannati del Sahara. In: *L'Espresso*, 24.3.2005.

Geddes, Andrew (2003). *The Politics of Migration and Immigration in Europe*. London: Sage.
Geddes, Andrew (2005). Europe's Border Relationships and International Migration Relations. In: *Journal of Common Market Studies, 43, 4*: 787-806.
Geddes, Andrew (2008). *Immigration and European Integration. Beyond Fortress Europe?* Manchester: Manchester University Press.
Gerhard, Dietrich (1962). Neusiedlung und institutionelles Erbe. Zum Problem von Turners „Frontier". Eine vergleichende Geschichtsbetrachtung. In: ders.: *Alte und Neue Welt in vergleichender Geschichtsbetrachtung*. Göttingen: Vandenhoeck & Ruprecht.
Gestrich, Andreas/Marita Krauss (Hrsg.) (1998). *Migration und Grenze*. Stuttgart: Steiner.
Giddens, Anthony (1995). *Konsequenzen der Moderne*. Frankfurt a.M.: Suhrkamp.
Giesecke, Michael (1991). *Der Buchdruck in der frühen Neuzeit. Eine historische Fallstudie über die Durchsetzung neuer Informations- und Kommunikationstechnologien*. Frankfurt a.M.: Suhrkamp.
Gilly, Seraina (1995). Estlands Minderheitenpolitik seit der Wiederherstellung der staatlichen Souveränität. In: *Nordost-Archiv, IV, 2:* 601-625.
Gold, Steven/Stephanie Nawyn (Hrsg.) (2013). *Routledge International Handbook of Migration Studies*. Oxon: Routledge.
Goody, Jack (Hrsg.) (1967). *Literacy in Traditional Society*. Cambridge: Cambridge University Press.
Grill, Bartholomäus (2004). Odyssee nach Schengenland. In: *Die Zeit 03.12.004*. Online: http://www.zeit.de/2004/03/Migration (27.10.2015)
Grimm, Jacob/Wilhelm Grimm (1854; 1984). *Deutsches Wörterbuch, in 33 Bänden. Bd. 9: Greander-Gymnastik. „Grenze". Ungekürzte Ausgabe*. Gütersloh: Bertelsmann.

Halfmann, Jost (2002). Der moderne Nationalstaat als Lösung und Problem der Inklusion in das politische System. In: Kai-Uwe Hellmann/Rainer Schmalz-Bruns (Hrsg.). *Theorie der Politik. Niklas Luhmanns politische Soziologie*. Frankfurt a.M.: Suhrkamp.
Hall, Stuart (1994). Die Frage der kulturellen Identität. In: ders. *Rassismus und kulturelle Identität*. Hamburg: Argument-Verlag.
Hartshorne, Richard (1938). A Survey of the Boundary Problems of Europe. In: Colby, Charles C. (Hrsg.). *Geographic Aspects of International Relations*. Chicago: University of Chicago Press.
Hassinger, Hugo (1932). Der Staat als Landschaftsgestalter. In: Josef Matznetter (Hrsg.). *Politische Geographie*. Darmstadt Wissenschaftliche Buchgesellschaft.
Haushofer, Karl (1927). *Grenzen in ihrer geographischen und politischen Bedeutung*. Berlin: Kurt Vowinckel Verlag.
Haushofer, Karl (1979; 1931). Zur Geopolitik. In: *Karl Haushofer – Leben und Werk. Herausgegeben von Hans-Adolf Jacobsen*. Boppard: Boldt.
Hay, William Anthony (2003). Geopolitics of Europe. In: *Orbis, 47, 2:* 295-310.
Heindl, Waltraud/Edith Saurer (2000). *Grenze und Staat. Paßwesen, Staatsbürgerschaft, Heimatrecht und Fremdgesetzgebung in der Österreichischen Monarchie*. Wien: Böhlau.
Helmers, Sabine et al. (1998). *Internet ... The Final Frontier: Eine Ethnographie*. Schlussbericht des Projekts „Interaktionsraum Internet. Netzkultur und Netzwerkorganisation". Berlin. WZB FS II 98-112.

Helsel, Sandra K./Judith Paris Roth (Hrsg.) (1991). *Virtual Reality. Theory, Practice and Promise.* London: British Library.
Henke, Klaus-Dietmar (1985). Der Weg nach Potsdam – Die Alliierten und die Vertreibung. In: Benz, Wolfgang (Hrsg.). *Die Vertreibung der Deutschen.* Frankfurt: Fischer.
Herzog, Lawrence A. (1996). Border Commuter Workers and Transfrontier Metropolitan Structure Along the U.S.-Mexico Border. In: Oscar J. Martínez (Hrsg.). *U.S.-Mexico Borderlands.* Wilmington: Jaguar Books on Latin America.
Hess, Henner et al. (1988). *Angriff auf das Herz des Staates. Soziale Entwicklung und Terrorismus, Bd. 2.* Frankfurt a.M.: Suhrkamp.
Hess, Sabine/Bernd Kasparek (Hrsg.) (2010). *Grenzregime.* Berlin: Assoziation A.
Heidenreich, Martin (2003). Regional Inequalities in the Enlarged Europe. In: *Journal of European Social Policy, 13, 4*: 313-333.
Hilpert, Isabel (2015). Grenzen europäischer Grenzen. Das Schengen-System in der Migrationskrise. In: Jenny Preunkert/Georg Vobruba (Hrsg.). *Krise und Integration. Gesellschaftsbildung in der Eurokrise.* Wiesbaden: Springer VS.
Hirschman, Albert (1970). *Exit, Voice, and Loyalty: Responses to Decline in Firms, Organizations, and States.* Cambridge, Mass.: Harvard University Press.
Hoffman, Abraham (1974). *Unwanted Mexican Americans in the Great Depression.* Tucson: University of Arizona Press.
Höller, Christian (1999). Nicht-lokale Orte und lokale Nicht-Orte. In: Christian Meyer/Mathias Poledna (Hrsg.). *Sharawadgi.* Köln: Walther König.
Holznagel, Bernd/Raymund Werle (2002). Sectors and Strategies of Global Communications Regulation. In: *Zeitschrift für Rechtssoziologie, 23*: 3-23.
Honegger, Claudia et al. (Hrsg.) (1999). *Grenzenlose Gesellschaft?* Opladen: Leske + Budrich.
Horn, Eva (2002). Der Flüchtling. In: Eva Horn et al. (Hrsg.). *Grenzverletzer. Von Schmugglern, Spionen und anderen subversiven Gestalten.* Berlin: Kulturverlag Kadmos.
Horn, Eva et al. (Hrsg.) (2002). *Grenzverletzer. Von Schmugglern, Spionen und anderen subversiven Gestalten.* Berlin: Kulturverlag Kadmos.
Hourwich, Isaac A. (1922). *Immigration and Labor. The Economic Aspects of European Immigration to the United States.* New York: B.W. Huebsch.
Hubbard, Philip (1999). *Sex and the City. Geographies of prostitution in the urban West.* Aldershot: Ashgate.
Hughes, James (2005). "Exit" in Deeply Divided Societies: Regimes of Discrimination in Estonia and Latvia and the Potential for Russophone Migration. In: *Journal of Common Market Studies, 43, 4*: 739-762.

İçduygu, Ahmet (2003). *Irregular Migration in Turkey.* Genf: IOM.
Innis, Harold (1950). *Empire and Communication.* Oxford: Clarendon.

Jackson Preece, Jennifer (1998). Ethnic Cleansing as an Instrument of Nation-State Creation: Changing State Practices and Evolving Legal Norms. In: *Human Rights Quarterly, 20, 4*: 817-842.
Jakl, Rene (1998). Shootout in Varnsdorf. In: *Transitions Online: Regional Intelligence, Dezember*: 35-39.

Jandl, Michael (2005). *The Development-Visa Scheme: a Proposal for a Market-Based Migration Control Policy*. Genf: Global Commission on International Migration.

Jileva, Elena (2002). Visa and Free Movement of Labour: The Uneven Imposition of the EU Acquis on the Accession States. In: *Journal of Ethnic and Migration Studies, 28, 4*: 683-700.

Johnson, Donna M. (1994). Who is we? Constructing Communities in US-Mexico Border Discourse. In: *Discourse & Society, 5, 2*: 207-231.

Jones, Maldwyn Allen (1960). *American Immigration*. Chicago: University of Chicago Press.

Joris, Lieve (2004). *Das schwarze Herz Afrikas*. München: Piper.

Jünger, Ernst (1930). Die totale Mobilmachung. In: Ernst Jünger (Hrsg.). *Krieg und Krieger*. Berlin: Juncker & Dünnhaupt

Juntunen, Marko (2002). *Between Morocco and Spain. Men, Migrant Smuggling and a Dispersed Moroccan Community*. Helsinki: Helsinki University.

Jureit, Ulrike/Nikola Tietze (Hrsg.) (2015). *Postsouveräne Territorialität. Die Europäische Union und ihr Raum*. Hamburg: Hamburger Edition.

Kaina, Viktoria (2002). Mit Herz und Konto? Zur Wertigkeit der deutschen Einheit in den alten Bundesländern. In: *Aus Politik und Zeitgeschichte, B, 37-38*: 6-12.

Kappeler, Andreas (2000). *Kleine Geschichte der Ukraine*. München: Beck.

Kappeler, Andreas (2001). *Russland als Vielvölkerreich: Entstehung, Geschichte, Zerfall*. München: Beck.

Karp, Hans-Jürgen (1972). *Grenzen in Ostmitteleuropa während des Mittelalters. Ein Beitrag zur Entstehungsgeschichte der Grenzlinie aus dem Grenzsaum*. Köln: Böhlau.

Kaufmann, Stefan (2002). Der Siedler. In: Eva Horn et al. (Hrsg.). *Grenzverletzer. Von Schmugglern, Spionen und anderen subversiven Gestalten*. Berlin: Kulturverlag Kadmos.

Kearney, Michael (1991). Borders and Boundaries of State and Self at the End of the Empire. In: *Journal of Historical Sociology, 4, 1 (März 1991)*: 52-74.

Keck, Margaret/Kathryn Sikkink (1998). *Activists Beyond Borders. Advocacy Networks in International Politics*. Ithaca, London: Cornell University Press.

Keller, Stefan (1993). *Grüningers Fall. Geschichten von Flucht und Hilfe*. Zürich: Rotpunkt Verlag.

Kempadoo, Kamala/Jo Doezema (Hrsg.) (1998). *Global Sex Workers. Rights, Resistance, and Redefinition*. New York et al.: Routledge.

Ki-Zerbo, Joseph (1978). *Histoire de l'Afrique Noire*. Paris: Hatier.

Knippenberg, Hans/Jan Markusse (1999). 19th and 20th Century Borders and Border Regions in Europe: Some Reflections. In: Hans Knippenberg/Jan Markusse (Hrsg.). *Nationalising and Denationalising European Border Regions, 1800-2000. Views from Geography and History*. Dordrecht: Kluwer.

Kohut, Zenon E. (2001). Origins of the Unity Paradigm: Ukraine and the Construction of Russian National History (1620-1860). In: *Eighteenth-Century Studies, 35, 1*: 70-76.

Kolossov, Vladimir/John O'Loughlin (1998). New Borders for New World Orders: Territorialities at the Fin-De-Siècle. In: *GeoJournal, 44, 3*: 259-273.

Komlosy, Andrea (1995). Räume und Grenzen. Zum Wandel von Raum, Politik und Ökonomie vor dem Hintergrund moderner Staatenbildung und weltwirtschaftlicher Globalisierung. In: *Zeitgeschichte. 11-12, 22 (1995)*: 385-404.

Komlosy, Andrea (2000). Ökonomische Grenzen. In: Waltraud Heindl/Edith Saurer (Hrsg.). *Grenze und Staat. Paßwesen, Staatsbürgerschaft, Heimatrecht und Fremdengesetzgebung in der Österreichischen Monarchie 1750-1867.* Wien, Köln, Weimar: Böhlau.

Komlosy, Andrea (2003). *Grenze und ungleiche regionale Entwicklung. Binnenmarkt und Migration in der Habsburgermonarchie.* Wien: Promedia.

Konau, Elisabeth (1977). *Raum und soziales Handeln. Studien zu einer vernachlässigten Dimension soziologischer Theoriebildung Göttinger Abhandlungen zur Soziologie, Bd. 25 (1977).* Stuttgart: Ferdinand Enke Verlag.

Koser, Khalid/Charles Pinkerton (2002). *The Social Networks of Asylum Seekers and the Dissemination of Information about Countries of Asylum.* London: Home Office Publications.

Koser, Khalid (2004). *Why Smuggling Pays.* Vortrag im Rahmen der "Lecture Series on Migration" des "Programs for the Study of International Organization(s)", Genf (08.12.2004).

Kovács-Bertrand, Anikó (1997). *Der ungarische Revisionismus nach dem Ersten Weltkrieg. Der publizistische Kampf gegen den Friedensvertrag von Trianon (1918 -1931).* München: Oldenbourg.

Kovács, Zoltán (1989). Border Changes and Their Effect on the Structure of Hungarian Society. In: *Political Geography Quarterly, 8, 1*: 79-86.

Krause, Detlef (1999). *Luhmann-Lexikon. Eine Einführung in das Gesamtwerk von Niklas Luhmann.* Stuttgart: Ferdinand Enke Verlag.

Kwon, Miwon (1998). Ein Ort nach dem anderen. Bemerkungen zur Site specificity. In: Hedwig Saxenhuber/Georg Schöllhammer (Hrsg.). *O.K. Ortsbezug: Konstruktion oder Prozeß?* Wien: Edition Selene.

Kwon, Miwon (2002). *One Place After Another. Site-Specific Art and Locational Identity.* Cambridge: MIT Press.

Kyle, David/Rey Koslowski (Hrsg.) (2001). *Global Human Smuggling. Comparative Perspectives.* Baltimore, London: The John Hopkins University Press.

Lamot, Michèle/Virág Molnár (2002). The Study of Boundaries in the Social Sciences. In: *Annual Review of Sociology, 28 (2002)*: 167-195.

Lange, Claudia/Kerstin Zimmer (2002). Von Opfern und Helden: regionale Disparitäten und nationale Integration in der Ukraine. In: Martina Ritter/Barbara Wattendorf (Hrsg.). *Sprünge, Brüche, Brücken. Debatten zur politischen Kultur in Russland aus der Perspektive der Geschichtswissenschaft, Kultursoziologie und Politikwissenschaft.* Berlin: Dunker & Humblot.

Langer, Josef (Hrsg.) (2007). *Euroregions – The Alps-Adriatic Context.* Frankfurt a.M.: Peter Lang.

Läpple, Dieter (1991). Essay über den Raum. In: Hartmut Häußermann et al. (Hrsg.). *Stadt und Raum. Soziologische Analysen.* Pfaffenweiler: Centaurus.

Laube, Lena/Christof Roos (2010). A "Border for the People"? Narratives on changing Eastern Borders in Finland and Austria. In: *Journal of Borderland Studies, 25, 3-4*: 31-49.

Laube, Lena (2013). *Grenzkontrollen jenseits nationaler Territorien. Die Steuerung globaler Mobilität durch liberale Staaten*. Frankfurt a.M.: Campus.

Leakey, Richard/Roger Lewin (1992). *Origins Reconsidered: In Search of What Makes Us Human*. New York: Doubleday.

Lechevalier, Arnaudt/Jan Wielgohs (Hrsg.) (2013). *Borders and Border Regions in Europe. Changes. Challenges and Chances*. Bielefeld: Transcript.

Lepsius, M. Rainer (2001). The European Union: Economic and Political Integration and Cultural Plurality. In: Klaus Eder/Bernhard Giesen (Hrsg.). *European Citizenship between National Legacies and Postnational Projects*. Oxford: Oxford University Press.

Lepsius, M. Rainer (2013). *Institutionalisierung politischen Handelns. Analysen zur DDR, Wiedervereinigung und Europäischen Union*. Wiesbaden: Springer VS.

Leroi-Gourhan, André (1988). *Hand und Wort. Die Evolution von Technik, Sprache und Kunst*. Frankfurt a.M.: Suhrkamp.

Lessig, Lawrence (1999). *Code and other Laws of Cyberspace*. New York: Basic Books.

Lessig, Lawrence (2002). The Arcitecture of Innovation. In: *Duke Law Journal, 51, 6*: 1783-1801.

Löw, Martina (2001). *Raumsoziologie*. Frankfurt a.M.: Suhrkamp.

Luhmann, Niklas (1979). *Soziologische Aufklärung 1: Aufsätze zur Theorie sozialer Systeme*. Opladen: Westdeutscher Verlag.

Luhmann, Niklas (1980). *Gesellschaftsstruktur und Semantik. Studien zur Wissenssoziologie der modernen Gesellschaft. Bd. I*. Frankfurt a.M.: Suhrkamp.

Luhmann, Niklas (1982). Territorial Borders as System Boundaries. In: Raimondo Strassoldo/Giovanni Delli Zotti (Hrsg.). *Cooperation and Conflict in Border Areas*. Milano: Franco Angeli.

Luhmann, Niklas (1987). *Soziale Systeme. Grundriß einer allgemeinen Theorie*. Frankfurt a.M.: Suhrkamp.

Luhmann, Niklas (1989). *Vertrauen. Ein Mechanismus der Reduktion sozialer Komplexität. 3., durchgesehene Auflage*. Stuttgart: Lucius & Lucius.

Luhmann, Niklas (1970; 1991). *Soziologische Aufklärung I: Aufsätze zur Theorie sozialer Systeme*. Opladen: Westdeutscher Verlag.

Luhmann, Niklas (1995). Inklusion und Exklusion. In: ders.: *Soziologische Aufklärung 6: Die Soziologie und der Mensch*. Opladen: Westdeutscher Verlag.

Luhmann, Niklas (1997). *Die Gesellschaft der Gesellschaft. Bd. I*. Frankfurt a.M.: Suhrkamp.

Luhmann, Niklas (1998). *Die Gesellschaft der Gesellschaft. Zwei Halbbände*. Frankfurt a.M.: Suhrkamp.

Lyman, Peter et al. (2003). *HOW MUCH INFORMATION 2003?* Online: http://groups.ischool.berkeley.edu/archive/how-much-info-2003/

Magdoff, Harry (1978). *Imperialism: From the Colonial Age to Present*. New York: Monthly Review Press.

Magocsi, Paul R. (1997). *A History of Ukraine*. Toronto: University of Toronto Press.

Maguid, Alicia (2007). Migration Policies and Socioeconomic Boundaries in the South American Cone. In: Antoine Pécoud/Paul De Guchteneire (Hrsg.) (2007). *Migration Without Borders. Essays on the Free Movement of People*. New York, Paris: UNESCO Publishing, Berghahn Books.

Malloy, Tove (2010). Creating New Spaces for Politics? The Role of National Minorities in Building Capacity of Cross-Border Regions. In: *Regional & Federal Studies, 20, 3*: 335-351.
Mann, Heinrich (1974). *Ein Zeitalter wird besichtigt*. Düsseldorf: Claassen.
Martínez, Oskar J. (1994). *Border People: Life and Society in the US.-Mexico Borderlands*. Tucson: University of Arizona Press.
Massey, Douglas (2002). *Fortress Construction as National Policy: Lessons from the United States*. Paper präsentiert beim ESF Workshop on Cultural Diversity, Collective Identity and Collective Action, 04.04.2002 Menaggio/Comer See.
Matthews, Roger/Maggie O'Neill (Hrsg.) (2003). *Prostitution. The International Library of Criminology, Criminal Justice and Penology*. Burlington: Ashgate.
Mattingly, Doreen J. (1999). Making Maids. United States immigration policy and immigrant domestic workers. In: Janet H. Momsen (Hrsg.). *Gender, Migration and Domestic Service*. London, New York: Routledge.
Mau, Steffen et al. (2008). Grenzen in einer globalisierten Welt. Selektivität, Internationalisierung, Extraterritorialisierung. *Leviathan, 36, 1*: 123-148.
Mau, Steffen (2010). *Social Transnationalism. Lifeworlds beyond the National State*. London: Routledge.
Mau, Steffen et al. (2012). *Liberal States and Freedom of Movement. Selective Borders, Unequal Mobility*. Basingstoke: Palgrave Macmillan.
Maull, Otto (1925; 1956). *Politische Geographie*. Berlin: Safari-Verlag.
Mavrodi, Georgia (2010). *The Other Side of "Fortress Europe". Policy Transfers in the EU and the Liberalising Effects of EU Membership on Greek Immigrant Policy*. COMCAD Working Papers 89, Centre on Migration Citizenship and Development, University of Bielefeld.
Mayer, Franz C. (2004). Völkerrecht und Cyberspace: Entgrenztes Recht und entgrenzte Medien. In: Udo Thiedeke (Hrsg.). *Soziologie des Cyberspace. Medien, Strukturen und Semantiken*. Wiesbaden: VS Verlag für Sozialwissenschaften.
Mayntz, Renate (1987). Politische Steuerung und gesellschaftliche Steuerungs probleme – Anmerkungen zu einem theoretischen Paradigma. In: Thomas Ellwein et al. (Hrsg.). *Jahrbuch zur Staats- und Verwaltungswissenschaft. Band I*. Baden-Baden: Nomos.
Medick, Hans (1991). Zur politischen Sozialgeschichte der Grenzen in der Neuzeit Europas. In: *SOWJ. Sozialwissenschaftliche Informationen, 20, 3*: 157-163.
Menz, Georg (2009). *The Political Economy of Managed Migration. Nonstate Actors, Europeanization, and the Politics of Designing Migration Policies*. Oxford: Oxford University Press.
Merritt, Martha (2000). A Geopolitics of Identity: Drawing the Line between Russia and Estonia. In: *Nationalities Papers, 28, 2*: 243-262.
Meyer, James (1997). Der funktionale Ort. In: *Springer II, Nr. 4, Dez. 96-Feb. 97*: 44-47.
Miles, Robert/Dietrich Thränhardt (Hrsg.) (1995). *Migration and European Integration: The Dynamics of Inclusion and Exclusion*. London: Pinter.
Mitchell, W. J. Thomas (2002). Showing Seeing: A Critique of Visual Culture. In: Nicholas Mirzoeff (Hrsg.). *The Visual Culture Reader*. London, New York: Routledge.
Monzini, Paola (2004). *Migrant Smuggling via Maritime Routes. The Case of Italy. Projektstudie*. Rom: CeSPI.

Moquin, Wayne/Charles van Doren (1971). *A Documentary History of the Mexican Americans*. New York: Praeger.
Morrison, John/Beth Crosland (2001). *The Trafficking and Smuggling of Refugees. The End Game in European Asylum Policy?* Genf: UNHCR.
Moser, Arnulf (1992). *Der Zaun im Kopf Zur Geschichte der deutsch schweizerischen Grenze um Konstanz*. Konstanz: Universitätsverlag.
Moura, Paulo (2004). Im Wald von Missnana. Ein Lager afrikanischer Flüchtlinge vor der Festung Europa. In: *Lettre International, 66,* 2004.
Mühlberg, Dietrich (2002). Schwierigkeiten kultureller Assimilation. Freuden und Mühen der Ostdeutschen beim Eingewöhnen in neue Standards des Alltagslebens. In: *Aus Politik und Zeitgeschichte, B 17*: 3-12.
Müller, Andreas (2014). *Governing Mobility Beyond the State. Centre, Periphery and the EU's External Borders*. Basingstoke: Palgrave Macmillan.
Müller, Gerhard H. (1996). *Friedrich Ratzel (1844-1904): Naturwissenschaftler, Geograph, Gelehrter. Neue Studien zu Leben und Werk und sein Konzept der „Allgemeinen Biogeographie."*. Stuttgart: GNT-Verlag.
Mullins, Mark K. (1995). *Ellis Island and the Statue of Liberty: Historical Highlights. The Immigrant Journey, 5. Auflage*. San Francisco: American Park Network.
Mungiu-Pippidi, Alina (2004). Beyond the New Borders. In: *Journal of Democracy, 15, 1*: 48-62.
Münkler, Herfried (Hrsg.) (1990). *Der Partisan. Theorie, Strategie, Gestalt*. Opladen: Westdeutscher Verlag.
Münch, Richard (2001). *Offene Räume. Soziale Integration diesseits und jenseits des Nationalstaats*. Frankfurt a.M.: Suhrkamp.
Murphy, Alexander B. (1990). Historical Justifications for Territorial Claims. In: *Annals of the Association of American Geographers, 80, 4:* 531-548.

Nakata, Jun (2002). Der Grenz- und Landesschutz in der Weimarer Republik 1918 bis 1933. Die geheime Aufrüstung und die deutsche Gesellschaft. In: Militärgeschichtliches Forschungsamt (Hrsg.). *Einzelschriften zur Militärgeschichte. Bd. 41 (2002)*. Freiburg i.Br.: Rombach Verlag.
Nelson, Brent A. (1994). *America Balkanized*. Monterey, Virginia: The American Immigration Control Foundation.
Neske, Mathias et al. (2004). *Menschenschmuggel*. Bamberg: Expertise im Auftrag des Sachverständigenrats für Zuwanderung und Integration (Nürnberg).
Neske, Mathias (2006). *Human Smuggling to and through Germany. International Migration, Special Issue Human Smuggling, 44, 4*: 121-163.
Neske, Matthias (2007). *Menschenschmuggel: Deutschland als Transit- und Zielland irregulärer Migration*. Stuttgart: Lucius & Lucius.
Nissen, Sylke (2002). *Die regierbare Stadt. Metropolenpolitik als Konstruktion lösbarer Probleme. New York, London und Berlin im Vergleich*. Wiesbaden: Westdeutscher Verlag.
Nissen, Sylke (2009). Arbeitnehmerfreizügigkeit. Gebremste Europäisierung des Arbeitsmarktes. In: Sylke Nissen/Georg Vobruba (Hrsg.). *Die Ökonomie der Gesellschaft*. Wiesbaden: VS Verlag für Sozialwissenschaften.

Nolte, Hans-Heinrich (2004). Deutsche Ostgrenze, russische Südgrenze, amerikanische Westgrenze. Zur Radikalisierung der Grenzen in der Neuzeit. In: Joachim Becker/Andrea Komlosy (Hrsg.). *Grenzen Weltweit. Zonen, Linien, Mauern im historischen Vergleich.* Wien: Promedia u. Südwind.
Nuscheler, Franz (2003). *Globalisierung und neue Völkerwanderungen.* Vortrag gehalten auf dem SWR UniForum, Heidelberg (11.10.2003).

Offe, Claus (2001). Gibt es eine europäische Gesellschaft? Kann es sie geben? In: *Blätter für deutsche und internationale Politik 4/2001*: 423-435.
O'Hanlon, Redmond (1998). *Kongofieber.* Frankfurt a.M.: Eichhorn.
Ohrband, Werner (1982). *Der Grenzschutz in Deutschland seit dem Deutschen Reich von 1871 unter besonderer Berücksichtigung des Bundesgrenzschutzes.* Speyer (Diss.).
Oliner, Samuel P./Pearl M. Oliner (1988). *The Altruistic Personality. Rescuers of Jews in Nazi Europe.* New York: Free Press.
Opp, Karl-Dieter (1997). Can Identity Theory Better Explain the Rescue of Jews in Nazi Europe than Rational Actor Theory? In: *Research in Social Movements, Conflicts and Change, 20 (1997)*: 223-253.
Ossenbrügge, Jürgen (1983). Politische Geographie als räumliche Konfliktforschung. Konzepte zur Analyse der politischen und sozialen Organisation des Raums auf der Grundlage anglo-amerikanischer Forschungsansätze. *Hamburger Geographische Studien, 40* (1983).
Osterhammel, Jürgen (1995). Kulturelle Grenzen in der Expansion Europas. In: *SAECULUM Jahrbuch für Universalgeschichte, 46 (1995)*: 101-138.
Outshoorn, Joyce (Hrsg.) (2004). *The Politics of Prostitution. Women's Movements, Democratic States and the Globalisation of Sex Commerce.* Cambridge: Cambridge University-Press.

Paasi, Anssi (2005). The Changing Discourses on Political Boundaries. Mapping the Backgrounds, Contexts and Contents. In: van Houtum, Henk at al. (Hrsg.). *B/ordering Space. Border Region Series.* Aldershot, Burlington: Ashgate.
Paasi, Anssi (2009). Bounded spaces in a 'borderless world': border studies, power and the anatomy of territory. In: *Journal of Power, 2, 2*: 213-234.
Pacholkiv, Sviatoslav (2000). Das Werden einer Grenze. In: Waltraud Heindl /Edith Saurer (Hrsg.). *Grenze und Staat. Paßwesen, Staatsbürgerschaft, Heimatrecht und Fremdgesetzgebung in der Österreichischen Monarchie (1750-1867).* Wien: Böhlau.
Palidda, Salvatore (2004). Le nuove migrazioni verso i paesi del nord-Africa e verso l'Europa. In: *ISMU, Nano Rapporto Ismu sulle migrazioni.* Milano: Angeli/ISMU.
Palidda, Salvatore (2005). Le Migrazioni Nordafricane. In: *JSMU, Decimo Rapporto sulle migrazioni 2004.* Milano: Angeli.
Parella, Sònia (2002). *La internacionalización de la reproducción. La inserción laboral de la mujer inmigrante en los servicios de proximidad.* Bellaterra: Universitat Autònoma de Barcelona. Online: http://www.tdx.cesca.es/handle/10803/5110. (Diss.).
Parsons, Talcott/Neil J. Smelser (1956). *Economy and Society: A Study in the Integration of Economic and Social Theroy.* Oxon: Routledge.
Parsons, Talcott (1967). *Societies. Comparative and Evolutionary Perspectives.* Englewood Cliffs, New York: Prentice-Hall.

Parsons, Talcott (1971). *The System of Modern Societies*. Englewood Cliffs, New York: Prentice-Hall.
Pastore, Ferruccio (2001). Relazioni euromediterranee e migrazioni. In: Andrea Stocchiero (Hrsg.). *Politiche migratorie e di cooperazione nel Mediterraneo*. Roma: Centro Studi Politica Internazianale (CESPI)- Fondazione Friedrich Ebert, Ministero Affari Esteri.
Pates, Rebecca et al. (2011). *Transnationale Kriminalitätsbekämpfung und Sexindustrie: Bericht aus europäischen Grenzregionen*. Frankfurt a.M.: Peter Lang.
Paysen, Christian (1941). *Der Nationalsozialismus als Weltanschauung im Grenzland*. Tandem: Andresen.
Pepicelli, Renata (2005). *2010 un nuovo ordine mediterraneo?* Messina: Mesogea.
Perkins, Clifford Alan (1978). *Border Patrol. With the U.S. Immigration Service on the Mexican Boundary 1910-54*. Texas: Texas Western Press, The University of Texas at El Paso.
Pias, Claus (2004). *Computer Spiel Welten*. München: Sequenzia.
Pille, René-Mare (2003). „an unser granizze" – die Slawischen Wurzeln des Wortes „Grenze". In: Barbara Breysach et al. (Hrsg.). *Grenze- Granica. Interdisziplinäre Betrachtungen zu Barrieren, Kontinuitäten und Gedanken Horizonten aus deutsch-polnischer Perspektive*. Berlin: Logos Verlag.
Pliez, Olivier (2004). De l'immigration au transit? La Libye dans l'espace migratoire euro-africain. In: ders. (Hrsg.). *La nouvelle Libye. Sociétés, espaces et géopolitique au lendemain de l'embargo*. Paris: Karthala.
Plokhy, Serhii (2001). The Ghosts of Pereyaslav: Russo-Ukrainian Historical Debates in the Post-Soviet Era. In: *Europe-Asia Studies, 53, 3*: 489-505.
Poulantzas, Nicos (2002). *Staatstheorie. Politischer Überbau, Ideologie, Autoritärer Etatismus*. Hamburg: VSA.
Pounds, Norman J. G. (1951). The Origin of the Idea of Natural Frontiers in France. In: *Annals of the Association of American Geographers, 41, 2*: 146-157.
Preyer, Gerhard/Mathias Bös (2002). Introduction: Borderlines in Time of Globalization. In: Dies. (Hrsg.). *Borderlines in a globalized world: new perspectives in a sociology of the world-system*. Den Haag: Kluwer Academic Publishers.
Prescott, John Robert Victor (1987). *Political Frontiers and Boundaries*. London: Allen & Unwin.

Quintanilla, Michael/Peter Copeland (1996 (1983)). Mexican Maids: El Paso's Worst-kept Secret. In: Oscar J. Martínez (Hrsg.). *US.-Mexico Borderlands*. Wilmington: Jaguar Books on Latin America, No. 11.

Rancière, Jacques (2004). *Eleven theses on politics*. Online: http://theater.kein.org/node/view/121 (18.10.2004).
Ratzel, Friedrich (1892). Allgemeine Eigenschaften der geographischen Grenze und die politischen Grenze. In: *Berichte über die Verhandlungen der Königlich Sächsischen Gesellschaft der Wissenschaften zu Leipzig, Philologisch Historische Classe. Vierundvierzigster Band, 1892*. Leipzig: S. Hirzel.
Ratzel, Friedrich (1897; 1974). *Politische Geographie*. Osnabrück: Zeller.
Ratzel, Friedrich. (1903). *Politische Geographie*. München, Berlin: R. Oldenbourg.

Raunig, Gerald (2002). Spacing the Lines. Konflikt statt Harmonie. Differenz statt Identität. Struktur statt Harmonie. In: Stella Rollig/Eva Sturm (Hrsg.). *Dürfen die das? Kunst als sozialer Raum*. Wien: Turia & Kant.

Reif, Wolfgang (1994). Kalter Zweifrontenkrieg. Der Grenzlandroman konservativer und (prä)faschistischer Autoren der Zwischenkriegszeit. In: *LiLi. Zeitschrift für Literaturwissenschaft und Linguistik, 24, 95*: 30-50.

Reisler, Mark (1977). *By the Sweat of Their Brow: Mexican Immigrant Labor in the United States, 1900-1940*. Westport, Connecticut: Greenwood Press.

Reißig, Rolf (1999). *Die Ostdeutschen – zehn Jahre nach der Wende. Einstellungen, Wertemuster, Identitätsbildungen*. Brandenburg-Berliner Institut für Sozialwissenschaftliche Studien. (unv. Manuskript)

Ribas-Mateos (2015). *Border Shifts: New Mobilities in Europe and Beyond*. Basingstoke: Palgrave Macmillan.

Rodríguez, Néstor (1995). The "Real New World Order": The Globalisation of Racial and Ethnic Relations in the Late Twentieth Century. In: Michael Peter Smith/Joe R. Feagin (Hrsg.). *The Bubbling Cauldron: Race, Ehtnicity, and the Urban Crisis*. Minneapolis: University of Minnesota Press.

Rodríguez, Néstor (1997). The Social Construction of the U.S.-Mexico Border. In: Juan F. Perea (Hrsg.). *Immigrants Out! The New Nativism and the Anti-Immigrant Impulse in the United States*. New York, London: New York University Press.

Rodríguez, Néstor/Jaqueline Hagan (2004). Fractured Families and Communities: Effects of Immigration Reform in Texas, Mexico and El Salvador. In: *Latino Studies, 2, 3*: 328-351.

Rodríguez, Néstor (2012). New Southern Neighbors: Latino immigration and prospects for intergroup relations between African-Americans and Latinos in the South. In: *Latino Studies, 10, 1-2*: 18-40.

Röhrs, Lukas et al. (2004). *generation.com*. Norderstedt: Books on Demand.

Rokkan, Stein (2000). *Staat, Nation und Demokratie. Die Theorie Stein Rokkans aus seinen gesammelten Werken rekonstruiert und eingeleitet von Peter Flora*. Frankfurt a.M.: Suhrkamp.

Roos, Christof (2013). *EU Immigration Policies: Cracks in the Walls of Fortress Europe?*. Basingstoke: Palgrave Macmillan.

Roos, Christof/Natascha Zaun (2014). Norms Matter! The Role of International Norms in EU Policies on Asylum and Immigration. In: *European Journal of Migration and Law, 16, 1*: 45-68.

Roos, Christof (2015). EU Politics on Labour Migration: Inclusion versus Admission. In: *Cambridge Review of International Affairs, 28, 3*. Online: http://www.tandfonline.com/eprint/wwu3iqjSzXcPkY8cG49n/full

Rösler, Michael/Tobias Wendl (1999). Frontiers and Borderlands. The rise of an anthropological research genre. In: dies. (Hrsg.). *Frontiers and Borderlands. Anthropological Perspectives*. Frankfurt a.M.: Peter Lang.

Ross, Stanley R. (1978) (Hrsg.). *Views across the Border: The United States and Mexico*. Alburquerque: University of New Mexico Press.

Rumford, Chris (2015). *Cosmopolitan Borders*. Basingstoke: Palgrave Macmillan.

Runzheimer, Jürgen (1979). Die Grenzzwischenfälle am Abend vor dem Angriff auf Polen. In: Wolfgang Benz/Hermann Graml (Hrsg.). *Sommer 1939. Die Großmächte und der europäische Krieg.* Stuttgart: Deutsche Verlags-Anstalt.

Rutledge, Jay (2003). Die Ngulu-Affäre. In: *die tageszeitung*, 12.04.2003.

Saenz, Rogelio/Clyde Greenlees (1996). The Demography of Chicanos. In: Roberto M. de Anda (Hrsg.). *Chicanas and Chicanos in Contemporary Society.* Boston: Allyn and Bacon.

Sageman, Marc (2004). *Understanding Terror Networks.* Philadelphia: University of Pennsylvania Press.

Sahlins, Peter (1989). *Boundaries. The Making of France and Spain in the Pyrenees.* Berkeley: University of California Press.

Sahlins, Peter (1990). Natural Frontiers Revisited: France's Boundaries since the Seventeenth Century. In: *American Historical Review, 95, 5 (1990)*: 1423-1451.

Salt, John/Jeremy Stein (1997). Migration as a Business: The Case of Trafficking. In: *International Migration, 35, 4*: 467-494.

Sandkühler, Thomas (2000). Von der „Gegnerabwehr" zum Judenmord. Grenzpolizei und Zollgrenzschutz im NS-Staat. In: *Beiträge zur Geschichte des Nationalsozialismus, 16*: 95-154.

Sassen-Koob, Saskia (1987). Issue of Core and Periphery: Labor Migration and Global Restructuring. In: Jeffrey Henderson/Manuel Castells (Hrsg.). *Global Restructuring and Territorial Development.* Newbury Park, Calif.: Sage.

Sassen, Saskia (1996). *Migranten, Siedler, Flüchtlinge.* Frankfurt: Fischer.

Sattler, Rolf-Joachim (1971). *Europa. Geschichte und Aktualität des Begriffs.* Braunschweig: Limbach.

Saurer, Edith (1989). *Straße, Schmuggel, Lottospiel Materielle Kultur und Staat in Niederösterreich Böhmen und Lombardo-Venetien im frühen 19. Jahrhundert.* Göttingen: Vandenhoek & Ruprecht.

Schmidt, Elisabeth (1935). *Die Grenze zwischen Pfalz und Saargebiet.* Bielefeld (Diss.)

Schmitt, Carl (1950). *Der Nomos der Erde im Völkerrecht des Jus Publicum Europaeum.* Köln: Greven Verlag.

Schmitt, Carl (1963). *Theorie des Partisanen. Zwischenbemerkung zum Begriff des Politischen.* Berlin: Duncker & Humblot.

Schmitz, Hans Jakob (1938). *Die Posener Grenzschutzkämpfe 1918/19.* Schneidemühl: Comenius-Buchhandlung.

Schneider, Florian (1998). „Grenzgemeinschaft gegen Grenzen". In: *Spex – Magazin für Popkultur, 177*: 50-51.

Schöller, Peter (1957, (1977)). Wege und Irrwege der politischen Geographie und Geopolitik. In: Josef Matznetter (Hrsg.). *Politische Geographie.* Darmstadt: Darmstadt Wissenschaftliche Buchgesellschaft.

Schoorl, Jeannette et al. (2000). *Push and Pull. Factors of International Migration. A Comparative Report.* Luxemburg: Office for Official Publications of the European Communities.

Schubert, Ernst (1991). Von der Interzonengrenze zur Zonengrenze: Grenzbildende Faktoren zwischen 1945 und 1949 im Raum Duderstadt. In: *Sozialwissenschaftliche Informationen, 20, 3*: 186-191.

Schultz, Hans-Dietrich (2004). Die Türkei: (k)ein Teil des geographischen Europas? In: Claus Leggewie (Hrsg.). *Die Türkei und Europa. Die Positionen*. Frankfurt a.M.: Suhrkamp.

Schultz, Helga (1996). Die Oderregion in wirtschafts- und sozialhistorischer Perspektive. In: Helga Schultz/Alan Nothnagle (Hrsg.). *Grenze der Hoffnung. Geschichte und Perspektiven der Grenzregion an der Oder*. Potsdam: Verlag für Berlin-Brandenburg.

Schroer, Markus (2003). Politik und Raum. Diesseits und jenseits des Nationalstaats. In: Armin Nassehi/Markus Schroer (Hrsg.). *Der Begriff des Politischen. Sonderband 14 der Sozialen Welt*. Baden-Baden: Nomos.

Schroers, Rolf (1961). *Der Partisan. Ein Beitrag zur politischen Anthropologie*. Köln, Berlin: Kiepenheuer & Witsch.

Sciortino, Giuseppe (2004). *The Irregular Immigration Industry on the North-East Border* (Projektstudie). Trento: CeSPI – Universita di Trento.

Sciortino, Giuseppe et al. (2006). *Schengen's Soft Underbelly. Irregular Migration and Human Smuggling across Land and Sea Borders to Italy*. International Migration, Special Issue Human Smuggling, 44, 4: 1-24.

Scott, James W. (Hrsg.) (2006). *EU Enlargement, Region Building and Shifting Borders of Inclusion and Exclusion. Border Regions Series*. Aldershot, Burlington: Ashgate.

Scott, James W./Henk van Houtum (2009). Reflections on EU territoriality and the 'bordering' of Europe. In: *Political Geography, 28, 5*: 271-273.

Sharpe, Karen (1998). *Red Light, Blue Light. Prostitutes, punters and the police*. Aldershot et al.: Ashgate.

Siddiqui, Tasneem (2004). *Institutionalising Diaspora Linkage. The Emigrant Bangladeshis in UK and USA*. Dhaka: Ministry of Expariates' Welfare and Overseas Employment, Government of Bangladesh & International Organisation for Migration Dhaka.

Simmel, Georg (1900; 1989). *Philosophie des Geldes. Bd. VI, Simmel Gesamtausgabe. Herausgegeben von David Frisby und Klaus C. Köhnke*. Frankfurt a.M.: Suhrkamp.

Simmel, Georg (1903). Soziologie des Raumes. In: Gustav Schmoller (Hrsg.). *Jahrbuch für Gesetzgebung, Verwaltung und Volkswirtschaft im Deutschen Reich*. Leipzig: Duncker & Humblot.

Simmel, Georg (1908; 1992). *Soziologie. Bd. XI, Simmel-Gesamtausgabe. Herausgegeben von Otthein Rammstedt*. Frankfurt a.M.: Suhrkamp.

Simmel, Georg (1908; 1992). *Der Raum und die örtliche Ordnung der Gesellschaft. Bd. XL Simmel-Gesamtausgabe. Herausgegeben von Otthein Rammstedt*. Frankfurt a.M.: Suhrkamp.

Simmel, Georg (1917; 1992). *Grundfragen der Soziologie. Bd. XVL Simmel Gesamtausgabe. Herausgegeben von Otthein Rammstedt*. Frankfurt a.M.: Suhrkamp.

Simmel, Georg (1989). *GSG 6: Philosophie des Geldes*. Frankfurt a.M.: Suhrkamp.

Simmel, Georg (1908, 1992). *GSG 11: Soziologie. Untersuchungen über die Formen der Vergesellschaftung*. Frankfurt a.M.: Suhrkamp.

Simmel, Georg (1999). *GSG 16: Der Krieg und die geistigen Entscheidungen. Grundfragen der Soziologie. Vom Wesen des historischen Verstehens. Der Konflikt der modernen Kultur. Lebensanschauung*. Frankfurt a.M.: Suhrkamp.

Smith, Anthony D. (1986). *The Ethnic Origins of Nations*. Oxford: Blackwell Publishers.

Smith, Michael (1996). The European Union and a Changing Europe: Establishing the Boundaries of Order. In: *Journal of Common Market Studies, 34, 1*: 5-28.

Smithson, Robert (1979; 1996). The Spiral Jetty. In: Jack Flam (Hrsg.). *Robert Smithson. The Collected Writings.* Berkeley, Los Angeles, London: University of California Press.
Snyder, Timothy (1999). "To Resolve the Ukrainian Problem Once and for All": The Ethnic Cleansing of Ukrainians in Poland, 1943-1947. In: *Journal of Cold War Studies, 1,* 2: 86-120.
Solé, Carlota et al. (2001). El impacto de la inmigración en la sociedad receptora. In: dies. (Hrsg.). *Impacto de la inmigración en la economía y en la sociedad receptora.* Barcelona: Anthropos Editorial.
Spener, David (2001). Smuggling Migrants through South Texas: Challenges Posed by Operation Rio Grande. In: David Kyle/Rey Koslowski (Hrsg.) (2001). *Global Human Smuggling. Comparative Perspectives.* Baltimore, London: The John Hopkins University Press.
Spieß, Alfred/Heiner Lichtenstein (1989). *Unternehmen Tannenberg. Der Anlaß zum Zweiten Weltkrieg.* Frankfurt a.M., Berlin: Ullstein.
Sprengel, Rita (1994). *Der rote Faden. Lebenserinnerungen.* Berlin: Edition Hentrich.
Sprengel, Rainer (1999). Politische Grenzen und politische Karten. In: *WeltTrends. Zeitschrift für internationale Politik und vergleichende Studien, 22 (1999):* 97-112.
Spyrou, Spyros/Miranda Christou (2014). *Children and Borders.* Basingstoke: Palgrave Macmillan.
Staud, Toralf (2003). Ossis sind Türken. 13 Jahre Einheit: In Gesamt-Westdeutschland sind die Ostdeutschen Einwanderer. In: *Die Zeit,* 02.10.2003.
Stephan, Karl (1933). *Der Todeskampf der Ostmark 1918/1919. Geschichte eines Grenzschutzbataillons.* Schneidemühl: Comenius-Buchhandlung.
Stichweh, Rudolf (2000). *Die Weltgesellschaft: Soziologische Analysen.* Frankfurt a.M.: Suhrkamp.
Stoevesandt, Daniel/Dominik Johnson (2004). Kongos Musikstar triumphiert vor Gericht. In: *die tageszeitung,* 17.11.2004.
Storp, Michaela (2002). *Chatbots. Möglichkeiten und Grenzen der maschinellen Verarbeitung natürlicher Sprache.* Online: http://www.websprache.net/networx/docs/networx25.pdf
Strassoldo, Raimondo (1982). Boundaries in Sociological Theory: A Reassessment. In: Raimondo Strassoldo/Giovanni Delli Zotti (Hrsg.). *Cooperation and Conflict in Border Areas.* Milano: F. Angeli.
Strassoldo, Raimundo (1992). Lo spazio nella sociologia di Georg Simmel. (Der Raum in der Soziologie Georg Simmels). In: *Annali di Sociologia, 8 (1992):* 319-326.
Strayer, Joseph R. (1970). *On the Medieval Origins of the Modern State.* Princeton: Princeton University Press.
Sztompka, Piotr (1993). Civilizational Incompetence: The Trap of Post Communist Societies. In: *Zeitschrift für Soziologie, 22,* 2: 85-95.

Tandian, Ali (2005). Logiques entrepreneuriales des populations originaires d'Afrique subsaharienne à Liege. In: *Voix Off, 154:* 10-28.
Taylor, Peter. J. (1994). The State as Container. Territoriality in the Modern World-System. In: *Progress in Human Geography, 18,* 2: 151-162.
Thiedeke, Udo (1997). *Medien, Kommunikation und Komplexität. Vorstudien zur Informationsgesellschaft.* Opladen, Wiesbaden: Westdeutscher Verlag.

Thiedeke, Udo (2001). Fakten, Fakten, Fakten. Was ist und wozu brauchen wir Virtualität? In: *DIE Zeitschrift, 3/2001*: 21-24.
Thiedeke, Udo (2004a). Drei-zwei-eins – download! Über die Schwierigkeit virtualisiertes Eigentum zu besitzen. In: ders. (Hrsg.). *Soziologie des Cyberspace. Medien, Strukturen und Semantiken.* Wiesbaden: VS Verlag für Sozialwissenschaften.
Thiedeke, Udo (2004b). Cyberspace: Die Matrix der Erwartungen. In: ders. (Hrsg.). *Soziologie des Cyberspace. Medien, Strukturen und Semantiken.* Wiesbaden: VS Verlag für Sozialwissenschaften.
Thiedeke, Udo (2005a). Programmiere Dich selbst! Die Persona als Form der Vergesellschaftung im Cyberspace. In: Michael Jäckel/Manfred Mai (Hrsg.). *Online-Vergesellschaftung? Mediensoziologische Perspektiven auf neue Kommunikationstechnologien.* Wiesbaden: VS Verlag für Sozialwissenschaften.
Thiedeke, Udo (2005b, 2007). Vertrauen in sozio-technische Interoperabilität. In: ders. *„Trust, but test!" Das Vertrauen in virtuellen Gemeinschaften.* Konstanz: UVK.
Thimm, Caja (2004). Mediale Ubiquität und soziale Kommunikation. In: Udo Thiedeke (Hrsg.). *Soziologie des Cyberspace. Medien, Strukturen und Semantiken.* Wiesbaden: VS Verlag für Sozialwissenschaften.
Thüringische Staatskanzlei (Hrsg.) (2005). *Gewalt gegen Kinder-Konsequenzen für die Rechtsstaatlichkeit sowie die polizeiliche und justizielle Zusammenarbeit im erweiterten Europa.* (Tagungsbericht vom Internationalen Symposium 2004 in Greiz)
Todorova, Maria (1997). *Imagining the Balkans.* New York, Oxford: Oxford University Press.
Torpey, John (2000). *The Invention of the Passport.* Cambridge: Cambridge University Press.
Trampler, Kurt (1935). Um Volksboden und Grenze. In: *Schriften zur Geopolitik 9 (1935).* Heidelberg, Berlin: Kurt Vowinkel Verlag.
Traupman, John C. (1995). *The Bantam New College Latin and English Dictionary, überarbeitete und erweiterte Ausgabe.* New York: Random House.
Turner, Frederick Jackson (1893; 1994). The Significance of the Frontier in American History. In: *Rereading Frederick Jackson Turner. Herausgegeben von John Mack Faragher.* New York: Henry Holt and Company.

Ugur, Mehmet (2007). The Ethics, Economics and Governance of Free Movement. In: Antoine Pécoud/Paul De Guchteneire (Hrsg.). *Migration Without Borders. Essays on the Free Movement of People.* New York, Paris: UNESCO Publishing, Berghahn Books.
U.S. Bureau of the Census (1969). *Statistical Abstract of the United States: 1969.* Washington, D.C.: U.S. Govemment Printing Office.
U.S. Bureau of the Census (2001). *Statistical Abstract of the United States: 2001.* Washington, D.C.: U.S. Govemment Printing Office.
UN (2000). *Protocol against the Smuggling of Migrants by Land, Air and Sea, supplementing the United Nations Convention against Transnational Organized Crime.* New York.
Unabhängige Expertenkommission Schweiz – Zweiter Weltkrieg (2001). *Die Schweiz und die Flüchtlinge des Nationalsozialismus.* Zürich: Chronos Verlag.
Valverde, Mariana (2003). *Law's Dream of a Common Knowledge.* Princeton: University-Press.

van Houtum, Henk et al. (Hrsg.) (2005). *B/ordering Space. Border Region Series.* Aldershot, Burlington: Ashgate.
van Houtum, Henk (2005). The Geopolitics of Borders and Boundaries. In: *Geopolitics, 10, 4*: 672-679.
Van Liempt, Ilse/Jeroen Doomemik (2006). Migrant's Agency in the Smuggling Process: The Perspectives of Smuggled Migrants in the Netherlands. In: *International Migration, Special Issue Human Smuggling, 44, 4*: 165-190.
Vaughan-Williams, Nick (2009). *Border Politics. The Limits of Sovereign Power.* Edinburgh: Edinburgh University Press.
Väyrynen, Raimo (2003). *Illegal Immigration, Human Trafficking, and Organized Crime.* Discussion Paper No. 2003/72, United Nations University, World Institute for Development Economics Research.
Vilar, Pierre (1985). Introduccio. El Vallespir, el Rosselló i la Cerdanya: problemes de la frontera. In: *L'Avenç, 10/1985*: 38.
Vismann, Cornelia (1995). Terra nullius. Zum Feindbegriff im Völkerrecht. In: Armin Adam/Martin Stingelin (Hrsg.). *Übertragung und Gesetz. Gründungsmythen, Kriegstheater und Unterwerfungstechniken von Institutionen.* Berlin: Akademie Verlag.
Vobruba, Georg (1994). The Limits of borders. In: Abram de Swaan (Hrsg.). *Social Policy beyond Borders. The social question in transnational perspective.* Amsterdam: Amsterdam University Press.
Vobruba, Georg (1997). *Autonomiegewinne. Sozialstaatsdynamik, Moralfreiheit, Transnationalisierung.* Wien: Passagen.
Vobruba, Georg (1998). Grenz-Beobachtungen. In: *Gesellschaft grenzenlos? Ästhetik und Kommunikation, Heft 102 (1998)*: 47-52.
Vobruba, Georg (2001). Die Erweiterungskrise der Europäischen Union. Grenzen der Dialektik von Integration und Expansion. In: ders. *Integration und Erweiterung. Europa im Globalisierungsdilemma.* Wien: Passagen.
Vobruba, Georg (2005). *Die Dynamik Europas.* Wiesbaden: VS Verlag für Sozialwissenschaften.
Vobruba, Georg (2005a). Internal Dynamics and Foreign Policy of the European Union. In: Maurizio Bach et al. (Hrsg.). *Europe in Motion. Social Dynamics and Political Institutions in an Enlarging Europe.* Berlin: Edition Sigma.
Vobruba, Georg (2010). Die postnationale Grenzkonstellation. In: Zeitschrift für Politik. 57, 4: 434-452.
Vobruba, Georg (2012). *Der postnationale Raum: Transformation von Souveränität und Grenzen in Europa.* Weinheim, Basel: Beltz Juventa.
Vogl, Joseph (2003). Asyl des Politischen. Zur Topologie politischer Gelegenheiten. In: Uwe Hebekus et al. (Hrsg.). *Das Politische. Figurenlehren des sozialen Körpers nach der Romantik.* München: Wilhelm Fink.

Wagner, Mathias/Wojciech Łukowski (Hrsg.) (2010). *Alltag im Grenzland. Schmuggel als ökonomische Strategie im Osten Europas.* Wiesbaden: VS Verlag für Polizeiwissenschaft.
Waldinger, Roger (2015). *The Cross-Border Connection. Immigrants, Emigrants, and Their Homelands.* Cambridge: Harvard University Press.

Wallerstein, Immanuel (1974). *The Modern World-System I: Capitalist Agriculture and the Origins of the European World-Economy in the Sixteenth Century.* New York: Academic Press.
Walters, William (2006). Rethinking Borders Beyond the State. In: *Comparative European Politics, 4, 2-3*: 141-159.
Weiner, Myron (1995). Security, Stability, and International Migration. In: Sean M. Lynn-Jones/Steven E. Miller (Hrsg.). *Global Dangers: Changing Dimensions of International Security.* Cambridge, Mass.: MIT Press.
Weizenbaum, Joseph (1978). *Die Macht der Computer und die Ohnmacht der Vernunft.* Frankfurt a.M.: Suhrkamp.
Wessels, Wolfgang (2000). *Die Öffnung des Staates. Modelle und Wirklichkeit grenzüberschreitender Verwaltungspraxis 1960-1995.* Opladen: Leske + Budrich.
Wiese, Leopold von (1955). *Systeme der allgemeinen Soziologie.* Berlin: Duncker & Humblot.
Wilson, Thomas/Hastings Donnan (Hrsg.) (2005). *Culture and Power at the Edges of the State. National Support and Subversion in European Border Regions.* Münster: LIT-Verlag.
Wimmer, Andreas (2008). The Making and Unmaking of Ethnic Boundaries. A Multilevel Process Theory. In: *American Journal of Sociology, 113, 4*: 970-1022.
Woderich, Rudolf (1997). Gelebte und inszenierte Identitäten in Ostdeutschland. In: *Welt-Trends, 15*: 79-98.
Woderich, Rudolf (1999). *Ostdeutsche Identitäten zwischen symbolischer Konstruktion und lebensweltlichem Eigensinn.* Konferenzpapier, The German Road from Socialism to Capitalism, Harvard University, Center for European Studies, (18.-20. Juni).
Woderich, Rudolf (2000). Allgegenwärtig, ungreifbar: Zur Entdeckung ostdeutscher Identitätsbildungen in Befunden der Umfrageforschung. In: *Berliner Debatte INITIAL, 11, 3*: 103-116.
Wolczuk, Kataryna (2002). The Polish-Ukrainian Border: On the Receiving End of EU Enlargement. In: *Perspectives on European Politics and Society, 3, 2*: 245-270.
Wolff, Larry (1994). *Inventing Eastern Europe. The Map of Civilization on the Mind of Enlightenment.* Stanford, Ca.: Stanford University Press.

Zarycki, Tomasz (1999). The Persistence of the Borders on the Territory of Poland. In: Olga Brednikova/Viktor Voronkov (Hrsg.). *Nomadic Borders.* St. Petersburg: Centre for Independent Social Research.
Zarycki, Tomasz/Andrzej Nowak (2000). Hidden Dimensions: The Stability and Structure of Regional Political Cleavages in Poland. In: *Communist and Post-Communist Studies, 33, 3*: 331-354.
Zaslavsky, Victor (1982). *In geschlossener Gesellschaft. Gleichgewicht und Widerspruch im sowjetischen Alltag.* Berlin: Wagenbach.
Zhang, Sheldon X./Mark S. Gaylord (1996). Bound for the Golden Mountain: The Social Organization of Chinese Alien Smuggling. In: *Crime, Law and Social Change, 25*: 1-16.
Zhurzhenko, Tatiana (2004). Cross-Border Cooperation and Transformation of Regional Identities in the Ukrainian-Russian Borderlands: Towards a Euro region "Slobozhanshchyna"? Part 1. In: *Nationalities Papers, 32, 1:* 207-232.

Zhurzhenko, Tatiana (2005). *Identity in the Ukrainian-Russian Borderlands: Local Narratives of Spatial Reorganization and Social Change*. Konferenzpapier, ASN Convention, New York, (14.-16. April).

Zielonka, Jan (Hrsg.) (2001). *Europe Unbound. Enlarging and reshaping the boundaries of the European Union*. London, New York: Routledge.

Zimmerman, Warren (1995). Migrants and Refugees: A Threat to Security? In: Michael S. Teitelbaum/Myron Weiner (Hrsg.). *Threatened Peoples, Threatened Borders: World Migration and U.S. Policy*. New York: Norton.

Autorinnen und Autoren

Prof. Dr. Maurizio Bach, Professor für Soziologie an der Universität Passau. maurizio.bach@uni-passau.de

Prof. Dr. Beatrice von Bismarck, Professorin für Kunstgeschichte und Bildwissenschaft an der Hochschule für Grafik und Buchkunst/Academy of Visual Arts Leipzig. bismarck@hgb-leipzig.de

Prof. Dr. Mathias Bös, Professor für Theoretische Soziologie am Institut für Soziologie der Gottfried Wilhelm Leibniz Universität Hannover. m.boes@ish.uni-hannover.de

Dr. Natàlia Cantó Milà, Associate Professor of Social Sciences, Faculty of Arts and Humanities, Universitat Oberta de Catalunya

Dr. Paolo Cuttitta, VU Universität Amsterdam, Rechtswissenschaftliche Fakultät. p.cuttitta@vu.nl

Prof. Dr. Monika Eigmüller, Professorin für Soziologie an der Europa-Universität Flensburg. monika.eigmueller@uni-flensburg.de

Prof. Dr. Eva Horn, Professorin am Institut für Germanistik der Universität Wien. eva.horn@univie.ac.at

Prof. Donna Johnson, PhD., University of Arizona, Department of English Studies

Prof. Dr. Hans Medick, Göttingen

Dr. Matthias Neske, wissenschaftlicher Mitarbeiter am Bundesamt für Migration und Flüchtlinge. Matthias.Neske@bamf.bund.de

Jonas Pfau M.A. (†)

Prof. Dr. Néstor Rodríguez, University of Texas in Austin, Soziologie Abteilung. nrodriguez@austin.utexas.edu

Dr. Daniel Schmidt, wissenschaftlicher Mitarbeiter, Institut für Politikwissenschaft, Universität Leipzig. dschmidt@uni-leipzig.de

Udo Thiedeke, Professor für Soziologie der Johannes Gutenberg Universität Mainz. thiedeke@uni-mainz.de

Prof. Dr. Georg Vobruba, Professor für Soziologie an der Universität Leipzig. vobruba@uni-leipzig.de

Dr. Kerstin Zimmer, wissenschaftliche Mitarbeiterin, Institut für Soziologie, Philipps-Universität Marburg. Kerstin.Zimmer@web.de

The manufacturer's authorised representative in the EU is Springer Nature Customer Service Centre GmbH, Europaplatz 3, 69115 Heidelberg, Germany. If you have any concerns regarding our products, please contact ProductSafety@springernature.com

Printed and bound by CPI Group (UK) Ltd, Croydon, CR0 4YY

23/03/2026

02076736-0013